普通高等学校应用型教材·国际贸易

U0601973

国际贸易单证实务

（第三版）

主　编　成　丽

副主编　岳　文　赵慧娥　张　波　高连廷

中国人民大学出版社
·北京·

图书在版编目 (CIP) 数据

国际贸易单证实务 / 成丽主编；岳文等副主编. --
3 版. --北京：中国人民大学出版社，2024.2
普通高等学校应用型教材. 国际贸易
ISBN 978-7-300-32541-5

Ⅰ.①国… Ⅱ.①成… ②岳… Ⅲ.①国际贸易－原
始凭证－高等学校－教材 Ⅳ.①F740.44

中国国家版本馆 CIP 数据核字（2024）第 017987 号

普通高等学校应用型教材·国际贸易
国际贸易单证实务（第三版）
主　编　成　丽
副主编　岳　文　赵慧娥　张　波　高连廷
Guoji Maoyi Danzheng Shiwu

出版发行	中国人民大学出版社	
社　　址	北京中关村大街 31 号	**邮政编码**　100080
电　　话	010－62511242（总编室）	010－62511770（质管部）
	010－82501766（邮购部）	010－62514148（门市部）
	010－62515195（发行公司）	010－62515275（盗版举报）
网　　址	http://www.crup.com.cn	
经　　销	新华书店	
印　　刷	北京溢漾印刷有限公司	**版　　次**　2017 年 8 月第 1 版
开　　本	787 mm×1092 mm　1/16	2024 年 2 月第 3 版
印　　张	23.25 插页 1	**印　　次**　2025 年 1 月第 3 次印刷
字　　数	520 000	**定　　价**　56.00 元

本书第一版和第二版分别于 2017 年 8 月和 2021 年 4 月正式出版发行，经过多年的市场检验，本书得到了院校师生的好评。2022 年 1 月 1 日，《区域全面经济伙伴关系协定》正式生效，标志着当前世界上人口最多、经贸规模最大、最具发展潜力的自由贸易区正式启航。鉴于此，为促进应用型院校培养技能型人才，我们根据最新的国际贸易政策调整，对本书进行了及时修订。

本书第三版以习近平新时代中国特色社会主义思想为指导，全面落实党的二十大精神，力求风格创新、内容创新、案例导引、突出应用，具有以下特色。

第一，注重前沿性和规范性。本书紧跟最新外贸实践和相关规定，结合国际惯例、国际规则的新要求，加入了原产地证书填制方法、Incoterms2020、UCP600、ISBP745 和 URC522 等最新修订内容，力求紧跟行业发展趋势，体现前沿性和规范性。

第二，注重系统性和操作性。教材以一个外贸案例为基础，以外贸业务流程为导向，对国际贸易单证业务做了系统而全面的介绍，增强读者分析问题、解决问题的能力。教材对外贸业务的基本内容进行了深入细致的讲解，通过图文并茂及利用二维码技术呈现相关解析，使之具备"富媒体"特色。

第三，注重课证融合，学以致用。本教材以国际商务单证员资格认证考试为目标，在注重实践操作的同时，为与国际商务单证员考证内容相配套，一方面，我们在各章内容的编写过程中，运用了较多的图表、单证、案例，努力使知识点更直观地展现于读者面前；另一方面，我们在除第一章外的各章均编有"单证操作题"，这些习题有助于开拓读者的外贸操作思路。

本书由沈阳航空航天大学经济与管理学院成丽担任主编，并编写第二章、第四章、第六章和第十章；沈阳师范大学国际商学院岳文和赵慧娥担任副主编，并共同编写第七章、第八章和第十一章；沈阳航空航天大学经济与管理学院张波担任副主编，并编写第三章和第九章；沈阳航空航天大学经济与管理学院高连廷担任副主编，并编写第一章和第五章。本书可供国际经济与贸易、物流管理、报关与国际货运、国际商务等专业学生学习使用，也可作为外贸行业单证岗位培训用书以及从事外贸单证工作人士的学习参考书。

中国人民大学出版社为本书的编写提供了有力支持。本书在编写过程中参考了大量的国际贸易单证和国际贸易实务相关教材、相关论著和案例资料。许多专业进出口公司提供了大量真实单证，并对本书提供了重要的修改意见。在此，谨向有关作者以及所有对本书编写工作给予支持的人们表示真诚的感谢。

由于时间和作者水平有限，书中难免存在一些疏漏和错误，真诚欢迎广大读者批评指正，以便下一版予以修正，使其日臻完善。

编　者

我们依据我国对外贸易的实践和最新的国际贸易法规与惯例编写本书。在编写过程中，我们力求做到结构清晰、内容全面、重点突出、注重操作。本书可供国际经济与贸易专业、国际商务专业学生学习使用，也可作为外贸行业单证岗位培训用书以及从事外贸单证工作人士的学习参考书。本书具有以下特色。

一、紧跟外贸发展实际，结合最新的国际惯例与规则

本书体现了外贸发展的新趋势，同时结合了国际惯例、国际规则新要求；加入了UCP600、ISBP745和URC522等最新修订内容，力求紧跟行业发展趋势，体现前瞻性和时效性。编排内容的选取以实用和适用为原则，全书贯穿一个国际贸易案例，以使读者能整体把握贸易单证。随着电子信息技术的发展和政府上网工程的推进，为顺应这一趋势，我们也将电子制单和单据标准化的相关内容编入书中相应章节。

二、力求内容结构清晰完整

除了讲授相应知识点外，我们在各章开篇部分均设有"教学目标""关键词"，并以"导入案例"开篇，在章节的编写过程中，适时引入"知识链接"和二维码，帮助学生扩展知识面及跟踪最新的国际贸易法规与案例，在各章结束之时均编有"本章小结"和"复习思考题"，主要目的在于便于读者更清晰明确地把握各章的基本内容与体系结构，掌握相关技能。

三、注重外贸知识学以致用

本书编写团队多为从事外贸单证教学多年的教师，同时具备外贸公司的多年从业经验。一方面，我们在各章内容的编写过程中运用了较多的图表、单证、案例，努力使知识点更直观地展现于读者面前；另一方面，我们在除第一章外的各章均编有"单证操作题"，这些习题既可供读者对本章相应知识点进行巩固之用，也有助于开拓读者的外贸操作思路。

本书由沈阳航空航天大学经济与管理学院成丽担任主编，并编写第二章、第四章、第六章和第十一章；沈阳师范大学国际商学院岳文和赵慧娥担任副主编，并共同编写第七章、第八章、第九章和第十二章；沈阳航空航天大学经济与管理学院张波担任副主编，并编写第三章和第十章；沈阳航空航天大学经济与管理学院高连廷担任副主编，并编写第一章和第五章。

　　中国人民大学出版社为本书的编写提供了有力支持。本书在编写过程中参考了大量的国际贸易单证和国际贸易实务相关教材、相关论著和案例资料。在此，谨向有关作者以及所有对本书编写工作给予支持的人们表示真诚的感谢。

　　由于编者知识水平和时间有限，书中不足之处在所难免，恳请广大读者提出宝贵意见和建议，我们将虚心接受，及时改进。

编　者

目录

| 第一章 | 国际贸易单证概述 |

教学目标

熟悉国际贸易的流程；掌握国际贸易单证的种类；了解国际贸易单证的作用；了解国际贸易单证的发展趋势。

关键词

贸易流程　单证简介　发展趋势

导入案例

案情介绍：有一份 CIF（成本、保险费加运费）合同，出售一级咖啡豆 50 吨，合同规定："CIF 纽约每吨 569 美元，6 月份装船，卖方在纽约提供单据，由买方支付现金。"货物于 6 月 15 日装船，但卖方一直拖到 7 月 20 日才把单据交给买方，由于当时咖啡豆国际市场价格下跌，买方拒绝接受单据，除非卖方赔偿差价损失。试问在上述情况下，买方有无拒绝接受单据的权利？为什么？

分析及结论：CIF 合同的卖方是凭单履行交货任务的，是象征性交货。案例中，卖方虽然按时交了货物，却未能如期向买方提供合同规定的全套合格单证。换言之，尽管货物到达目的港了，但卖方没有及时交单，就是没有交货。海轮到达目的港后，买方眼看货物到了，因为没有物权凭证（提单）而无法提货，又遭遇咖啡豆国际市场价格下跌，损失惨重，当然有权拒绝接受单据。由此可见及时交单对于国际贸易来说是多么重要。

第一节　国际贸易流程

国际贸易的业务流程一般分为三个阶段：准备阶段、交易磋商和签订合同阶段、履行合同阶段。交易前的准备是否充分决定着交易磋商能否顺利进行，也是履行合同的基础；在交易磋商和签订合同阶段，进出口双方达成协议并明确各自的权利与义务划分；在履行合同阶段，进出口双方按照合同条款履行各自的权利与义务。

一、准备阶段

国际市场情况复杂多变，因此开展出口业务时，一定要充分做好前期的各项准备工作。这些准备工作主要包括：对国际市场的调查研究；寻找客户及建立业务关系；落实货源、制订出口商品的生产或收购计划；制订出口商品经营方案；开展多种形式的广告宣传及促销等。

进口交易前的准备工作包括进行市场调研，如对所购买商品的调研、对产品国际市场价格的调研、对国际市场供应情况的调研等，在调研的基础上选择客户并确立业务关系。此外，也要进行诸如申请进口配额、申请进口许可证、制订进口产品经营方案等准备工作。

二、交易磋商和签订合同阶段

准备工作结束之后，即通过函电联系或当面洽谈等方式，同国外客户磋商交易，一般要经过询盘、发盘、还盘、接受四个环节，其中发盘和接受是交易成立的基本环节，也是合同成立的必要条件。合同条款的内容包括商品的品名、品质、包装、数量、价格、装运、支付方式、商品检验检疫、不可抗力、争议的处理等。

三、履行合同阶段

（一）出口业务程序

出口合同订立后，交易双方就要根据重合同、守信用的原则，履行各自应承担的义务，出口合同履行的繁简取决于所使用的贸易术语和付款方式等。在我国的出口业务中，多数采用 CIF 术语成交，并采用信用证（L/C）付款方式。如按 CIF 条件和信用证付款方式达成的交易，就卖方履行出口合同而言，主要包括下列各环节的工作。

(1)（货）认真备货，按时、按质、按量交付约定的货物；

(2)（证）落实信用证，做好催证、审证、改证工作；

(3)（运）及时租船订舱，安排运输、保险，并办理出口报关手续；

(4)（款）缮制、备妥有关单据，及时向银行交单结汇，收取货款。

（二）进口业务程序

进口合同的履行使进口交易进入一个实质性阶段，是合同当事人实现合同内容的具体行为，买卖双方按合同规定在享有各项权利的同时必须承担各自的义务。如按 FOB（装运港船上交货）条件和信用证付款方式成交，买方履行合同的程序一般包括下列事项。

(1)（证）按合同规定向银行申请开立信用证；

(2)（船）及时派船到对方口岸接运货物，并催促卖方备货装船，办理货运保险；

(3)（款）审核有关单据，在单证相符时付款赎单；

(4)（货）办理进口报关手续，并验收货物。

　　国际贸易出口流程及相关单据，见表1-1、表1-2和表1-3；国际贸易进口流程及相关单据，见表1-4。

表1-1　出口实务流程及相关单据（以一般贸易、CIF、L/C等条件为基础）

出口实务流程	各个交易环节所需的相关单据
1. 交流样品、商业谈判	
2. 签订买卖合同	买卖合同或销售确认书、订单、形式发票
3. 催证、开证、审证	信用证、信用证修改书
4. 生产备货、通过检验	出境货物报检单、放行单/换单凭证（条）、品质证、卫生证、兽医证等
5. 制单、租船订舱、出口海关申报	运输单据：出口运输委托书、商业发票、装箱单、报验委托书等 通关单据：商检放行单/凭条、买卖合同副本、商业发票、出口货物报关单、代理报关委托书、装箱单、其他政府批件
6. 投保、支付保费	商业发票、货物运输保险投保单、保险单
7. 装运货物、支付运费、签发提单、装运通知	海运提单、装运通知
8. 制单、审单、交单	一般单据：商业发票、汇票、装箱单、海运提单、保险单、原产地证书等 特殊单据：受益人证明、船公司证明、海关发票、邮政收据等
9. 结汇、取得水单	银行结汇水单
10. 催收并收回出口货物报关单	出口货物报关单
11. 申报出口退税	商业发票、出口货物报关单、增值税专用发票
12. 通过审查、获得出口退税	出口退税通知书、转账支票

表1-2　出口实务流程及相关单据（以一般贸易、CIF、电汇等条件为基础）

出口实务流程	各个交易环节所需的相关单据
1. 交流样品、商业谈判	
2. 签订买卖合同	买卖合同或销售确认书、订单、形式发票
3. 催付预付款	形式发票或商业发票
4. 生产备货、通过检验	出境货物报检单、放行单/换单凭证（条）、品质证、卫生证、兽医证等
5. 制单、租船订舱、出口海关申报	运输单据：出口运输委托书、商业发票、装箱单、报验委托书等 通关单据：商检放行单/凭条、买卖合同副本、商业发票、出口货物报关单、代理报关委托书、装箱单、其他政府批件

续表

出口实务流程	各个交易环节所需的相关单据
6. 投保、支付保费	商业发票、货物运输保险投保单、保险单
7. 装运货物、支付运费、签发提单、装运通知	海运提单、装运通知
8. 装运通知、催付余款	传真：商业发票、装箱单、海运提单、保险单、原产地证书等
9. 结汇、取得水单，寄送单据	收：结汇水单 寄：商业发票、装箱单、海运提单、保险单、原产地证书等
10. 催收并收回出口货物报关单	出口货物报关单
11. 申报出口退税	商业发票、出口货物报关单、增值税专用发票
12. 通过审查、获得出口退税	出口退税通知书、转账支票

表 1-3　出口实务流程及相关单据（以一般贸易、CIF、付款交单等条件为基础）

出口实务流程	各个交易环节所需的相关单据
1. 交流样品、商业谈判	
2. 签订买卖合同	买卖合同或销售确认书、订单、形式发票
3. 生产备货、通过检验	出境货物报检单、放行单/换单凭证（条）、品质证、卫生证、兽医证等
4. 制单、租船订舱、出口海关申报	运输单据：出口运输委托书、商业发票、装箱单、报验委托书等 通关单据：商检放行单/凭条、买卖合同副本、商业发票、出口货物报关单、代理报关委托书、装箱单、其他政府批件
5. 投保、支付保费	商业发票、货物运输保险投保单、保险单
6. 装运货物、支付运费、签发提单、装运通知	海运提单、装运通知
7. 制单、审单、交单	商业发票、汇票、装箱单、海运提单、保险单、原产地证书等
8. 结汇、取得水单	银行结汇水单
9. 催收并收回出口货物报关单	出口货物报关单
10. 申报出口退税	商业发票、出口货物报关单、增值税专用发票
11. 通过审查、获得出口退税	出口退税通知书、转账支票

表1-4　进口实务流程及相关单据（以一般贸易、FOB、L/C等条件为基础）

进口实务流程	各个交易环节所需的相关单据
1. 交流样品、商业谈判	
2. 签订买卖合同	买卖合同或销售确认书
3. 催样、改样、确认	图样
4. 落实订单、催货、落实装运期	订单、形式发票
5. 开证、改证	信用证、信用证修改书
6. 租船订舱、装运通知	装运须知
7. 投保、支付保费	商业发票、货物运输保险投保单、保险单据
8. 审查单据、付款赎单	一般单据：商业发票、汇票、装箱单、海运提单、保险单、原产地证书等 特殊单据：受益人证明、船公司证明、海关发票、邮政收据等
9. 制单、进口海关申报、交纳海关税费	买卖合同副本、商业发票、海运提单副本、装箱单、进口报关单、代理报关委托书、原产地证书、海关发票、进口货物通关单、其他政府批件等
10. 检验、通关、放行、支付运费、提货	正本海运提单、海关放行文件
11. 索赔、理赔	索赔函、买卖合同、提单、商业发票、检验证书、装箱单

第二节　国际贸易单证简介

单证，是指在国际贸易结算中应用的各种单据、文件与证书，凭借这些文件来处理国家间货物的交付、运输、保险、商检、结汇等。因此，狭义的单证指单据和信用证，广义的则指各种文件和凭证。就出口贸易而言，出口单证是出口货物推定交付的证明，是进行报关、商检等业务环节的工具。单证作为一种贸易文件，构成了贸易流程的重要内容。单证贯穿外贸企业的外销、进货、运输、收汇的全过程，涉及面广，工作量大，除了需要外贸企业内部各部门的协作与配合，还必须与银行、保险、运输、商检机构以及相关的行政管理机构发生业务联系，环环相扣，互为条件。

一、国际贸易单证的作用

（一）国际贸易单证是合同履行的必要手段

国际贸易是跨国的商品买卖，由于这种跨国交易的特殊性，及买卖双方分处不同国家，相距遥远，在国际贸易中，商品与货币的交割不同于国内合同的执行，不能进行简单的直接交换，而必须以单据作为交换手段。单证和货款对流的原则已成为国际贸易中商品买卖的一般原则。正如国际贸易专家施米托夫在《出口贸易》一书中所说："从商业观点来看，可以说 CIF 合同的目的不是货物本身的买卖，而是与货物有关的单据买卖。"正是由于单证在国际贸易中具有这种重要的作用，国际贸易才得以跨越时间和空间而日益发展。

（二）单证的质量是顺利收汇的前提

国际贸易结算无论采取何种方式，其付款的主要依据都是单据。国际商会《跟单信用证统一惯例》（UCP600）规定："在信用证业务中，各有关方面当事人处理的是单据，而不是有关的货物、服务或其他行为。"在信用证支付方式下，若单据与信用证不符，哪怕有细小的差别，银行也完全可以依此拒付货款、不承担付款责任。因此，在进出口业务中，单证工作做得正确、齐全、迅速，可以保证安全、及时收汇；反之，就会给有关各方带来不必要的损失。

（三）国际贸易单证是对外贸易企业管理的重要环节

从进出口企业角度看，国际贸易单证工作是进出口业务的一个重要环节。实际业务中，不论是合同内容、信用证条款，还是落实货源、控制交货品质和数量以及运输、保险、检验检疫、报关、结汇等诸多业务经营管理环节，最后都会在单证工作上集中反映出来，单证也是合同履行后期处理争议和纠纷的重要依据。单证工作组织管理的优劣直接关系到外贸经营企业的好坏。外贸企业应加强单证管理工作，提高单证质量，这样不仅可以有效防止差错发生，还可以节省交易费用，降低成本。

（四）国际贸易单证是进出口企业提高经济效益的重要保证

国际贸易工作与进出口企业的经济效益密切相关，单证管理工作的加强，单证质量的提高，不仅可以有效地制止差错事故的发生，弥补经营管理上的缺陷，还可以加速资金回笼，提高资金使用率，节约利息开支，节省各种费用，在无形之中提高进出口企业经济效益。因此，加强单证管理工作，提高单证质量，不但可以弥补经营管理上的缺陷，还可以节约费用，无形中为国家和企业增加外汇收入，由此可见单证对企业经济效益具有重要意义。

二、国际贸易单证的种类

国际贸易业务涉及的单证众多，根据不同的分类标准可以划分为不同的种类。

（一）根据单证涉及的进出口双方划分

1. 进口单证

进口单证是一个国家的进口主管单位（海关）要求的单证。进口单证一般包括进口一般许可证、特别许可证、商业发票、提单、原产地证书和检验证书。在某些国家还可能需要提供领事发票、保险凭证、外汇证明和银行汇票等。

并非每笔交易都需要上述所有单证，这在很大程度上受进口国家和进口货物性质的影响。在很多简单交易中，通常只需要商业发票、提单、原产地证书和进口报关单。

2. 出口单证

出口单证即出口国的企业及有关部门涉及的单证，包括出口许可证、出口报关单、包装单据、出口货运单据、商业发票、保险单、汇票、检验检疫证、原产地证书等。

(二) 根据单证的性质划分

1. 金融单据

金融单据具有货币属性，指汇票、本票、支票或其他类似以取得款项为目的的凭证。

2. 商业单据

商业单据即发票、运输单据、货权凭证或其他类似凭证及任何非金融单据。

(三) 依据单证的用途划分

1. 资金单据

资金单据，指汇票、支票、本票等信用工具。

2. 货运单据

货运单据，即各种方式运输单据的统称，包括海运提单，租船合约提单，空运单，公路、铁路、内河运输单据，邮政收据，报关单，报检单，托运单等。

3. 保险单据

保险单据是指国际货物运输保险单据，如保险单、保险证明等。

4. 官方单据

官方单据即官方机构出具的单据和证明，如海关发票、领事发票、原产地证书、检验检疫证等。

5. 附属单据

附属单据是指装运通知、受益人证明、船公司证明等。

三、与单证相关的国际贸易惯例

国际贸易惯例（international trade practice）是指在国际贸易中，被买卖双方和其他相关方面广泛认可与接受的习惯做法、规则和解释。"其他相关方面"主要包括与国际贸易相关联的部门，如海关、运输（物流）公司、保险公司、银行、商会、仲裁机构、法院、政府主管部门等。目前，有关单证方面的国际惯例主要有以下几种。

知识链接

国际商会

国际商会（International Chamber of Commerce），是为世界商业服务的非政府组织，是联合国等政府间组织的咨询机构。国际商会于 1919 年在美国发起，1920 年正式成立，其总部设在法国巴黎。国际商会以贸易作为促进和平、繁荣的强大力量，推行一种开放的国际贸易、投资体系和市场经济。国际商会发展至今已拥有来自 120 多个国家的成员公司和协会，是全球唯一的代表所有企业的权威代言机构。由于国际商会的成员公司和协会本身从事国际商业活动，因此它所制定的用以规范国际商业合作的规章，如《跟单信用证统一惯例》《关于审核跟单信用证项下单据的国际标准银行实务》《托收统一规则》《国际贸易术语解释通则》等被广泛地应用于国际贸易中，并成为国际贸易不可缺少的一部分，国际商会下属的国际仲裁法庭是全球最高的仲裁机构，它为解决国际贸易争议起着重大的作用。

扫一扫下面的二维码，了解国际商会和中国国际商会

（一）《跟单信用证统一惯例》（UCP600）

《跟单信用证统一惯例》（Uniform Customs and Practice for Documentary Credits, UCP），是国际银行界、律师界、学术界自觉遵守的"法律"，是全世界公认的、到目前为止最为成功的一套非官方规定。90多年来，160多个国家和地区的国际商会和不断扩充的国际商会委员会持续为 UCP 的完善而努力工作着。由于 UCP 的重要和核心地位，它的修订还带动了 eUCP、ISBP、SWIFT 等的相应修订和升级。目前，《跟单信用证统一惯例》（UCP600）为 2007 年修订本，国际商会第 600 号出版物，这是 UCP 自 1933 年问世后的第六次修订版，适用于所有在正文中标明按本惯例办理的跟单信用证（包括本惯例适用范围内的备用信用证）。

UCP600 共有 39 个条款，比 UCP500 减少 10 条，但比 UCP500 更准确、清晰，更易读、易掌握、易操作。它将一个环节涉及的问题归集在一个条款中；对 L/C 业务涉及的关系方及其重要行为进行了定义，如第 2 条的 14 个定义和第 3 条对具体行为的解释。

第一，把 UCP500 难懂的词语改变为简洁明了的语言，取消了易造成误解的条款，如"合理关注""合理时间""在其表面"等短语。

第二，UCP600 取消了无实际意义的许多条款。如"可撤信用证""风帆动力批注""货运代理提单"，UCP500 第 5 条"信用证完整明确要求"及第 12 条有关"不完整不清楚指示"的内容也从 UCP600 中消失。

第三，UCP600 的新概念描述极其清楚准确。如兑付（honor）定义了开证行、保兑行、指定行在信用证项下，除议付以外的一切与支付相关的行为；议付（negotiation），强调是对单据（汇票）的买入行为，明确可以垫付或同意垫付给受益人，按照这个定义，远期议付信用证就是合理的。另外还有"相符交单""申请人""银行日"等。

第四，更换了一些定义。如对审单做出单证是否相符决定的天数，由"合理时间"变为"最多为收单翌日起第 5 个工作日"。又如，"信用证"，UCP600 仅强调其本质是"开证行一项不可撤销的明确承诺，即兑付相符的交单"。再如开证行和保兑行对于指定行的偿付责任，强调是独立于其对受益人的承诺的。

第五，方便贸易和操作。UCP600 有些特别重要的改动。如拒付后的单据处理，增加了"拒付后，如果开证行收到申请人放弃不符点的通知，则可以释放单据"；增加了拒付后单据处理的选择项，包括持单候示、已退单、按预先指示行事。这样便利了受益人和申请人及相关银行的操作。又如单据在途中遗失，UCP600 强调只要单证相符，即只要指定行确定单证相符，并已向开证行或保兑行寄单，不管指定行是兑付还是议付，开证行及保兑行均对丢失的单据负责。这些条款的规定都大大便利了国际贸易及结算的顺利运行。

扫一扫下面的二维码，了解 UCP600

(二)《国际标准银行实务》(ISBP745)

《国际标准银行实务》，全称是《关于审核跟单信用证项下单据的国际标准银行实务》(International Standard Banking Practice for the Examination of Documents under Documentary Credits，ISBP)。由于各国对 UCP 条文的理解及各国银行审单标准不统一，近年来有大量的信用证在第一次交单时被认为存在不符点而遭到拒付，因此严重影响了国际贸易的发展，并导致了大量争议甚至诉讼的出现。为此，国际商会银行委员会于 2002 年在意大利罗马召开的年会上通过了《关于审核跟单信用证项下单据的国际标准银行实务》，即 ISBP645，共解决了审核信用证项下单据的 200 个问题。随着国际商会在 2007 年对 UCP 进行修订，该机构于 2007 年依据 UCP600 对 ISBP 做了相应的更新。2013 年的里斯本春季年会上，国际商会银行委员会通过了最新修订版本的 ISBP745，全面描述 UCP600 下信用证项下单据的审查标准。

UCP600 与 ISBP745 之间的关系就好比是"一项法律与其司法解释"之间的关系，ISBP 实际上是对 UCP 中某些条文的进一步说明和解释，它比 UCP 要通俗得多，有时还列举了实例。因此，读者理解起来就要容易、轻松多了。ISBP745 的篇幅很庞大，一共有 298 段（条）。

相比以往版本，ISBP745 的主要变化包括先期事项、总则和分项单据三大部分。

1. 先期事项部分有 2 项变化

（1）第 I 段和第 II 段，其强调了 ISBP745 必须结合 UCP600 进行解读，而且强调如果信用证或有关的任何修改书没有明确修改或排除 UCP600 的条款，ISBP745 如何进行审单。

（2）第 V 段澄清了新 ISBP 下开证行应该如何执行申请人的不清晰指示，即必须在申请人没有明确表示相反意见的情况下，补充和细化该指示的内容，从而得以使用；同时，确认了信用证下开证行必须对信用证的不清晰条款和矛盾条款承担责任。

2. 总则部分有 14 项变化

（1）第 A1 段确认了信用证文本中使用过的缩略语，单据上均可照抄使用。

（2）第 A2 段对"/"进行了重新规定，并增加了对"，"含义的解释，确认如无上下文解释，二者均意味着前后是多项选择关系。

（3）第 A3 段将证明种类扩展至"Statements"，并对证明书如何显示日期加了举例说明。

（4）第 A7 段对受益人出具单据、受益人以外的一方出具单据以及经合法化处理的单据如何更正证实，进行了分门别类的细化规定。

（5）第 A10 段确认用于证实寄送单据的快递收据，并不是 UCP600 第 25 条下的运输单据，并规定了其审核标准。

（6）第 A14 段 b 款明确了信用证中的日期常用短语"within"的含义，并举例说明。

（7）第 A19 段重新定义了什么是"装运单据"，什么是"过期单据可接受"，增加定义了什么是"第三方单据可接受""第三方单据不可接受"，什么是"船公司"，什么是"提交单据可接受"。

（8）第 A21 段明确了单据内容在信用证没有要求语言的情况下，可以使用任何语言显示；同时，明确了单据内容在信用证有要求语言的情况下，必须使用要求的语言显示，但盖章、签字、背书等文字内容可以例外，并确认了银行必须审核所有可接受语言显示的单据内容。

（9）第 A22 段删除了单据上"详细"的数学计算的说法，改为银行对单据上的数学计算只负责总量核对。

（10）第 A26 段增加了非单据化条件的规定，并举例说明，如信用证规定"以木箱包装（packing in wooden cases）"而没有要求该内容应当显示在规定单据上时，任何规定单据上显示的不同包装类型都将被视为数据矛盾。

（11）第 A27 到第 A31 段增加了单据正、副本的规定，第 A29 段 d 款明确了什么是经签署发票的复印件等。

（12）第 A32 段明确了单据间唛头信息的顺序可以不一致。

（13）第 A35 段 c 款和 d 款明确了什么是电子签字。

（14）第 A36 段 b 款规定了分支机构签字视同实体签字。

3. 分项单据部分（共 13 个分项）共有 48 项变化

（1）保留 8 种旧单据，共 39 项变化，包括：汇票 5 项、发票 4 项、多式运输单据 2 项、提单 10 项、租船提单 3 项、空运单 2 项、保险单据 8 项、原产地证书 5 项。

（2）增加 5 种新单据，共 9 项变化：新增不可转让海运单 1 项、装箱单 2 项、重量单/受益人证明 2 项、检验证明 4 项。

扫一扫下面的二维码，了解 ISBP745

（三）《托收统一规则》（URC522）

国际商会为统一托收业务的做法，减少托收业务各有关当事人可能产生的矛盾和纠纷，曾于 1958 年草拟《商业单据托收统一规则》，1978 年对该规则进行了修订，改名为《托收统一规则》（The Uniform Rules for Collection），1995 年再次修订，称为《托收统一规则》国际商会第 522 号出版物（简称 URC522），自 1996 年 1 月 1 日起实施。《托收统一规则》自公布实施以来，被各国银行所采用，已成为托收业务的国际惯例。

需要注意的是，该规则本身不是法律，因而对一般当事人没有约束力。只有在有关当事人事先约定的条件下，才受该惯例的约束。

《托收统一规则》（URC522）共 7 部分，26 条，包括总则及定义，托收的形式和结构，提示方式，义务与责任，付款，利息、手续费及其他费用，其他规定。《托收统一规则》规定托收意指银行根据所收的指示，处理金融单据或商业单据，目的在于取得付款和/或承兑，凭付款和/或承兑交单，或按其他条款及条件交单。上述定义中所涉及的金融单据是指汇票、本票、支票或其他用于付款或款项的类似凭证；商业单据是指发票、运输单据、物权单据或其他类似单据，或除金融单据之外的任何其他单据。

扫一扫下面的二维码，了解 URC522

第三节　国际贸易单证的要求

在国际贸易中，单证的质量高低决定外贸企业能否顺利、安全、迅速地结汇收汇，关乎着外贸企业的经营管理水平及经济效益的好坏。所以，缮制单证必须符合国际贸易惯例及有关法律规范以及达到进出口业务的要求，即正确、完整、及时、简洁和严谨。

一、正确

正确是单证工作的前提，单证不正确就无法结汇，因为不管是汇付、托收还是信用证项下，单证不正确，买方都有拒付货款的权利。

单证意义上的正确，至少包括两个方面的内容：一方面是要求各种单据必须做到"四个一致"；另一方面，各种单据必须符合有关国际惯例与进出口国的有关法令和规定。通常银行只控制"单证一致"和"单单一致"，而对进出口企业而言，则要做到"四个一致"，这样单证才能真实代表出运货物，不至于错发错运。

（1）证、同一致。如果以信用证方式付款，信用证基本条款应该与合同内容保持一致，否则，出口方应要求进口方修改信用证，以维护合同的严肃性。当然，经进出口商协商一致，信用证的最终条款可以与合同不尽相同。

（2）单、证一致。银行在处理信用证业务时，应坚持单证和信用证严格相符的原则，卖方提供的单证即使有一字之差，也可成为银行及其委托人拒绝付款的理由。

（3）单、单一致。UCP600 规定："单据之间表面上互不一致者，将被认为表面上不符信用证条款。"例如，如果货运单据上的运输标志与装箱单据上的运输标志有差异，银行就可拒绝付款。

（4）单、货一致。单据应反映货物的真实情况，如果单据上的品质、规格、数量等与合同、信用证完全相符，而实际发运的货物与之不符，不符合合同条款的要求，买方在收货检验后仍然有权根据合同向卖方索赔和追偿损失。

此外，单据必须与国际贸易惯例和法律规定相符。目前有关单证方面的国际惯例主要包括 UCP600、ISBP745 以及 URC522 等。在缮制单据时，还要了解进出口国对于货物或单据有无特殊要求，如果制单时忽略了进出口国的这些规定，就有可能被进出口国当局拒绝接受。

二、完整

单据的完整性是指合同或信用证规定的各项单据必须齐全，不可缺少，单据的种类、每种单据的份数和单据本身的必要项目都必须完整。

单证在通过银行议付或托收时，一般都是成套、齐全的。例如，在 CIF 交易中，卖方向买方提供的单证至少应有发票、提单和保险单。在以信用证为支付方式的情况下，出口商只有按照规定备齐所需单证，银行才能履行议付、付款或承兑的责任。目前，国外有些地区开立的信用证所需单证类别甚多，除发票、提单、保险单等主要单据外，还有各种附属证明，如检验证书、重量单、装箱单、原产地证书、邮政收据等，这些单证都要经过一定手续和事先申请才能取得。

任何单证都有特定作用，这种作用通过单证本身的特定内容如格式、项目、文字、签章来体现。如格式不当、签章不全就不能构成有效文件，不为银行所接受。例如，提单和汇票都有其主要事项，如缺少"主要项目"，即属于不完整的单据，因此失去法律效力。再如，UCP600 规定，凡信用证要求提供"已装船提单"，提单的承运人必须在该提单上作成"装船批注"（on board notation），如果该提单未按规定加上"已装船"（on board）字样和装船日期等批注，银行就会拒绝接受，理由就在于"装船批注"不完整。

单证的正确性还体现为所提供的各种单据的份数要齐全。尤其是提单的份数，要严格按照信用证的要求，并在审证时落实所出份数是否满足要求。

三、及时

单证工作的及时性包括两个方面。

一是出单及时。进出口单证工作的时间性很强，各种单证都要有一个适当的出单日期。出单及时指各种单据的出单时间必须合理、可行，每一种单据的出单日期都不能超过合同或信用证规定的有效期限或按商业习惯的合理日期。例如，保险单的日期必须早于提单的装运日期或与之为同一日期，提单日期不得迟于装运期限，装运通知书必须在货物装运后立即发出等。

二是交单及时。即在前面所述及时出单的基础上，经审核单据无误后尽早向银行或出口商提交单据，达到及时出单、尽早交单、尽早收汇的目的。特别是信用证支付方式下，一般有在装运货物后限制多少天交单议付的规定，即信用证的交单期（presentation period）。UCP600 第 6 条规定，"信用证必须规定一个交单的截止日。规定的承付或议付的截止日将被视为交单的截止日。"过期交单将会遭到拒付或收取不符点费。因此，如果在信用证允许的前提下能尽早提交单据，有利于实现尽早收汇。

四、简洁

单证工作的简洁性，首先，体现在单据制作的简明方面，即简单明了，单证内容力求简化，力戒烦琐。只要内容与合同或信用证的基本规定不冲突，尽量防止将其他文件内容添加到有关内容规定中的做法。例如，有关商品名称，除信用证特别规定和指明外，发票以外的单据均可以使用统称。如交易商品是餐刀、餐叉等不锈钢餐具（stainless steel tableware），一般发票需详细列明每种餐具的具体名称、规格、单价和数量，而提单或保险单等单据上则可以使用统称"tableware"，这样可以大大减少出口单据出差错的可能性。

其次，体现在单据的整洁上，包括单据的标准化和规范化、单据内容格式布局的合理性和易读性、单据表面没有涂改和差错。关于国际贸易单证的标准化问题，早在1978 年，联合国国际贸易简化与电子业务委员会就向世界推广《贸易单证设计样式》。之后几经改进，于 1981 年发布《联合国贸易单证样式》。我国参照联合国发布的单证样式，制定了 GB/T 18366 - 2001《国际贸易运输船舶名称与代码编制原则》、GB/T 14393 - 2008《贸易单证中代码的位置》、GB/T 14392 - 2009《国际贸易单证样式》、GB/T 28479 - 2012《国际贸易单证分类与代码》、GB/T 16832 - 2012《国际贸易单证用格式设计 基本样式》、GB/T 28831 - 2012《国际货运单证缮制规范》、GB/T 15310.1 - 2014《国际贸易出口单证格式 第 1 部分：商业发票》、GB/T 7407 - 2015《中国及世界主要海运贸易港口代码》、GB/T 38708－2020《国际贸易货物交付与货款支付的风险控制与防范》等一系列的贸易单证国家标准，并根据国际贸易的发展变化对贸易单证国家标准进行废止、修订或新增。目前，我国大部分外贸企业都采用国家颁布的标准化格式。关于单证内容布局的合理性和易读性是指单据内容的排列要行次整齐、字迹清晰，在填写具体单据时，必须在格式规范的前提下，缮制具体内容时力求表面整齐。

扫一扫下面的二维码，了解更多关于我国贸易单证的国家标准

五、严谨

严谨是对单证工作的总体要求。主要体现在以下三个方面。

第一，单证各项条款必须严密。贸易合同和买方开立的信用证中的各种条款是交易的基础条件。因此，条款的制定应力求明确具体，没有纰漏，切忌使用笼统和易产生歧义的表述，如习惯包装（usual packing）等，否则事后容易产生分歧、引起纠纷。

第二，单证必须严格审核。单证的一字之差往往造成巨大的经济损失。因此，缮制单证后需严格审核。进行单证转让时，受让方也要严格把关。信用证是买方付款的银行保证，前提是卖方必须按信用证条款履行并提供规定的各种单证。卖方在收到信用证后要及时、严格地进行审核，如发现有错误或不能接受的条款应及时反馈，提示对方进行修改，否则在履约交货时不能达到要求，会影响出口及收汇。

第三，单证的处理必须合理、谨慎。UCP600和ISBP745要求银行在审核信用证规定的所有单据时必须合理谨慎，这里的合理谨慎对买卖双方及单证的有关各方同样适用。例如，在信用证装运期内货物不能及时装运，在交单议付后单证遭到开证行或买方的拒收等，这样的情况在实际业务中往往有可能出现，需要出口方合理、谨慎地做出处理，以规避或减少损失。

第四节   国际贸易单证的发展趋势

近年来，随着我国向贸易大国迈进，我国对外贸易持续快速增长，单证工作量也相应增加。由于国际贸易的程序复杂，单证的种类繁多，格式各异，用途不同，环节多，不仅费时费力，而且经常发生错误，造成延迟收款甚至出现收不到款的情况。由此可

见，传统的单证及其缮制方式已无法适应国际贸易的快速发展。

新的技术应用也给单证工作带来了崭新的变化和改进，特别是随着电子商务和大数据的迅猛发展，网络技术和通信技术工具逐渐应用到国际贸易领域。如银行信用证业务加入了 SWIFT 系统，网络系统的信息传递加快了银行间文件和信息的传递速度，也使资金周转速度大大提高。电子数据交换（electronic data interchange，EDI）的产生和应用，使国际贸易结算方式发生了革命性的变化。EDI 以电子计算机为基础，通过互联网，按照商定的标准，采用电子手段传送和处理具有一定结构的商业数据。EDI 的应用加快了国际贸易进程，减少了贸易结算的环节和手续，代替了纸张单证，整个贸易过程涉及的各项数据可不用纸张传来传去，而是通过计算机在进出口商、海关、银行、运输公司以及政府有关职能机构之间进行信息传输和处理，使国际贸易实现了"无纸化"。

一、单证格式的国际标准化

传统的国际贸易程序特别是国际贸易单证是从 19 世纪沿袭而来的，其内容繁杂，形式多种多样，并不统一，在填制单据时还需进行分类。虽然每种单据用途不同，但就其内容而言，大约有 80% 是相同的。比如货物的名称、数量、收货人、发货人、启运地、目的地等。这些重复的内容，每填制一种单据，就需进行一次核对，如有错误，又需要逐一更正。这种做法不仅费时费力，还极易出错。

早在 20 世纪 50 年代，国际上就出现了单证改革的浪潮。瑞典是最早进行单据简化的国家，并在 1957 年用一种套合式的单据（master document）形式，统一了单据的大小，并将各种单据中相同的项目放在同一位置，制单时只需用打字机将各项内容打在一张总单据上，然后根据各种单据的需要，利用复印和影印技术将事先设计的有方格的遮盖板把不需要的部分盖住，复制出各种所需的数据，这样只需一次制单，校对和改错也一次完成，大约只需半小时，大大节省了时间和人力，提高了工作效率。瑞典的实践引起了欧洲和联合国有关组织的重视。几经改进，1981 年，联合国国际贸易简化与电子业务委员会出版并向世界发行、推广《联合国贸易单证样式》，强调单证标准的三要素——数据元标准化、代码标准化和布局标准化，为单证的规范化、标准化、电子化和单据传递的网络化提供了前提条件。

知识链接 ....

联合国国际贸易简化与电子业务委员会

1960 年成立的联合国国际贸易简化与电子业务委员会，是研究、制定、发布和推广国际贸易程序简化与标准化的机构。该委员会从 20 世纪 80 年代开始制定国际贸易程序简化国际标准，并在联合国框架内推广，目前共发布了 35 份建议书、7 套标准和 5 套技术规范，形成了一套全球统一的单证标准体系，其第一项国际贸易程序简化标准就是 1981 年实施的《联合国贸易单证样式》。从 20 世纪 80 年代末开始，随着网络技术和信息技术的发展，国际贸易数据交换已经由过去传统的纸面数据交换过渡到电子数据交换。

联合国国际贸易简化与电子业务委员会倡导并实施了国际贸易简化与标准化项目，该项目是联合国国际贸易简化与电子业务委员会为简化国际贸易程序并提高效率、解决全球通关环节壁垒问题、节省办理国际贸易单证的开支而研制的一整套标准化理论和措施，并在联合国框架内发布和推广。

二、单证缮制和管理的电子化

现代科学技术的应用使单证制作的计算机化和单据传输电子化成为必然。随着计算机及互联网的广泛应用，单证工作及单证传递被大大简化。把单证内容的各项资料编好程序，纳入电子计算机系统，利用电子计算机功能来制作单证，这一方法已迅速普及和应用。这一方法除专门用来处理外贸企业的业务类单证、运输类单证、报关报验类单证和出口结汇类单证以外，还被用于信用证分析、信用证管理、交单日期预报、运输数据储存等方面。

现代化通信手段的应用给单证传递提供了极大的便利。传真可替代传统的单证寄送，电子数据传输技术使无纸张单据（paperless documentation）从设想变成了现实。如美国一些银行采用一种被称为加速贸易付款（accelerated trade payment，ATP）的付款方法，借助银行与公司之间的电信联机，使用相互约定的密押，通过电信手段把单证内容传递给对方，对方可从屏幕上看到传来的单证内容，也可以打印出文字式的单证。

信用证是国际贸易的主要支付手段。信用证在运作过程中，其形式也随着贸易的电子化发生着变化：由传统的纸质信用证到网上信用证再到电子信用证。电子信用证可以理解为利用电子手段开展的信用证业务，它是集电子开证、电子通知、电子交单、电子审单、电子支付于一体的全过程的电子化运作，是信用证运作全过程、各环节的电子化。电子信用证因其方便、快捷、准确等优点，正逐步成为国际贸易结算的新工具。在我国，已有商业银行开办网上信用证业务，其网上信用证仅针对电子商务市场上交易的会员企业，提供统一的接口与银行连接。在电子商务市场上成交的合同，买方可以即刻申请开证，经银行审核符合开证要求的由银行即刻开证，买卖双方可以在信用证开出的同时通过企业银行系统得到信息，从而启动合同的执行。单证的提交和审核仍在银行柜面执行。

三、国际标准化代码的推广和使用

为了实现单证的简化和规范化，减少各方在单证上的歧义，促进国际贸易的便利化，国际商会和联合国等有关国际贸易的国际组织就贸易单证的国际化和标准化做了大量的工作，设计并推荐使用下列国际标准化代号和代码。

（1）运输标志代码，由收货人简称、合同号、目的地和件号四个部分组成。

（2）国家和地区代码，由两个英文字母组成，如中国为 CN，英国为 GB，美国为 US。

（3）地名代码，由五个英文字母组成，前两个字母代表国名，后三个字母代表地名，如美国纽约为 USNYC，中国上海为 CNSHG，英国伦敦为 GBLON。

（4）货币代码，由三个英文字母组成，其中前两个字母代表国名，最后一个字母代表货币，如美元为 USD，人民币为 CNY，英镑为 GBP。

（5）标准化日期代码，如 2023 年 8 月 25 日为 2023-08-25。

使用国际标准化代号和代码有利于单证规范化和计算机处理，是单证改革的重要内容和趋势。国际商会为单证的标准化和规范化做了持续不懈的努力，从最基本的贸易术语做起，到合同，再到保险、运输、银行、单证制作直到审单结算，至今已形成了一整套规章及惯例。世界上许多国家的商会或其他机构也设立了单据委员会或单据标准化组织，研究和探讨有关单证制作的法律和具体技术问题，通过开展广泛的学术交流和合作，指导和改进本国的单证工作，提高本国单证的质量，从而提高本国单据在国际上的认可度，促进单据为本国对外贸易服务。

扫一扫下面的二维码，了解国际贸易单证标准化

本章小结

国际贸易的业务流程一般分为三个阶段：准备阶段、交易磋商和签订合同阶段、履行合同阶段。

国际贸易业务涉及的单证众多，根据不同的分类标准可以划分为不同的种类。

缮制单证必须符合国际贸易惯例及有关法律规范以及达到进出口业务的要求，即正确、完整、及时、简洁和严谨。

国际贸易单证的发展趋势主要体现为单证格式的国际标准化、单证缮制和管理的电子化及国际标准化代码的推广使用。

复习与思考

1. 国际贸易的业务流程一般分为几个阶段？
2. 简要介绍国际贸易单证的种类。
3. 国际贸易单证的要求是什么？
4. 国际贸易单证的发展趋势有哪些？

第二章 国际货物贸易合同

教学目标

了解国际货物贸易合同的形式；熟悉国际货物贸易合同的内容；掌握国际货物贸易书面合同的主要内容及填制办法。

关键词

国际货物贸易合同　出口合同　进口合同

导入案例

案情介绍： 某年3月，我国A出口公司与美国B公司签订销售合同，采用D/A 90天方式出口一批家用电器到美国，在货到一个月后，B来电称，由于几家批发商相继毁约，销售遇到困难，但不会延误付款。然而在应收账款到期日，A没有收到货款。之后，B突然发来一份据称是美国一家著名电器实验室出具的质检证明，称货物存在严重质量问题，要求折价40％，否则全部退货。经了解，由于美国家电市场行情发生变化，以及由于B自身的原因造成货物滞销，B因而提出货物存在质量问题，要求A赔偿损失或给予货款折扣，将原本属于B自己的商业风险转嫁给A。A虽经多次据理力争，但由于双方签订的买卖合同中未列明争议的解决方法和时限以及有权利出具有效质检证明的机构，A没有办法找到拒绝B无理要求的充分理由。最后A的货款仅以原价的65％收回。

分析及结论： 本案的症结在于我出口公司沿用格式和内容较为统一的售货合同，合同中的质量争议条款和商品检验条款内容很少，表述也较为简单，不能完全保证出口方的正当利益。我国个别售货合同中甚至根本没有质量争议条款。一旦外商提出质量争议，由于没有合同的约束，我方往往有理说不清，只能吃哑巴亏。从本案来看，完善的合同条款和恰当的支付方式对合同能否顺利履行非常重要。

在国际贸易业务中，一笔交易经过双方磋商（通常分为询盘、发盘、还盘、接受四个环节），一旦发盘（或还盘）被对方接受，则达成交易。合同是交易各方磋商内容的真实意思体现，它将交易各方各自的权利和义务关系集中体现出来。

第一节　国际货物贸易合同概述

一、国际货物贸易合同的含义

国际货物贸易合同（international commodity trade contract）是指不同国家（或地区）的当事人（买卖双方）之间，通过友好磋商，按照一定交易条件达成的买卖某种货物的协议。国际货物贸易合同根据买卖双方都接受的国际贸易公约或惯例的规定而成立。交易各方都应受合同条款的约束，并按规定履行合同。

二、国际货物贸易合同的形式

关于国际货物贸易合同的形式，各国法律要求各异。有的国家法律规定合同必须采用书面形式，或超过一定金额的合同必须采用书面形式。如美国《统一商法典》规定，凡金额在 500 美元以上的货物销售合同必须有书面文件为证，否则不得由法律强制执行。因此，对于那些通过口头磋商达成的交易，需再订立书面合同加以确认。但目前绝大多数国家的法律对国际货物贸易合同的形式基本上采取所谓"不要式原则"（principle of informality），即法律不要求按特定的形式订立合同或法律只要求某些特定的合同采用书面形式。换句话说，当事人无论采用口头形式还是书面方式，或是以某种行为来订立合同，都被认为是合法和有效的。英国《货物买卖法》规定，买卖合同可以以书面方式、口头方式或部分书面、部分口头的方式订立，也可由当事人以行为方式来表示订立合同的意愿。德国法律也规定货物买卖一般不要求以特定的形式订立合同。《联合国国际货物销售合同公约》第 11 条规定："销售合同无须以书面订立或书面证明，在形式方面也不受任何其他条件的限制。销售合同可以用包括人证在内的任何方法证明。"《中华人民共和国民法典》第 469 条规定："当事人订立合同，可以采用书面形式、口头形式或者其他形式。"

在国际贸易中，当事各方订立合同有下列几种形式。

（一）书面形式

书面合同是指以合同书、信件以及数据电文（如电报、电传、传真、电子数据交换和电子邮件）等形式表现合同内容。采用书面形式订立的合同，既可以作为合同成立的证据，也可以作为履行合同的依据，还有利于加强合同当事人的责任心，使其依约行事，即使履约中发生纠纷，也便于举证和分清责任，故书面合同成为合同的一种主要形式。

在国际贸易中，对书面合同的形式通常没有具体的限制，买卖双方可以采用正式的买卖合同或非正式的确认书或协议，也可以采用备忘录等多种形式。具体说来，常见的书面合同有以下几种形式。

1. 销售合同或购买合同

销售合同（sales contract）或购买合同（purchase contract）有时被笼统地称为合同或买卖合同。这种合同的格式比较规范，内容完整全面，除了包括合同的主要条款，如货物的名称、规格、型号、品质、数量、包装、单价、总值、交货期、运输条款、保险条款、付款方式等主要内容外，还包括异议与索赔、仲裁、不可抗力等合同条款。这种合同对当事各方的权利义务关系以及发生争议后如何处理均有明确规定。销售合同通常由卖方（出口方）草拟提出，供买方确认并签字；购买合同通常由买方（进口方）草拟提出，供卖方确认并签字。

2. 销售确认书或购买确认书

销售确认书（sales confirmation）或购买确认书（purchase confirmation）统称确认书，属于一种简式合同。尽管与正式买卖合同具有同等的法律效力，但其所包含的条款比正式的合同更加简单，只列明几项主要的条款，如货物的名称、规格、型号、品质、数量、包装、单价、总值、交货期、运输方式、付款方式等，而对于争议与索赔、仲裁、不可抗力等合同条款一般不予列入。确认书适用于金额不大、批数较多的土特产品和轻工产品，或者已订有代理、包销等长期协议的交易。

在我国对外贸易业务中，书面合同主要采用合同（销售合同或购买合同）和确认书（销售确认书或购买确认书）两种形式。两种形式的合同（或确认书）通常正本一式两份，买卖双方各执一份，副本份数视双方需要而定。此外，书面形式的合同还包括协议、备忘录、订单和委托订购单等。

3. 协议或协议书

协议（agreement）或协议书在法律上与合同含义相同。书面文件冠以"协议"或"协议书"的名称，只要其内容对买卖双方的权利和义务做出明确、具体的规定，并经双方当事人签署确认，就与合同一样对买卖双方均具有法律约束力。但如果所洽谈的交易比较复杂，经过磋商后，仅谈妥了一部分条件，还有一部分条件有待进一步商洽，此时买卖双方可先签订一个"初步协议"或"原则性协议"，以便把双方已谈妥的部分条件先确立下来，其余的条件以后再行详谈。这种协议内通常订明"本协议属初步性质，正式合同有待进一步洽商后签"，或做出类似意义的声明，因此这种协议不具有正式合同的性质，在法律上没有约束力。

4. 备忘录

备忘录（memo）是指在交易磋商时用来记录磋商内容、以供日后核查的文件。如果当事各方将磋商的交易条件完整、明确、具体地记入备忘录，并经各方签字，则这种备忘录的性质和作用与书面合同无异；如果交易各方磋商后，只是对某些事项达成一致或一定程度的理解或谅解，并将这种理解或谅解用"备忘录"的形式记录下来，作为双方今后交易或合作的基础，或供进一步洽谈参考，则这种备忘录在法律上不具有约束力。备忘录在国际贸易中使用并不多，仅在少数交易较为复杂、需要分段谈判磋商时使用。

5. 订单和委托订购单

订单（order）是指进口商或实际买方拟制的货物订购单。委托订购单（indent）是指由代理商或佣金商拟制的代客户购买货物的货物订购单。一般而言，经过交易双方磋商成交后寄来的订单或委托订购单，实际上是购货方的购买合同或购买确认书。有时，国外客户事先并未与我方进行交易磋商，而直接寄来订单要求订货，对于这类订单或委托订购单，我方需认真区分是否为发价邀请，并及时予以答复。

（二）口头形式

采用口头形式订立的合同，又称口头合同，是指当事人之间通过当面谈判或通过电话方式达成协议而订立的合同。采用口头形式订立合同，有利于节省时间、简便行事，对加速成交起着重要作用。但是，因无文字依据，空口无凭，一旦发生争议，往往造成举证困难，不易分清责任。这是导致有些国家的法律、行政法规强调必须采取书面合同的最主要原因。

（三）其他形式

这是指上述两种形式之外的订立合同的形式，如电子形式或以行为方式表示接受而订立的合同。随着信息技术的发展，合同的订立形式已经超越了书面和口头两种传统的形式。电子合同的出现以及根据当事人之间长期交往中形成的习惯做法，或发价人在发价中已经表明被发价人无须发出接受通知，可直接以行为做出接受而订立的合同（如卖方发价后，买方直接将货款电汇至卖方或将信用证开至卖方），均属此种形式。

上述订立合同的三种形式，从总体上来看，都是合同的法定形式，因而均具有相同的法律效力。当事人签订合同时，究竟采用什么形式，应根据有关法律、行政法规的规定和当事人双方的意愿行事。

扫一扫下面的二维码，了解《联合国国际货物销售合同公约》

 第二节 **国际货物贸易合同的内容**

在国际贸易中，为了更好地明确买卖双方当事人的权利和义务，一般要签订具有一定格式的书面合同。书面合同包括三部分：约首、本文和约尾。第三节引入销售合同、销售确认书和购买合同的单证实例供参考，分别见单证 2-1、单证 2-2 和单证 2-3。

一、约首

约首（preamble）是合同开头部分，主要包括以下内容。

1. 合同名称和编号

由出口方制作的合同通常被称为销售合同或销售确认书，由进口方制作的合同通常被称为购买合同或购买确认书。合同编号一般是制作方自己的编号。

2. 订约日期和地点

订约的日期即合同生效的日期。订约地点要明确，因为在合同中如果没有对合同适用的法律做出规定，则根据某些国家的法律规定和贸易惯例的解释，可适用于合同订立国的法律。

3. 当事人名称和地址

要列明订约当事人的全名和详细地址，同时有必要列明当事人的联系方式，包括电话号码、传真号码、公司邮箱、公司网站等信息。

4. 前文

即序言，此部分主要注明双方当事人签订合同的意图和合同必须遵循的原则等。例如，"本合同由×××与×××订立"（This contract is made by and between...and...），或者"兹确认你方的订单……"（We confirm the order from you...）等。合同成立、履行及解释依据哪一国的法律对双方当事人都十分重要。例如，"本合同的订立、履行及解释适用中国法律。"（The formation, performance and construction of this contract shall be governed by the laws of China.）

二、本文

本文（body）是合同的主体，规定了买卖双方的权利和义务，主要包括基本条款和一般交易条款两部分。

（一）基本条款

1. 名称和质量

合同中的商品名称（name）要使用国际市场上习惯的通用名称，商品名称要明确、具体，注意不要与其他相似商品混淆。

商品的质量（quality）是合同中重要的条款。对于有商标、品牌的商品，一般需要注明商标。对于有不同品牌、等级、型号的商品，需要注明其具体品牌、等级、型号。凭样品买卖的，由于各国法律的规定不尽相同，如果要求卖方交货品质与样品完全一致，在合同中必须注明交货品质与样品完全相符，并注明样品寄送日期（Quality to be exactly same as the sample submitted by seller on...）。

2. 数量

数量（quantity）条款必须注明商品的具体数量和计量单位，也可注明数量计量方法。进口数量单位要符合我国法定计量单位标准。一般大宗商品可以采用溢短装条款，规定数量机动幅度，例如，"100 000 公吨，允许有 5% 的增减幅度，由买方选择，增减部分按合同价格计算。"（100 000M/T，5％ more or less，at Buyer's option and at contract price.）

值得注意的是，在合同未明确规定数量机动幅度的情况下，卖方应严格按照合同中规定的数量履行交货义务。但如果采用信用证付款方式，根据《跟单信用证统一惯例》的规定，除非信用证中规定货物数量不得增减，否则在支取金额不超过信用证金额的情况下，货物数量允许有5％的机动幅度。但此规定对交货数量以包装单位或个数计数的商品不适用。按照《跟单信用证统一惯例》的上述解释，凡是散装货物的买卖，即使信用证中未规定数量机动幅度，但只要支取金额不超过信用证规定的金额且信用证中未规定数量不得增减，卖方交货的数量就可以与信用证规定的数量有不超过5％的差异。如果是以包装单位或个数计数的商品交易，卖方交货的数量必须与合同规定的数量完全一致。

知识链接

溢短装条款

在矿砂、化肥、粮食、食糖等大宗散装货物的交易中，受商品特性、货源变化、船舱容量、装载技术和包装等因素的影响，如果要求准确地按约定数量交货，有时存在一定困难，为了避免因实际交货不足或超过合同规定而引起的法律责任，方便合同的履行，对于一些数量难以严格限定的商品，通常是在合同中规定交货数量允许有一定范围的机动幅度，这种条款一般被称为溢短装条款（more or less clause）。溢短装条款主要包括三部分：

1. 溢短装百分比

数量机动幅度的大小，通常都以百分比表示，究竟百分比多大合适，应该视商品特性、行业或贸易习惯与运输方式等因素而定。

2. 溢短装部分的选择权

在合同规定有机动幅度的条件下，由谁行使这种机动幅度的选择权呢？一般来说，是履行交货的一方，也就是卖方选择。但是如果涉及海洋运输，交货量的多少与承载货物的船只的舱容关系非常密切，在租用船只时，就得跟船方商定。所以在这种情况下，交货机动幅度一般由负责安排船只的一方选择，或是干脆由船长根据舱容和装载情况做出选择。总之，机动幅度的选择权可以根据不同情况由买方行使，也可由卖方或船方行使。

3. 溢短装部分的作价办法

对机动幅度范围超出或低于合同数量的多装或少装部分，一般是按合同价格结算，这是比较常见的做法。但也有合同规定按装船日或卸货日的市场价格计算，其目的是防止有权选择溢短装的一方为获取额外利益而有意多交或少交货物。

3. 价格

价格（price）条款包括商品的单价（unit price）和总值（amount）两部分。价格条款包括四部分或五部分：计价货币、单价金额、计量单位、贸易术语，有时价格中还包含佣金或折扣。

知识链接 ··

《国际贸易术语解释通则》

《国际贸易术语解释通则》（International Rules for the Interpretation of Trade Terms，缩写为 Incoterms），是由国际商会制定的国际贸易的基础性国际通行规则。

国际商会于 1936 年首次推出《国际贸易术语解释通则》，在进出口业务中得到广泛应用。它详细规定了每个国际贸易术语下进出口双方的风险、责任和费用的划分。贸易双方在进行合同磋商时选择某个术语，依照此解释就可以清楚知道双方各自应该承担的责任、负担的费用及风险。这一国际贸易惯例的普遍应用有效地减少了双方谈判的内容并降低了谈判难度；在后续合同履行过程中也可以有效减少双方的分歧。

为了适应国际贸易的不断发展和变化，国际商会每十年左右就会做一次修订，国际商会先后于 1953 年、1967 年、1976 年、1980 年、1990 年和 2010 年进行过多次修订和补充。目前最新的版本是 2020 年修订的。

《国际贸易术语解释通则 2020》（Incoterms 2020）是国际商会根据国际货物贸易的发展对《国际贸易术语解释通则 2010》（Incoterms 2010）的修订版本，于 2019 年 9 月 10 日公布，2020 年 1 月 1 日开始在全球范围内实施。

《国际贸易术语解释通则 2020》在 2010 年版本的基础上进一步明确了国际贸易体系下买卖双方的责任，其生效后对贸易实务、国际结算和贸易融资实务等方面都会产生重要的影响。国际贸易惯例在适用的时间效力上并不存在"新法取代旧法"的说法，即《国际贸易术语解释通则 2020》实施之后，《国际贸易术语解释通则 2010》并没有自动废止，当事人在订立贸易合同时仍然可以选择适用 2010 年版本。

相对于《国际贸易术语解释通则 2010》，《国际贸易术语解释通则 2020》为出口商、进口商和物流供应商带来了一系列变化，主要有：

（1）DAT 变成了 DPU。

在 2010 年之前版本的《国际贸易术语解释通则》中，DAT 指货物在商定的目的地卸货后即视为交货。在国际商会收集的反馈中，用户要求《国际贸易术语解释通则》中涵盖在其他地点交货的情形，例如厂房。这就是现在使用更通用的措辞 DPU 来替换 DAT 的原因。

（2）增加 CIP 的保险范围。

CIP 是指卖方将货物交付承运人，但支付包括保险费在内的直至目的地的运输费用。同样的规则也适用于 CIF，然而，《国际贸易术语解释通则》只适用于海运费。根据《国际贸易术语解释通则 2010》，在这两种情况下，卖方都有义务提供与《协会货物保险条款》条款（C）对应的最低保险范围。这是一种基本的保险形式，只包括明确界定的损害赔偿。

随着《国际贸易术语解释通则 2020》的发布，CIP 的最低保险范围延伸到《协会货物保险条款》条款（A），这是涵盖了所有风险的最高保险级别。其背后的原因是，CIF 通常用于大宗商品，而 CIP 则更常用于制成品。

（3）FCA 提单。

如果买卖双方已就《国际贸易术语解释通则》中的 FCA 达成一致，则卖方应将货物交付至买方指定的地点和人员。此时，风险和成本转移给买方。这一方式通常是由买方选择的，他们希望避免承担货物在交付到目的地后可能受到损害的风险。其缺点是卖方不能收到提单，因此没有信用证可以保证货物的付款。

为此，《国际贸易术语解释通则 2020》提出了一个务实的解决方案。如果双方同意卖方按照 FCA 的要求将货物交付集装箱码头，买方可以指示承运人在卸货时向卖方签发已装船提单。这样，卖方就可以更好地防范风险，例如在卸货期间。

（4）自定义运输方式的承运。

《国际贸易术语解释通则 2010》假设，当适用《国际贸易术语解释通则》中的 FCA、DAP、DPU 或 DDP 术语时，卖方和买方之间的货物运输由第三方进行。在 2020 年 1 月 1 日生效的《国际贸易术语解释通则 2020》中，这一定义已经扩展到包括卖方或买方自定义运输方式的承运。

（5）对担保义务的更清晰的分配。

《国际贸易术语解释通则 2020》还对买卖双方之间的相关担保要求（包括相关费用）进行了更为精确的分配。一方面，这一步骤可视为对国际贸易中加强担保监管的反应。另一方面，它的目的在于防范可能产生的费用纠纷，特别是在港口或交货地点。

扫一扫下面的二维码，了解更多关于《国际贸易术语解释通则》的修订变化

计价货币与支付货币一般是同一货币，由买卖双方协商决定是采用出口国货币还是进口国货币，或者是第三国的货币。

单价金额应按双方协商的价格，正确填写在合同中。商品的总值需要同时用大小写表述，注意大小写一致。大写金额应注意以"SAY"开头，以"ONLY"结尾。

一般说来，计量单位应与数量条款中所使用的计量单位相一致。

贸易术语最常使用的有 FOB、CFR、CIF 三种。在合同中，通常把贸易术语放在单价和总金额的最上方。

4. 包装

包装（packing）条款是品质条款的组成部分，也是合同的要件条款。在合同中，必须详细说明包装方式、包装材料。例如，是木箱装还是纸箱装，每箱装多少，单色单码装还是配色配码装，都必须做清楚的规定。

5. 装运

装运（shipment）条款主要包括运输方式（transportation mode）、装运时间（time of shipment）、装运港（port of loading）、目的港（port of destination）、运装单据（shipping documents）、装运通知（shipping advice）、分批装运（partial shipment）、转运（transshipment）等内容。买卖双方在货物交接中所承担的责任是由贸易术语决定的，国际贸易中常用的术语有 FOB、CFR、CIF，只要卖方在装运港把货物装上了船，取得了货运单据并交给买方，就认为已经履行了交货任务；如果使用 FCA、CPT、CIP 方式，卖方只要将货物在发货地交给承运人监管，即为交货。

知识链接

运输标志

运输标志又称唛头（shipping mark），它通常由一个简单的几何图形和一些字母、数字及简单的文字组成，其作用在于使货物在装卸、运输、保管过程中容易被有关人员识别，以防错发错运。

1. 运输标志的主要内容

（1）收货人或买方名称的英文缩写字母或简称。

（2）参考号，如运单号、订单号或发票号。

（3）目的地。

（4）件号。

此外，有的运输标志还包括原产地、合同号、许可证号和体积与重量等内容。运输标志的内容繁简不一，由买卖双方根据商品特点和具体要求商定。

2. 运输标志的具体作用

使发货人、承运人、监管人和收货人都能够很快地辨明货物的归属、去向和包装内部货物的情况，避免混乱出错。

（1）对于发货人及制造者来说，唛头便于管理，方便统计，可以合理地计算货物的重量和体积，易于安排好运输，防止出错。

（2）对于监管人比如海关等也可以一目了然，便于按照批次监管货物，查验放行。

（3）对于承运人来说，从进仓到发货及运输中转、海空联运直至目的港，参照唛头提示清点交货都方便快捷。尤其散货混装时更为重要。

（4）收货人一看外箱就知道内容，不用开箱就可以很快进入流通环节。

国内贸易也沿用了出口贸易的规则，常常在货物的包装上使用唛头，也是为了便于货物的储运和流通管理。

6. 支付

在国际贸易中，支付（payment）方式主要有汇付、托收、信用证等。不管采用何种支付方式，合同都应做出明确具体的规定，包括支付工具、支付方式、支付时间、地点以及计价货币种类等。其中，支付工具大多采用金融票据，应在支付条款中列明是使用汇票、本票还是支票。

7. 保险

关于保险（insurance）条款，如果是 CIF、CIP 贸易术语，由卖方投保，在合同中需注明投保人、保险险别、保险金额、保险条款、赔付地点等。如果是 FOB、CFR、CPT、FCA 等贸易术语，一般由买方投保，合同中一般需表明装船后要及时通知买方投保；或者有时买方要求卖方代办保险，如果卖方接受，应在合同中明确代办保险的详细情况，如具体险别、保险金额等。

（二）一般交易条款

一般交易条款又称格式条款，即合同中的通用条款，是当事人为了重复使用而预先拟定，并在订立合同时未与对方协商的条款。

1. 检验

检验（inspection）条款应明确规定检验时间与地点、检验标准和方法，如有复检权，应对复检的期限、地点和机构加以明示。

2. 索赔

索赔（claim）条款主要有两种：一种是异议和索赔条款，另一种是罚金条款。在一般商品的买卖合同中，多数只订异议和索赔条款，同检验条款合并订在一起。在买卖大宗商品和机械设备的合同中，一般还订有罚金条款，此类条款适用于卖方延期交货等情况，双方可根据延误时间长短预先约定赔偿的金额，同时规定最高罚款金额。

3. 不可抗力

不可抗力（force majeure）条款是一种免责条款，即免除由于不可抗力事件而违约的一方的违约责任。规定中一般包括以下内容：不可抗力事件的范围、事件发生后通知对方的期限、出具证明文件的机构以及不可抗力事件的后果。

4. 仲裁

仲裁（arbitration）是解决争议的一种方法，仲裁裁决是终局性的，对双方都有约束力。仲裁条款一般包括：仲裁事项、仲裁地点、仲裁机构、仲裁程序、仲裁裁决的效力、仲裁费用负担等。

三、约尾

约尾（witness clause）是合同的结尾部分，通常包括合同使用的文字及效力、附件及其效力、合同正本的份数、双方当事人签字和签字地点等。

第三节 国际货物贸易合同的实例

一、出口合同

出口合同是由卖方草拟、买卖双方签署生效的。因此，这种合同的条款在一般情况下是偏重卖方利益的，也就是说，出口合同多对卖方的权利和买方的义务规定得比较详细，而对买方的权利和卖方的义务相对规定得十分简略。

出口合同可以划分为销售合同和销售确认书。这里分别列举一份销售合同（单证2-1）和一份销售确认书（单证2-2），供大家参考。其中，单证2-1销售合同与第三章的信用证以及随后数章中的大多数信用证示范单据都是相辅相成的。读者可以把它们相互衔接起来查看。这样，就可以增强一整套国际贸易单据的整体感、衔接性和学习效果。为便于读者查看，本教材将全套单据实例置于教材最后的附录中。

附带说明一点：在国际贸易中的商务信函一般（大多）都是使用大写英文字母制作的。究其原因，可能是基于两点：（1）国际商务信函一般都具有法律效力，大写会使信函更严肃、更正式，因为大写比小写更难涂改。（2）惯例使然。大家都这么做，其他人也照此办理，于是逐渐形成了一种自觉遵照执行的习惯。

单证 2-1 销售合同

SALES CONTRACT

卖方：红星服装贸易有限公司
Seller：RED STAR CLOTHING TRADING CO.，LTD.
卖方地址：中国武汉市江汉区新华路318号
Seller's Address：NO.318 XINHUA ROAD，JIANGHAN DISTRICT，WUHAN，CHINA
Telex：××××
Fax：××××
Tel：××××
买方
Buyer：SUNSHINE SPORTSWEAR MANUFACTURING LTD.
买方地址
Buyer's Address：NO.513 BEATTY STREET，VANCOUVER，CANADA
Telex：××××
Fax：××××
Tel：××××

合同号码	日期	签约地点
Contract No.：CA221229	Date：DEC. 29，2022	Signed at：WUHAN

兹经买卖双方同意由卖方出售、买方购进下列货物，并按下列条款签订本合同：
This Sales Contract is made by and between the seller and the buyer whereby the seller agrees to sell and the buyer agrees to buy the undermentioned goods according to the terms and conditions stipulated below：

1. 商品名称及规格 Name of Commodity & Specification							2. 数量 Quantity	3. 单价 Unit Price	4. 总值 Total Amount
WOMEN'S COATS AND JACKETS 100% COTTON "RED STAR" BRAND SIZE ASSORTMENT									
COLOUR	XS	S	M	L	XL	XXL		CIF VANCOUVER	
PINK	2	2	4	4	4	2			
RED	1	3	4	4	3	3			
TOTAL	3	5	8	8	7	5			
36 PCS PER CARTON (1) WOMEN'S COATS (2) WOMEN'S JACKETS 5% MORE OR LESS BOTH IN QUANTI- TY AND AMOUNT TO BE ALLOWED							1 620PCS 3 060PCS 4 680PCS	USD/PC 9. 50 3. 75	USD15 390. 00 USD11 475. 00 USD26 865. 00
TOTAL AMONT：SAY U. S. DOLLARS TWENTY SIX THOUSAND EIGHT HUNDRED AND SIXTY FIVE ONLY.									

5. 包装

Packing：EACH PIECE IN A POLY BAG，36 PIECES TO AN EXPORT CARTON.

6. 装运地

Place of Loading：SHANGHAI

目的地

Place of Destination：VANCOUVER

7. 允许分批/否

Partial Shipments are allowed or not：NOT

允许转船/否

Transshipment is allowed or not：YES

8. 装运期

Time of Shipment：MARCH，2023

装运标记

Shipping Marks：SUNSHINE

VANCOUVER

C/NO. 1-130

9. 付款条件及方式

Terms of Payment

☒ 买方须于 2023 年 1 月 30 日前开出保兑的、可转让的以卖方为受益人的即期/_____天远期信用证，信用证议付有效期延至装运期后 15 天在中国截止。

By confirmed and transferable Letter of Credit established before JAN. 30，2023 in favor of the seller，available by the seller's documentary draft at sight/at _____ days after sight，to be valid for negotiation in China until 15 days after the date of shipment.

☐ 买方应凭卖方开具的即期跟单汇票立即付款，付款后交单。

Upon first presentation, the buyer shall pay against documentary draft drawn by the seller at sight. The shipping documents are to be delivered against payment only.

☐ 买方应凭卖方开具的见票后_____天付款的跟单汇票于第一次提示时即予承兑，并应于汇票到期日即予付款，付款后交单。

The buyer shall dully accept the documentary draft drawn by the seller at _____ days sight upon first presentation and make payment on its maturity. The shipping documents are to be delivered against payment only.

☐ 买方应不晚于_____年_____月_____日将货款总值的_____%用电汇/信汇/票汇方式预付给对方。

The buyer shall pay _____% of the total value to the seller in advance by T/T，M/T，D/D not later than _____ .

10. 保险

Insurance

☒ 按照中国人民保险或伦敦保险协会海运货物保险条款，由卖方按发票金额的 110% 向中国人民保险公司投保一切险、战争险和罢工险。

To be effected by the seller with PICC for 110% of invoice value against ALL RISKS AND WAR RISKS AND STRIKES subject to THE MARINE CARGO CLAUSES of CIC or ICC.

☐ 由买方自理

To be effected by the buyer.

11. 商检：双方同意以官方机构所签发的品质检验证书为最后依据，对双方均具有约束力。

Inspection：It is mutually agreed that the Certificate of Quality issued by public recognized surveyor shall be regarded as final and binding upon both parties.

12. 其他条款：详见背景，该条款为合同不可分割的部分。

Other Terms：As specified overleaf, which shall form an integral part of this Contract.

卖方	买方
The Seller	The Buyer
×××	×××
(STAMP AND SIGNATURE)	(STAMP AND SIGNATURE)

合同背面条款

Other Terms and Conditions

1. 异议：品质异议须于货到目的口岸之日起 30 天内提出，数量异议须于货到目的口岸之日起 15 天内提出。但均须提供经卖方同意的公证行的检验证明。如果责任属于卖方，卖方于收到异议 20 天内答复买方并提出处理意见。

Quality/Quantity Discrepancy：In case of quality discrepancy, claim should be filed by the buyer within 30 days after the arrival of the goods at port of destination. While for quantity discrepancy, claim should be filed by the buyer within 15 days after the arrival of the goods at the port of destination. In both cases, claims must be accompanied by survey reports of recognized public surveyors agreed by the seller. Should the responsibility of the subject under claim be found to rest on the part of the seller, the seller shall, within 20 days after receipt of the claim, send his reply to the buyer together with suggestion for settlement.

2. 信用证内容必须严格符合本售货合同的规定，否则修改信用证的费用由买方负担，卖方也不负因修改信用证而延误装运的责任，并保留因此而发生的一切损失的索赔权。

The contents of the covering Letter of Credit shall be in strict accordance with the stipulations of the sales contract. In case of any variation there of necessitating amendment of the L/C, the buyer should bear the expenses for effecting the amendment. The seller shall not hold responsibility for the possible delay of shipment resulting from awaiting the amendment of the L/C, and reserve the right to claim from the buyer compensation for the losses resulting herefrom.

3. 除经约定保险归买方投保者外，由卖方向中国保险公司投保。如果买方须增加保险额及/或须加保其他险别，可于装船以前提出，经卖方同意后代为投保，其保险费由买方负担。

Except in case where the insurance is covered by the buyer as arranged, insurance is to be covered by the seller with Chinese insurance company. If insurance for additional amount and/or for other insurance terms is required by the buyer, prior notice to his effect must reach the seller before shipment and is subject to the seller's agreement, and the extra insurance premium shall be for the buyer's account.

4. 买方须将申请许可证副本（经有关银行背书）寄给卖方，俟许可证批准后即用电报通知卖方。假如许可证被驳退，买方须征得卖方的同意以后方可重新申请许可证。

The buyer is requested to send to the seller authentic copy of the license application (endorsed by the relative bank) filed by the buyer and to advise the seller by telegraph immediately when the said Licenses obtained. Should the buyer intend to file reapplication for License in case of rejection of the original application, the buyer shall contact the seller and obtain the latter's consent before filing the reapplication.

5. 因人力不可抗拒事故，使卖方不能在本售货合同规定的期限内交货或不能交货，卖方不负责任。但是卖方必须立即以电报通知买方。如果买方提出要求，卖方应以挂号函向买方提供由中国国际贸易促进委员会或有关机构出具的证明，以证明事故的存在。买方不能领到进口许可证不能被认为系属于人力不可抗拒的范围。

The seller shall not be responsible if he owing to Force Majeure cause fails to make delivery within the time stipulated in this Sales Contact or cannot deliver the goods. However the seller shall inform immediately the buyer by fax or e-mail. The seller shall deliver to the buyer by registered letter，if it is requested by the buyer, a certificate issued by the China Council for the Promotion of International Trade or by any competent authority, certifying to the existence of the said cause or causes. Buyer's failure to obtain the relative Import License is not to be treated as Force Majeure.

6. 仲裁：凡因执行本合同或有关本合同所发生的一切争执，双方应以友好方式协商解决，如果协商不能解决，应提交北京中国国际经济贸易仲裁委员会，根据中国国际经济贸易仲裁委员会的仲裁规则进行仲裁，仲裁裁决是终局的，对双方都具有约束力。

Arbitration：All disputes arising in connection with this Sales Contact or the execution thereof shall be settled amicably by negotiation. In case no settlement can be reached，the case under dispute shall then be submitted for arbitration to the China International Economic Trade Arbitration Commission in accordance with the Rules and Procedure of the China International Economic Trade Arbitration Commission. The decision of the commission shall be accepted as final and binding upon both parties.

红星服装贸易有限公司
RED STAR CLOTHING TRADING CO.，LTD.

单证 2 - 2 销售确认书
SALES CONFIRMATION

S/C NO.：SHCH-NOMSC09
DADE：APRIL 1，20××

THE SELLER：TWINS CITY GROUP INT'L TRADE CORP. THE BUYER：N. V. NOM
ADDRESS：SUITE 508，CONCH BUILDING   ADDRESS：POSTBUS 20101
　　　　　1271 ZHONGSHAN ROAD,   　　　　　2800 ECS-ROTTERDAM,
　　　　　SHANGHAI, CHINA   　　　　　THE NETHERLANDS

ITEM NO.	COMMODITY & SPECIFICATION	UNIT	QUANTITY	UNIT PRICE (USD)	AMOUNT (USD)
FORTUNE BRAND ALUMINUM GARDEN FURNITURE				CIFC5ROTTERDAM	
1	ALUM SET OF 3PC ART. NO. DS-1-A	SET	727	59.60	43 329.20
2	ALUM GARDEN SETTING ART. NO. DS-2	SET	374	106.50	39 831.00
3	ALUM STAND MAIL BOX ART. NO. AS-2	PIECE	177	30.70	5 433.90
4	ALUM FLOWER BASKET 13' ART. NO. AS-1	PIECE	2 220	3.90	8 658.00
TOTAL					97 252.10
TOTAL CONTRACT VALUE：SAY U. S. DOLLARS NINETY SEVEN THOUSAND TWO HUNDRED AND FIFTY TWO AND CENTS TEN ONLY.					

PACKING:	DS-1-A/DS-2 EACH PC IS PACKED IN A POLY BAG AND ONE SET TO A CARTON.
	AS-2 EACH PC IS PACKED IN A POLY BAG AND ONE PC TO A CARTON.
	AS-1 4 PCS TO A CARTON.
	EACH SET IS LABELED IN ENGLISH, FRENCH AND GERMAN.
PORT OF LOADING & DESTINATION:	FROM SHANGHAI, CHINA TO ROTTERDAM, THE NETHERLANDS.
SHIPMENT:	TO BE EFFECTED BEFORE THE END OF MAY WITH PARTIAL SHIPMENTS NOT ALLOWED.
PAYMENT:	THE BUYER SHALL OPEN THROUGH A BANK ACCEPTABLE TO THE SELLER AN IRREVOCABLE LETTER OF CREDIT AT 15 DAYS' SIGHT TO REACH THE SELLER NOT LATER THAN 25 APRIL 20××. AND REMAIN VALID FOR NEGOTIATION IN CHINA UNTIL 15TH DAY AFTER THE DATE OF SHIPMENT.
INSURANCE:	THE SELLER SHALL COVER INSURANCE AGAINST ALL RISKS FOR 110% OF THE TOTAL INVOICE VALUE AS PER THE RELEVANT OCEAN MARINE CARGO CLAUSES OF THE PEOPLE'S INSURANCE COMPANY OF CHINA DATED 1/1/1998.

CONFIRMED BY:

THE SELLER:	**THE BUYER:**
TWINS CITY GROUP INT'L TRADE CORP.	N. V. NOM
MANAGER	MANAGER
×××	×××

二、进口合同

进口合同是由买方草拟、买卖双方签署生效的。因此，这种合同的条款在一般情况下是偏重买方利益的，也就是说，进口合同多对买方的权利和卖方的义务规定得比较详细，而对卖方的权利和买方的义务相对规定得十分简略。这一点刚好与出口合同的情况相反。

进口合同也可以划分为购买合同和购买确认书。这里仅列举一份由外国进口商草拟的购买合同（单证2-3）供参考，购买确认书与此类似，在此就不介绍实例了。

单证 2-3　购买合同

PURCHASE CONTRACT

NO.：HUT19××

DADE：MAY 12, 20××

THE BUYER:	×× HIGH TECHNOLOGY CO., LTD.
	××, HANOI, VIETNAM
	TEL：××××
	FAX：××××
THE SELLER:	BEIJING ×× IMPORT & EXPORT TRADE CO., LTD.
	××, FENGTAI DISTRICT, BEIJING, CHINA
	TEL：××××
	FAX：××××

The Seller and Buyer have agreed to sign this contract covering the following terms and conditions:

ARTICLE Ⅰ: COMMODITY

ITEM	DESCRIPTION	QUANTITY	UNIT PRICE (USD)	TOTAL AMOUNT (USD)
1	Walk-in Alternating Low/High Temperature & Humidity Test-Room（步入式室内温度和湿度交变调节仪） Model: FBWGD/SH3-21 • Manufactured by Beijing Lab Instrument Works Co., Ltd. • Technical specifications as per the manufacturer's standards • Assembly & Installation charge of equipment is included	1	75 000.00	75 000.00

ARTICLE Ⅱ: PRICE

• Total contract value: USD75 000.00（SAY U.S. DOLLARS SEVENTY FIVE THOUSAND ONLY.）

• This price is understood as FOB Tianjin under Incoterms® 2020 including all charges of packing and loading charges.

ARTICLE Ⅲ: QUALITY/GUARANTEE/INSTALLATION

3.1 The goods must be of 100% new brand, manufactured within the year 20×× in good working conditions. Good quality, fulfill all technical specifications supplied by the Seller. The equipments must be packed as per international export standards, suitable for sea transportation.

3.2 The Seller shall supply the instructions/User Manual of the machine in English for each item supplied, and delivered to the Buyer by DHL 2 days before the shipment of the machine.

3.3 The expired date of the equipment warranty should be 12 months from the date of the installation and commissioning date stated in the signing Acceptance Protocol between the Buyer and the End-user, or 15 months from the shipment date stated in the Bill of Lading.

3.4 The Seller is responsible for any defect due to materials or bad workmanship proven within the guaranteed period. During the Period, the Seller shall repair or replace free of charge any defective part of the equipment. Transportation expenses to the Seller for repair during the warranty period are borne by the Buyer. Transportation expenses to Vietnam after repair during the warranty period are borne by the Seller.

3.5 After shipment arrives in Vietnam and receiving written notification from the Buyer, the Seller will send 1 engineer and 3 assembly workers to Vietnam to do the assembly and installation of the machine.

ARTICLE Ⅳ: SHIPMENT AND INFORMATION

4.1 Pre-shipment inspection: 2 weeks before shipment, the Seller informs by written document and invites the Buyer to the Seller's premises for inspection of machine. Charges from this visit are borne by the Buyer. If any differences from technical standards given by the Manufacturer are found, the Seller has to clear them before shipping the machine to make sure it is in good working conditions and without defects.

4.2 The goods shall be shipped within 120 days after receiving L/C.

4.3 Date of issuance of L/C: within 15 days after signing contract.

4.4 Expiry place of the L/C: In the Seller's Country.

4.5 Loading port: Tianjin, China.

4.6 Discharging port: Haiphong port, Vietnam.

4.7 The Seller must deliver the goods to the forwarder agreed with or instructed by the Buyer.

4.8　Right after delivery of the goods, the Seller should fax the Buyer Bill of Lading, Commercial Invoice, Certificate of Origin issued by China Chamber of Commerce, Packing List, Warranty Certificate and following information: contract No. , date of departure and arrival of the carrying vessel: name, value, quality, gross/net weight, measures of goods shipped and the transshipment.

4.9　Not later than 7 days after delivery date, the Seller shall send to the Buyer's address by DHL one set of non-negotiable documents: Bill of Lading, Invoice, Packing List, Certificate of Origin issued by China Chamber of Commerce, Certificate of Quality and Quantity and Certificate of Warranty, so that the Buyer can arrange the customs formalities of the receipt of the goods at the port of destination. One copy of complete instructions manual books must be sent to the Buyer at the same time by DHL in order that Buyer can translate for the installation and training of the equipments supplied, as per the Customer's request.

4.10　All goods should be packed in wooden case.

4.11　Partial shipment: NOT ALLOWED.

4.12　Transshipment: ALLOWED.

ARTICLE Ⅴ: PAYMENT

- First payment: 98% of total contract value shall be made against an irrevocable L/C at sight (with reference to ICC's UCP600 and its subsequent versions) in favor of the Seller, which will notify the total contract value.

This issuing bank shall make the payment against presentation by the Seller of the following documents:

- 2/3 Original Bill of Lading Marked "Freight Collect" made out to the order of issuing bank.
- Signed Commercial Invoice in 2 originals and 4 copies.
- Detailed Packing List issued by the Seller (shall follow the contract description), in 2 originals and 4 copies.
- Certificate of Origin issued by the China Chamber of Commerce: in 1 original and 4 copies.
- Certificate of Quantity and Quality issued by the Manufacturer, in 2 originals and 4 copies.
- Certificate of Inspection issued by the Manufacturer, in 2 originals and 4 copies.
- Beneficiary's certificate stating that one set of non-negotiable documents has been sent to the applicant by DHL within 7 days after B/L date.

Latest presentation of documents should be within 15 days from the Bill of Lading date.

L/C validity: 135 Days from the Date of receipt of L/C.

All bank charges inside Vietnam will be borne by the Buyer.

All bank charges outside Vietnam will be borne by the Seller.

All bank charges or expenses concerning extension and/or amendment to the L/C shall be borne by the faulty party.

- Second payment: the remaining amount (2%) of total contract value will be paid by T/T after the completion of assembly and installation of machine at the End-user's site.

Beneficiary's bank account:

Bank of China, Beijing branch, Xileyuan Sub-branch

SWIFT Code: BKCHCNBJ111

A/C: 808 115 866 109 081 013

ARTICLE Ⅵ: INSPECTION

Seller's inspection before shipment shall be final, and related inspection report attached to the shipping documents. Vietnam Inspection and Superintendent Organization (VINACONTROL), if required, shall carry out other inspection, at the Buyer's charge, for claims on specifications, quantity that are not conformable with contract and/or shipping documents. Claim, if any, shall be cabled to the Seller and confirmed by registered airmail together with supporting documents issued by VINACONTROL within 15 days, whenever such claims to be proved as the Seller's responsibility, the Seller shall settle within 15 working days.

ARTICLE Ⅶ: FORCE MAJEURE

Under unavoidable circumstances preventing the Buyer and/or Seller from fulfilling their commitments to this contract，such as but not limited to civil war，Act of God，natural disaster，etc.，one party facing Force Majeure case should inform the other by FAX within 10 days at the latest. A certificate of Force Majeure issued by competent authorities must be sent to other party within 15 days. Beyond this period，this Force Majeure shall not be taken into consideration.

ARTICLE Ⅷ：PENALTY

Beyond the time of the delivery specified in this contract as Force Majeure excepted，the Seller shall indemnify the buyer for 0.1% of the FOB value of the goods for each full day of delivery delay，but the total amount of penalty shall not exceed 15% of the total contract value. If the delay in delivery exceeds 30 days，or any unconformity with the Article Ⅰ and Ⅲ，the Buyer has the right to cancel the contract.

ARTICLE Ⅸ：ARBITRATION

Any disputes shall be settled by amicable negotiation between two parties. In case of failure to reach amicable agreement，all disputes arising out of or in connection with this contract shall be brought to International Arbitration Center at the Vietnam Chamber of Commerce and Industry in Vietnam and its decision shall be as final and binding upon both parties.

ARTICLE Ⅹ：GENERAL CONDITIONS

By signing this contract，any previous correspondence and all negotiation different to the content of this contract connected herewith shall become null and void.

Any amendment and/or additional clauses to their conditions shall be in written form in English and dully confirmed by both parties.

This contract will be effective by signing through fax and comes into effect after being duly signed by both Parties. The Contract is made into 2 fold of the same legal value of which each party will keep one.

CONFIRMED BY THE SELLER
SALES MANAGER
×××

CONFIRMED BY THE BUYER
DIRECTOR
×××

本章小结

国际货物贸易合同是指不同国家（或地区）的当事人，通过友好磋商，按照一定交易条件达成的买卖某种货物的协议。

国际货物贸易合同有书面形式、口头形式和其他形式。在实践中，为了更好地明确双方当事人的权利和义务，一般要签订书面合同。

国际货物贸易书面合同包括销售合同或购买合同、销售确认书或购买确认书、协议、备忘录、订单和委托订购单等主要形式。

国际货物贸易书面合同包括约首、本文和约尾三部分。

本章着重介绍了国际货物贸易书面合同的内容及填制规范。

 复习与思考

一、翻译题（英译汉）

请将以下合同条款翻译成中文。

1. Packing：In cartons，each in a polyester bag and thirty pcs in a carton.

2. The Buyer shall have the covering letter of credit reach the Seller 30 days before shipment，failing which the Seller reserves the right to rescind without further notice，or to regard as still valid whole or any part of this contract not fulfilled by the Buyer，or

to lodge a claim for losses thus sustained, if any.

3. Payment: The Buyer shall open through a bank acceptable to the Seller an irrevocable L/C at sight to reach the Seller 30 days before the month of shipment remained valid for negotiation in China until the 15th day after the date of shipment.

4. Shipment: Shipment on or before July 31, 2020 with partial shipment allowed and transshipment allowed from Chinese port to Hamburg Germany.

5. Any and all claims shall be regarded as accepted if the Sellers fail to reply within 30 days after receipt of the Buyer's claim.

6. Packing List in quintuplicate, with indication of both gross and net weight, measurements and quantity of each item packed.

7. Shipment advice: Immediately the goods are completely loaded, the Sellers shall cable to notify the Buyers of the contract No. , name of commodity, quantity, gross weight, invoice value, name of the carrying vessel and the date of sailing.

8. Arbitration: Any disputes arising from or in connection with this Contract shall be submitted to China International Economic and Trade Arbitration Commission for arbitration which shall be conducted by the Commission in Beijing or by its Shenzhen Sub-Commission in Shenzhen or by its Shanghai Sub-Commission in Shanghai at the Claimant's option in accordance with the Commission's arbitration rules in effect at the time of applying for arbitration. The arbitral award is final and binding upon both parties.

9. Force majeure: Any party of the contract who due to force majeure accidents, such as flood, fire, storm, snow disasters, earthquake and war, shall cable immediately the other party of such occurrence and within 14 days thereafter, shall send by airmail the detailed information of the accident and a certificate issued by the competent government authorities of the place where the accidents occur. The other party shall not claim any penalty for the losses suffered therefore, but the party who encounters the accident shall still be liable to execute the contract according to the actual time of affecting the execution of the contract as agreed upon by both parties. In case the accident lasts for more than 10 weeks, the other party shall have the right to cancel the contract.

10. The manufacturers shall before making delivery, make a precise and comprehensive inspection of the goods as regards their quality, specification, performance and quality/weight, and issue certificates certifying that the goods are in conformity with the stipulations of this contract. The certificates together with the certificates of pre-shipment inspection issued by Customs or by the surveyors shall form an integral part of the documents to be presented to the paying bank for negotiation/collection of payment but shall not be considered as final in respect of quality, specifications, performance and quality/weight. Particulars and result of the test carried out by manufactures must

be shown in a statement to be attached to the said Quality Certificates.

二、翻译题（汉译英）

请将下列合同条款翻译成英文。

1. 每台装一出口纸箱，850 箱装 20 英尺集装箱。

2. 付款条款：在装船后 30 天内电汇。

3. 保险：由买方按发票金额的 110％投保一切险及战争险。

4. 包装：纸箱装，每个商品装一塑料袋，货号 10005 每 30 个装一纸箱，货号 10006、10009 每 40 个装一纸箱。

5. 装运：在 2023 年 7 月 31 日前（含当日）装运，允许分批，允许转船，从中国港口到德国汉堡。

6. 卖方不得迟于 2023 年 9 月 30 日装船。装船后 3 天内向买方发出装船通知，不允许转船，不允许分批装运。

7. 价格条件：衬衣每件 CIF 纽约 15.00 美元。

8. 装运通知：货物全部装船后，卖方应立即将合同编号、商品名称、数量、毛重、发票金额、船名、提单号和开航日期电告买方。

9. 付款条件：买方必须在 2023 年 3 月 30 日前通过一家由卖方认可的银行开出并送达卖方一份不可撤销的远期 30 天信用证，并注明有效期为装船后 15 天在中国议付。

10. 货物到达到货口岸后，买方应申请商品检验机构就货物质量、规格、数量/重量进行初步检验，如发现所到货物的规格和数量/重量与合同不符，除应由保险公司或船公司负责者外，买方于货物在到货口岸卸货后 120 天内凭商品检验机构出具的检验证书有权拒收货物或向卖方索赔。

三、案例分析题

1. 我国某进口企业与某外商磋商进口机械设备。经往来电传磋商，已就合同的基本条款初步达成协议，但在我方最后所发的表示接受的电传中列有"以签署确认书为准"的文字。事后，外商拟就合同书，要我方确认。但由于对某些条款的措辞尚待进一步商讨，同时又发现该商品的市场价格趋于下降，因此，我方未及时给予答复。外商又连续来电催开信用证，我方回答拒绝开证。试分析这一拒绝是否合理。

2. 我方与荷兰某商以 CIF 条件成交一笔交易，合同规定以信用证为付款方式。卖方收到买方开来的信用证，及时办理了装运手续，并制作好一整套单据。在卖方准备到银行办理议付手续时，收到买方来电，得知载货船只在航海运输途中遭遇意外事故，大部分货物受损，据此，买方表示将等到具体货损情况确定以后，才同意银行向卖方支付货款。问：

（1）卖方可否及时收回货款？为什么？

（2）买方应如何处理此事？

四、单证操作题

根据已知资料缮制售货确认书。

上海进出口贸易公司与日本高村商社（TAKAMULA TRADE CO., LTD.）于

2023 年 8 月 8 日某商品交易会上达成一笔交易。标的为长毛绒玩具，玩具熊每只 15 美元，玩具猫每只 25 美元，CIF 大阪，买方最迟于 2023 年 9 月 30 日开立不可撤销即期信用证，装运后 15 天内在中国境内议付有效。每只装一个塑料袋，20 只装一个纸箱，各 10 000 只。唛头为 T. T. C. /OSAKA/C/NO：1-1000。交货时间不得晚于 2023 年 10 月，不可分批装运和转船，装运港为上海，目的港为大阪。卖方按照发票金额的 110%投保一切险和战争险。合同由上海进出口贸易公司缮制，合同号码是 MN058936。以下是上海进出口贸易公司的一份空白售货确认书，请将这份合同填完整。

<table>
<tr><td colspan="5" align="center">**上海进出口贸易公司**
SHANGHAI IMPORT & EXPORT TRADE CORPORATION
1321 CHONGSHAN ROAD E. 1 SHANGHAI CHINA
TEL：8621-56892588 FAX：8621-65875686</td></tr>
<tr><td colspan="5">TO：</td></tr>
<tr><td colspan="5" align="center">**销售确认书**
SALES CONFIRMATION</td></tr>
<tr><td colspan="4"></td><td>编号
No.
日期
Date</td></tr>
<tr><td align="center">唛头
SHIPPING
MARKS</td><td align="center">品名及规格
COMMODITY AND
SPECIFICATION</td><td align="center">数量
QUANTITY</td><td align="center">单价
UNIT PRICE</td><td align="center">总额
AMOUNT</td></tr>
<tr><td></td><td></td><td></td><td></td><td></td></tr>
<tr><td colspan="5">装运条款
SHIPMENT</td></tr>
<tr><td colspan="5">保险
INSURANCE</td></tr>
<tr><td colspan="5">付款方式
PAYMENT</td></tr>
<tr><td colspan="5">注意：请完全按本售货确认书开证并在证内注明本销售确认书号码。
NOTE: PLEASE ESTABLISH L/C EXACTLY ACCORDING TO THE TERMS AND CONDITIONS OF THIS S/C AND WITH THIS S/C NUMBER INDICATED.</td></tr>
<tr><td colspan="2">买方
THE BUYER</td><td colspan="3">卖方
THE SELLER</td></tr>
</table>

<table>
<tr><td>第
三
章</td><td># 国际贸易结算</td></tr>
</table>

第三章

国际贸易结算

教学目标

了解汇付的概念及流程；了解托收的概念及流程；了解银行保函和国际保理业务的概念；熟悉汇票的概念和种类；掌握汇票的主要内容及填制方法；了解本票和支票的内容。

关键词

汇付 托收 汇票 本票 支票

导入案例

案情介绍： 某月某日，我国 A 公司同南美客商 B 公司签订合同，由 A 公司向 B 公司出口货物一批，双方商定采用跟单托收结算方式了结贸易项下款项的结算。我方的托收行是 A' 银行，南美代收行是 B' 银行，具体付款方式是 D/P（付款交单）90 天。但是到了规定的付款日，对方毫无付款的动静。更有甚者，全部单据已由 B 公司承兑汇票后，由当地代收行 B' 银行放单给 B 公司。于是 A 公司在 A' 银行的配合下，聘请了当地较有声望的律师对代收行 B' 银行，因其将 D/P 远期作为 D/A（承兑交单）方式承兑放单的责任，向法院提出起诉。当地法院以惯例为依据，主动请求我方撤诉，以调解方式解决该案例。经过双方多次谈判，该案终以双方互相让步而得以妥善解决。

分析及结论： 托收方式是一种以商业信用为基础的结算方式，这种结算方式显然对一方有利，对另一方不利。鉴于当今世界是买方市场这一情况，作为出口商的我方想通过支付方式给予对方优惠来开拓市场，增加出口。这一做法本无可厚非，问题是在采用此种结算方式时，我们除了要了解客户的资信以外，还应掌握当地的习惯做法。

在这一案例中，《托收统一规则》（URC522）与南美习惯做法是相抵触的。据URC522 第 7 条 a 款：托收不应含有凭付款交付商业单据指示的远期汇票；b 款：如果托收含有远期付款的汇票，托收指示书应注明商业单据是凭承兑交单还是凭付款交单。

如果无此项注明，商业单据仅能凭付款交单，代收行对因迟交单据产生的任何后果均不负责任；c 款：如果托收含有远期付款汇票，且托收指示书注明凭付款交付商业单据，则单据只能凭付款交付，代收行对于因任何迟交单据引起的后果不负任何责任。从中不难看出，URC522 首先不主张使用 D/P 远期付款方式，但是没有把 D/P 远期从 URC522 中绝对排除。

倘若使用该方式，根据 URC522 规则，B' 银行必须在 B 公司 90 天付款后，才能将全套单据交付给 B 公司。故 B' 银行在 B 公司承兑汇票后即行放单的做法是违背 URC522 规则的。但从南美的习惯做法看，南美客商认为，托收方式既然是一种对进口商有利的结算方式，就应体现其优越性。D/P 远期本意是出口商给进口商的资金融通。而现在的情况是货到南美后，若按 D/P 远期的做法，进口商既不能提货，又要承担因货压港而产生的滞迟费。若进口商想避免此种情况的发生，则必须提早付款从而提早提货，那么 D/P 远期还有什么意义？故南美的做法是将所有的 D/P 远期均视作 D/A。在此情况下，B' 银行在 B 公司承兑后放单给 B 公司的做法也就顺理成章了。

此案给我们的启示是：在处理跟单托收业务时，原则上我们应严格遵守 URC522。托收行在其托收指示中应明确表明按 URC522 办理，这样若遇有当地习惯做法与 URC522 相抵触，可按 URC522 办理。

第一节　国际贸易结算方式

一、汇付

（一）汇付的概念

汇付（remittance）又称汇款，是指进口商按约定的条件和时间将货款通过银行付给出口商的支付方式。在国际贸易结算中，它是一种最简便的方式，只是利用国际银行间相互划拨款项的便利，并不涉及银行的信用、买卖双方能否履行合同，完全取决于彼此的信用。因此，它纯属商业信用，采用的是顺汇法。

（二）汇付的当事人

（1）汇款人（remitter），在国际贸易结算中通常是进口商、买卖合同的买方或其他经贸往来中的债务人。

（2）收款人（payee），在国际贸易结算中通常是出口商、买卖合同的卖方或其他经贸往来中的债权人。

（3）汇出行（remitting bank），是接受汇款人的委托或申请，汇出款项的银行，通常是进口商所在地的银行。

（4）汇入行（receiving bank），又称解付行（paying bank），是接受汇出行的委托解付款项的银行，汇入行通常是汇出行在收款人所在地的代理行。

（5）转汇行，它是代汇出行拨付或偿付汇款资金给汇入行，或代汇入行收款入账或索取该款项的银行。

（三）汇付的种类

根据汇出行向汇入行转移资金发出指示的方式，汇付可分为三种。

1. 信汇

信汇（mail transfer，简称 M/T），是指进口商（即债务人或称汇款人）将汇款及手续费交付给汇款地的一家银行（汇出行），委托该银行利用信件转托收款人所在地的银行（汇入行），将货款付给出口商（即债权人或称收款人），具体流程见图 3-1。这种汇付方法需要一个地区间的邮程的时间，一般航邮为 7~15 天，视地区远近而异。如用快递（express）可以加速 3~5 天。

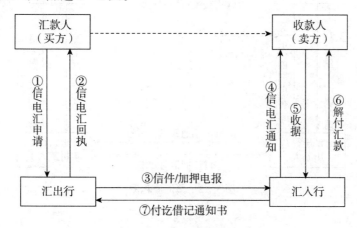

图 3-1 信汇与电汇流程图

信汇的优点是费用较低廉，但收款人收到汇款的时间较迟。

2. 电汇

电汇（telegraphic transfer，简称 T/T），是指汇出行应汇款人的申请，拍发加押电报或电传给在另一国家的分行或代理行（即汇入行）解付一定金额给收款人的一种汇款方式，具体流程见图 3-1。

电汇方式的优点在于速度快，收款人可以迅速收到货款。随着现代通信技术的发展，银行与银行之间使用电传直接通信，快速、准确。电汇是目前使用较多的一种方式，但费用较高。

3. 票汇

票汇（demand draft，简称 D/D），是指汇款人向其当地银行（汇出行）购买银行即期汇票，并直接寄给收款人，收款人收到该汇票即可凭以向指定的付款银行取款，具体流程见图 3-2。

票汇与电汇、信汇的不同之处在于，票汇的汇入行无须通知收款人取款，而由收款人持票登门取款，这种汇票除有限制流通的规定外，经收款人背书，可以转让流通，而电汇、信汇的收款人则不能将收款权转让。

总之，汇付的优点在于手续简便、费用低廉。汇付的缺点是风险大，资金负担不平衡。因为以汇付方式结算，可以是货到付款，也可以是预付货款。如果是货到付款，卖方向买方提供信用并融通资金。而预付货款则是买方向卖方提供信用并融通资金。不论哪一种方式，风险和资金负担都集中在一方。在我国外贸实践中，汇付一般只用来支付订金货款尾数、佣金等项费用，不是一种主要的结算方式。在发达国家之间，由于大量的贸易是跨国公司的内部交易，而且外贸企业在国外有可靠的贸易伙伴和销售网络，因此汇付是主要的结算方式。

票汇流程见图 3-2。

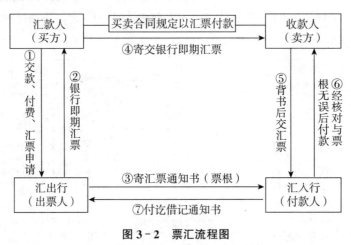

图 3-2　票汇流程图

二、托收

（一）托收的概念

托收（collection）是出口商在货物装运后，开具以进口商为付款人的汇票（随附或不随附货运单据），委托出口地银行通过它在进口地的分行或代理行收取货款的一种结算方式，属于商业信用，采用的是逆汇法。

（二）托收的当事人

（1）委托人（principal），即开出汇票委托银行向国外付款人代收货款的人，也被称为出票人（drawer），通常为出口商。

（2）托收行（remitting bank），即接受出口商的委托代为收款的出口地银行。

（3）代收行（collecting bank），即接受托收行的委托收取货款的进口地银行。

（4）付款人（payer 或 drawee），汇票上的付款人即托收的付款人，通常为进口商。

（5）提示行（presenting bank），即应托收行或代收行委托，向付款人提示单据和汇票，代为索款的付款人所在地银行。一般情况下，代收行就是提示行。

（三）托收的种类

1. 跟单托收

跟单托收（documentary collection），是指凭汇票连同商业单据向进口商收取款项的一种托收方式，有时出口商不开汇票，只拿商业单据委托银行代收。跟单托收主要包括付款交单和承兑交单。

（1）付款交单，可分为两种。一是即期付款交单（documents against payment at sight，简称 D/P at sight），是指代收行向进口商提示付款后（可以包括即期汇票），进口商立即付款，之后才能拿到商业单据，具体流程见图 3-3。二是远期付款交单（documents against payment after sight，简称 D/P after sight），是指开出的汇票是远期汇票，进口商见票后，先向银行承兑，并于汇票到期日付款的付款交单方式，具体流程见图 3-4。

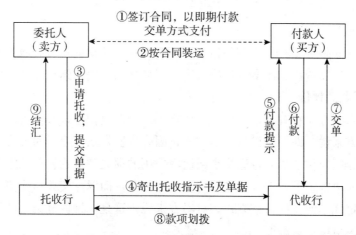

图 3-3 即期付款交单流程图

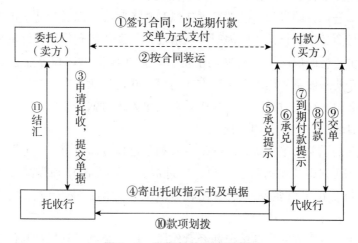

图 3-4 远期付款交单流程图

（2）承兑交单（documents against acceptance，简称 D/A），是指代收行在进口商承兑远期汇票后向其交付单据的一种方式，具体流程见图 3-5。

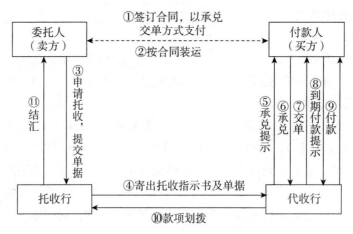

图 3-5　承兑交单流程图

2. 光票托收

光票托收（clean collection），是指汇票不附带货运票据的一种托收方式。它主要用于货款的尾数、样品费用、佣金、代垫费用、贸易从属费用、索赔以及非贸易的款项。

（四）对托收的评价

托收方式对买方比较有利，费用低，风险小，资金负担小，甚至可以取得卖方的资金融通。对卖方来说，即使是付款交单方式，因为货已发运，万一对方因市价低落或财务状况不佳等原因拒付，卖方将遭受来回运输费用的损失和货物转售的损失。在远期付款交单和承兑交单方式下，卖方承受的资金负担很重，而承兑交单风险更大。托收是卖方给予买方一定优惠的一种付款方式。对卖方来说，这是一种促进销售的手段，但必须对其中存在的风险持慎重态度。

我国外贸企业以托收方式出口，主要采用付款交单方式，并应着重考虑三个因素：商品市场行情、进口方的资信情况即经营作风和财务状况，以及相适应的成交金额。其中特别重要的是商品市场行情。因为市价低落往往是造成经营作风不好的商人拒付的主要动因。在市价坚挺的情况下，较少发生拒付，且即使拒付，我方处置货物也比较方便。我国外贸企业一般不采用承兑交单方式出口。在进口业务中，尤其是对外加工装配和进料加工业务中，往往对进口料件采用承兑交单方式付款。

（五）使用托收方式应注意的问题

托收，尤其是承兑交单方式，总的来讲有利于进口方而对出口方非常不利。但正因如此，出口方往往利用其作为吸引客户、促进成交、扩大出口和提高市场竞争力的手段。我国外贸企业在出口贸易中采用托收方式时，为确保安全收汇，必须注意以下问题。

（1）要切实了解买方的资信情况和经营作风，成交金额不宜超过其信用程度。

（2）了解进口国家的贸易管制和外汇管制条例，以免货到时由于不准进口或收不到外汇造成不应有的损失。

（3）了解进口国家的商业惯例，以免由于当地习惯做法影响安全、迅速收汇。

（4）应争取以 CIF 条件成交，除办理货运保险外，还应投保卖方利益险。

（5）对托收交易要建立健全的管理制度，定期检查，及时催收清理，发现问题后立即采取措施，以避免或减少可能发生的损失。

三、信用证

（一）信用证的概念

信用证（letter of credit，简称 L/C），是银行做出的有条件的付款承诺，即银行根据开证申请人的请求和指示，向受益人开具的有一定金额并在一定期限内凭规定的单据，承诺付款的书面文件；或者是银行在规定金额、日期和单据的条件下，愿代开证申请人承购受益人汇票的保证书。信用证属于银行信用，采用的是逆汇法。

在国际贸易活动中，买卖双方可能互不信任，买方担心预付款后，卖方不按合同要求发货；卖方也担心在发货或提交货运单据后，买方不付款。因此需要两家银行作为买卖双方的保证人，代为收款交单，以银行信用代替商业信用。银行在这一活动中所使用的工具就是信用证。

（二）对信用证的评价

当采用信用证方式结算时，受益人（出口商）的收款有保障，特别是在出口商不是很了解进口商，或在进口国有外汇管制时，信用证的优越性更为显著。信用证方式使双方资金负担较平衡。但它也存在一定的缺陷：信用证方式手续复杂，环节较多，不仅费时，而且费用较高，审单等环节有较强的技术性，增加了业务成本。

有关信用证的内容将在第四章详细介绍。

四、其他结算方式

（一）银行保函

1. 保函的概念

银行保函简称保函（letter of guarantee，简称 L/G），又称保证书，是指银行、保险公司、担保公司或担保人应申请人的请求，向受益人开立的一种书面信用担保凭证，保证在申请人未能按双方协议履行其责任或义务时，由担保人代其履行一定金额、一定时限范围内的某种支付或经济赔偿责任。现阶段最常用的保函为：投标保函、履约保函、支付保函、预付款保函。

2. 保函的内容

银行保函无形式条款方面的限制，当事人的责、权、利以条文为准。内容一般包括以下几点。

（1）委托人、受益人和担保人的完整的名称和地址。

（2）需要开立保函的背景交易。

（3）承诺的责任。这是银行保证书最主要的内容。

（4）应付最高金额及币种。

（5）保函失效日期及/或失效事件。

（6）索赔条款。

（7）保函金额递减的规定。

3. 保函的当事人

（1）委托人（principal），又称申请人，即要求银行开立保函的一方，是与受益人订立合同的执行人和债务人。在投标保函项下为投标人，在出口保函项下为出口商，在进口保函项下为进口商，在还款保函项下为定金和预付款的收受人。

（2）保证人（guarantor），也称担保人，即开立保函的银行，有时也可能是其他金融机构。保证人根据委托人的申请，并在委托人提供一定担保的条件下向受益人开具保函。

（3）受益人（beneficiary），即为收到保函并凭以要求银行提供担保的一方，是与委托人订立合同的执行人和债权人。

4. 保函的种类

（1）出口类保函。

①投标保函（tender guarantee），是指在招标投标中招标人为保证投标人不得撤销投标文件、中标后不得无正当理由不与招标人订立合同等，要求投标人在提交投标文件时一并提交的一般由银行出具的书面担保。

②履约保函（performance guarantee），是应劳务方和承包方（申请人）的请求，银行金融机构向工程的业主方（受益人）做出的一种履约保证承诺。如果劳务方和承包方日后未能按时、按质、按量完成其所承建的工程，则银行将向业主方支付一笔约占合约金额5%～10%的款项。履约保函有一定的格式限制，也有一定的条件。

③预付金保函（advance payment guarantee），是指担保人（银行）根据申请人（合同中的预收款人，通常情况下是出口商）的要求向受益人（合同中的预付款人，通常是进口商）开立的，保证一旦申请人未能履约，或者未能全部履约，将在收到受益人提出的索赔后向其返还该预付款的书面保证承诺。

④保留金保函（retention money guarantee），是指出口商或承包商向银行申请开出的以进口商或工程业主为受益人的保函，保证在提前收回尾款后，如果卖方提供货物或承包工程达不到合同规定的质量标准，出口商或承包商将把这部分留置款项退回给进口商或工程业主。否则，担保人将给予赔偿。

（2）进口类保函。

①付款保函（payment guarantee），是指担保人应买方的申请而向卖方出具的，保证买方履行因购买商品、技术、专利或劳务合同项下的付款义务而出具的书面文件。在付款保函方式下，担保人（银行）应买方、业主等申请，向卖方、施工方保证，在卖方、施工方按合同提供货物、技术服务及资料或完成约定工程量后，如买方、业主不按约定支付合同款项，则银行接到卖方、施工方索偿后代为支付相应款项。

②补偿贸易进口保函（L/G opened for compensation trade），是指在补偿贸易合同项下，银行应设备或技术的引进方申请，向设备或技术的提供方所做出的一种旨在保证引进方在引进后的一定时期内，以其所生产的产成品或以产成品外销所得款项，来抵偿

所引进之设备和技术的价款及利息的保证承诺。

③加工装配业务进口保函（L/G opened for assembly processing），是指银行接受进料方或进件方的请求，向供料方或供件方保证，如果进料方或进件方收到与合同相符的原料或元件后，未按合同约定将成品交付给供料方或供件方，又不能以现汇偿付来料或来件的价款及附加的利息，银行将根据供料方或供件方的索赔，按照保函约定承担保证责任。

（二）国际保理业务

1. 国际保理业务的概念

国际保理业务（international factoring），又称国际保付代理，承购出口应收账款业务等，它是商业银行或其附属机构通过收购消费品出口债券而向出口商提供的一项综合性金融业务。

2. 国际保理业务的当事人及一般业务程序

国际保理业务的当事人有出口商、进口商、出口保理商以及进口保理商（出口保理商在进口地的代理人）。

一般业务程序如下：

（1）出口商在决定以托收或赊销方式成交前，把合同内容和进口商的名称通知本国的（出口）保理商。

（2）出口保理商将有关资料通知进口保理商，由其对进口商进行资信调查，并及时将调查结果通知出口保理商。

（3）出口保理商对可以认可的交易与出口商签订保理协议，协议中明确规定信用额度。

（4）出口商在保理协议规定的额度内与进口商签订买卖合同。

（5）出口商按合同规定发货，取得运输单据和其他商业单据，并在单据上注明应收账款转让出口保理商。

（6）出口保理商收到全套单据后，将单据转交进口保理商。由进口保理商负责向进口商收款，并将款项拨交出口保理商。

（7）出口保理商将收到的货款扣除手续费后交付出口商。若按协议规定，出口商在交单后已预支部分货款（一般为50%～90%），则出口保理商应在出口商付款时扣除预付款的本息。

如进口商不能按时付款或拒付，保理商应负责追偿和索赔，并按协议规定的时间向出口商付款。

3. 国际保理业务的特点

（1）应收账款必须是商业机构与商业机构之间销售货物产生的，该应收账款不属于个人或家庭消费性质或者类似使用性质。

（2）该商业机构必须将应收账款的权利转让给保理商。

（3）保理商必须履行的职能：以贷款或者预付款的形式向供货商融通资金、管理与应收账款有关的账户、收取应收账款、对债务人的拒付提供坏账担保。

（4）应收账款的转让通知必须送交债务人。

4. 国际保理业务的功能

（1）信用风险保障。如果企业选择了保理服务中的风险保障选项，买家的信用风险将会由银行来承担。在核准的信用额度内，保理可以为企业提供最高达100%的买家信用风险担保，帮助企业拓展国际、国内贸易业务。

（2）应收账款融资。针对被保理的应收账款，可以按预先约定的比率（通常为发票金额的80%，也可以是100%）为企业提供即时的贸易融资。

（3）应收账款管理。帮助企业进行专业的销售账户管理和应收账款催收，为企业即时提供经营管理所需的有关应收账款信息并对买方付款情况进行分析。

5. 使用国际保理业务时的注意事项

（1）保理公司只承担信用额度内的风险担保。因此，贸易合同金额不应超出保理公司建议的信用额度。

（2）由货物质量、数量和交货期不符合合同规定等违约行为所引起的拒付、少付，保理公司不予担保。因此，出口商要严格执行买卖合同，以避免因合同纠纷而失去保理权利。

第二节 国际贸易结算票据

国际贸易货款结算很少使用现金，大多使用非现金即金融票据来结算国际债权债务。金融票据是国际上通行的结算和信贷工具，是可以流通转让的债权凭证。国际贸易中使用的金融票据主要有汇票、本票和支票，其中最常用的是汇票。

扫一扫下面的二维码，了解《中华人民共和国票据法》

一、汇票

（一）汇票的概念

《中华人民共和国票据法》（以下简称《票据法》）第19条规定，汇票（bill of exchange，或draft）是出票人签发的，委托付款人在见票时或者在指定日期无条件支付确定的金额给收款人或者持票人的票据。汇票是国际结算中使用最广泛的一种信用工具。

（二）汇票的基本内容

根据《票据法》的规定，汇票必须记载下列事项。

（1）表明"汇票"的字样。

（2）无条件支付的委托。应理解成汇票上不能记载支付条件。

（3）确定的金额。

（4）付款人名称。在国际贸易中，通常是进口商或其指定银行。

（5）收款人名称。在国际贸易中，通常是出口商或其指定银行。

（6）出票日期。

（7）出票人签章。

汇票上未记载上述规定事项之一的，汇票无效。

（三）汇票的当事人

汇票是一种无条件支付的委托，有三个当事人：出票人、受票人和收款人。

出票人（drawer），指签发汇票的人，一般为卖方或债权人。在进出口业务中，通常为出口商或银行。

受票人（drawee/payer），就是"付款人"，即接受支付命令的人。在进出口业务中，通常为进口商或银行。在托收支付方式下，付款人一般为买方或债务人；在信用证支付方式下，一般为开证行或其指定的银行。

收款人（payee），又叫"汇票的抬头人"，是指受领汇票所规定的金额的人。在进出口业务中，收款人栏一般填写出票人提交单据的银行。

（四）汇票的种类

1. 根据出票人的不同分类

（1）银行汇票（banker's draft），是指汇票签发人为银行的汇票。

（2）商业汇票（commercial draft），是指汇票签发人为企业或者个人的汇票。

2. 根据有无附属单据分类

（1）光票（clean bill），汇票本身不附带货运单据。银行汇票多为光票。

（2）跟单汇票（documentary bill），又称信用汇票、押汇汇票，是需要附带提单、仓单、保险单、装箱单、商业发票等单据才能进行付款的汇票。商业汇票多为跟单汇票，在国际贸易中经常使用。

3. 根据付款时间的不同分类

（1）即期汇票（sight draft），是指持票人向付款人提示后对方立即付款，又称见票即付汇票。

（2）远期汇票（time bill），是指在出票一定期限后或将来的特定日期付款。

4. 根据承兑人的不同分类

（1）商业承兑汇票（commercial acceptance bill），是指由企业或个人承兑的远期汇票。

（2）银行承兑汇票（banker's acceptance bill），是指由银行承兑的远期汇票。

（五）汇票的主要内容及填制方法

汇票没有统一格式，由出口商或者银行自行缮制（读者可参考附录中的汇票样例），主要内容和填制方法如下（见单证3-1）。

单证3-1　汇票

Bill of Exchange

Drawn under　L/C No. ＿＿＿＿＿＿　　　　　　　　　　　　Dated ＿＿＿＿＿＿

Issued by ＿＿＿＿＿＿＿＿＿＿＿＿＿＿＿＿＿

No. ＿＿＿＿＿＿＿＿＿

Exchange for ＿＿＿＿＿＿

　　At ＿＿＿＿＿＿ days after sight of this FIRST of Exchange (Second of the same tenor and date unpaid) pay to the Order of ＿＿＿＿＿＿＿＿＿＿＿＿＿＿＿＿＿＿＿＿＿ the sum of ＿＿＿＿＿＿＿＿＿＿＿＿＿＿＿＿＿

　　Value received against shipment of the goods as per Invoice No. ＿＿＿＿＿＿＿＿ .

To

　　＿＿＿＿＿＿＿＿＿＿＿＿

　　　　　　　　　　　　　　　　　　　(Stamp & Signature)

1. 汇票字样（Bill of Exchange）

汇票名称一般使用 Bill of Exchange、Exchange 或 Draft，一般已印妥。但英国的票据法没有汇票必须标注名称的规定。汇票一般为一式两份，第一联、第二联在法律上无区别。其中一联生效则另一联自动作废。我国港澳地区一次寄单可只出一联。为防止单据可能在邮寄途中遗失造成的麻烦，一般远洋单据都按两次邮寄。

2. 汇票号码（No.）

汇票号码由出票人自行编号填入，一般使用发票号兼作汇票号码。在国际贸易结算单证中，商业发票是所有单据的核心，以商业发票的号码作为汇票的编号，表明本汇票属第×××号发票项下。实务操作中，银行也接受此栏是空白的汇票。

3. 出票日期与地点（Date and Place）

汇票的出票日期：通常在交单时由银行打上交单当天的日期。出票地点：原则上是出口商所在地，一般与日期相连。

4. 出票根据（Drawn under）

如果是在信用证项下，这一栏内要求填写信用证的号码、信用证开立日期、开证行的名称等。此栏中的开证行名称应填写全称，除非信用证内汇票条款中允许写开证行的缩写。如果是其他付款方式，如汇付、托收等，这一栏一般填写订单或合同的日期和号码。

5. 汇票金额（Exchange for）

大小写金额均不得涂改，且大小写金额必须一致。

"Exchange for"后填写小写金额，一般要求汇票金额使用 ISO 规定的三位英文货币缩写和阿拉伯数字表示，金额数保留到小数点后两位，例如：USD 1 234.00。主要货币的缩写和全称见表3-1。

表 3-1　部分主要国家（地区）货币名称

序号	国家（地区）货币汉译名称	国家（地区）货币英语名称	英文缩写
1	人民币	Yuan Renminbi	CNY
2	澳大利亚元	Australian Dollar	AUD
3	加拿大元	Canadian Dollar	CAD
4	日元	Japanese Yen	JPY
5	英镑	Great Britain Pound	GBP
6	港元	Hong Kong Dollar	HKD
7	欧元	Euro	EUR
8	美元	U. S. Dollar	USD
9	新西兰元	New Zealand Dollar	NZD
10	新加坡元	Singapore Dollar	SGD

"the sum of"后填大写金额，先填写货币全称，再填写金额的数目文字，句首以"SAY"开头，相当于中文的"计"字；句尾加"ONLY"结尾，相当于中文的"整"字。例如，SAY U. S. DOLLARS ONE THOUSAND TWO HUNDRED AND THIRTY FOUR ONLY。

6. 付款期限（Tenor）

付款期限一般可分为即期付款和远期付款两类。

即期付款只需在汇票固定格式栏内打上"at sight"。若已印有"at sight"，可不填。若已印有"at _____ sight"，应在横线上打"—"，即"at — sight"。

远期付款的付款期限一般有 4 种。

（1）见票后××天付款，填上"at ×× days after sight"，即以付款人见票承兑日为起算日，××天后到期付款。

（2）出票后××天付款，填上"at ×× days after date"，即以汇票出票日为起算日，××天后到期付款，将汇票上印就的"sight"划掉。

（3）提单日后××天付款，填上"at ×× days after B/L"，即付款人以提单签发日为起算日，××天后到期付款，将汇票上印就的"sight"划掉。

（4）某指定日期付款，指定×年×月××日为付款日。例如"on Feb. 25，2020"，汇票上印就的"sight"应划掉。这种汇票被称为定期付款汇票或板期汇票。托收方式的汇票付款期限，如为 D/P 即期者，填"D/P at sight"；如为 D/P 远期者，填"D/P at ××days sight"；如为 D/A 远期者，填"D/A at ×× days sight"。

7. 收款人（Payee）

收款人也称抬头人或抬头，在信用证方式下通常为出口地银行。

汇票的抬头人通常有 3 种写法。

（1）指示性抬头（demonstrative order）。例如："pay ×× Co.，or order；pay to the order of ×× Co."（付××公司或其指定人）。

（2）限制性抬头（restrictive order）。例如："pay ×× Co. only"（仅付××公司）或"pay ×× Co. not negotiable"（付××公司，不准流通）。

（3）持票人或来人抬头（payable to bearer）。例如，"pay to bearer"（付给来人）。这种抬头的汇票无须持票人背书即可转让。

在我国对外贸易中，指示性抬头使用较多，在信用证业务中要按照信用证规定填写。若来证规定"由中国银行指定"或来证对汇票收款人未规定，此栏应填上"pay to the order of Bank of China"（由中国银行指定）；若来证规定"由开证行指定"，此栏应填上"pay to the order of ×× Bank"（开证行名称）。

8. 受票人（To）

受票人即接受汇票的人，汇付或托收方式下，通常为进口商；信用证方式下，通常为进口地开证行。根据 UCP600 的规定，信用证方式的汇票以开证行或其指定银行为付款人，不应以申请人为汇票的付款人。如果信用证要求以申请人为汇票的付款人，银行将视该汇票为一份附加的单据；而如果信用证未规定付款人的名称，汇票付款人应填开证行名称。

在信用证业务中，汇票付款人是按信用证"draw on ××""draft on ××"或"drawee"确定，例如，"... available by beneficiary's draft（s）on applicant"条款表明，以开证申请人为付款人；又如，"... available by draft（s）drawn on us"条款表明，以开证行为付款人；再如"drawn on yourselves/you"条款表明以通知行为付款人。信用证未明确付款人名称者，应以开证行为付款人。

9. 右下方空白栏（Authorized Signature）

出票人，即出口商签字，填写公司名称。

（六）汇票的票据行为

汇票使用过程中的各种行为，都由《票据法》加以规范，主要有出票、提示、承兑和付款。如需转让，通常应经过背书行为。如汇票遭拒付，还需做成拒绝证书并行使追索权。

1. 出票

出票（issue）是出票人签发汇票并交付给收款人的行为。

2. 提示

提示（presentation）是持票人将汇票提交付款人要求承兑或付款的行为，是持票人要求取得票据权利的必要程序。提示又分付款提示和承兑提示。

3. 承兑

承兑（acceptance）是指付款人在持票人向其提示远期汇票时，在汇票上签名，承诺于汇票到期时付款的行为。具体做法是付款人在汇票正面写明"承兑（accepted）"字样，注明承兑日期，于签章后交还持票人。付款人一旦对汇票做了承兑，即成为承兑人，将以主债务人的地位承担汇票到期时付款的法律责任。

4. 付款

付款（payment）是指付款人在即期汇票见票时，或远期汇票到期日，向提示汇票的合法持票人足额付款。持票人将汇票注销后交给付款人作为收款证明，汇票所代表的债务债权关系即告终止。

5. 背书

票据包括汇票是可流通转让的证券。汇票经过背书（endorsement）方可转让。根据《票据法》的规定，除非出票人在汇票上记载"不得转让"，汇票的收款人可以以记名背书的方式转让汇票权利。即收款人在汇票背面签上自己的名字，并记载被背书人的名称，然后把汇票交给被背书人即受让人，受让人成为持票人，是票据的债权人。受让人有权以背书方式再行转让汇票。在汇票经过不止一次转让时，背书必须连续，即被背书人和背书人名字前后一致。对受让人来说，所有以前的背书人和出票人都是"前手"，对背书人来说，所有他转让以后的受让人都是他的"后手"，前手对后手承担汇票得到承兑和付款的责任。在金融市场上，最常见的背书转让为汇票的贴现，即远期汇票经承兑后，尚未到期，持票人背书后，由银行或贴现公司作为受让人，从票面金额中扣减按贴现率结算的贴息后，将余款付给持票人。

扫一扫下面的二维码，了解票据贴现

6. 拒付和追索

持票人向付款人提示，付款人拒绝付款或拒绝承兑（dishonor），均称拒付。另外，付款人逃匿、死亡或宣告破产，以致持票人无法实现提示，也称拒付。出现拒付，持票人有追索（recourse）权。即有权向其前手（背书人、出票人）要求偿付汇票金额、利息和其他费用。在追索前必须按规定做成拒绝证书和发出拒付通知。拒绝证书，是指用以证明持票已进行提示而未获结果，由付款地公证机构出具，也可由付款人自行出具的退票理由书，或有关的司法文书。拒付通知，是指用以告知前手关于拒付的事实，使其准备偿付并进行再追索的通知。

二、本票

（一）本票的概念

《票据法》第73条规定，本票（promissory note）是出票人签发的，承诺自己在见票时无条件支付确定的金额给收款人或者持票人的票据。

（二）本票的基本内容

根据《票据法》的规定，本票须具备以下必要项目。

（1）表明"本票"的字样。

（2）无条件支付的承诺。

（3）确定的金额。

（4）收款人名称。

（5）出票日期。

（6）出票人签章。

该法又规定：本票上未记载付款地的，出票人的营业场所为付款地；未记载出票地的，出票人的营业场所为出票地。

（三）本票的特征

（1）本票是自付证券，它是由出票人自己对收款人支付并承担绝对付款责任的票据。这是本票和汇票、支票最重要的区别。在本票法律关系中，基本当事人只有出票人和收款人，债权债务关系相对简单。

（2）无须承兑。本票在很多方面可以适用汇票法律制度。但由于本票是由出票人本人承担付款责任，无须委托他人付款，所以，本票无须承兑就能保证付款。

（四）本票的种类

1. 根据出票人的不同分类

（1）银行本票，是指银行签发的、承诺自己在见票时无条件支付确定的金额给收款人或者持票人的票据，见单证 3 - 2。

单证 3 - 2　银行本票

ABC INTERNATIONAL BANK，LTD.
428 HUIJI ROAD，SHAOXING，CHINA
CASHIER'S ORDER

USD1 450.80　　　　　　　　　　　　　　　SHAOXING，MAY 25，20××
PAY TO THE ORDER OF CISSY CORPORATION
THE SUM OF U.S. DOLLARS ONE THOUSAND FOUR HUNDRED AND FIFTY CENTS
EIGHTY ONLY.

　　　　　　　　　　　　　　　　　FOR ABC INTERNATIONAL BANK，LTD.
　　　　　　　　　　　　　　　　　MANAGER

（2）商业本票，是指企业或个人签发的、承诺自己在见票时支付确定的金额给收款人或者持票人的票据，见单证 3 - 3。

单证 3 - 3　商业本票

Promissory Note

USD1 450.80　　　　　　　　　　　　　　　NEW YORK，MAY 25，20××
　　Two months after I promise to pay ABC Co.，LTD. or order the sum of U.S. DOLLARS ONE
THOUSAND FOUR HUNDRED AND FIFTY CENTS EIGHTY ONLY for value received.
　　　　　　　　　　　　　　　　　CISSY CORPORATION
　　　　　　　　　　　　　　　　　CISSY LIU

值得注意的是,《票据法》明确指出:"本法所称本票,是指银行本票。"即我国不允许发行商业本票。

2. 根据收款人的不同分类

(1) 记名本票,是指支付的收款人后带有限制性词语的本票,如"pay to ××Co. only"(仅付××公司)。

(2) 指示性本票,是指写明收款人姓名的本票,如"pay to the order of ABC Corporation"(支付给 ABC 公司或指定人)。

(3) 不记名本票,是指不记载收款人姓名,只写"pay to bearer"(付给来人)。

3. 根据付款期限的不同分类

(1) 即期本票,是指见票即付的本票。银行本票都是即期本票。

(2) 远期本票,是指承诺在未来某一规定的或可以确定的日期支付票款的本票。

三、支票

(一) 支票的概念

《票据法》第 81 条规定,支票(check 或者 cheque)是出票人签发的,委托办理支票存款业务的银行或者其他金融机构在见票时无条件支付确定的金额给收款人或者持票人的票据(见单证 3-4)。

单证 3-4 支票

CHECK
DATE   MAY25, 20××
PAY TO THE ORDER OF ABC CORPORATION   US$ 123.00
THE SUM OF   U. S. DOLLARS ONE HUNDRED AND TWENTY THREE ONLY
TO   BANK OF CHINA, SHAOXING BRANCH
FOR   CISSY CORPORATION
NEW YORK
(SIGNED)

(二) 支票的基本内容

根据《票据法》的规定,支票须具备以下必要项目:

(1) 表明"支票"的字样。

(2) 无条件支付的委托。

(3) 确定的金额。

(4) 付款人名称。

(5) 出票日期。

(6) 出票人签章。

另外《票据法》还规定,支票上未记载收款人名称的,经出票人授权,可以补记。出票人可以在支票上记载自己为收款人。支票上未记载付款地的,付款人的营业场所为付款地。支票上未记载出票地的，出票人的营业场所、住所或者经常居住地为出票地。支票的出票人所签发的支票金额不得超过其付款时在付款人处实有的存款金额，否则为空头支票。我国禁止签发空头支票。

（三）支票的种类

（1）划线支票（crossed cheque），是指在支票正面划两道平行线的支票。划线支票与一般支票不同，划线支票非由银行不得领取票款，故只能委托银行代收票款入账。使用划线支票的目的是在支票遗失或被人冒领时，还有可能通过银行代收的线索追回票款。

（2）保付支票（certified cheque），是指为了避免出票人开出空头支票，保证支票提示时付款，支票的收款人或持票人可要求银行对支票进行"保付"。保付是由付款银行在支票上加盖"保付"戳记，以表明在支票提示时一定付款。支票一经保付，付款责任即由银行承担，出票人、背书人都可免于追索。付款银行对支票保付后，即将票款从出票人的账户转入一个专户，以备付款，所以保付支票提示时，不会退票。

（3）银行支票（banker's cheque），是指由银行签发，并由银行付款的支票，也是银行即期汇票。银行代顾客办理票汇汇款时，可以开立银行支票。

国际贸易结算方式主要包括汇付、托收和信用证等。

国际贸易中使用的结算票据主要包括汇票、本票和支票，最常用的是汇票。

本章着重介绍了汇付、托收的流程以及汇票的主要内容及缮制规范。

本章
小结

复习与思考

一、单项选择题

1. 某公司签发一张汇票，上面注明"AT 90 DAYS AFTER SIGHT"。这张汇票属于（　　）。

A. 光票　　　　　B. 即期汇票　　　　C. 跟单汇票　　　D. 远期汇票

2. 国际贸易中使用的票据主要有汇票、本票和支票，其中使用最多的是（　　）。

A. 汇票　　　　　B. 本票　　　　　　C. 支票　　　　　D. 汇票和支票

3. 全套汇票的正本份数一般是（　　）。

A. 一份　　　　　B. 两份　　　　　　C. 三份　　　　　D. 视不同国家而定

4. 一张商业汇票见票日为1月31日，见票后1个月付款，则到期日为（　　）。

A. 2月28日　　　B. 3月1日　　　　　C. 3月2日　　　　D. 3月3日

5. 关于汇票的表述，正确的是（　　）。

A. 汇票上可以记载付款条件，汇票仍然有效

B. 实务中汇票通常采用空白背书

C. 汇票在提示付款前必须先提示承兑

D. 汇票既有即期的也有远期的

二、多项选择题

1. 按照《票据法》，汇票抬头的规定方法有（　　　）。

A. 限制性抬头　　　B. 指示性抬头　　　C. 持票人抬头　　　D. 记名抬头

2. 支票的基本当事人有（　　　）。

A. 出票人　　　　　B. 收款人　　　　　C. 付款人　　　　　D. 承兑人

3. 本票的基本当事人有（　　　）。

A. 出票人　　　　　B. 收款人　　　　　C. 付款人　　　　　D. 承兑人

4. 在实际业务中，远期汇票付款时间的规定方法有（　　　）。

A. 见票后若干天付款　　　　　　　B. 出票后若干天付款

C. 提单签发日后若干天付款　　　　D. 指定日期付款

5. 汇票的基本当事人有（　　　）。

A. 出票人　　　　　B. 背书人　　　　　C. 收款人　　　　　D. 受票人

三、判断题

1. 本票的出票人在任何情况下都是主债务人。（　　　）

2. 票据的转让必须通知债务人方为有效。（　　　）

3. 银行本票可以是即期的，也可以是远期的。（　　　）

4. 银行汇票和商业汇票的区别在于：前者的出票人和付款人都是银行，后者的出票人和付款人都是工商企业或个人。（　　　）

5. 在票汇情况下，买方购买银行汇票径寄卖方，因采用的是银行汇票，故这种付款方式属于银行信用。（　　　）

四、简答题

1. 试述票汇与电汇/信汇业务处理程序的区别。

2. 简述国际结算方式的内容。

3. 票据行为有哪些？

五、单证操作题

根据以下信用证有关信息填制汇票。

Issuing bank：DBS BANK（HONG KONG）LTD.，HONG KONG

Issuing date：20××年 07 月 15 日

Expire date：20××年 10 月 15 日

L/C No.：020010425056

Invoice No.：FJZY160814

Beneficiary：FUJIAN ZHONGYI IMP/EXP CORPORATION

801-806 ROOM，8F INTERNATIONAL BUILDING，WUSI ROAD，FUZHOU，FU-JIAN

TEL：86-591-87581888　　FAX：86-591-87581899

Commodity：TOTAL 1 200 CARTONS FOR 24 000 PAIRS OF SPORT SHOES

Amount：USD54 320.00

Drawee：DBS BANK（HONG KONG）LTD.，HONG KONG

Bill of Exchange

Drawn under　L/C No. ＿＿＿＿＿＿＿＿　　　　　　　　Dated ＿＿＿＿＿＿＿＿

　　　　Issued by ＿＿＿＿＿＿＿＿＿＿＿＿＿＿＿＿

No.　FJZY160814

Exchange for ＿＿＿＿＿＿＿＿

　　At ＿＿＿ days after sight of this FIRST of Exchange（Second of the same tenor and date unpaid）pay
to the Order of HUAXIABANK, FUZHOUBARANCH the sum of ＿＿＿＿＿＿＿＿＿＿＿＿＿＿＿＿

＿＿

　　Value received against shipment of the goods as per Invoice No. ＿＿＿＿＿＿＿＿ .

To：

＿＿＿＿＿＿＿＿＿＿＿＿＿＿＿＿＿＿＿＿

＿＿＿＿＿＿＿＿＿＿＿＿＿＿＿＿＿＿＿＿＿＿＿　＿＿＿＿＿＿＿＿＿＿＿＿＿＿＿＿＿＿＿＿

　　　　　　　　　　　　　　　　　　　　　　（Stamp & Signature）

第四章 信用证

/ 教学目标 /

了解信用证的概念、特点及相关当事人；了解信用证一般业务的流程；掌握开证申请书的主要内容及填制办法；了解信用证相关的国际惯例与法律法规；熟悉信用证的主要内容及填制方法；掌握信用证审核和修改的方法。

/ 关键词 /

开证申请书　SWIFT 信用证　UCP600　ISBP745

/ 导入案例 /

案情介绍：湖南某贸易公司与美国进口企业签订了 10 万立方米花岗岩销售合同，总金额为 2 000 万美元，买方通过美国当地的银行开出了上述合同的第一笔信用证，金额为 200 万美元。信用证规定："货物只能待收到申请人指定船名的装运通知后装运，而该装运通知将由开证行随后以信用证修改书方式发出。"（SHIPMENT CAN ONLY BE EFFECTED UPON RECEIPT OF APPLICANT'S SHIPPING INSTRUCTIONS THROUGH L/C OPENING BANK NOMINATING THE NAME OF CARRYING VESSEL BY MEANS OF SUBSEQUENT CREDIT AMENDMENT.）该贸易公司收到来证后，未提出对信用证条款的异议，并将质保金 280 万元人民币付给买方指定代表。装船前，买方派代表来产地验货，以质量不合格为由，拒绝签发"装运通知"，致使货物滞留产地，中方公司无法发货收汇，损失十分严重。

分析及结论：对方开来的信用证中该条款属于软条款，货物装运建立在对方开来的信用证修改通知书的基础上，对方不开来信用证修改书，我方不能装运，因此对于这种软条款，受益人在审核信用证时就应要求对方删除。

第一节 信用证概述

一、信用证的概念

信用证（letter of credit，L/C），是指开证行应申请人（买方）的要求并按其指示向受益人（卖方）开立的载有一定金额的、在一定的期限内凭符合规定的单据付款的书面保证文件。简言之，信用证是一种银行开立的有条件的承诺付款的书面文件。"有条件的承诺付款"是指，只要受益人满足信用证条款中的各项要求，即受益人向银行提交符合信用证规定的全套单据，开证行就一定按照规定向受益人支付信用证款项。

二、信用证的特点

1. 信用证是一种银行信用

与汇付和托收属于商业信用不同的是，信用证是一种银行信用，它是银行的一种担保文件，开证行对受益人承担"第一位的付款责任"。具体可以通过以下两点去理解。

（1）开证行首先承担支付信用证款项的责任。受益人（卖方）直接向开证行收取款项，而不是去找买方（信用证的"申请人"）。

（2）银行（开证行或指定银行）支付款项只以"受益人提交的单据符合信用证的要求"为前提，而不以买方的意愿和能力为条件。也就是说，受益人提交的单据完全符合信用证和国际惯例的规定，即使买方不愿意支付款项，或者买方此时已经破产倒闭，银行也要照样支付款项。

2. 信用证是独立于买卖合同之外的自足文件

信用证依据买卖合同，但不受合同条款约束。也就是说，信用证条款是最新的合同条款，如果信用证条款与合同条款不符，（1）受益人（卖方）可以不接受这些条款，通知买方将其修改过来；（2）如果卖方不对此提出异议，则表示默认了这些新的合同条款，即原买卖合同条款就被修改为信用证条款了。卖方就只有按照这些条款去履行，才能获得信用证款项。

3. 信用证业务是一种单据买卖

银行只看单据表面是否与信用证条款完全一致，不管实际交货的情况如何。UCP600 第 5 条规定："银行处理的是单据，而不是单据所涉及的货物、服务或其他行为。"（Banks deal with documents and not with goods, services or performance to which the documents may relate.）具体可以通过以下三层含义去理解。

（1）如果受益人提交的单据单证一致、单单一致，没有不符点，银行就一定付款。

（2）如果单证不符，或者单单不符，银行就有权拒付，或者在扣除一定金额的约定款项后，接受单据、支付货款。

（3）银行不考虑卖方实际交付货物的情况如何。即使卖方实际交付的货物并不符合信用证的规定，或者甚至根本就没有装运货物（信用证单据上填写的内容全部是伪造的），但只要这些单据表面上（单据的填写内容、签署及背书）完全符合信用证和国际管理的规定，银行也将照样付款无误。

三、信用证的当事人

信用证的基本当事人有三个，即开证申请人、开证行和受益人。此外，还有其他当事人，包括通知行、议付行、付款行、偿付行和保兑行等。

1. 开证申请人

开证申请人（applicant）是指向银行申请开立 L/C 的人，一般为进口商或买卖合同中的买方。

2. 开证行

开证行（opening bank，issuing bank）是指接受开证人的委托，开立 L/C 的银行，承担保证付款的责任。一般是进口商所在地的银行。

3. 受益人

受益人（beneficiary）是指 L/C 上所指定的有权使用该证的人，即出口商或者买卖合同中的卖方。

4. 通知行

通知行（advising bank，notifying bank）是指受开证行的委托，将 L/C 转交出口商的银行。只证明 L/C 的真实性，不承担其他义务。一般是出口商所在地银行且通常是开证行的代理行。

5. 议付行

议付行（negotiating bank）是指愿意买入或贴现受益人提交的跟单汇票的银行，可以是开证行指定的银行，也可以是非指定银行。议付行审单无误，即可垫付汇票和/或单据的款项，在扣除垫付利息后将余款付给受益人。在 L/C 业务中，议付行通常是以受益人的指定人和汇票善意持票人的身份出现的，它对作为出票人的信用证受益人的付款有追索权。

6. 付款行

付款行（paying bank，drawee bank）是指开证行授权进行信用证项下付款或承兑并支付受益人出具的汇票的银行。一般是指开证行，也可以是开证行指定的另一家银行。付款行代开证行验收单据，一旦验单付款后，付款行无权向受益人追索。

7. 偿付行

偿付行（reimbursing bank）是指信用证指定的代替开证行向议付行、付款行清偿垫款的银行。偿付行的出现通常是由于开证行的资金调度集中在该银行。若信用证中规定有关银行向指定银行索偿，则开证行应该及时向该偿付行提供照付该索偿的适当指示或授权，并且不应该以索偿行向偿付行提供单证相符的证明为先决条件。由于偿付行并不审查单据，所以偿付行的偿付具有追索权。

8. 保兑行

保兑行（confirming bank）是指应开证行请求在信用证上加具保兑的银行，具有与开证行相同的责任和地位。业务中通常由通知行兼任保兑行，也可由其他银行加具保兑。保兑行在信用证上加具保兑后，即对受益人独立负责，承担必须付款或议付的责任。

四、信用证的一般业务流程

信用证的业务流程因类型不同有一定的区别，但流程一般都包括申请开证、开证、通知、交单、付款和赎单等，这里仅以即期议付信用证为例，见图 4 - 1。

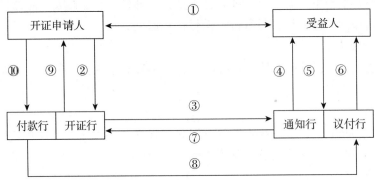

图 4 - 1　信用证的一般业务流程

说明：

①签订买卖合同，规定以 L/C 为付款方式。

②开证申请人向银行提出开证申请，并交纳若干押金和开证手续费。

③开证行接受开证申请，开出信用证并寄交通知行。

④通知行接到信用证经审查无误后转交受益人。

⑤受益人经审查信用证无误后，即可按规定的条件装运，缮制信用证要求的各种单据并开具汇票，在信用证有效期内向议付行交单。

⑥议付行经审核信用证与单据相符后，按汇票金额，扣除若干利息和手续费，将垫款付给受益人。

⑦议付行将单据等寄交开证行或其指定的付款行要求付款。

⑧开证行在审单无误后，向议付行付款。

⑨开证行在办理转账或汇款给议付行的同时通知开证申请人付款赎单。

⑩开证申请人付款并取得装运单据，凭以向承运人提货。

第二节　开证申请书

一、开证申请书的概念

进出口双方签订国际货物贸易合同并确认以信用证为结算方式后，即由进口方向有关银行申请开立信用证。开证申请是整个进口信用证业务的第一个环节，进口方应根据合同规定的时间或在规定的装船前一定时间内申请开证，并填制开证申请书，同时向开证行提交合同副本及相关要件（如进口许可证、进口配额证、某些部门的审批手续等），开证行根据有关规定收取开证押金和开证费用后，对申请书及进口商的资信状况进行审核，最后开出信用证，见图 4 - 2。

图 4 - 2　信用证开证的一般业务流程

开证申请人在向开证行申请开立信用证时必须填制开证申请书。开证申请书（letter of credit application）是开证行开立信用证的依据，也是开证申请人与开证行之间的一种书面契约，它规定了开证申请人与开证行的责任。在这一契约中，开证行只是开证申请人的付款代理人。

二、开证申请书的主要内容及填制办法

开证申请书主要依据贸易合同中的有关主要条款填制，申请人填制后附合同副本一并提交银行，供银行参考核对。但信用证一经开立则独立于合同，因而在填写开证申请书时应审慎查核合同的主要条款，并将其列入申请书中。一般情况下，开证申请书都由开证行事先印就，以便申请人直接填制。

这里列举的开证申请书的内容是根据第二章中单证 2 - 1 销售合同的内容填写的。大家可以对照相关合同的条款加以衔接，以便进一步加深理解和掌握。另外，在这份开证申请书中，小写的英文都是银行事先印就的格式性条款，大写的英文才是买方填写的条款内容；其中有些栏目中银行设计了一个以上的选项供开证申请人选择填写，只有在括号里打了"×"的选项才是有效内容（见单证 4 - 1）。

1. 开证行（To）

银行印制的申请书上事先都会印就开证行的名称、地址，银行的 SWIFT CODE 等也可同时显示。

2. 申请开证日期（Date）

在申请书右上角填写实际申请日期。日期使用 6 位阿拉伯数字表达，前两位数字表示"年份"，中间两位表示"月份"，最后两位表示"日期"；如果月份或者日期是小于 10 的数字，就在"十位数"上补"0"。例如，"200107"就表示"2020 年 1 月 7 日"。

3. 信用证开立方式

PLEASE ISSUE ON OUR BEHALF AND/OR FOR OUR ACCOUNT THE FOLLOWING IRREVOABLE LETTER OF CREDIT（请开列以下不可撤销信用证）。如果信用证是保兑或可转让的，应在此加注有关字样。开证方式多为全电开（BY TELEX），也可以是信开、快递或简电开。

（1）Issued by airmail. 以信开的形式开立信用证时，开证行以航邮将信用证寄给

通知行。

（2）With brief advice by teletransmission。以简电开的形式开立信用证时，开证行将信用证主要内容发电预先通知受益人，银行承担必须使其生效的责任，但简电本身并非信用证的有效文本，不能凭以议付或付款，银行随后寄出的"证实书"才是正式的信用证。

（3）Issued by express delivery。以快递的形式开立信用证时，开证行以快递（如：DHL）将信用证寄给通知行。

（4）Issued by teletransmission（which shall be the operative instrument）。以全电开的形式开立信用证时，开证行将信用证的全部内容加密押（test）后发出，该电讯文本为有效的信用证正本。如今大多用"全电开证"的方式开立信用证。

注意：一律在有关项目前打"×"表示选中。

4. 信用证号码（L/C Number）

此栏由银行填写。

5. 信用证截止日期及地点（Date and Place of Expiry）

填写信用证的有效期及到期地点。日期同样采用6位阿拉伯数字表达。

6. 申请人（Applicant）

填写申请人的全称及详细地址，有的要求注明联系电话、传真号码等。申请人又称开证人，指向银行申请开立信用证的人，一般为进口人。

7. 受益人（Beneficiary）

填写受益人的全称及详细地址。信用证上所指定的有权使用信用证的人，一般为出口人。

8. 通知行（Advising Bank）

由开证行填写。

9. 信用证金额〔Amount（both in figures and words）〕

分别用数字和文字两种形式表示，并且表明币制。如果允许有一定比率的上下浮动，要在信用证中明确表示出来。

如：USD26 865.00　SAY U. S. DOLLARS TWENTY SIX THOUSAND EIGHT HUNDRED AND SIXTY FIVE ONLY。

10. 分批装运（Partial Shipments）、转运（Transshipment）

根据合同的实际规定打"×"进行选择。

11. 装运地/港（Loading on board/dispatch/taking in charge at/from）、目的地/港的名称（for transportation to）、最迟装运期（not later than）

按实际填写，日期采用6位阿拉伯数字填写；如允许有转运地/港，也应清楚标明。

12. 付款方式（Credit Available with）

在所提供的即期、承兑、议付和延期付款四种信用证有效兑付方式中选择与合同要求一致的类型；如有汇票，还应表明汇票的具体要求。

（1）by sight payment，表示开具即期付款信用证。即期付款信用证是指受益人根据开证行的指示开立即期汇票，或无须汇票仅凭运输单据即可向指定银行提示请求付款的信用证。

（2）by deferred payment，表示开具延期付款信用证。如果开具此类信用证，需要写明延期多少天付款，例如"by deferred payment at 60 days against the documents detailed herein"，表示某单据日期 60 天后付款。延期付款信用证指不需要汇票，仅凭受益人交来单据，审核相符，指定银行承担延期付款责任起，延长至到期日付款。

（3）by acceptance，表示开具承兑信用证。承兑信用证是指规定开证行对于受益人开立以开证行为付款人或以其他银行为付款人的远期汇票，在审单无误后，应承担承兑汇票并于到期日付款的信用证。

（4）by negotiation，表示开具议付信用证。议付信用证指开证行承诺延伸至第三当事人，即议付行，其拥有议付或购买受益人提交信用证规定的汇票、单据权利行为的信用证。议付信用证分为自由议付信用证和限制性议付信用证。

（5）and beneficiary's draft for ＿＿＿％ of invoice value at ＿＿＿ on issuing bank，如果信用证中涉及汇票，应根据合同规定填写发票金额的一定百分比：如全部货款都用信用证支付，填写发票金额的 100％，如部分货款使用信用证支付，按信用证下的金额比例填写。另外，还应填写汇票的支付期限，即期还是远期。如是远期汇票，必须填写具体的天数，如 30 天、60 天等。例如，"and beneficiary's draft for ＿100＿％ of invoice value at ＿sight＿ on issuing bank"，表示开证行见票时立即按发票金额的 100％付款。信用证条件下的付款人通常是开证行，也可能是开证行指定的另外一家银行。

13. 贸易术语

根据合同的实际规定打"×"进行选择。如果是其他贸易术语，选择后要具体注明何种贸易术语。

14. 商品名称（Commodity）

填写商品名称的全称（full name），不能用简称。

15. 运输标记（Shipping Marks）

根据合同的规定填写。没有运输标记，填写"No Marks"，即 N/M。

16. 单据条款（Documents Required）

各银行提供的申请书中已印就的单据条款通常为十几条，主要包括：发票、运输单据（提单、空运单、铁路运输单据等）、保险单、装箱单、原产地证书、数量/重量证书、质量证书、受益人证明等，最后一条是其他单据（Other documents，if any），如要求提交超过上述所列范围的单据就可以在此栏填写，比如有的合同要求"无实木包装材料证明"（certificate of no solid wood packing materials）、"自由销售证明书"（certificate of free sale）等。申请人填制这部分内容时应依据合同规定，不能随意增加或减少。选中某单据后对该单据的具体要求（如一式几份、要否签字、正副本的份数、单据中应标明的内容等）也应如实填写，如申请书印制好的要求不完整，应在其后予以补足。

17. 附加指示（Additional Instructions）

该栏通常体现为一些印就的条款，如需要已印就的上述条款，可在条款前打"×"，对合同涉及但未印就的条款还可以做补充填写。

18. 申请人账号（Account No.）、开户银行（With）、执行人（Transacted by）以及联系电话（Tel.）

填写开证申请人的开户银行、账户号码、执行人、联系电话等。

19. 授权人名称、签字（Name，signature of authorized person）

申请人的法人代表签字、盖章。

单证 4-1　开证申请书

IRREVOCABLE DOCUMENTARY CREDIT APPLICATION

To：BANK OF NOVA SCOTIA　　　　　　　　　　　　　　　　Date：230107

☐ Issued by airmail ☐ With brief advice by teletransmission ☐ Issued by express delivery ☒ Issued by teletransmission（which shall be the operative instrument）	Irrevocable Documentary Credit

L/C Number ILS06/00060	Date and Place of Expiry Date：230415 Place：CHINA

Applicant	Beneficiary
SUNSHINE SPORTSWEAR MANUFACTURING LTD. NO. 513 BEATTY STREET，VANCOUVER，CANADA	RED STAR CLOTHING TRADING CO.，LTD. NO. 318 XINHUA ROAD，JIANGHAN DISTRICT，WUHAN，CHINA

Advising Bank	
INDUSTRIAL AND COMMERCIAL BANK OF CHINA，WUHAN BRANCH	Amount（both in figures and words） USD26 865.00 SAY U. S. DOLLARS TWENTY SIX THOUSAND EIGHT HUNDRED AND SIXTY FIVE ONLY. 5% MORE OR LESS BOTH IN QUANTITY AND AMOUNT TO BE ALLOWED

Partial Shipments ☐ Allowed ☒ Not allowed	Transshipment ☒ Allowed ☐ Not allowed	

Loading on board/dispatch/taking in charge at/from：SHANGHAI not later than：230331 for transportation to：VANCOUVER	Credit Available with ☐ by sight payment ☒ by negotiation ☐ by deferred payment at _____ days against the documents detailed herein ☐ by acceptance ☒ and beneficiary's draft for ___100___ % of invoice value at ___sight___ on issuing bank
☐ FOB　　☐ CFR　　☒ CIF ☐ Or other terms _____	

Commodity 1 620 PCS WOMEN'S COATS 3 060 PCS WOMEN'S JACKETS 100% COTTON "RED STAR" BRAND CIF VANCOUVER	Shipping Marks SUNSHINE VANCOUVER C/NO. 1-130

续表

Documents Required（marked with ×）

1.（×）Signed commercial invoice in __3__ copies indicating L/C No. and Contract No.（Photo copy and carbon copy not acceptable as original.）

2.（×）Full set（3/3）of clean on board ocean bills of lading made out to order and blank endorsed marked "（×）freight prepaid/（ ）to collect" notify the applicant.

3.（ ）Air waybills marked "（ ）freight prepaid/（ ）to collect" consigned to _____ .

4.（ ）Railway bills marked "（ ）freight prepaid/（ ）to collect" consigned to _____ .

5.（ ）Memorandum issued by _____ consigned to _____ .

6.（×）Full set（included __2__ original and __2__ copies）of Insurance Policy/Certificate for 110% of the invoice value，showing claims payable in Canada，in currency of the draft blank endorsed，covering（（×）ocean marine transportation/（ ）air transportation/（ ）overland transportation）INSTITUTE CARGO CLAUSE A AND WAR RISKS AND STRIKES，WITH NO EXCESS.

7.（×）Packing List/Weight Memo in __4__ copies indicating quantity/gross and net weights of each package and packing conditions as called for by the L/C.

8.（ ）Certificate of Origin in _____ copies.

9.（ ）Certificate of Quantity/Weight in _____ copies issued by an independent surveyor at the loading port，indicating the actual surveyed quantity/weight of shipped goods as well as the packing condition.

10.（×）Certificate of Quality in __1__ copies issued by（ ）manufacturer/（×）public recognized surveyor.

11.（ ）Beneficiary's certified copy of cable/telex dispatched to the applicant within _____ hours after shipment advising goods name，（ ）name of vessel/（ ）flight No.，date，quantity，weight and value of shipment.

12.（ ）Beneficiary's Certificate certifying that extra copies of the documents have been dispatched according to the contract terms.

13.（ ）Shipping Co.'s Certificate attesting that the carrying vessel is charted or booked by accountee or their shipping agents.

14.（ ）Other documents，if any：

15. CANADA CUSTOMS INVOICE OF DEPARTMENT OF NATIONAL REVENUE/CUSTOMS AND EXCISE IN QUADRUPLICATE FULL COMPLETED.

16. GSP FORM A

Additional Instructions：

1.（×）All banking charges outside the opening bank are for beneficiary's account.

2.（×）Documents must be presented within __14__ days after the date of issuance of the transport documents but within the validity of this credit.

3.（ ）Third party as shipper is not acceptable. Short form/Blank Back B/L is not acceptable.

4.（×）Both quantity and amount __5__ % more or less are allowed.

5.（ ）Prepaid freight drawn in excess of L/C amount is acceptable against presentation of original charges voucher issued by shipping Co./Air Line/its agent.

6.（ ）All documents to be forwarded in one cover，unless otherwise stated above.

续表

| 7.（　）Other terms，if any：
8. COMMERCIAL INVOICE IN TRIPLICATE DULY STAMPED AND SIGNED AND MENTION-ING 'WE HEREBY CERTIFY THAT THE PARTICULARS GIVEN IN THE INVOICE ARE TRUE AND CORRECT AND THAT NO DIFFERENT INVOICE IN RESPECT OF THE GOODS HAS BEEN OR WILL BE ISSUED'.
9. DOCUMENTS TO BE ISSUED IN ENGLISH.
10. ALL DOCUMENTS CALLED FOR UNDER THIS CREDIT，EXCEPT THOSE WHICH THE CREDIT SPECIFICALLY STATES CAN BE 'COPIES'，MUST BE CLEARLY MARKED ON THEIR FACE AS 'ORIGINAL'.
11. A DISCREPANCY HANDLING FEE OF USD50.00 IS PAYABLE BY THE BENEFICIARY ON EACH DRAWING PRESENTED WHICH DOES NOT STRICTLY COMPLY WITH THE TERMS AND CONDITIONS OF THIS CREDIT AND HAS TO BE REFERRED TO THE APPLICANT.

Account No.　　　　　With　BANK OF NOVA SCOTIA　＊VANCOUVER
×××××　　　　　　　　　　NOSCCATTTPV
Transacted by　　SUNSHINE SPORTSWEAR MANUFACTURING LTD.
　　　　　　　　NO.513 BEATTY STREET，VANCOUVER，CANADA
　　　　　　　　（Name，signature of authorized person）
Tel.
××××× |

第三节　开立信用证

以信用证为结算方式的国际贸易中，进口方向银行申请并填制开证申请书后，开证行收取开证押金和开证费用，并审核申请书后开立信用证。信用证的开立方式主要有信开和电开两种，其中电开又分为电报、电传和 SWIFT 三种方式，如表 4-1 所示。

表 4-1　信用证开立方式简介

开立方式		在我国盛行的年代	银行鉴别真伪的方式
信开（by mail）		20 世纪 80 年代以前	印鉴（seal）
电开	电报（by cable）	20 世纪 80 年代	密押（test/test key）
	电传（by telex）	20 世纪 90 年代	
	SWIFT（by SWIFT）	20 世纪 90 年代中期以来	认证密码（authenticated code）

一、 SWIFT 信用证

SWIFT 是环球银行金融电信协会（Society for Worldwide Interbank Financial Telecommunications）的简称，是国际银行同业间的国际合作组织，1973 年在比利时成立，总部设在比利时的布鲁塞尔，并在荷兰阿姆斯特丹和美国纽约设立与总部相互连接的大型计算机操作中心，在各会员银行所在的国家和地区设有与操作中心相连的处理站。会员银行通过专用计算机设备与处理站和操作中心的计算机、通信设备连通，构成全球性通信网，开展国际银行业务。目前全球大多数国家大多数银行已使用 SWIFT 系统。

凡是通过 SWIFT 系统开立并通知的信用证被称为 SWIFT 信用证。通过 SWIFT 开立信用证的电文格式有 MT700 和 MT701，修改信用证的电文格式为 MT707。其中 MT 是 MESSAGE TYPE 的缩写，所有与信用证有关的往来电文都是以 7 开头的电文格式。

（一）SWIFT 电文表示方式

1. 项目表示方式

SWIFT 由项目（FIELD）组成，如 "59：Beneficiary－Name & Address"（受益人姓名和地址），就是一个项目，59 是项目的代号，可以用两位数字表示，也可以用两位数字加上字母来表示，如 "51D：Applicant Bank－Name & Address"（申请人姓名和地址）。不同的代号表示不同的含义。项目还规定了一定的格式，各种 SWIFT 电文都必须按照这种格式表示。

在 SWIFT 电文中，一些项目是必选项目（MANDATORY FIELD），一些项目是可选项目（OPTIONAL FIELD）：必选项目是必须具备的，如 "31D：Date and Place of Expiry"（信用证截止日期及地点）；可选项目是另外增加的项目，并不一定每份信用证都有，如 "39B：Maximum Credit Amount"（信用证最高金额）。

2. 日期表示方式

SWIFT 电文的日期表示为：YYMMDD（年月日）。如：1999 年 5 月 12 日，表示为 990512；2000 年 3 月 15 日，表示为 000315；2023 年 12 月 9 日，表示为 231209。

3. 数字表示方式

在 SWIFT 电文中，小数点用逗号 "，" 来表示。如：5，152，286.36 表示为 5.152.286，36；4/5 表示为 0，8；5％表示为 5 PERCENT。

4. 货币表示方式

货币以 3 位大写字母表示，前两位表示国家，第三位表示该国的货币名称。例如：澳大利亚元 AUD，加拿大元 CAD，人民币元 CNY，港元 HKD，日元 JPY，英镑 GBP，美元 USD，欧元 EUR 等。

（二）SWIFT 电文格式

目前开立 SWIFT 信用证的格式代号是 MT700 和 MT701，相应的项目代号、项目名称以及说明（其中 M/O 为 Mandatory 与 Optional 的缩写，前者是指必选项目，后者为可选项目）见表 4－2 和表 4－3。

表 4－2 SWIFT 信用证开立的格式（MT700）

M/O	Tag（代号）	Field Name（项目名称）	Explanation（说明）
M	27	Sequence of Total	合计次序。分母为总页数，分子为当前页。如"1/2"表明"该证共有 2 页，这是其中第 1 页"
M	20	Documentary Credit Number	跟单信用证号码
O	31C	Date of Issue	开立日期
M	31D	Date and Place of Expiry	信用证截止日期及地点
M	32B	Currency Code，Amount	信用证币种代码及金额
O	39A	Percentage Credit Amount Tolerance	信用证金额上下浮动允许的最大范围。如"05/05"表示"允许上下浮动 5％"。39A 和 39B 不能同时出现
O	39B	Maximum Credit Amount	信用证最高金额。39A 和 39B 不能同时出现
O	39C	Additional Amount Covered	额外金额。表示信用证所涉及的保险费、利息、运费等金额
M	40A	Form of Documentary Credit	跟单信用证形式
M	41A/D	Available with … by …	指定银行及兑用方式。"available with ×× Bank"或"any bank"（可向××银行或者任何银行兑用）；"by"后接付款方式，如"即期付款""延期付款""承兑"或"议付"等
O	42C	Drafts at …	汇票付款日期。必须与 42A 同时出现
O	42A	Drawee	汇票付款人。必须与 42C 同时出现
O	42M	Mixed Payment Details	混合付款条款
O	42P	Deferred Payment Details	延期付款条款
O	43P	Partial Shipments	分批装运
O	43T	Transshipment	转运
O	44A	Loading on Board/Dispatch/Taking in Charge at/from …	装船、发运和接受监管的地点
O	44B	For Transportation to …	货物发运的最终目的港（地）
O	44C	Latest Date of Shipment	最迟装运日。44C 与 44D 不能同时出现
O	44D	Shipment Period	装运期。44C 与 44D 不能同时出现
O	45A	Description of Goods and/or Services	货物与/或服务描述
O	46A	Documents Required	所需单据
O	47A	Additional Conditions	附加条件，通常是对受益人的补充要求
O	48	Period for Presentation	受益人向银行交单期限。如无此项，可在装运日期后 21 天之内（包括 21 天）提交
M	49	Confirmation Instruction	保兑指示，即是否加具保兑

续表

M/O	Tag （代号）	Field Name （项目名称）	Explanation （说明）
M	50	Applicant	开证申请人的名称及地址
O	51A	Applicant Bank	信用证的开证行
O	53A	Reimbursement Bank	偿付行
O	57A/D	Advising Bank	通知行
M	59	Beneficiary	受益人的名称及地址
O	71B	Charges	需由受益人承担的费用。如无此项，就表示除议付费、转让费外，其他各种费用由开证申请人承担
O	72	Sender to Receiver Information	发报行（开证行）对收报行（通知行）的通知
O	78	Instructions to the Paying/Accepting/Negotiating Bank	开证行对付款行/承兑行/议付行的指示

表 4-3　SWIFT 信用证开立的格式（MT701）

M/O	Tag （代号）	Field Name （项目名称）	Explanation （说明）
M	27	Sequence of Total	合计次序。分母为总页数，分子为当前页。如"1/2"表明"该证共有 2 页，这是其中第 1 页"
M	20	Documentary Credit Number	跟单信用证号码
O	45B	Description of Goods and/or Services	货物与/或服务描述
O	46B	Documents Required	所需单据
O	47B	Additional Conditions	附加条件，通常是对受益人的补充要求

　　如对已经开出的 SWIFT 信用证进行修改，则需采用 MT707 标准格式传递信息。表 4-4 是 SWIFT MT707 格式中的代号和项目名称对照表。

表 4-4　SWIFT 信用证修改的格式（MT707）

M/O	Tag （代号）	Field Name （项目名称）	Explanation （说明）
M	20	Sender's Reference	发报行编号
M	21	Receiver's Reference	收报行编号
O	23	Issuing Bank's Reference	开证行编号
O	26E	Number of Amendment	信用证修改的次数
O	30	Date of Amendment	信用证修改的日期
O	31C	Date of Issue	信用证的开证日期

续表

M/O	Tag (代号)	Field Name (项目名称)	Explanation (说明)
O	31E	New Date of Expiry	信用证修改后的截止日期
O	32B	Increase of Documentary Credit Amount	原信用证需要增加的金额
O	33B	Decrease of Documentary Credit Amount	原信用证需要减少的金额
O	34B	New Documentary Credit Amount After	信用证修改后的新金额
O	39A	Percentage Credit Amount Tolerance	新的信用证金额上下浮动允许的最大范围。如"05/05"表示"允许上下浮动 5%"。39A 和 39B 不能同时出现
O	39B	Maximum Credit Amount	新的信用证最高金额。39A 和 39B 不能同时出现
O	39C	Additional Amount Covered	额外金额。表示信用证所涉及的保险费、利息、运费等金额
O	44A	Loading on Board/Dispatch/Taking in Charge at/from ...	对装船、发运和接受监管的地点等的修改
O	44B	For Transportation to ...	对货物发运的最终目的港（地）的修改
O	44C	Latest Date of Shipment	对最迟装船日的修改。44C 与 44D 不能同时出现
O	44D	Shipment Period	对装运期的修改。44C 与 44D 不能同时出现
O	52A/D	Issuing Bank	开证行的名称
M	59	Beneficiary（before this amendment）	原信用证的受益人，如果要修改信用证的受益人，则需要在 79 Narrative（修改详述）中写明
O	79	Narrative	列明信用证修改的详细内容
O	72	Sender to Receiver Information	发报行对收报行的通知 /BENCON/：要求收报行通知发报受益人是否接受该信用证的修改 /PHONBEN/：请电话通知受益人（列明受益人的电话号码） /TELEBEN/：用快捷有效的电信方式通知受益人

扫一扫下面的二维码，了解更多关于 SWIFT 的介绍

二、信用证的主要内容及填制方法

这里列举的信用证的内容是根据第二章的单证 2-1 销售合同和本章的单证 4-1 开证申请书的内容填写的。大家可以对照相关合同的条款加以衔接，以便进一步加深理解和掌握。

【信用证原文】

SEQUENCE OF TOTAL	*27：	1/1
FORM OF DOC. CREDIT	*40A：	IRREVOCABLE TRANSFERABLE
DOC. CREDIT NUMBER	*20：	ILS06/00060
DATE OF ISSUE	31C：	230112
EXPIRY	*31D：	DATE 230415 PLACE CHINA

【翻译】

合计次序：该信用证一共一页，这是其中的第一页

跟单信用证形式：不可撤销、可转让

跟单信用证号码：ILS06/00060

（信用证）开立日期：2023 年 1 月 12 日

（信用证）截止日期和截止地点：日期：2023 年 4 月 15 日；地点：中国

【说明】

"截止日期"是指"信用证生效的最后期限"，即如果受益人向信用证规定的银行提交单据时超过了这个时间，开证行就不受该信用证的约束，不再承担付款责任了。

"截止地点"是指"该信用证的截止日期是以哪个地方的时间起算的"。因为全球被分为 24 个时区，在同一个时点上，不同地区的时间有很大差别。例如，当北京时间是 2023 年 12 月 19 日上午 11：30 的时候，美国华盛顿时间却是 2023 年 12 月 18 日晚上 11：30，在日历上相差了一天。

另外，"截止地点"还有一层含义，就是"在受益人交单所在地截止"。受益人理解这层含义是非常重要的，因为涉及受益人向银行提交单据的缓急程度。例如，某份从美国开来的信用证的截止日期为 2023 年 12 月 20 日，交单期限为装运日期后 15 天。如果截止地点在中国，受益人就可以享有充裕的 15 天把单据准备好直接交到银行；而如果截止地点在美国，受益人就得从这 15 天中抽出"把单据从中国邮寄到美国"的时间。为确保单据在截止日期以内寄到银行柜台，受益人必须预备 7~10 天，也就是说，他得从这 15 天的交单期中扣除 7~10 天时间。这与信用证在中国截止相比，受益人的交单时间实际上就只有 5~8 天。而且，跨国寄送单据必须通过快递公司，而快递公司不是受益人自己的公司，根本没办法要求快递公司必须在什么时间之前把单据送达开证行。如果单据"迟到"，就是"单证不符"，银行就有权拒付。

信用证上的日期，如开立日期（date of issue）、最迟装船日（latest date of shipment）、截止日期（expiry）等都是使用 6 位阿拉伯数字表达的，前两位数字表示"年份"，中间两位表示"月份"，最后两位表示"日期"；如果月份或者日期是小于 10 的数

字，就在"十位数"上补"0"。例如，"230802"就表示"2023年8月2日"。现在大多数 SWIFT 信用证都在所有表示"日期"数字的上一行或前面分别标注了"YY/MM/DD"，表示"年份/月份/日期"。例如：

31C：Date of Issue   Date（YY/MM/DD）   231118

国际贸易单证日期的表示方法，国际上可谓五花八门。国际商会建议，为避免因为日期表达上模糊不清带来的风险，大家尽量采用诸如"JUNE 26，2023"一类使用英文大写的月份表达方法，让人看上去一目了然，不会产生分歧。

【信用证原文】

APPLICANT   ＊50：SUNSHINE SPORTSWEAR MANUFACTURING LTD.
                     NO. 513 BEATTY STREET，VANCOUVER，CANADA
BENEFICIARY   ＊59：RED STAR CLOTHING TRADING CO.，LTD.
                     NO. 318 XINHUA ROAD，JIANGHAN DISTRICT，
                     WUHAN，CHINA

【翻译】

开证申请人： SUNSHINE SPORTSWEAR MANUFACTURING LTD.
             NO. 513 BEATTY STREET，VANCOUVER，CANADA
受益人：   红星服装贸易有限公司
             中国武汉市江汉区新华路 318 号

【说明】

信用证的"开证申请人"通常是买卖合同中的"买方"。"开证申请人"的名称和地址是众多银行单据必须填写的内容之一，如商业发票的"抬头人"、提单的"通知人"、产地证的"收货人"等处。

信用证的"受益人"通常为买卖合同的"卖方"。"受益人"的名称和地址也是众多银行单据必须填写的内容之一，如提单、产地证的"发货人"等处。

注意，"受益人"的名称不能出现与实际英文名称"不符"的现象，哪怕只是个别字母拼写错误，"受益人"也必须要求申请人指示开证行修改信用证。否则，既容易出现单证不符，又容易出现收汇困难（收汇银行会因"汇款收款人"与"实际收款人"的名称不符不予办理结汇和转账手续）。

【信用证原文】

AMOUNT	＊32B：	CURRENCY USD AMOUNT 26.865，00
PERCENTAGE CREDIT	39A：	05/05
AMOUNT TOLERANCE		
AVAILABLE WITH/BY	＊41D：	ANY BANK IN CHINA BY NEGOTIATION
DRAFTS AT ...	42C：	DRAFTS AT SIGHT
DRAWEE	42A：	BANK OF NOVA SCOTIA

【翻译】

（信用证）总金额：USD26 865.00

（信用证金额）上下浮动允许的最大范围：±5%

（信用证）指定银行及兑用方式：可向任何银行兑用；兑用方式：议付

汇票付款日期：见票即付（即期）

汇票付款人：开证行，BANK OF NOVA SCOTIA

【说明】

在 SWIFT 信用证中，数字（包括数量和金额）中的分节号和小数点都与平常在其他地方的使用方法正好相反，也就是：

平常的写法："200，000SQF"（平方英尺），USD150，000.00

信用证写法："200.000SQF"，USD150.000，00

关于这一点，国际商会已经对这两种关于数字的书写方法都明确予以认可，即在信用证单据中，凡是涉及数据的地方，制单人无论是按照 SWIFT 信用证中的写法，还是沿袭平常的传统写法，银行都会接受，都不会以此作为"不符点"加以拒绝。

按照《跟单信用证统一惯例》（UCP600）第 30 条的规定：（1）"约"（about）或"大约"（approximately）用于信用证金额或信用证规定的数量或单价时，应解释为允许有关金额或数量或单价有不超过 10% 的增减幅度。（2）在信用证未以包装单位件数或货物自身件数的方式规定货物数量时，货物数量允许有 5% 的增减幅度，只要总支取金额不超过信用证金额。（3）如果信用证规定了货物数量，而该数量已全部发运，以及如果信用证规定了单价，而该单价又未降低，或如果第 30 条 b 款不适用，则即使不允许部分装运，也允许支取的金额有 5% 的减幅。若信用证规定有特定的增减幅度或使用第 30 条 a 款提到的用语限定数量，则该减幅不适用。

"兑用"是指受益人凭相符单据向开证行或指定银行支取信用证款项的行为。信用证对于"兑用银行"的规定有两种，一种是"available with any bank"，不限定兑用银行；另一种是"available with ×× bank"，限定受益人只能向某一家或某一类银行去交单兑用。"available"大致相当于"payable"，言下之意，指定银行一旦向受益人承付或议付了信用证款项，只要单证相符，开证行将保证予以偿付（to reimbursement）。UCP600 第 6 条 a 款规定，在指定银行兑用的信用证同时也可以在开证行兑用。

信用证的兑用方式一般有四种，分别是"即期付款"（by sight payment）、"延期付款"（by deferred payment）、"承兑"（by acceptance）和"议付"（by negotiation）。其中，前三种叫作"承付"（honor）。

信用证项下汇票的"付款人"一般为银行，其中更多的是开证行。

【信用证原文】

PARTIAL SHIPMENTS	43P：	NOT ALLOWED
TRANSSHIPMENT	43T：	ALLOWED
LOADING IN CHARGE	44A：	SHANGHAI
FOR TRANSPORT TO …	44B：	VANCOUVER
LATEST DATE OF SHIP.	44C：	230331

【翻译】

是否允许分批装运：不允许

是否允许转运：允许

装运港：上海

目的地：温哥华

最迟装运期：2023 年 3 月 31 日

【说明】

"分批装运"（partial shipments）主要有两层含义：（1）把一份信用证项下的货物的一部分而不是全部装运出去；（2）把一份信用证的货物按照受益人自己的意愿分数次分期分批装运出去，也就是说，受益人既可以一次性地装运，也可以安排数次装运，信用证对此不进行限制。当然要在信用证规定的装运期限以内。

常见的"允许"的英文还有 permitted，类似地，"不允许"的英文还有 not allowed，not permitted，prohibited 和 forbidden 等。

【信用证原文】

DESCRIPT. OF GOODS　 45A： 　 COVERING

　　　　　　　　　　　　　　1 620 PCS WOMEN'S COATS

　　　　　　　　　　　　　　3 060 PCS WOMEN'S JACKETS

　　　　　　　　　　　　　　100% COTTON "RED STAR" BRAND

　　　　　　　　　　　　　　CIF VANCOUVER

【翻译】

货物描述：包括 1 620 件女式毛衣和 3 060 件女式夹克

　　　　　　100%棉质，商标"红星"

贸易术语：CIF VANCOUVER（成本、保险费加运费，运至温哥华）

【说明】

关于货物描述，UCP600 第 18 条 c 款规定：商业发票上的货物描述应该与信用证中的描述一致，不能使用统称（in general terms）。信用证中商品名称的全称（full name）以及全部 45A 的内容都要填写在商业发票上面，不得减少；其他单据（如提单、保险单、原产地证书、装箱单等）则可以使用统称（即"简称"），即"WOMEN'S COATS AND JACKETS"（参见 UCP600 第 14 条 e 款）。

DESCRIPT. 在此处为 description 的缩写，"description of goods"有时应该翻译成"货物名称"，有时应该翻译成"货物描述"。比如此处，它的含义除了货物名称以外，还包含其他的相关内容，如果翻译或理解成"货物名称"就不贴切了。

【信用证原文】

DOCUMENTS REQUIRED　 46 A：

+ COMMERCIAL INVOICE IN TRIPLICATE DULY STAMPED AND SIGNED AND MENTIONING 'WE HEREBY CERTIFY THAT THE PARTICULARS GIVEN IN THE INVOICE ARE TRUE AND CORRECT AND THAT NO DIFFERENT INVOICE IN RESPECT OF THE GOODS HAS BEEN OR WILL BE ISSUED' INDICATING L/C NO. AND CONTRACT NO.

+ DETAILED PACKING LIST 1 ORIGINAL+3 COPIES
+ CANADA CUSTOMS INVOICE OF DEPARTMENT OF NATIONAL REVENUE/ CUSTOMS AND EXCISE IN QUADRUPLICATE FULL COMPLETED
+ 3/3+3 NON-NEGOTIABLE COPIES CLEAN ON BOARD MARINE BILL OF LADING MADE OUT TO ORDER BLANK ENDORSED MARKED FREIGHT PREPAID NOTIFY SUNSHINE SPORTSWEAR MANUFACTURING LTD. NO. 513 BEATTY STREET，VANCOUVER，CANADA
+ GSP FORM A
+ INSURANCE POLICY/CERTIFICATE DULY ENORSED IF APPLICABLE COVERING RISKS PER INSTITUTE CARGO CLAUSES A AND WAR RISKS AND STRIKES AS PER INSTITUTE CLAUSES UP TO CANADA CLAIMS PAYABLE IN CANADA WITH NO EXCESS.
+ CERTIFICATE OF QUALITY ISSUED BY PUBLIC RECOGNIZED SURVEYOR.

【翻译】

所需单据：

商业发票一式三份，签字盖章（即"签署"）。并且注明："我们特此证实：本发票上列明的内容真实、正确；对于此项商品，我们没有，也不会出具其他与本发票内容不同的其他发票。"发票上注明信用证号码和合同号码。

内容翔实的装箱单一份正本和三份副本。

填写内容完整的由加拿大国家海关及税务总署统一格式的加拿大海关发票一式四份。

三份正本加三份副本清洁的已装船的海运提单，凭指示抬头，空白背书，注明"运费预付"，"通知人"栏内填写"SUNSHINE SPORTSWEAR MANUFACTURING LTD. NO. 513 BEATTY STREET，VANCOUVER，CANADA"。

普惠制原产地证书格式 A。

保险单或保险凭证经过背书，按照伦敦保险协会的货物运输保险条款投保 ICC（A）险、战争险和罢工险，可在加拿大理赔，不计算"免赔率"。

由公众认可的检验机构出具的品质证书。

【说明】

（1）按照 UCP600 第 17 条 d 款的规定，"如果信用证使用诸如'一式两份''两张''两份'等术语要求提交多份单据，则可以提交至少一份正本，其余份数以副本来满足。除非单据本身另有说明。"在"一式 N 份"的单据表达下，大家可以用"一份正本加上 N-1 份副本"去满足，也可以提交 N 份正本，因为正本单据可以代替副本单据，反之则不可以。

（2）商业发票原本是可以不用签署的，但此处信用证明确要求"duly stamped and signed"，在这种情况下，该发票就必须签署。

（3）"freight prepaid"意为"运费由卖方支付"，在 CFR、CIF 等交易条件下，运输单据上必须像这样注明。与之相反的批注为"freight collect"，即"运费到付"，意为"运费由买方支付"。

（4）保险单和保险凭证具有同等的法律效力（即被保险人在保险标的遭受了承保的风险损失以后，可以凭此向承保人办理索赔），而且这二者的正面内容大致相同。二者的区别只在于：保险单的背面印就了格式性的保险条款，而保险凭证的背面却是空白的。"excess"在这里是"免赔率"或"免赔额"的意思。关于英文"不计免赔率"的表达方式，"IOP"（irrespective of percentage）的使用要远比"with no excess"频繁得多。

【信用证原文】

ADDITIONAL COND.　47A：

＋ DOCUMENTS TO BE ISSUED IN ENGLISH.

＋ ALL DOCUMENTS CALLED FOR UNDER THIS CREDIT, EXCEPT THOSE WHICH THE CREDIT SPECIFICALLY STATES CAN BE "COPIES", MUST BE CLEARLY MARKED ON THEIR FACE AS "ORIGINAL".

＋ A DISCREPANCY HANDLING FEE OF USD 50.00 IS PAYABLE BY THE BENEFICIARY ON EACH DRAWING PRESENTED WHICH DOES NOT STRICTLY COMPLY WITH THE TERMS AND CONDITIONS OF THIS CREDIT AND HAS TO BE REFERRED TO THE APPLICANT.

＋ ONE ADDITIONAL COPY OF INVOICE AND TRANSPORT DOCUMENT TO BE PRESENTED TOGETHER WITH THE DOCUMENTS FOR ISSU-ING BANK'S RETENTION. USD10.00 WILL BE DEDUCTED IF EXTRA COPIES NOT PRESENTED.

【翻译】

附加条件：

单据必须用英文缮制。

本信用证规定所需的全部单据，除本信用证特别说明了可以是"副本"的以外，必须全部在其正面清楚地注明"正本"字样。

如果提交的单据不能与本信用证的条款和条件严格相符，（开证行）不得不（将此情况）提交给开证申请人（与其协商），（银行）将向受益人按每一票单据收取50美元的不符点处理费。

额外的发票和运输单据副本各一份与信用证单据一起提交，以供开证行留存。否则银行将扣减10美元。

【说明】

COND. 在此处是 condition 的缩写形式。

（1）对于单据不符点的扣款，有的一律按"一套单据扣除若干"，有的按"一个不符点扣除多少"，扣款金额也从30美元到100美元不等。具体的扣除方法要视信用证的规定而异。

（2）扣款条款并不说明开证行不会拒付，读者一定要注意。

【信用证原文】

DETAILS OF CHARGES 71B： ALL NEGOTIATING/ADVISING BANK CHARGES INCLUDING ISSUING BANK'S REIMBURSEMENT CHARGES ARE FOR ACCOUNT OF BENEFICIARY

PRESENTATION PERIO D48： DOCUMENTS TO BE PRESENTED WITH-IN 14 DAYS AFTER DATE OF SHIPMENT BUT WITHIN CREDIT VALIDITY

CONFIRMATION *49： HUAXIA BANK，WUHAN BRANCH

【翻译】

费用明细：议付费、信用证通知费，包括开证行的偿付费用在内，全部由受益人承担。

交单期限：（信用证）单据必须在装运日期之后的 14 天以内提交（给银行），并且还要在本信用证的有限期限以内（提交）。

是否保兑：华夏银行武汉分行保兑。

【说明】

按照 UCP600 第 37 条 a 款和 c 款的规定，"为了执行申请人的指示，银行利用其他银行的服务，其费用和风险由申请人承担。""指示另一银行提供服务的银行有责任负担被指示方因执行指示而发生的任何佣金、手续费、成本或开支（'费用'）。如果信用证规定费用由受益人负担，而该费用未能收取或从信用证款项中扣除，开证行依然承担支付此费用的责任。信用证或其修改不应规定向受益人的通知以通知行或第二通知行收到其费用为条件。"如果信用证没有特别说明，相关银行费用应该由申请人（买方）和开证行承担。当然，在实际工作中，虽然这笔费用由受益人承担不合理，但卖方一般都会忍气吞声地默认，因为即使受益人不愿意接受这一条，要求买方将其从信用证中删除，买方和开证行都会不予理睬，弄不好还会使生意泡汤。

【信用证原文】

INSTRUCTIONS 78：

+ NEGOTIATING BANK TO COURIER TO BANK OF NOVA SCOTIA 1108 HOMER STREET，VANCOUVER，BC V6B 2X6 DRAFT（S）AND COMPLETE SET OF DOCUMENTS IN 1 LOT

+ ON RECEIPT OF DOCUMENTS IN ORDER AT OUR COUNTER WE SHALL PAY A DEPOSITORY OF NEGOTIATING BANK'S CHOOSING

+ THIS CREDIT IS TRANSFERABLE THRU ICBKCNBJWHN，WHEN THE NOMINATED BANK IS REQUESTED TO TRANSFER THE WHOLE OR PART OF THIS CREDIT，THEN THE FULL NAME AND ADDRESS OF THE TRANSFEREE MUST BE ADVISED TO THE ISSUING BANK BY

TESTED TELEX/SWIFT，AND MUST CONFIRM THAT THE AMOUNT OF SUCH TRANSFER HAS BEEN ENDORSED ON THE CREDIT. ANY TRANSFER EFFECTED UNDER THIS CREDIT MUST BE AUTHORIZED BY THE ISSUING BANK PIOR TO EFFECTING THE TRANSFER.

【翻译】

开证行指示：

议付行请用快递将（本信用证项下的）汇票和全套单据做一批（按如下详细名称和地址）寄往："BANK OF NOVA SCOTIA 1108 HOMER STREET，VANCOUVER，BC V6B 2X6"。

在我行收到（信用证）单据并且（认定其内容）相符以后，我行将按照议付行指示的路径偿付。

本信用证如果需要将全部或部分（金额）转让（给第二受益人），可以通过指定银行中国工商银行武汉分行办理转让。如果转让，信用证的受让人（第二受益人）的名称全称及详细地址必须（由转让行）使用加压密押的电传方式或 SWIFT 方式通知给开证行。而且，该通知还需要确认"其转让的信用证金额已经在本信用证上核准（签署）过了"。本信用证项下的任何转让行为都必须事先得到开证行的授权。

【说明】

（1）COURIER 是我们平常所说的"特快专递"，如 DHL、UPS、EMS 等，这与传统意义上的邮政服务不是一回事。

（2）信用证的人称指代是：第一人称指开证行，第二人称指其他银行，有时是通知行，有时是其他指定银行。到底是指什么银行，需要根据上下文判断，但有一点可以肯定，绝不会是指受益人。第三人称，信用证上一般都是"指名道姓"，不会使用不定冠词"他""他们"等，而是使用如"the beneficiary"等。

（3）ICBKCNBJWHN 是中国工商银行武汉分行的银行识别代码（BIC）。

知识链接

SWIFT 银行识别代码

每家申请加入 SWIFT 组织的银行都必须事先按照 SWIFT 组织的统一原则，制定出本行的 SWIFT 地址代码，经 SWIFT 组织批准后正式生效。银行识别代码（bank identifier code，BIC）由电脑可以自动判读的 8 位或是 11 位英文字母或阿拉伯数字组成，用于在 SWIFT 电文中明确区分金融交易中相关的不同金融机构。11 位数字或字母的 BIC 可以拆分为银行代码、国家代码、地区代码和分行代码四部分。以中国银行北京分行为例，其银行识别代码为 BKCHCNBJ300。其含义为：BKCH（银行代码）、CN（国家代码）、BJ（地区代码）、300（分行代码）。

（1）银行代码（bank code）：由四位英文字母组成，每家银行只有一个银行代码，并由其自定，通常是该行的行名字头缩写，适用于其所有的分支机构。

（2）国家代码（country code）：由两位英文字母组成，用以区分用户所在的国家和地理区域。

（3）地区代码（location code）：由 0、1 以外的两位数字或两位字母组成，用以区分位于所在国家的地理位置，如时区、省、州、城市等。

（4）分行代码（branch code）：由 3 位字母或数字组成，用来区分一个国家里某一分行、组织或部门。如果银行的 BIC 只有 8 位而无分行代码时，其初始值定为"×××"。

扫一扫下面的二维码，查询银行的 SWIFT 银行识别代码

【信用证原文】

SEND. TO REC. INFO.　72：　CREDIT IS SUBJECT TO ICC UNIFORM CUS-TOMS AND PRACTICE FOR CREDITS（UCP600）

ADVISE THROUGH　　57D：ICBKCNBJWHN

A/C NO. ××××××

【翻译】

开证行对银行的声明：本信用证受国际商会修订的《跟单信用证统一惯例》（UCP600）约束。

通知行：中国工商银行武汉分行（ICBKCNBJWHN）

银行账号：××××××

【说明】

SEND. TO REC. INFO. = SEND TO RECEIVER INFORMATION。另外，按照SWIFT 手册的规定，凡是 SWIFT 信用证，即使它没有声明受 UCP 约束，只要信用证中没有"排除其约束"的声明，该信用证将自动受到 UCP 的约束。

SWIFT 信用证中的"72""78"栏目均为开证行对银行的某些提示性内容，这些提示有时是针对通知行的，有时又是针对指定银行的，还有时候两者都指（譬如此处）。但具体是指什么银行，信用证并不会说明，读者只能根据说明的内容，自己做出分析和判断。仅以本章信用证为例，"78"中的提示，很明显是针对议付行（即指定银行）而言的；而"72"中的提示，可以判断既是针对通知行，又是针对指定银行（此信用证为议付行）而言的。

A/C=current account（往来银行账号）。

第四节　审核和修改信用证

在使用信用证方式结算货款时，因信用证的特点决定了信用证项下有关各方的权利与义务仅以信用证条款为依据，不受贸易合同的约束，即使信用证援引了相关合同，开证行付款或拒付也仅以受益人是否提交了与信用证相符的全套单据为准。因此，信用证的有关当事人在收到信用证后，应对信用证条款进行严格审核，发现问题后及时提出修改，否则将直接影响到处理信用证项下单证的主动权与日后货款的安全收汇。信用证审核由通知行和受益人共同完成。

一、审核信用证

（一）通知行审核信用证

根据 UCP600 的规定，通知行只负责鉴别信用证表面的真实性并及时将信用证通知受益人，并无审核信用证条款和内容的义务。但是国内的通知行为了受益人的利益，仍会对信用证中的一些重要内容进行审核并在信用证上作相应批注。受益人必须重视银行的批注并采取相应的措施。实践中，通知行主要审核以下几方面的内容。

1. 审核信用证的真实性

信用证的开立方式分为信开和电开两种。信开信用证都需要审核两个授权人的签字，如果发现签字不清，或在其印鉴册及增补的印鉴上找不到该人签字，就要在其来证上注明"印鉴不符，待证实后办理出运"的字样；与此同时，发函或发电查询开证行，待得到证实后再通知受益人。如果仍得不到证实，则说明该证是假证。对于电开信用证，即使用电报和电传方式，通知行也需核对密押是否正确，如果发现密押不符，那么通知行应在该证上明确注明"密押不符，请勿出运"，提醒受益人注意，待收到国外银行的复电证实后，再以书面的形式通知受益人。如果得不到证实，则说明该证是假证，受益人不能使用。SWIFT 信用证安全性较好，该系统能自动核对密押，通知行无须核对。

2. 审核开证行的资信

在信用证业务中，开证行承担第一性的付款责任。因此，开证行的资信如何是受益人能否安全收汇的关键所在。如果是保兑信用证，对保兑行的资信情况也要进行审查。

开证行的资信主要取决于其资产规模。一般说来，银行按每个信用证金额不超过开证行总资产万分之十五的标准掌握。如果信用证金额超过此比例，通知行会建议出口商采取分批出运等措施以降低风险。同时，通知行还会考虑开证行的分支机构多少、历史的长短以及往来记录的情况等因素。如果通知行对开证行的资信不清楚，应委托权威的资信调查机构对其进行调查，在确认资信无误后才能使用信用证；对于资信欠佳的开证行或者政治局势紧张或外汇汇率动荡的国家开来的信用证，受益人应尽量分散风险，或要求国家一流银行对信用证作保兑。

3. 审核信用证的性质

通知行审核索汇线路是否正确，是否符合支付协定，是否要加具保兑或由偿付行确认偿付，付款保证是否有效或存在缺陷。

凡信开、电报电传开立的信用证，审核其是否列明"根据 UCP600 开立"的语句；凡通过 SWIFT MT700/701 格式开立的信用证，一般无须列明上述语句。

无论是即期、远期、保兑、可转让、循环还是备用信用证，都应该有"irrevocable"（不可撤销）字样。当合同规定开立保兑信用证或可转让信用证时，应检查来证是否有"confirmed"或"transferable"字样。

(二) 受益人审核信用证

受益人收到信用证后，在通知行审核的基础上，应对照买卖合同逐条审核信用证条款。受益人审核信用证主要有以下几方面内容。

1. 审核信用证当事人

开证申请人和受益人的全称及详细地址，以及电话、传真、电传等都要一一核对。

2. 审核币制和金额

原则上来证的币别和币值应与合同相符。主要审核：信用证金额是否与合同一致；单价与总值要准确，大小写并用内容要一致；如果数量上有一定幅度的伸缩，那么信用证也应相应规定在支付金额时允许有一定幅度的增减。同时，即使信用证没有明确规定数量或金额的增减幅度的条款，根据 UCP600 第 30 条的规定，"约"或"大约"用于信用证金额或信用证规定的数量或单价时，应解释为允许有关金额或数量或单价有不超过 10% 的增减幅度。在信用证未以包装单位件数或货物自身件数的方式规定货物数量时，只要总支取金额不超过信用证金额，货物数量允许有 5% 的增减幅度。

3. 审核汇票条款

主要审核：（1）付款期限：即期还是远期；（2）付款人：付款人必须是开证行或者开证行指定的另一家付款行。

4. 审核货物条款

除了商品名称，受益人还要审核来证中的买卖合同号、合同日期、货物的型号、规格、包装等。

5. 审核装运条款

启运港和目的港必须与合同一致。如来证有不同规定，要作修改，否则会增加出口人的费用和风险。如来证指定运输方式、运输工具或运输路线，应及时与外运公司联系，确认是否办得到，是否会增加我方费用，如不合算应改证。如来证要求我船方出具船龄证明，须尽早联系外运公司，如办不到应改证。

信用证的装运期一般规定最迟某月某日。如来证规定装运期，一定要注意能否在信用证规定的装运期内备妥货物并按期出运；装运期应提前一定时间，以便有合理时间制单结汇。如装运期太近，无法按期装运，应及时联系与修改。

注意来证的分批装运和转船条款。若来证规定"in two lots"，只要将证内规定数量分两批装运即可；若来证规定"in two equal lots"，则应将来证规定数量分两等批装运，同装一条船或不同船都可以。若来证在分两等批装下面还规定有"by separate steamer"，就必须分装在不同的船上。若来证规定每月（批）装运数量，如有一个月（批）未按期出运或部分出运，其未装余数和以后各期均告失效，不可再出运。若来证允许分批装运，其分批出运的数量及金额应按比例分。

若来证不准转船，要向外运公司了解所去目的港有无直达船，如无应改证。但如果能取得直达提单，可以不必改证。如来证规定在某一个港口转船，联系外运公司核实能否按来证办理，能办到则在订舱时把这一条款打在托运单上以做出声明，如外运公司办不到需修改信用证。

6. 审核交单期限

如来证没有要求，根据 UCP600 第 14 条的规定，受益人须在不迟于发运日之后的 21 个日历日内交单，但是在任何情况下都不得迟于信用证的到期日。应考虑下列事宜对交单期的影响：生产及包装所需时间；内陆运输及港口运输所需时间；进行法定检验或其他检查所需时间；申领出口许可证/产地证所需时间（如有需要）；报关查验所需时间；船期安排情况；到商会和（或）领事馆办理认证或出具有关证明所需时间（如果需要）；申领检验证书等所需时间；缮制、审核信用证规定的文件所需时间；单据送交银行所需时间（包括单据退回更正的时间）；等等。

7. 审核保险条款

按照国际贸易惯例，一般来说应按商业发票金额加成 10% 作为投保金额。若来证要求投保的险别超出合同规定，比如保险责任范围扩展到内陆或加保各种附加险等，应先与保险公司联系是否接受，如接受，超保部分可以照保，但条件是信用证中须明文规定"额外保费均由开证申请人负担，并允许在本信用证项下支取"，而且经核算，本信用证总金额除了支付本批货款之外还有足够金额支付该笔超保费的，方可同意。

如合同价格条件为 CFR，本应由买方投保，但来证要求我方办理投保时，只要来证金额中包括了保险费并明文允许在来证金额中支付保险费的，我方就可以代办保险。

如来证规定要提供投保声明书办理结汇，投保声明书应理解为国外保险公司对我方保险通知的确认书，在保险通知发出后，它需要经过一段时间才能从国外寄回。把投保声明书作为结汇单据之一，将影响我方结汇，对我方不利，此种条款不宜接受。

8. 审核其他单据条款

主要包括：（1）提单：如果是 FOB 交易，提单应注明"freight collect"，如果是 CIF 或者 CFR 交易，提单应注明"freight prepaid"，如来证有误，应要求改证；（2）原产地证书：来证规定由海关总署设在各地的直属海关或中国国际贸易促进委员会（China Council for the Promotion of International Trade，CCPIT，简称贸促会）出具原产地证书可以接受，但要求上述两家机构互相加具证明的不能接受；（3）普惠制原产地证书格式 A：海关总署设在各地的直属海关是我国签发普惠制原产地证书的唯一机构，来证指定其他机构如贸促会签发，应要求改证；（4）品质证书和检验证书：如果属于法定检验的商品，而来证要求由贸促会出证，应要求改证；（5）受益人证明：主要包括寄单证明、电抄本和履约证明等，应是受益人实际已完成或力所能及的任务的证明；（6）装船通知：来证规定在装运前若干天发装船通知并要求列装运期，应要求改证，改为装运后发电；（7）海关发票：如来证指定某种格式或编号的海关发票，应核查能否提供，否则应要求改证；（8）领事发票：来证要求提供领事发票，应核查能否提供，否则应要求改证。

9. 审核费用条款

运费或检验费等应事先协商一致，否则对于额外的费用原则上不应承担。银行费用如事先未商定，应以双方共同承担为宜。但是由于现在是买方市场，目前通常的做法是进口国的费用由开证申请人负担，出口国发生的费用由受益人承担。

10. 信用证中的"软条款"

信用证中的"软条款"（soft clause），在我国有时也被称为"陷阱条款"（pitfall clause），是指在不可撤销的信用证上加列一种条款，据此条款开证申请人（买方）或开证行具有单方面随时解除付款责任的主动权，即买方完全控制整笔交易，受益人处于受制人的地位，是否付款完全取决于买方的意愿。带有此种条款的信用证实质上是变相的可撤销信用证，极易造成单证不符而遭开证行拒付。例如：

（1）规定信用证暂时不生效，开证行另行指示或通知后方能生效的信用证。在此类信用证中，待通知的项目有装船期、船名及装载数量、以买方取得进口许可证为条件等。实践中，一旦市场行情发生不利于买方的变化，开证申请人就可以不通知而使信用证无法生效；或者直至信用证的有效期即将届满方才发出通知，时间局促会致使卖方迟延装运或者缮制单据，从而产生不符点，给开证行拒付创造条件。

（2）信用证规定必须在货物抵达目的港经买方检验合格后才能付款。在此种情况下，信用证项下银行的付款保证已无从谈起，实质上将信用证付款方式改成远期承兑交单的托收业务，卖方承担了全部收汇的风险。

（3）信用证规定某些单据必须由指定人签署方能议付。例如，规定由开证申请人或其指定的人签发商检证书。这种信用证的效力全部依赖开证申请人（买方）的签署，如果买方以货物不符为由拒签商检证书，则受益人（卖方）因缺少单据根本无法向银行议付。即使特定人签发了商检证书，开证行又可能以签名与开证申请人在银行的留底不相符为由而拒绝付款。

（4）无明确的保证付款条款，或对银行的付款、承兑行为规定了若干前提条件。如明确表示开证行付款以买方承兑卖方开立的汇票为条件。这样，当买方拒绝承兑卖方开立的汇票时，银行就拒绝付款。或者表示货物清关后才支付、收到其他银行的款项才支付等。

（5）有关运输事项如船名、装船日期、装卸港等须以开证申请人修改后的通知为准。

（6）设置不易被察觉的陷阱，使卖方难以取得合格的单据，从而保留拒付的权利。例如在海运单据中规定将内陆城市确定为装运港。

（7）信用证前后条款互相矛盾，受益人无论如何也做不到单单一致。例如，采用CFR成交，要求提交保险单作为议付货款的单据之一。

（8）正本提单径寄开证申请人。买方可能持此单先行将货物提走，使出口商货款两空；或规定提交记名提单，承运人可凭收货人合法身份证明交货，不必提交正本提单，同样使出口商货款两空。

二、修改信用证

在国际贸易单证工作中，修改信用证是常见的工作。在审证中，如发现不符合买卖合同规定的、对出口商不利或无法办到的条款，应详细列举出来，及时向开证申请人提出修改。

（一）修改信用证的流程

开证申请人和受益人都有权要求对信用证进行修改，不同的是受益人需要洽请申请人向开证行提出修改信用证的要求。一般而言，修改信用证的业务流程由开证申请人向开证行提出，开证行凭修改申请书办理。具体流程（见图 4-3）包括：（1）受益人审证后发现不符点，要求申请人修改信用证；（2）开证申请人接受，则通知开证行据其指示修改原信用证；（3）开证行通过通知行向受益人发出信用证修改通知书；（4）受益人如未在合适的期限内表示异议，则视为接受。

图 4-3　修改信用证的业务流程

（二）修改信用证应注意的问题

（1）受益人向开证申请人提出修改信用证的要求时，必须用书面形式一次性通知对方，同时要写上合同号及信用证号，并且规定对方书面修改复电至我方的期限，切勿用电话口头通知对方修改，空口无凭。

（2）在收到对方通过开证行及通知行转来的信用证修改书后，我方须及时审核其内容，看是否已按我方要求修改，如已改妥，则可正式安排装货出口。

（3）信用证修改书必须由原开证行进行修改且经原通知书传递，并须盖有原通知行的章方有效。买方直接寄来的修改书或电话口头通知修改无效。

（4）对于修改内容要么全部接受，要么全部拒绝，部分接受修改中的内容是无效的。

（5）在实际业务中，对来证不符的情况，还需具体分析，不一定坚持要求对方办理改证手续。只要来证内容不违反政策原则，或经过适当努力可以做到，并能保证出口方安全收汇，就可酌情处理，不做修改。

本章小结

在以信用证作为支付方式的国际贸易中，信用证是单证工作的核心。

开证申请是整个信用证业务的第一个环节，进口方应根据合同规定填制开证申请书。

开证行开立信用证的方式主要有信开和电开两种，其中电开又分为电报、电传和 SWIFT 三种方式。其中，SWIFT 信用证是最主要的方式。

信用证开立后是否符合合同条款要求、是否符合跟单信用证统一惯例、是否符合业务中的习惯做法，均要求对信用证进行审核。经过仔细审核后，对不能接受的信用证条款进行删除或修改。

本章着重介绍了开证申请书和信用证的内容及填制方法。

复习与思考

一、单项选择题

1. 某公司与日商签订出口饲料 12 000 公吨的合同，来证规定 7 月至 10 月每月平均装运一批，出口商 7 月装运 3 000 公吨，8 月因未备齐货物未予装运，则（ ）。

A. 9 月可装 6 000 公吨

B. 8 月未装部分可不补，9 月、10 月按原规定装运

C. 从 8 月起该证失效，不得继续使用

D. 8 月未装运的货可推迟到 11 月装运

2. 信用证是由开证行应开证申请人的要求而开出的，信用证主要体现了（ ）。

A. 开证申请人与开证行之间的契约关系

B. 开证行与信用证受益人之间的契约关系

C. 开证申请人与受益人之间的契约关系

D. 既体现了开证申请人与开证行之间的契约关系，又体现了开证行与信用证受益人之间的契约关系

3. 卖方对信用证的条款进行逐项审核后，对不能接受的内容应及时向买方提出修改，如有多项修改内容应（ ）提出。

A. 分批　　　　　B. 一次　　　　　C. 两次　　　　　D. 三次

4. 信用证规定有效期为 2023 年 1 月 30 日，没有规定装运期，则可以理解为（ ）。

A. 最迟装运期为 2023 年 1 月 30 日　　B. 最迟装运期为 2023 年 1 月 31 日

C. 最迟装运期为 2023 年 2 月 28 日　　D. 最迟装运期为 2023 年 1 月 1 日

5. "Transshipment permitted，partial shipments allowed，but partial shipments of each item not allowed" 的中文意思是（ ）。

A. 转运允许，分运允许，但每个品种的货物不得分运

B. 转运不允许，分运允许，但每个品种的货物不得分运

C. 转运允许，分运允许，但每个品种的货物必须分运

D. 转运允许，分运不允许，但每个品种的货物不得分运

二、多项选择题

1. 买方在合同规定的开证时间填写开证申请书，办理开证手续，开证行对此审核无误后，收取（　　），按开证申请书的要求开出信用证。

A. 订单　　　　　　B. 保证金　　　　　　C. 开证手续费　　　D. 合同书

2. 在审核信用证金额时，应关注的内容是（　　）。

A. 金额与发票金额必须一致

B. 立即将受损货物转移给保险公司

C. 货币与合同规定的必须一致

D. 金额与汇票金额必须一致

3. 如果信用证的修改通知书包括多项内容，则买方（　　）。

A. 全部接受　　　　B. 部分接受　　　　C. 全部拒绝　　　　D. 部分拒绝

4. （　　）的信用证条款属于软条款。

A. 商业发票需开证申请人签署

B. 货物样品寄交开证申请人认可并作为议付条件之一

C. 商检证书由开证申请人签发，并作为议付单据之一

D. 承运船只由买方指定，船名以信用证修改书的方式通知，交单时必须提交信用证修改书

5. 关于信用证上的 "Date and Place of Expiry"，说法正确的是（　　）。

A. 表明该证的到期日期和到期地点

B. 信用证的到期地点可以在开证行所在地，也可以在受益人所在地

C. 可以推算出信用证的开证日期

D. 如果是开证行所在地，出口审单人员一定要把握好交单时间和邮程，防止信用证失效

三、判断题

1. 信用证是一种银行开立的无条件承诺付款的书面文件。（　　）

2. 除非信用证另有规定，可转让信用证的第一受益人可要求将信用证转让给本国或另一国的一个或几个受益人。（　　）

3. 受益人审核信用证的重点是对开证行的经营作风和资信情况进行审查。（　　）

4. SWIFT 信用证中，数字 "245 678.45" 表示为 "245678，45"。（　　）

5. 信用证规定的装运期是 6 月 30 日，有效期是 7 月 15 日，交单期是提单日期后 21 天。若实际装船日是 6 月 25 日，受益人可以于 7 月 16 日交单。（　　）

四、案例分析题

1. 中方某进出口公司与美国商人在 2023 年 1 月 8 日按 CIF 条件签订一份出口 10 万美元服装的合同，支付方式为不可撤销信用证。美国商人于 2023 年 5 月通过银行开来

信用证，经审核与合同相符，其中保险金额为发票金额加成 10%。我方正在备货期间，美国商人通过银行传递给我方一份信用证修改书，内容为将投保金额改为发票金额加成 15%。我方按原证规定投保、发货，并于货物装运后在信用证有效期内，向议付行提交全套单据。议付行议付后将全套单据寄开证行，开证行以保险单与信用证修改书不符为由拒付。试问：开证行拒付的理由对否？

2. 我方 A 公司与法国 B 公司订立一份出口 600 公吨冻品的合同，规定 2023 年 4 月至 9 月平均交货 100 公吨，即期信用证支付，来证规定货物装运前由出口口岸商品检验机构出具船边测温证书作为议付不可缺少的单据之一。4 月至 6 月交货正常，并顺利结汇，7 月份因船期延误，拖延至 8 月 5 日才装运出口，海运提单倒签为 7 月 31 日，但送银行议付的商检证书中填写船边测温日期为 8 月 5 日。8 月 7 日出口商在同一条船上又装运 100 公吨，开证行收到单据后来电表示对这两批货拒付货款。试分析：我方有何失误及开证行拒付是否有依据？

五、简答题

1. 什么是信用证？

2. 信用证所涉及的当事人有哪些？每个当事人的任务和功能是什么？

3. 什么是 SWIFT 信用证？SWIFT 电文有什么要求？

4. 应从哪几个方面对信用证进行审核？

5. 信用证的修改应注意哪些问题？

六、单证操作题

1. 根据以下资料，请你代上海进出口公司向中国银行上海分行申请开立信用证，缮制开证申请书。

2023 年 7 月 1 日，上海进出口公司（地址：上海市中山东一路 1221 号，电话：021 - 56565666）与日本商社（地址：日本东京大通町 326 号，电话：＋81 - 58862968）达成一项合同（合同号：MNP050836），从日本进口 100 台等离子显示器，价格为每台 1 000 美元 FOB 大阪，共 100 000 美元，每台装一纸箱。合同规定：于 2023 年 10 月 15 日前装运，不准分批装运和转运，装运港为大阪，目的港为上海；要求出口方提供：商业发票一式三份，装箱单一式三份，已装船清洁提单正本一式三份，空白背书，品质检验证书一份，受益人证明一份；要求进口方申请开立不可撤销即期跟单信用证，电开本。

IRREVOCABLE DOCUMENTARY CREDIT APPLICATION

To   Date

☐ Issued by airmail ☐ With brief advice by teletransmission ☐ Issued by express delivery ☐ Issued by teletransmission (which shall be the operative instrument)	Irrevocable Documentary Credit	
	L/C No. Contract No.	Date and Place of Expiry
Applicant	Beneficiary	

续表

Partial shipments ☐ Allowed ☐ Not allowed	Transshipment ☐ Allowed ☐ Not allowed	Amount（both in figures and words）
Loading on board/dispatch/taking in charge at/from： not later than： for transportation to： ☐ FOB　　☐ CFR　　☐ CIF ☐ Or　other　terms _____		Credit available with ☐ by sight payment ☐ by negotiation ☐ by deferred payment at _____ days against the documents detailed herein ☐ by acceptance ☐ and beneficiary's draft for _____% of invoice value at _____ on issuing bank
Commodity		Shipping Marks N/M

Documents required：（marked with ×）

1. （　）Signed commercial invoice in _____ copies indicating L/C No. and Contract No. （Photo copy and carbon copy not acceptable as original. ）

2. （　）Full set（included original and non-negotiable copies）of clean on board ocean bills of lading made out to order and blank endorsed marked "（　）freight prepaid/（　）to collect" notify the applicant.

3. （　）Air waybills marked "（　）freight prepaid/（　）to collect" consigned to _____ .

4. （　）Railway bills marked "（　）freight prepaid/（　）to collect" consigned to _____ .

5. （　）Memorandum issued by _____ consigned to _____ .

6. （　）Full set（included _____ original and _____ copies）of Insurance Policy/Certificate for 110% of the invoice value，showing claims payable in China，in currency of the draft blank endorsed，covering（（　）ocean marine transportation/（　）air transportation/（　）overland transportation）INSTITUTE CARGO CLAUSE A，INSTITUTE WAR CLAUSE CARGO AND INSTITUTE STRIKE CLAUSE CARGO.

7. （　）Packing List/Weight Memo in _____ copies indicating quantity/gross and net weights of each package and packing conditions as called for by the L/C.

8. （　）Certificate of Origin in _____ copies.

9. （　）Certificate of Quantity/Weight in _____ copies issued by an independent surveyor at the loading port，indicating the actual surveyed quantity/weight of shipped goods as well as the packing condition.

10. （　）Certificate of Quality in _____ copies issued by（　）manufacturer/（　）public recognized surveyor.

11. （　）Beneficiary's certified copy of cable/telex dispatched to the applicant within _____ hours after shipment advising goods name，（　）name of vessel/（　）fight No. ，date，quantity，weight and value of shipment.

续表

12. （　） Beneficiary's Certificate certifying that extra copies of the documents have been dispatched according to the contract terms. 13. Shipping Co. 's Certificate attesting that the carrying vessel is charted or booked by accountee or their shipping agents. 14. （　） Other documents，if any： Covering：
Additional Instructions： 1. （　） All banking charges outside the opening bank are for beneficiary's account. 2. （　） Documents must be presented within 15 days after the date of issuance of the transport documents but within the validity of this credit. 3. （　） Third party as shipper is not acceptable. Short form/Blank Back B/L is not acceptable. 4. （　） Both quantity and amount _____% more or less are allowed. 5. （　） Prepaid freight drawn in excess of L/C amount is acceptable against presentation of original charges voucher issued by shipping Co. /Air Line/its agent. 6. （　） All documents to be forwarded in one cover，unless otherwise stated above. 7. （　） Other terms，if any：
Account No.　　　　　　with ××××× Transacted by   （Name，signature of authorized person） Tel. ×××××

2. 根据下述合同的内容审核信用证，指出不符之处，并提出修改意见。

SALES CONFIRMATION

The Seller：SHANGHAI SHENG DA CO. ，LTD.

Address：UNIT C 5/FJINGMAO TOWER
　　　　　SHANGHAI，CHINA

The Buyer：ALFAGAENTERPRISE

Address：28，IMAMGONJ DHAKA，
BANGLADESH

Contract No. ：SD230215

Date：FEB. 15，2023

　　This Sales Contract is made by and between Seller and Buyer，whereby the Seller agrees to sell and the Buyer agrees to buy the under-mentioned goods according to the terms and conditions stipulated below：

Commodity & Specification	Quantity	Price Terms	
		Unit price	Amount
STEEL TAPE RULES		CIF CHITTAGONG	
JH－392W3M×16MM	2 000 DOZ PAIR	USD3. 60/DOZ PAIR	USD7 200. 00
JH－380W3M×16MM	500 DOZ PAIR	USD4. 20/DOZ PAIR	USD2 100. 00
TOTAL:	2 500 DOZ PAIR		USD9 300. 00
Total amount: U. S. DOLLARS NINE THOUSAND THREE HUNDRED ONLY.			

Packing: IN CARTONS

Shipping Marks: A. E.

　　　　　　　CHITTAGONG

Time of Shipment: DURING MAY, 2023

Loading Port and Destination: FROM SHANGHAI TO CHITTAGONG

Partial shipment: ALLOWED

Transshipment: ALLOWED

Insurance: To be effected by the seller.

Terms of Payment: The Buyer shall open through a bank acceptable to the Seller an Irrevocable Sight Letter of Credit to reach the Seller in 30 days before the month of shipment. Valid for negotiation in China until the 15th day after the month of shipment.

THE SELLER:	THE BUYER:
SHANGHAI SHENG DA CO. , LTD.	ALFAGAENTERPRISE

LETTER OF CREDIT

SEQUENCE OF TOTAL	27:	1/1
FORM OF DOC. CREDIT	40A:	REVOCABLE
DOC. CREDIT NUMBER	20:	06660801
DATE OF ISSUE	31C:	230515
APPLICABLE RULES	40E:	UCP LATEST VERSION
DATE AND PLACE OF EXPIRY	31D:	MAY 23, 2020 IN BANGLADESH
APPLICANT	50:	ALFAGAENTERPRISE
		28, LMAMGONJ
		DHAKA, BANGLADESH
ISSUING BANK	52A:	AB BANK LIMITED
		IMAMGONJ BRANCH,
		40 IMAMGONJ, DHAKA, BANGLADESH
BENEFICIARY	59:	SHANGHAI SHENG DA CO. , LTD.
		UNIT C 5/FJINGMAO TOWER
		SHANGHAI, CHINA
AMOUNT	32B:	CURRENCY HKD AMOUNT 9 300. 00
AVAILABLE WITH/BY ...	41D:	ANY BANK IN CHINA BY NEGOTIATION

DRAFTS AT …	42C:	DRAFTS AT 60 DAYS SIGHT FOR 100PCT INVOICE VALUE
DRAWEE	42D:	ALFAGAENTERPRISE 28, IMAMGONJ DHAKA, BANGLADESH
PARTIAL SHIPMENTS	43P:	ALLOWED
TRANSSHIPMENT	43T:	NOT ALLOWED
LOADING/DISPATCHING/TAKING	44A:	SHANGHAI
TRANSPORTATION TO …	44B:	ANY PORT IN BANGLADESH
LATEST DATE OF SHIPMENT	44C:	230615
DESCRIPTION OF GOODS	45A:	STEELTAKE RULES

(1) 2 000 DOZ PAIR MODEL: JH−392W SIZE: 3M×16MM @ USD3.80 PER DOZEN PAIR CIF CHITTAGONG
(2) 500 DOZ PAIR MODEL: JH−380W SIZE: 3M×16MM @ USD4.20 PER DOZEN PAIR CIF CHITTAGONG
PACKING: EXPORT STANDARD SEAWORTHY PACKING

DOCUMENTS REQUIRED 46A:
+ SIGNED COMMERCIAL INVOICE IN TRIPLICATE
+ SIGNED PACKING LIST IN TRIPLICATE
+ G.S.P. CERTIFICATE OF ORIGIN FORM A
+ BENEFICIARY'S CERTIFICATE STATING THAT ONE SET OF ORIGINAL SHIPPING DOCUMENT INCLUDING ORIGINAL "FORM A" HAS BEEN SENT DIRECTLY TO THE APPLICANT AFTER THE SHIPMENT.
+ INSURANCE POLICY OR CERTIFICATE ENDORSED IN BLANK FOR 110 PCT OF CIF VALUE, COVERING W.P.A RISK AND WAR RISK
+3/3 PLUS ONE COPY OF CLEAN ON BOARD OCEAN BILL OF LADING MADE OUT TO ORDER OF BLANK ENDORSED MARKED "FREIGHT COLLECT" AND NOTIFY APPLICANT

ADDITIONAL CONDITION 47A:
+ ALL DRAFTS DRAWN HEREUNDER MUST BE MARKED "DRAWN UNDER AB BANK LIMITED, IMAMGANJ BRANCH CREDIT NO. 06660801 DATED FEBRUARY 24, 2020"
+ T/T REIMBURSEMENT IS NOT ACCEPTABLE

DETAILS OF CHARGES	71B:	ALL BANKING CHARGES OUTSIDE BANGLADESH ARE FOR BENEFICIARY'S ACCOUNT.
PRESENTATION PERIOD	48:	DOCUMENTS MUST BE PRESENTED WITHIN 15 DAYS AFTER THE DATE OF ISSUANCE OF THE

SHIPPING DOCUMENTS BUT WITHIN THE
VALIDITY OF THE CREDIT.

CONFIRMATION   49：WITHOUT

INSTRUCT TO NEGOTIATING BANK   78：THE AMOUT AND DATE OF NEGOTIATION OF
EACH DRAFT MUST BE ENDORSED ON THE
REVERSE OF THIS CREDIT. ALL DOCUMENTS
INCLUDING BENEFICIARY'S DRAFTS MUSE BE
SENT BY COURIER SERVICE DIRECTLY TO US IN
ONE LOT. UPON OUR RECIEPT OF THE DRAFTS
AND DOCUMENTS WE SHALL MAKE PAYMENT
AS INSTRUCTED BY YOU.

第五章 发票和包装单据

教学目标

掌握商业发票的内容及填制方法；了解商业发票的作用；掌握海关发票的概念、内容及填制方法；了解海关发票的作用；熟悉形式发票和领事发票的内容；掌握包装单据的概念和种类；掌握装箱单的内容和填制方法。

关键词

商业发票　海关发票　领事发票　装箱单

导入案例

案情介绍： 我国某橡胶出口企业 A 与泰国某进口贸易有限公司 B 达成了一笔 L/C 交易，证中有关单据的条款规定："正本提单一份，商业发票一式三份，以及由商检机构出具的普惠制原产地证书格式 A，所有单据除发票外不得表示发货人或受益人的地址。" A 公司按 L/C 要求进行装运后，便向当地商检机构申请出具普惠制原产地证书格式 A，但商检机构却要求在普惠制原产地证书格式 A 上发货人地址一栏不得留空。

这样，A 公司不得不电告 B 公司："由于我商检机构强制规定普惠制原产地证书上的发货人栏必须表明发货人的名称和详细地址，请立即将原 L/C 中的条款改为：'所有单据除发票、普惠制原产地证书以外，不得表示发货人或受益人地址。'"不久，B 公司即回电称："该普惠制原产地证书系我方提供给另外的客户，并非我方所需要，所以难以改正。如果你方不在原产地证书中表示你方的真实详细地址，而是虚构一个地址，则我方可考虑修改 L/C。"接电后，A 公司考虑到货物已发运，如果拒绝接受 B 方的要求和建议，将会承担运费损失。另外也以为虚构原产地证书中的发货人地址，不会影响最终的结汇。于是，A 公司接受了 B 公司的要求，同时，B 公司也如约将原 L/C 中的单据条款改为："除发票、普惠制原产地证书外，所有单据不得表示发货人或受益人的地址。"

一切似乎进展顺利，A公司将制好的全套单据交议付行又寄至开证行。但开证行当即提出了单据中的不符点："你第×××号L/C项下的单据经审核发现发票上受益人的地址与原产地证书中发货人的地址不符，故而构成单单不符，我行无法付款，请速告单据处理意见。"A公司得到消息后，才意识到原来公司里的单证员习惯了按固定的发票格式制单，忽略了将发票发货人真实详细的地址改为虚构的地址，而此时想再置换发票已为时过晚。最终，A公司不得不与B公司商议降价处理此笔货物，才了结了此案。

分析及结论：单单一致是L/C业务的基本要求，制单时一定要十分细致地处理。本案给我们提供的教训是：

1. 在不熟悉法规和规定的情况下不能贸然操作

案例中的A公司审证时，未对L/C中规定的"原产地证书不能标明发货人或受益人地址"条款给予足够的注意和重视。在此情况下，如果对我国商检机构出证的规定不熟，单证人员应事先就此问题向我国的商检机构详细询问和调查，以确保出口单证能够满足B公司L/C的要求。

2. 修改出口单证时不能顾此失彼

本案中B公司要求A公司不在除发票以外的单据中表示受益人地址，是因为除发票以外的所有单据必须由B公司交给其另外的客户，而发票则可以由B公司自留。相对而言，发票对B公司来说是次要的，但当L/C修改后增加了普惠制原产地证书并虚构发货人地址后，A公司单证员却忽略了发票与原产地证书发货人地址的一致，忘记将发票中的真实地址修改为虚构地址，这就为以后的单证不符埋下了隐患，为B公司胁迫A公司降价处理货物留下了口实。

3. 慎重对待进口商虚构地址的要求

制单工作是维护贸易各方权利和义务的重要环节，不仅要符合国际商业惯例，也要符合国际贸易中的有关法律和法规。因此，单证工作必须做到正确、完整、及时、整洁，而不应当接受任何一方违背事实、弄虚作假的要求。如果途中作假，将极易造成单证不符，给出口合同的履行带来不必要的麻烦，甚至会引起意想不到的重大损失。商业发票是货物单据中的核心单据，其他单据是以其为中心填制的。如果原产地证书中有关发货人地址与商业发票中的同一栏地址不一样，肯定属于单单不符，在L/C条件下，是很难保证正常结汇的。案中A公司虽然使其单据虚构发货人的地址符合L/C的要求，但不可能与实际情况及其买卖合同的内容相符，最终存在着不良隐患。

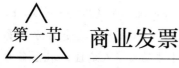

第一节　商业发票

商业发票是进出口贸易中最重要的单据之一，它全面反映合同内容，虽然不是物权凭证，但它是全套货运单据的中心，其他单据的制作应与发票内容保持一致。

一、商业发票的概念及作用

商业发票（commercial invoice），简称发票，是卖方向买方开立的，凭以向买方收取货款的发货价目清单，是装运货物的总说明，是买卖双方交接货物和结算货款的凭证。

商业发票的主要作用包括以下 5 个方面。

（1）商业发票是卖方向买方发送货物的凭证，是卖方重要的履约证明文件。商业发票是一笔交易的全面叙述，它详细列明了货物的名称、规格、数量、单价（价格术语）、总金额等内容，是履行合同发送货物的说明和凭证。

（2）便于进口方核对已装运的货物是否符合买卖合同的规定。进口方可根据商业发票了解所装货物是否属于某笔订单，是否按照合同规定的内容和要求装运所需货物，是全部交货还是部分交货等情况，为验收、核对提供依据。

（3）商业发票是进出口双方凭以收付货款和记账的凭证。商业发票是销售货物的凭证，进出口双方均需根据发票的内容，逐笔登记入账。

（4）商业发票是进出口双方办理报关、纳税的重要依据。货物在装运前，需向海关进行报关检验，提交商业发票等作为海关确定税金、验关放行的依据。国外进口商同样需要在货物到达时，向当地海关提供发货人的发票通关，海关凭以核定税金，使进口商得以迅速清关提货。

（5）商业发票是索赔和理赔的重要依据。保险索赔时，商业发票可作为价值说明，作为索赔金额的依据。

二、商业发票的主要内容及填制方法

商业发票没有统一格式（见单证 5-1）。商业发票由出口商自行缮制（读者可参考附录中的商业发票样例），主要内容和填制方法如下。

1. 商业发票字样（Commercial Invoice）

可以在"商业发票"的上方填写出单人的名称与地址。许多出口企业在制作单据时，多事先印好，无须另行填写。

2. 出票人（Issuer/Issued by）

应填写出口商的名称和地址，在信用证支付方式下，应与信用证受益人的名称和地址保持一致。当然，当信用证转让以后，按照 UCP600 第 38 条 i 款的规定，有时也可以由第二受益人出具。

3. 发票抬头人（To）

只有少数来证在发票条款中指出发票抬头人，多数来证都不作说明。因此，习惯上信用证的申请人或收货人的名称和地址填入这一栏目。根据 UCP600 第 18 条的规定，除非信用证另有规定，商业发票的"抬头人"必须做成"开证申请人"的名称和地址。当信用证转让以后，按照 UCP600 第 38 条 g 款的规定，商业发票的"抬头人"一栏就可以用"第一受益人"的名称和地址替换原信用证"开证人"的名称和地址。

在其他支付方式如汇付或托收项下，商业发票的"抬头人"一栏一般直接填写买方的名称和地址。

4. 发票号（Invoice No.）

一般由出口企业自行编制，采用顺序号，以便查对。

5. 出票日期（Date）

发票的出票日期，信用证支付方式下，一般应在信用证开证日期之后、信用证装运日期之前。按照 UCP600 第 14 条 i 款的规定，除非信用证另有规定，单据的出单日期可以早于信用证开立日期，但不得迟于信用证规定的提示日期。但是，很多信用证都规定："Any documents with the date of issuance prior to that of this Letter of Credit are not acceptable."（任何早于信用证开立日期的单据将不予接受。）

其他支付方式下的出票日期，一般在买卖合同的开立日期之后、合同规定的装运日期之前。

任何信用证项下的单据，当然包括发票的出票日期不应晚于信用证规定的交单到期日和信用证截止日期。

6. 出票依据（L/C No. and S/C No.）

在此栏中，如果是信用证支付方式，一般简要填写信用证的号码及信用证的开证行名称即可；如果是其他支付方式，该栏目的填写方式就非常自由了，通常可以选择填写：买卖合同号码、订单号码、形式发票号码等。

7. 运输标志（Marks & Nos.）

运输标志也叫"唛头"，一般叫作"Shipping Marks"，而在各种国际贸易单据中却大都写作"Marks & Nos."。凡是信用证有关于唛头的规定，必须按照规定制唛。而且发票中的唛头应与提单、托运单据保持严格一致，它由收货人、目的地、件号和件数以及有关参考号码组成。如果信用证未规定唛头，则出口人可自行设计；如果无唛头，则填写"N/M"（No Shipping Marks）。

8. 货物描述（Descriptions）

此部分是发票的主要部分，包括商品的名称、规格、数量/重量、包装等内容。当使用信用证支付方式时，根据 UCP600 第 18 条 c 款的规定，商业发票中货物、服务或行为的描述必须与信用证中显示的内容相符。ISBP745 第 C12 段规定，发票不应显示超装或者信用证未规定的货物、服务及履约行为。即便发票包含了信用证规定货物、服务或履约行为的额外数量为免费，或者样品和广告材料为免费，这仍然适用。

商品名称必须按照信用证填写，不得使用统称，除非信用证另有规定。如果货物有不同规格，或者规格价格不同，则各种规格的数量、重量应分别列出，货物以包装单位计价时，要表示货物包装单位的数量或件数。

9. 单价（Unit Price）和总值（Amount）

价格内容在发票中分别由两个栏目表述：单价和总值。单价又由四个部分组成：计价货币、计量单位、单位价格金额和价格术语。例如，USD（计价货币）18.25（单位价格）Per Piece（计量单位）CIF NEW YORK（价格术语）。

总值即发票总金额通常是可以收取的货款，是单价与数量的乘积，不得超过信用证规定的总金额。如果合同中包含佣金，而信用证未加规定，其总金额中已扣除了佣金，则发票应能够反映扣佣的全过程，即同时表示出含佣价、佣金和净价。

ISBP745 第 C6、C7 段规定，发票应当显示：所装运或交付的货物，或所提供的服务或履约行为的价值；单价（当信用证有规定时）；信用证中表明的相同币别；信用证要求的任何折扣或扣减；信用证未规定的预付款、折扣等的扣减。

10. 特殊条款（Special Terms）

在相当多的信用证中，除了一般的发票内容外，还要求在发票中证明某些事项的条款。在缮制发票时，可将上述内容打在发票的商品描述栏内。在实际业务中，常见的特殊条款有：注明货物的原产地，提供"证实发票"等。例如有的来证要求发票注明产地及价值声明，则在发票中填写："We hereby declare that the goods invoiced are of Chinese origin and that the value is real，authentic and in conformity with our records."

当发票在本栏采用了"We hereby certify that the contents of the invoice here are true and correct"，条款注明了本发票内容真实、正确时，必须将发票末端所印就的"E. & O. E"划掉。"E. & O. E"是"Errors and Omissions Excepted"的缩写，即"有错当查"，指发票签发人事先声明，一旦发票有误，可以改正。

11. 签名（Signature）

一般由出口公司的法人代表或经办制单人员代表公司在此签名，并注明公司名称。根据 UCP600 第 18 条的规定，发票无须签字。但当信用证要求"signed invoice"时，就需要根据信用证要求签名；而当要求"manually signed invoice"时，该发票必须手签。

单证 5-1　商业发票

COMMERCIAL INVOICE

Address：　　　　　　　　Telex：××××　　Fax：××××

To	Invoice No.		Date	
	L/C No.			
	Issued by			
	Contract No.			

Marks & Nos.	Descriptions	Unit Price	Amount

(STAMP AND SIGNATURE)

知识链接

部分国家对发票的特殊规定

智利：发票上要注明运费、保险费和 FOB 价值。

墨西哥：发票要手签。一般发票要求领事签证，可由贸促会代签，并注明

"THERE IS NO MEXICAN CONSULATE HERE"（本地无墨西哥领事），在北京可由墨西哥驻华使馆签证。

澳大利亚：发票上应加注发展中国家声明，可享受优惠关税待遇。声明文句为：Developing country declaration that the final process of manufacture of the goods for which special rates are claimed has been performed in China and that not less than one half of the factory or works cost of the goods is represented by the value of the labor or materials or of labor and materials of China and Australia.

黎巴嫩：发票应加注证实其真实性的词句。如：We hereby certify that this invoice is authentic，that it is the only one issued by us for the goods herein，that the value and price of the goods are correct without any deduction of payment in advance and its origin is exclusively China.

科威特：发票上要注明制造厂商名称和船名，注明毛、净重并以千克表示。

巴林：发票上应加注货物原产地证明，并且手签。

秘鲁：如信用证要求领事签证，可由贸促会代替，发票货名应以西班牙文表示。同时要列明 FOB 价值、运费、保险费等。

巴拿马：可由贸促会签证并须注明："此地无巴拿马领事"。

委内瑞拉：发票应加注西班牙文货名，由我贸促会签证。

阿拉伯地区：一般都要求发票注明货物原产地，并由贸促会签证，或者由贸促会出具原产地证书。

伊朗：发票内应注明关税号。

尼泊尔、印度：发票手签。

土耳其：原产地证书不能联合在发票内。

第二节　海关发票

一、海关发票的概念及作用

海关发票（customs invoice）是根据某些国家海关的规定，一般由进口国家的海关统一设计，由进口商将空白格式发给出口商，由出口商填制、签署后，转交给进口商，供进口商在办理货物的进口通关手续时向其海关提交的报关单据之一。

海关发票的作用主要体现在以下几个方面：

第一，提供货物原产地依据。进口国海关根据海关发票核定进口食品的价值和产地，来确定该商品是否可以进口，是否可以享受优惠税率。

第三，供进口商向海关办理进口报关、纳税等手续。进口商在进口货物到达办理报关时，除申报其他单据外，海关发票是海关对进口货物估价定税的依据。

第三，供进口国海关核查货物在其本国市场的价格，确认是否倾销，从而是否征收反倾销税。

第四，供进口国海关作为统计的依据。从进口商的角度看，海关发票甚至比商业发票的作用更大。

二、海关发票的主要内容及填制方法

由于各国海关对提供海关发票的规定不同，各国各地区有各自不同的格式、名称和内容。目前，只有一些国家要求提供海关发票，主要是美国、加拿大、澳大利亚、新西兰、南非、尼日利亚、加纳、赞比亚等。这里仅列举加拿大海关发票（见单证 5-2），读者可参考附录中的海关发票样例。海关发票的主要内容及填制方法如下。

1. 发货人〔Vendor（name and address）〕

填写出口商的名称及地址。信用证支付条件下，此栏填写受益人的名称和地址。

2. 直接运往加拿大的装运日期（Date of direct shipment to Canada）

填写直接运往加拿大的装运日期，此日期应与提单日期相一致。如单据送银行预审，也可请银行按正本提单日期代为加注。

3. 其他编号（包括买方订单号码）〔Other references（include purchaser's order No.）〕

填写有关合同、订单、商业发票或信用证的号码。

4. 收货人〔Consignee（name and address）〕

填写买方的名称与地址。信用证项下，一般为信用证的开证申请人的名称和地址。

5. 购买商的名称和地址〔Purchaser's name and address（if other than consignee）〕

通常情况下，"购买商"与"收货人"均为同一人，则此栏可打上"SAME AS THE CONSIGNEE"（与"收货人"相同）。

6. 转运国家（Country of transshipment）

此处应注意与提单的填写内容相呼应，如果发生了转运，就得注明转运国的国名；如果是直达，就只需注明"N/A"或"NOT APPLICABLE"（"不适用"或"没有"）即可。

7. 商品的原产国名（如果装运商品来源于不同的原产国家，在第 12 栏中按商品品种分别注明其原产地）〔Country of origin of goods（If shipment includes goods of different origins enter origins against items in 12）〕

填写发票上所列的货物的原产国家。若非单一的原产国货物，则应在第 12 栏中详细逐项列明各自的原产国名。

8. 运输：直接运往加拿大的方式和启运地点（Transportation：Give mode and place of direct shipment to Canada）

此处填写装运港（地）和目的港（地），如果中途需要转运，同时注明转运港（地）；运输如"By sea"（海运），"By air"（空运），"By multimodal transportation"

（多式联运）等。如"FROM SHANGHAI TO MONTREAL BY SEA"（从上海到蒙特利尔，运输方式：海运）。

9. 交易条件及支付方式（即货物的买卖、寄售及租赁等）〔Conditions of sale and term of payment（i. e. sale, consignment shipment, leased goods, etc.）〕

按商业发票的交易条件及支付方式填写，如"CIF MONTREAL；PAYMENT BY L/C"（价格条件：CIF 蒙特利尔；支付方式：信用证）。

10. 结算货币（Currency of settlement）

货币的币别一般应该按照国际标准化组织（ISO）统一制定的，而且目前已经在国际贸易和国际金融领域被普遍接受和采用的用三个大写英文字母表示的货币名称来填写，如"USD"（美元）、"GBP"（英镑）、"EUR"（欧元）等。

单证 5-2　海关发票

CANADA CUSTOMS INVOICE Canada Customs and Revenue Agency		Page ONE of ONE		
1. Vendor（name and address）	2. Date of direct shipment to Canada 3. Other references（include producer's order No.）			
4. Consignee（name and address）	5. Purchaser's name and address（if other than consignee）			
	6. Country of transshipment			
	7. Country of origin of goods：	IF SHIPMENT INCLUDES GOODS OF DIFFERENT ORIGINS ENTER ORIGINS AGAINST ITEMS IN 12.		
8. Transportation：Give mode and place of direct shipment to Canada	9. Conditions of sale and term of payment（i. e. sale, consignment shipment, leased goods, etc.）			
	10. Currency of settlement			
11. Number of packages	12. Specification of commodities（kind of packages, marks and numbers, general description and characteristics, i. e. grade, quality）	13. Quantity（state unit）	Selling price	
			14. Unit price	15. Total amount
18. If any of fields 1 to 17 are included on an attached commercial invoice, check this box □	16. Total weight		17. Invoice total	
	Net	Gross		
19. Exporter's name and address（if other than vendor）	20. Originator（name and address）			
21. CCRA ruling（if applicable）	22. If fields 23 to 25 are not applicable, check this box □			

续表

23. If included in field 17 indicate amount： (i) Transportation charges, expenses and insurance：	24. If not included in field 17 indicate amount： (i) Transportation charges, expenses and insurance：	25. Check（if applicable）： (i) Royalty payments or subsequent proceeds are paid or payable by the purchaser □
(ii) Costs for construction, erection and assembly：	(ii) Amounts for commissions other than buying commissions：	(ii) The purchaser has supplied goods or services for use in the production of these goods □
(iii) Export packing	(iii) Export packing	

11. 包装的数量（Number of packages）

填写该批商品的外包装（outer packing）数量，并不是内包装（inner packing）的数量，如"500 CARTONS"（500 纸箱）。

12. 商品的规格（包装方式、唛头、概括性的商品名称、特征，即等级、品质等）〔Specification of commodities（kind of packages，marks and numbers，general description and characteristics，i. e. grade，quality）〕

此栏主要填写出口商品的概括性名称、规格、唛头和包装方式等内容。商品的名称只需要使用"统称"即可，不必像商业发票那样使用与信用证描述完全一致的文字。

13. 数量〔Quantity（state unit）〕

应填写商品的具体数量，即数量条款内容，而不是外包装的件数。如"1 500 PCS"（1 500 件）。

14. 单价（Unit price）

应按商业发票记载的每项单价填写，使用的货币应与信用证和商业发票一致。

15. 总值（Total amount）

应与商业发票的总金额一致。此栏在加拿大海关发票中属于"自动生成"的栏目，不需要专门填写。

16. 总重量（净重、毛重）〔Total weight（Net，Gross）〕

此项目下细分为净重和毛重，应填写整批货物的总净重和总毛重，要求与提单和装箱单的相同栏目保持完全一致。

17. 发票总值（Invoice total）

此栏与第 15 栏一样，在加拿大海关发票中属于"自动生成"的栏目，不需要专门填写。

18. 如果第 1～17 栏的任何栏的内容均已包括在随附的商业发票内，则在右边的方框中打钩（"√"）（If any of fields 1 to 17 are included on an attached commercial invoice，check this box）

将有关商业发票号填写在本栏目最下方。

19. 出口商的名称及地址（如果与"发货人"不同）〔Exporter's name and address (if other than vendor)〕

如出口商与第 1 栏的发货人不是同一人，则列入实际出口商名称；而若出口商与第 1 栏的发货人为同一人，则在本栏打上"SAME AS THE VENDOR"（与发货人相同）。另外，为慎重起见，出口人应在此栏填写完毕以后签字盖章。

20. 生产（加工）商的姓名及地址〔Originator (name and address)〕

有时，出口商出于保守商业秘密的考虑，不愿意把生产加工商的名称和地址告诉国外客户，此栏可以选择 3 种不同的填写方法：

（1）把"出口商"的名称和地址再"复制""粘贴"一遍。

（2）简单地注明"SAME AS THE EXPORTER"（与出口商相同）或"SAME AS THE VENDOR"（与发货人相同）。

（3）随便编一个与实际厂商不同的"生产加工商"的名称和地址。

21. 加拿大海关税务总署的规则（如果适用）〔CCRA ruling (if applicable)〕

这里的"CCRA"是"Canada Customs and Revenue Agency"的缩写形式。为了减少麻烦，此处填写"N/A"或"NOT APPLICABLE"（不知道）。事实上也是如此，一个外国出口商确实难以得知加拿大海关税务总署的规则。

22. 如果第 23～25 栏均不适用，就在右边的方框中打钩（"√"）(If fields 23 to 25 are not applicable, check this box)

23. 如果以下金额已包括在第 17 栏内，注明下列总值（If included in field 17 indicate amount）

（1）从装运地直至加拿大的运杂费和保险费（Transportation charges，expenses and insurance）。

（2）货物进口到加拿大后进行建造、安装及组装而发生的成本费用（Costs for construction，erection and assembly）。

（3）出口包装费用（Export packing）。

24. 如果以下金额不包括在第 17 栏内，注明下列总值（If not included in field 17 indicate amount）

（1）从装运地直至加拿大的运杂费和保险费（Transportation charges，expenses and insurance）。

（2）买方佣金以外的其他佣金的总值（Amounts for commissions other than buying commissions）。

（3）出口包装费用（Export packing）。

25. 如果适用，就分别在下边的方框中打钩（"√"）〔Check (if applicable)〕。

（1）由购买商已付或将要支付的特许使用费以及随后的收益（Royalty payments or subsequent proceeds are paid or payable by the purchaser）。

（2）购买商用于生产这些货物所提供的商品或服务（The purchaser has supplied goods or services for use in the production of these goods）。

第三节 其他发票

一、形式发票

(一) 形式发票的概念及作用

形式发票（proforma invoice）是指买卖合同签署以后，卖方开具的用于买方支付预付款的一种单据。在极少情况下，交易双方在签署正式合同之前或者不签署正式合同的情况下，形式发票就以销售确认单的形式，作为合同文件进行确认。

"proforma" 是拉丁文，意思是"纯为形式的"，从字面理解是指纯为形式的、无实际意义的发票。形式发票在格式和内容上都非常接近商业发票，但它不是一种正式发票，不能用于托收和议付，仅作说明或证明之用。形式发票所列的单价等内容对双方都无最终的约束力，正式成交还要另外缮制商业发票。

形式发票的作用主要有：

1. 用于买方在装运前预付货款

形式发票主要用于买方预付货款，即在装运前要求买方先支付部分货款。例如，形式发票上记载 "PAYMENT：30% in advance，70% within 30 days after shipment"，指的是在装运前，买方需要提前支付30%的货款，装运后30天内支付剩余货款。

2. 起到买卖合同的作用

在交易双方还没正式签订具有法律效力的合同文件时，形式发票就以销售确认单的形式，作为合同文件进行产品确认。在正式合同还没签订时，形式发票就是合同。在签订完正式合同后，形式发票只是担任销售确认单的角色。

在一般小额贸易中，国外客户经常是不签订正式买卖合同的，形式发票往往就起着约定合同基本内容以实现交易的作用，所以有必要的话要将可能产生分歧的条款——详列清楚，并让买方签回确认条款，以后真正执行合同时便可有所依据。

3. 用于买方办理外汇申请或进口许可证申请

形式发票包括买卖双方、货物详情、装运期、运输方式、付款方式等信息。形式发票可用于买方申请办理外汇申请、进口许可证申请等。

(二) 形式发票的主要内容

形式发票的内容和格式与商业发票大体相同，在此不做说明，见单证5-3。

单证 5-3　形式发票

PROFORMA INVOICE

1. SHIPPER/EXPORTER		8. NO. & DATE OF INVOICE	
XXX INTERNATIONAL TRADE CO. , LTD Room XXX, No. A Building, XXX Park, No. XXX, XXX Road, High-tech Zone, Qingdao, China		20××STD001	MAY. 13, 20××
		9. PURCHASE ORDER NO.	
2. FOR ACCOUNT & RISK OF MESSRS		10. L/C ISSUING BANK	
Company XXX LLC Address: XXX, Russia, Saint-Petersburg, Bolshoy Sampsonievsky Ave. XXX, build 2H Liter A TEL: XXX		* BENE BANK: XXX BANKING CORP. , LTD (Qingdao Branch) * BANK ADDRESS: No. XXX, XXX Road, XXX District, Qingdao, China (SWIFT CODE: XXXX) TEL: XXX, FAX: XXX * BENE NAME: XXX INTERNATIONAL TRADE CO. , LTD * A/C NO: XXX * TEL. NO: XXX　　FAX: XXX	
3. NOTIFY PARTY		11. REMARK	
		* PAYMENT: 30% in advance, 70% within 30 days after shipment (All related bank charges will be born by the payer) Please Note: Order is non-cancelable, partial shipment is not allowed	
4. CARRIER	5. FINAL DESTINATION		
6. PORT OF LOADING	7. SAILINGON/ABOUT		
Qingdao, China			

12. MARKS& NO. OF PKNGS	13. DESTIN. OF GOODS	14. Q'TY	15. U/PRICE	16. AMOUNT
N/M	POS Terminal	(FOB QINGDAO)		USD
50 * 30 * 40cm	XXX（15.6" screen, 2G RAM, WIFI, XXX, black screen frame)	10 PCS	USD $300.00	$3,000.00
	Subtotal		USD	$3,000.00
	Freight		USD	$0.00
	TOTAL		USD	$3,000.00

///

　　　　　17. SIGNED BY

二、领事发票

（一）领事发票的概念及作用

领事发票（consular invoice），又称签证发票，是由进口国驻出口国的领事出具的一种特别印就的发票，是出口商根据进口国驻出口地领事所提供的特定格式填制，并经领事签证的发票。对于领事发票，各国有不同的规定，可以由出口商向出口国当地的进口国领事馆申领填写，还有的国家规定允许出口商在商业发票上由进口国驻出口地的领事签证（consular visa），这种发票即领事签证发票。出具领事发票时，领事馆一般要根据进口货物价值收取一定费用。这种发票主要为拉美国家所采用。

领事发票的主要作用包括：

（1）作为进口海关核对进口货价、进行征税的依据。

（2）掌握并证实货物的原产地，用于审核有无低价倾销的情况。

（3）领事发票的签发或认证，需缴纳一定金额的签证、认证费用，该费用成为领事馆费用的部分来源。

如果进口国在出口地没有设立领事馆，出口商则无法提供此项单据，这样只能要求开证人取消信用证所规定的领事发票或领事签证发票的条款，或者要求开证人同意接受由出口地商会签证的发票。

（二）领事发票的主要内容

领事发票的格式不一，见单证 5-4。

单证 5-4 领事发票
Consular Invoice

THE GOVERNMENT OF BRAZIL			
Date Invoice No. Issued at		Port of Loading Port of Discharge Date of Departure Carrier	
EXPORTER		CONSIGNEE	
Marks and Numbers	Quantity	Description of Goods	Value of Shipment
		Total (FOB, C&F, or CIF)	
Other Charges Certified Correct by Witnessed by Fee Paid U. S. $		Amount of Charges Total U. S. $	

扫一扫下面的二维码，了解证实发票和厂商发票

第四节　包装单据

由于国际贸易买卖数量大、商品种类繁多，有时在发票上无法详细说明，此时必须使用专门的单据加以说明。因此，包装单据就成为发票的附属单据。进口地海关验货、进口商核对货物时，都可以包装单据为依据，从而了解包装内的具体内容，以便其接收、销售。

一、包装单据的概念

包装单据（packing documents）是指一切记载或描述商品包装情况的单据，是商业发票的补充单据，也是货运单据中的一项重要单据。在国际货物贸易的运输途中，只有散装货物（bulk cargo），如谷物、煤炭、矿砂等不需要包装，但大多数货物为了避免在搬运、装卸、运输途中发生碰撞或受到外界的其他影响而损坏，必须经过包装才能装运出口。同时，买方为了了解包装情况或分拨转售、验货的需要，往往要求提供包装单据。

二、包装单据的种类

根据不同商品或信用证的规定有不同类型的包装单据，常用的包装单据主要有：

1. 装箱单

装箱单（packing list）也称包装单，是用于说明货物包装形式、包装内容、数量、重量、体积及件数等细节的清单。

2. 重量单

重量单（weight list）也称磅码单（weight memo/note），是用于说明以重量计量的货物的毛净重的清单。

3. 尺码单

尺码单（measurement list）是用于说明货物单位包装的长、宽、高及总尺码的细

节清单。

除以上包装单据外，还有详细装箱单（detailed packing list）、包装明细单（pack-ing specification）、包装提要（packing memo）、规格单（specification list）、花色搭配单（assortment list）等。

三、包装单据的主要内容及填制方法

出口商应根据进口商的要求及不同商品的特点提供适当的包装单据，在国际贸易实务中，最常使用的包装单据是装箱单、重量单以及尺码单。

（一）装箱单

装箱单是反映货物包装情况的单据，是发票的补充单据。通过装箱单可以了解货物的包装状况，是收货人清点、核对货物和海关、商检部门验货的主要依据。装箱单没有统一格式（见单证 5 - 5），读者可参考附录中的装箱单样例。装箱单的主要内容及填制方法如下。

1. 单据名称（Packing List）

应符合合同或信用证的规定，通常用"Packing List"表示装箱单。

2. 出单人（Issuer）

填写出口商的名称和地址，应与信用证受益人或合同卖方一致。

3. 出单日期（Date）

装箱单由于是商业发票的附属单据，因此可以不用编号，也可以不显示出单日期。但如果显示日期，一般应与发票日期一致，或略迟于发票日期，但不能早于发票日期。

4. 唛头（Marks & Nos.）

严格按照商业发票上的唛头填写。

5. 货物描述（Description of Goods）、包装种类和件数（Number and Kind of Package）、规格（Specification）、数量（Quantity）、花色（Patterns and Colours）、搭配（Assortment）

装箱单的主要作用是方便货物的装卸、运输、存储和销售。因此，货物的名称、包装、规格、花色、搭配等都要在装箱单上一一列明。

6. 毛重（Gross Weight）、净重（Net Weight）、体积（Measurement）

填写每件货物的毛重、净重和体积，并计算出整批货物的总毛重、总净重和总体积，如有不同规格或种类的货物，应分别列出并最后累计其总数。

7. 签章（Stamp and Signature）

装箱单一般不需要签章。如果需要，由出具本单据的单位和负责人签字盖章，与商业发票一致。

单证 5－5　装箱单
PACKING LIST

Address：　　　　　　Telex：×××××　　Fax：×××××　　　　　Date：

Marks & Nos.	Commodity

(STAMP AND SIGNATURE)

（二）重量单

1．重量单的概念

重量单是指按照装货重量（shipping weight）成交的货物，在装运时出口商须向进口商提供的重量证明书。它证明所装重量与合同规定相符，货到目的港有缺量时，出口商不负责任。对于按照卸货重量（delivered weight）成交的货物，如果货物有缺量，进口商也必须提供重量证明书，才可以向出口商、轮船公司或保险公司提出索赔。重量单上所反映的内容除了包括装箱单上的内容以外，需要尽量清楚地表明商品每箱毛重、净重以及总重量的情况，供买方安排运输、存仓时参考。

2．填制重量单时的注意事项

重量单的缮制要点与缮制装箱单基本相同，但是缮制重量单时应注意以下区别。

（1）重量单中应注明发票标明的货物重量，并且要与其他单据上载明的货物重量一致。

（2）重量单必须注明出单日期，这与装箱单的规定不同。

（3）重量单的出单人处必须注明公司全称并且该公司有权签署重量单。

（4）在海运以外的运输方式下，如果信用证规定须提交重量证明，但并未规定需要独立的重量文件，则不必出具重量单，只需承运人或其代理人在运输单据上加注货物重量即可。

（三）尺码单

尺码单侧重说明所装运货物的体积，即每件商品的包装尺码以及总尺码。其作用在于便于买方安排运输、装卸和仓储，同时它也是计算运费的最重要的依据。尺码单上一般要求列明每件货物的尺码和总尺码，并提供货物包件的体积。尺码单无固定格式，由出口商自行拟制。

扫一扫下面的二维码，比较装箱单、重量单与尺码单

本章小结

在国际贸易中，常见的发票包括商业发票、海关发票、形式发票、领事发票等。其中，商业发票是进出口贸易中最重要的单据之一，是全套货运单据的中心，其他单据的制作应与发票内容保持一致。海关发票是根据某些国家海关的规定，由出口商填制的供进口商凭以报关用的特定格式的发票。

出口商应根据进口商的要求及不同商品的特点提供适当的包装单据，最常使用的包装单据包括装箱单、重量单以及尺码单等。

本章着重介绍了商业发票、海关发票和装箱单的内容及填制方法。

复习与思考

一、单项选择题

1. 在单据中，处于中心地位的是（ ）。

A. 提单   B. 汇票   C. 商业发票   D. 保险单

2. 目前经常使用的海关发票是（ ）。

A. 美国海关发票   B. 日本海关发票   C. 加拿大海关发票   D. 英国海关发票

3. 以下哪种单据不属于发票类？（ ）

A. 花色搭配单   B. 海关发票   C. 领事发票   D. 形式发票

4. 包装单据一般不应显示货物的（ ），因为进口商把商品转售时只要交付包装单据和货物，不愿泄露其购买成本。

A. 品名、总金额   B. 单价、总金额   C. 包装、品名   D. 品名、单价发票

5、信用证要求提供厂商发票的目的是（ ）。

A. 查验货物是否已经加工生产

B. 核对货物数量是否与商业发票相符

C. 检查是否有反倾销行为

D. 确认货物数量是否符合要求

二、多项选择题

1. 常用的包装单据主要有（　　）。

A. 装箱单　　　　　B. 重量单　　　　　C. 尺码单　　　　　D. 花色搭配单

2. 商业发票的主要作用是（　　）。

A. 进出口商收发货凭证　　　　　B. 进出口商收付货款凭证

C. 进出口商记账和报关纳税的凭证　　　D. 进口国裁定倾销的依据

3. 下列关于海关发票表述正确的有（　　）。

A. 海关发票的作用之一是提供货物原产地的依据

B. 海关发票供进口国海关核查货物在其本国市场的价格

C. 海关发票供进口国海关作为统计的依据

D. 所有的进口国都要求提供海关发票

4. 装箱单编号一般填（　　）。

A. 发票号码　　　　B. 合同号码　　　　C. 提单号码　　　　D. 保险单号码

5. 在国际贸易结算中，结汇单证的种类繁多，主要有许可证、装箱单、产地证书和检验证书，此外还有（　　）等。

A. 商业发票　　　　B. 汇票　　　　　C. 运输单据　　　　D. 保险单

三、判断题

1. 海关发票是由出口地海关制作，提供给出口方的。（　　）

2. 发票的出具人应为：ABC COMPANY NANJING。（　　）

相关的信用证条款如下：

　　APPLICANT：XYZ COMPANY，ANYTOWN

　　BENEFICIARY：ABC COMPANY NANJING

　　DOCUMENTS REQUIRED：COMMERCIAL INVOICE IN 6 COPIES

3. 发票上价格条款后的港口应该是：NEW YORK，USA。（　　）

相关的信用证条款如下：

　　SHIPMENT FROM：NANJING，CHINA

　　FOR TRANSPORTATION TO：NEW YORK，USA

　　DESCRIPTION OF GOODS AND/OR SERVICES：MEN'S SHIRTS

　　PRICE TERMS：FOB

　　DOCUMENTS REQUIRED：COMMERCIAL INVOICE IN 6 COPIES

4. 装箱单的主要作用是补充商业发票内容的不足，便于买方掌握商品的包装、数量及供进口国海关检查和核对货物。（　　）

5. 商业发票的日期应早于提单的日期。（　　）

四、简答题

1. 简述商业发票的含义及作用。

2. 商业发票包括哪些内容？

3. 海关发票的作用是什么?

4. 领事发票的作用是什么?

5. 装箱单包括哪些内容?

五、单证操作题

1. 根据下列资料制作商业发票。

L/C NO. 012/05/15406G

APPLICANT: XYZ TRADING CO., LTD. NO. 1 KING ROAD SYDNEY, AUSTRALIA

BENEFICIARY: JJJ IMPORT AND EXPORT COMPANY

NO. 32 DINGHAI ROAD, HANGZHOU, CHINA

L/C AMOUNT: USD 656 460.00

DESCRIPTION OF GOODS AND/OR SERVICE:

LEATHER GARMENTS

100 PCS. AART 2335/00 ... AT USD 12.50

300 PCS. AART 2333/35 ... AT USD 14.25

100 PCS. AART 2335/32 ... AT USD 51.30

600 PCS. AART 2332/52 ... AT USD 35.00

400 PCS. AART 2331/00 ... AT USD 60.45

DOCUMENTS REQUIRED:

+MANUALLY SIGNED COMMERCIAL INVOICE IN TRIPLICATE SHOWING FOB VALUE AND FRIGHT CHARGES SEPERATELY EVIDENTIFYING THAT THE GOODS ARE FORMALY CONFIRMED WITH S/C NO. JJJ050675.

TERMS OF DELIVERY: C AND F SYDNEY

PACKING: IN 15 CARTONS OF 100PCS EACH IN POLY WOVEN CLOTH

2. 根据下列资料制作装箱单。

(1) SOME MEG FROM L/C

APPLICANT: EAST AGENT COMPANY

3-72, OHTAMACHI, NAKA—KU, YOKOHAMA, JAPAN231

BENEFICIARY: NANJING LANXING CO., LTD.

ROOM 2501, JIAFA MANSTION, BEIJING WEST ROAD, NANJING

DESCRIPT. OF GOODS:

MEN'S NYLON DOWN JACKETS

JHS—011 1 800 PCS USD 50.00

JHS—012 5 200 PCS USD 35.00

JHS—013 6 000 PCS USD 75.00

MARKS: E. A

YOKOHAMA

C/NO. 1-130

（2）SOME MSG FROM S/C

PACKAGE：100 PCS. PACKED IN A CARTON.

G. W. ：25 KGS.

N. W. ：20 KGS.

Meas. ：21. 583CBM.

（3）OTHER MSG

INVOICE NO. ：SDT009

INVOICE DATE：20230215

第六章 保险单证

教学目标

了解办理国际货物运输保险的流程；熟悉主要的海洋运输保险条款；掌握投保单的主要内容及填制办法；了解保险单据的概念、种类和作用；熟悉保险单据的主要内容及填制方法。

关键词

货物运输投保　保险条款　投保单　保险单

导入案例

案情介绍：某年，我国山东省某进出口公司（卖方）与美国某公司（买方）签订合同，约定由卖方提供 40 000 箱葡萄罐头，每箱 15.50 美元，FOB 青岛，合同总值为 620 000 美元，收到信用证后 15 天发货。买方致电卖方，要求代其以发票金额的 110% 将货物投保至美国纽约的一切险。卖方收到买方开来的信用证及派船通知后，按买方要求代其向 A 保险公司投保，保险单的被保险人是买方，保险单上所载明的启运地是供货商所在地山东省烟台市，目的港是美国纽约。但是，三天后在货物自烟台市运往青岛港的途中，由于发生交通事故，20% 的罐头破裂受损。事后，卖方以保险单中含有"仓至仓"条款为由，向 A 保险公司提出索赔，但遭到拒绝。后卖方又请买方以买方的名义凭保险单向 A 保险公司提出索赔，同样遭到拒绝。在此情况下，卖方向山东省中级人民法院提起诉讼，要求保险公司赔偿其损失。

分析及结论：上述案例中，由于以 FOB 青岛成交，FOB 术语规定货物装到船上时，风险才由卖方转移给买方。虽然卖方在货物发生意外时对保险标的享有保险利益，保险单中也有"仓至仓"条款，但保险单的被保险人是买方，保险公司和买方之间存在合法有效的保险合同，而该山东省某进出口公司即卖方不是保险单的被保险人或合法持有人，故卖方没有索赔权。

同时，虽然买方即美国公司是本案保险单的被保险人和合法持有人，但货物在装运港，即青岛港装上船之前，如果受到损失，被保险人的利益不会受到影响，即买方不具有保险利益。因此，尽管保险单中有"仓至仓"条款，但买方无权就货物在装运港装上船之前的损失向保险公司索赔。

为避免上述情况发生，卖方可以在装船前单独向保险公司投保装船前险，有的也叫国内运输险，这样一旦发生上例所述的损失，卖方即可以从保险公司获得赔偿。

国际贸易中货物往往需要经过长途运输，在运输、装卸、存储过程中，货物有可能遇到各种风险和损失。为保障货物在遭受损失时能得到补偿，买方或卖方需要办理货物运输保险。在国际货物买卖业务中，货物运输大部分都是通过海洋运输来完成的，因此业务量最大、涉及面最广的保险就是海上保险。

第一节　海上风险和损失

货物在海上运输及海陆交接过程中，可能遭遇各种风险和损失，各国保险公司并不是对所有风险都予以承保，也不是对一切损失都予以补偿。各种保险公司对海上风险和损失所做的解释和规定如下。

一、海上风险

海上风险，一般指船舶、货物在海上运输途中所发生的各种风险。在各国保险业务中，各保险公司所承保的风险主要包括自然灾害、意外事故和其他外来原因所引起的外来风险。

1. 自然灾害

所谓自然灾害（natural calamity），并非指一切由于自然力量所造成的灾害，而是仅指恶劣气候（如暴风雨）、雷电、海啸、地震、洪水以及火山爆发等人力不可抗拒的灾害。

2. 意外事故

意外事故（fortuitous accidents）不同于一般的事故，这里所指的主要是船舶搁浅、触礁、沉没、火灾、爆炸等。

3. 外来风险

所谓外来风险（extraneous risks），通常是由自然灾害和意外事故以外的其他外来原因引起的，但不包括货物的自然损耗和本质缺陷。依风险的性质可分为一般外来风险和特殊外来风险两类。一般外来风险通常仅指偷窃、沾污、渗漏、破碎、受潮、受热、串味、淡水雨淋、短量和提货不着、钩损、锈损等；特殊外来风险，是指由于军事、政治、国家政策法令和行政措施等特殊外来原因而造成的风险，如战争、罢工、因船舶中途被扣而导致交货不到以及货物被有关当局拒绝进口或者没收所造成的损失。

凡以上所指的各类风险，均属海洋运输保险所承保的范围，买方或卖方可根据需要向保险公司投保。

二、海上损失

海运保险货物在海洋运输中由海上风险所造成的损坏或灭失，被称为海损（average）。根据国际保险市场的一般解释，凡与海陆连接的路上和内河运输中所发生的损失或灭失，也属海损。按照货物损失的程度，海损可分为全部损失与部分损失；按货物损失的性质，又可分为共同海损与单独海损。在保险业务中，共同海损与单独海损均属部分损失。

在海运保险业务中，海上损失可按表6-1所示分类。

表6-1 海上损失分类

	全部损失	实际全损
海上损失		推定全损
	部分损失	共同海损
		单独海损

（一）全部损失

全部损失（total loss），简称全损，是指运输中的整批货物或不可分割的一批货物的全部损失。全损有实际全损（actual total loss）和推定全损（constructive total loss）两种。

实际全损是指货物全部灭失或全部变质而不再有任何商业价值。实际全损包括4种情况：（1）保险标的已遭毁灭，如船舶与货物沉入海底无法打捞或货物被大火毁灭；（2）保险标的属性上的毁灭，原有的商业价值已不复存在，如茶叶遭海水浸湿后香味尽失，水泥浸海水后变成块状；（3）被保险人已不能恢复其所丧失的所有权，如船舶与货物被捕获或扣押后释放无期，或已被没收；（4）船舶失踪已达一定时期，如半年仍无音讯，则可视作全损。被保险人如果遭遇实际全损，即由保险人按保险金额全部赔付。

推定全损是指保险标的物发生事故后，虽然没有完全毁灭，但对其进行救助或修理的费用估计要超过保险价值，于是将此货物的损失推定为全损。推定全损的情况有以下4种：（1）保险货物受损后，修理费用估计要超过货物修复后的价值；（2）保险货物受损后，整理和发运至目的地的费用，将超过货物到达目的地后的价值；（3）保险货物的实际全损已经无法避免，或者为了避免实际全损需要施救等所花费用，将超过获救后的标的价值；（4）保险标的遭受保险责任范围内的事故，使被保险人失去标的所有权，而收回这一所有权所花的费用，将超过收回后的标的价值。在发生推定全损时，被保险人可以要求保险公司按全部损失赔偿。

（二）部分损失

部分损失（partial loss），是指被保险货物的一部分毁损或灭失。部分损失包括共同海损（general average，GA）和单独海损（particular average，PA）两种。

共同海损指在同一海上航程中，当船舶、货物和其他财产遭遇共同危险时，为了共同安全，有意地、合理地采取措施所直接造成的特殊牺牲、支付的特殊费用。

单独海损是指保险标的物在海上遭受承保范围内的风险所造成的部分灭失或损害，即指除共同海损以外的部分损失。这种损失只能由标的物所有人单独负担。

共同海损与单独海损的联系是：（1）从性质上看，二者都属部分损失。（2）共同海损往往由单独海损引起。

共同海损与单独海损的区别表现在：（1）造成海损的原因不同。单独海损是由所承保的风险直接导致的船、货的损失，而共同海损是为解除或减轻风险，人为地有意识地采取合理措施造成的损失。（2）损失的承担者不同。单独海损的损失，由受损者自己承担，而共同海损的损失则由受益各方根据获救利益的大小按比例分摊。（3）损失的内容不同。单独海损仅指损失本身，而共同海损则包括损失及由此产生的费用。（4）涉及的利益方不一样。单独海损只涉及损失方个人的利益，而共同海损是为船货各方的共同利益所受的损失。

三、费用

被保险货物遇险时，为防止损失的扩大而采取抢救措施所支出的费用，也应由保险公司承担，包括施救费用（sue and labor expense）、救助费用（salvage charges）以及特别费用（special charges）。

施救费用指保险标的物遇到保险责任范围内的灾害事故时，被保险人或其代表、雇佣人员和受让人等为抢救货物，以防止其损失扩大所采取的措施而支出的费用。

救助费用指保险标的物遇到上述灾害事故时，由保险人和被保险人以外的第三者采取救助行为而向其支付的费用。

特别费用指运输工具遭受海难后在避难港卸货所引起的损失，以及由于卸货、存仓、运送货物所产生的费用。特别费用的支出必须是合理的。

第二节　海洋运输保险条款

货物运输保险是以运输途中的货物作为保险标的，保险人对由自然灾害和意外事故造成的货物损失负赔偿责任的保险。在国际货物买卖业务中，业务量最大、涉及面最广的就是海上保险。目前世界上大多数国家在海上保险业务中直接采用《英国伦敦保险协会货物运输保险条款》，简称《协会货物保险条款》（Institute Cargo Clause，ICC）。在我国，进出口货物运输最常用的保险条款是《中国保险条款》中的《海洋运输货物保险条款》，参见表6-2。

表6-2　常用海洋运输货物保险条款和险别

《中国保险条款》	《协会货物保险条款》
FPA	ICC（C）
WPA/WA	ICC（B）
ALL RISKS	ICC（A）
附加险（一般附加险、特殊附加险）	附加险（战争险、罢工险、恶意损坏险）

一、《协会货物保险条款》

英国伦敦保险协会的《协会货物保险条款》最早制定于1912年，后来经过多次修改，最近一次的修改已于2009年1月1日生效。伦敦保险协会新修订的保险条款一共有6种，包括《协会货物保险条款》条款（A）、《协会货物保险条款》条款（B）、《协会货物保险条款》条款（C）、《协会战争险条款》（货物）、《协会罢工险条款》（货物）和恶意损坏条款。

（一）《协会货物保险条款》条款（A）

《协会货物保险条款》条款（A）［Institute Cargo Clause A，简称ICC（A）］的责任范围、除外责任和保险期限如下。

1. 责任范围

ICC（A）采用"一切风险减除外责任"的办法，即除了"除外责任"项下所列风险保险人不予负责外，其他风险均予负责。从承保范围看，ICC（A）主要承保海上风险和一般外来风险，责任范围广泛。同时，ICC（A）还承保共同海损和救助费用，对根据运输合同中船舶互撞责任条款规定的由被保险人承担比例责任的部分，保险人也予负责。

知识链接

船舶互撞责任条款

船舶互撞责任条款规定：如提单订有船舶互撞责任条款，则必须由被保险人负比例责任时，保险人可以赔偿。但根据美国法律规定，碰撞船舶双方互有过失，各负对半责任。货主可以就承运货物因船舶互撞所导致的损失，向任何一方或双方船舶索赔。由于一般提单均订有承运人对船长、船员在航行或管理船舶上的行为或疏忽免责条款，货主不能向其承运人索赔，促使货主向对方船索取百分之百的赔偿。对方船在赔付货主百分之百的损失后，按《1910年同一船舶碰撞若干法律规定的国际公约》的规定（即船舶碰撞互有责任时，两船上的货物损失由过失船舶各按过失程度比例赔偿，对方船向承运人摊回一部分损失金额），可向承运人摊回一部分损失金额。承运人为了维护自身的利益，在提单中加进了船舶互撞责任条款，规定货主应向承运人退还他从对方船处获得的承运过失比例的赔款。伦敦保险协会保险单的这一条款规定对于货物所有人（被保险人）应该向承运人退回的损失，可由保险人负责赔偿。我国《海洋运输货物保险条款》中的平安险，亦将此条款作为一项责任范围。

2. 除外责任

ICC（A）的除外责任包括一般除外责任，不适航、不适货除外责任，战争除外责任和罢工除外责任 4 个除外责任。

（1）一般除外责任。如归因于被保险人故意的不法行为造成的损失或费用；保险标的自然渗漏、自然损耗或自然磨损；保险标的包装不足或不当所造成的损失或费用；保险标的固有缺陷或特性所造成的损失或费用；直接由延迟所引起的损失或费用；由船舶所有人、租船人经营破产或不履行债务所造成的损失或费用；由使用任何原子或核武器所造成的损失或费用（本条对核战争武器所致的损失后果一概除外不保，但对于民用的核风险，并没有予以除外，保险人应予负责）。

（2）不适航、不适货除外责任。指保险标的在装船时，被保险人或其受雇人已经知道船舶不适航，以及船舶、装运工具、集装箱等不适货，而将保险标的装于其上时所造成的损失或费用，保险人不予负责。

（3）战争除外责任。如由战争、内战、敌对行为等所造成的损失或费用；由捕获、拘留、扣留等（海盗除外）所造成的损失或费用；由漂流水雷、鱼雷等所造成的损失或费用。

（4）罢工除外责任。罢工者、被迫停工工人造成的损失或费用，以及由罢工、被迫停工所造成的损失或费用等。

3. 保险期限

《协会货物保险条款》中对保险期限的规定包括 3 个条款，分别是运输条款、运输合同终止条款和航程变更条款。

（1）保险期限采用的是"仓至仓"条款（warehouse to warehouse clause），即自被保险货物运离保险单所载明的启运地仓库或储存处所开始运输时生效，包括正常运输过程中的海上、陆上、内河和驳船运输在内，直至该项货物到达保险单所载明目的地收货人的最后仓库或储存处所，或被保险人用于非正常运输的其他储存处所或分配、分派处所为止。如未抵达上述仓库或储存处所，则以被保险货物在最后卸载港全部卸离海轮后满 60 天为止。

（2）如在上述 60 天内被保险货物需转运到非保险单所载明的目的地，则以该项货物开始转运时终止。

（3）由于被保险人无法控制的运输延迟、绕道、被迫卸货、重行装载、转载或承运人运用运输契约赋予的权限所作的任何航海上的变更或终止运输契约，致使被保险货物被运到非保险单所载明目的地时，在被保险人及时将获知的情况通知保险人，并在必要时加缴保险费的情况下，本保险仍继续有效，保险责任按下列规定终止：①被保险货物如在非保险单所载明的目的地出售，保险责任至交货时为止，但不论任何情况，均以被保险货物在卸载港全部卸离海轮后满 60 天为止。②被保险货物如在上述 60 天期限内继续运往保险单所载原目的地或其他目的地，保险责任仍按上述第（1）款的规定终止。

(二)《协会货物保险条款》条款（B）

《协会货物保险条款》条款（B）[Institute Cargo Clause B，简称 ICC（B）]的责任范围、除外责任和保险期限如下。

1. 责任范围

根据伦敦保险协会对 ICC（B）和 ICC（C）的规定，其承保风险是采用列明风险的方法。ICC（B）条款主要承保由自然灾害和意外事故所致的损失，以及共同海损的牺牲、分摊和救助费用。

ICC（B）承保的风险是：（1）火灾或爆炸；（2）船舶或驳船搁浅、触礁、沉没或倾覆；（3）陆上运输工具的倾覆或出轨；（4）船舶、驳船或运输工具同水以外的外界物体碰撞；（5）在避难港卸货；（6）地震、火山爆发、雷电；（7）共同海损牺牲；（8）抛货；（9）浪击落海；（10）海水、湖水或河水进入船舶、驳船、运输工具、集装箱、大型海运箱或储存处所；（11）货物在装卸时落海或摔落造成整件的全损。

2. 除外责任

ICC（B）与 ICC（A）的除外责任基本相同，但有下列两点区别。

（1）ICC（A）除对被保险人的故意不法行为所造成的损失、费用不负赔偿责任外，对被保险人之外任何个人或数人故意损害和破坏标的物或其他任何部分的损害，要负赔偿责任；但 ICC（B）对此均不负赔偿责任。

（2）ICC（A）把海盗行为列入风险范围，而 ICC（B）对海盗行为不负保险责任。

3. 保险期限

ICC（B）的保险期限与 ICC（A）相同，采用"仓至仓"条款。

(三)《协会货物保险条款》条款（C）

《协会货物保险条款》条款（C）[Institute Cargo Clause C，简称 ICC（C）]的责任范围、除外责任和保险期限如下。

1. 责任范围

ICC（C）承保的风险比 ICC（A）和 ICC（B）要小得多，它只承保重大意外事故，而不承保自然灾害及非重大意外事故。ICC（C）主要承保重大意外事故所致的损失，以及共同海损的牺牲、分摊和救助费用。

ICC（C）承保的风险是：（1）火灾、爆炸；（2）船舶或驳船触礁、搁浅、沉没或倾覆；（3）陆上运输工具倾覆或出轨；（4）船舶、驳船或运输工具同水以外的外界物体碰撞；（5）在避难港卸货；（6）共同海损牺牲；（7）抛货。

2. 除外责任和保险期限

ICC（C）的除外责任和保险期限与 ICC（A）和 ICC（B）完全相同，采用"仓至仓"条款。

(四)《协会战争险条款》（货物）

《协会战争险条款》（货物）（Institute War Clause—Cargo）的责任范围、除外责任和保险期限如下。

1. 责任范围

（1）战争、内战、革命、造反、叛乱或由此引起的内乱或任何交战方之间的敌对行为。

（2）由上述承保风险引起的捕获、拘留、扣留、禁制或扣押，以及这些行动的后果或任何进行这种行为的企图。

（3）被遗弃的水雷、鱼雷、炸弹或其他被遗弃的战争武器。

从上述规定可知，《协会战争险条款》仅对战争行为及战争武器导致的保险标的的直接损失负责，不负责因此而致的费用损失。此外，海盗风险并不属于承保风险。

对为避免承保风险所造成的共同海损和救助费用，予以负责。

2. 除外责任

《协会战争险条款》的除外责任包括一般除外责任和不适航、不适货除外责任两部分。

（1）一般除外责任。该部分和ICC（A）相比，增加了航程挫折条款，表明保险人对货物本身没有受损，但由于航程受阻或航海上的损失而引起的货物的索赔不予负责，也就是说，保险人只承保货物本身的损失，而不承保其运输航程的完成。此外，在《协会战争险条款》中，核武器除外责任的内容为对由于敌对性地使用核战争武器所致损失不予负责。

（2）不适航、不适货除外责任。《协会战争险条款》的不适航、不适货除外责任和ICC（A）中的有关规定完全一致。

3. 保险期限

《协会战争险条款》关于保险期限的规定比较复杂，主要包括以下3方面。

（1）保险期限以"水上危险"为限，即保险责任自货物装上海轮时开始，直到卸离海轮时终止，若货物不及时卸离海轮，以海轮到最后港口或卸货港当日午夜起满15天为限，保险责任终止，如果在中途港转运，也以到港15天为限。

（2）当保险责任中途终止时，如果货物继续运往保险单载明目的地，通过支付保险人所要求的额外保险费，自续运开始后，保险单可以重新恢复效力。

（3）如果由驳船向海轮装卸货物，保险人承保装卸时的水雷和鱼雷风险，但最长不超过货物卸离海轮后60天。

（五）《协会罢工险条款》（货物）

《协会罢工险条款》（货物）（Institute Strikes Clause—Cargo）的责任范围、除外责任和保险期限如下。

1. 责任范围

（1）罢工者，被迫停工工人，参与工潮、暴动或民变的人员所造成的损失。

（2）任何恐怖分子或任何出于政治目的采取行动的人所致的损失。

此外，《协会罢工险条款》也承保为避免承保风险所致的共同海损和救助费用。

2. 除外责任

《协会罢工险条款》的除外责任包括一般除外责任和不适航、不适货除外责任两部分。

（1）一般除外责任。该部分和 ICC（A）相比，增加了下列内容：①对航程或航海上的损失或受阻的索赔，保险人不负责。②对由于罢工、关厂、工潮、暴动或民变而造成各种劳动力缺乏、短缺或抵制所引起的损失，保险人不负责。③对战争风险所致的损失后果，保险人不负责。另外，其中核战争武器除外责任仅对敌对性使用核战争武器所致的损失后果予以除外。

（2）不适航、不适货除外责任。《协会罢工险条款》的不适航、不适货除外责任和 ICC（A）中的有关规定完全一致。

3. 保险期限

《协会罢工险条款》的保险期限与 ICC（A）、ICC（B）和 ICC（C）相同，采用"仓至仓"条款。

（六）恶意损坏条款

恶意损坏条款（malicious damage clause），主要承保除被保险人以外的其他人的故意损害、故意破坏、恶意行为所致保险标的的损失或损害。如果恶意行为是出于政治动机，则不属于本条款的承保范围，但可以在罢工险条款中得到保障。

ICC（A）只把被保险人的恶意行为列入除外责任，显然已将恶意损坏的内容包括在此承保范围之内，而在 ICC（B）和 ICC（C）中，被保险人以外的任何他人的恶意行为所致的损失均属于除外责任。因此，若想得到恶意损坏风险的保障，除非已经投保 ICC（A），否则须加保恶意损坏险。

需要特别说明的是，在《协会货物保险条款》中，只有恶意损坏条款不能单独投保，此外的 ICC（A）、ICC（B）、ICC（C）以及战争险和罢工险，均可单独投保。

恶意损坏条款的保险期限与 ICC（A）、ICC（B）、ICC（C）、战争险和罢工险相同，采用"仓至仓"条款。

二、《中国保险条款》

《中国保险条款》（China Insurance Clauses，CIC）是由中国人民保险公司制定，中国人民银行及原中国保险监督管理委员会审批颁布的。CIC 按运输方式来分，有海洋、陆上、航空和邮包运输保险条款四大类；对某些特殊商品，还配备有海运冷藏货物、陆运冷藏货物、海运散装桐油及活牲畜、家禽的海陆空运输保险条款，共计八种条款。其中业务量最大、涉及面最广的海上保险条款是《海洋运输货物保险条款》（Ocean Marine Cargo Clause）。《海洋运输货物保险条款》所承保的险别分为基本险别和附加险别两类。

（一）基本险别的责任范围

基本险别也称主险，是可以单独投保的险别。主要有平安险（free from particular average，简称 FPA）、水渍险（with average or with particular average，简称 WA/

WPA）和一切险（all risks，简称 AR）三种。

1. 平安险的责任范围

平安险，英文原意是"不负单独海损责任"，即被保险标的所遭受的单独海损的损失，原则上不在保险人承保范围之内。平安险的责任范围如下。

（1）货物在运输途中由于恶劣气候、雷电、海啸、地震、洪水自然灾害造成整批货物的全部损失或推定全损。当被保险人要求赔付推定全损时，须将受损货物及其权利委付给保险公司。被保险货物用驳船运往或运离海轮的，每一驳船所装的货物可视作一个整批。

（2）由于运输工具遭受搁浅、触礁、沉没、互撞、与流冰或其他物体碰撞以及失火、爆炸意外事故造成货物的全部或部分损失。

（3）在运输工具已经发生搁浅、触礁、沉没、焚毁意外事故的情况下，货物在此前后又在海上遭受恶劣气候、雷电、海啸等自然灾害所造成的部分损失。

（4）在装卸或转运时由于一件或数件整件货物落海造成的全部或部分损失。

（5）被保险人对遭受承保责任内的货物采取抢救、防止或减少货损的措施而支付的合理费用，但以不超过该批被救货物的保险金额为限。

（6）运输工具遭遇海难后，在避难港由于卸货所引起的损失以及在中途港、避难港由于卸货、存仓以及运送货物所产生的特别费用。

（7）共同海损的牺牲、分摊和救助费用。

（8）运输契约订有船舶互撞责任条款，根据该条款的规定应由货方偿还船方的损失。

依据以上所列举的承保范围，平安险虽然在词义上不负单独海损责任，但实际上它还是包括一部分单独海损责任的。

2. 水渍险的责任范围

水渍险，英文原意是"负单独海损责任"。除包括上列平安险的各项责任外，水渍险还负责被保险货物由于恶劣气候、雷电、海啸、地震、洪水自然灾害所造成的部分损失。这说明，水渍险的责任范围比平安险的责任范围大。

3. 一切险的责任范围

除包括上列平安险和水渍险的各项责任外，本保险还负责被保险货物在运输途中由于外来原因，如偷窃、淡水雨淋、短量、渗漏、破损等所致的全部或部分损失。但是由货物本身的特性所造成的损失、物价跌落的损失等，不包括在一切险承保范围之内。一切险条款的责任范围很广泛，但战争险或罢工险不包括在内。

总之，上述三种险别都是货物运输的基本险别，被保险人可从中选择一种投保。

（二）附加险别的责任范围

附加险别是基本险别责任的扩大和补充，它不能单独投保，附加险别有一般附加险和特殊附加险。

1. 一般附加险

一般附加险有 11 种，不能独立承保，它必须附属于基本险别。也就是说，只有在投保了基本险别以后，投保人才被允许投保附加险。投保一切险后，这 11 种一般附加险均包括在内。具体包括：

(1) 偷窃、提货不着险（theft，pilferage and non-delivery risk，简称 TPND）；

(2) 淡水雨淋险（fresh water and/or rain damage risk）；

(3) 短量险（shortage risk）；

(4) 渗漏险（leakage risk）；

(5) 混杂、沾污险（intermixture and contamination risk）；

(6) 碰损、破碎险（clash and breakage risk）；

(7) 串味险（taint of odour risk）；

(8) 受潮受热险（sweating and heating risk）；

(9) 钩损险（hook damage risk）；

(10) 包装破裂险（breakage of packing risk）；

(11) 锈损险（rust risk）。

2. 特殊附加险

特殊附加险也属于附加险类，但不属于一切险。它与政治、国家行政管理规章所引起的风险相关。特殊附加险包括：

(1) 交货不到险（failure to deliver risk）；

(2) 进口关税险（import duty risk）；

(3) 舱面险（on deck risk）；

(4) 拒收险（rejection risk）；

(5) 黄曲霉素险（aflatoxin risk）；

(6) 卖方利益险（seller's contingent risk）；

(7) 出口货物到香港（包括九龙）或澳门存储仓火险责任扩展条款（fire risk extension clause for storage of cargo at destination Hong Kong，including Kowloon，or Macao）；

(8) 罢工险（strikes risk）；

(9) 战争险（war risk）等。

需要特别说明的是，在中国的《海洋运输货物保险条款》中，战争险和罢工险一定要在投保了三种基本险别（平安险、水渍险和一切险）的基础上才能加保；而在英国伦敦的《协会货物保险条款》中，战争险和罢工险可以作为独立险别投保。

（三）除外责任

1. 基本险别的除外责任

为了明确保险人承保的责任范围，中国人民保险公司《海洋运输货物保险条款》中对海运基本险别的除外责任有下列 5 项。

(1) 被保险人的故意行为或过失所造成的损失。

(2) 属于发货人责任所引起的损失。

(3) 在保险责任开始前，被保险货物已存在的品质不良或数量短差所造成的损失。

(4) 被保险货物的自然损耗、本质缺陷、特性以及市价跌落、运输延迟所引起的损失或费用。

（5）本公司海洋运输货物战争险条款和货物运输罢工险条款规定的责任范围和除外责任。

2. 附加险的除外责任

一般附加险均已包括在一切险的责任范围内，凡已投保一切险的就无须加保任何一般附加险，但应当说明一切险并非对一切风险造成的损失均予负责。特殊附加险的海运战争险的承保责任范围，包括战争、类似战争行为和敌对行为、武装冲突或海盗行为，以及由此引起的捕获、拘留、扣留、禁制、扣押所造成的损失；或者各种常规武器（包括水雷、鱼雷、炸弹）所造成的损失；以及由上述原因引起的共同海损牺牲、分摊和救助费用。但对原子弹、氢弹等热核武器所造成的损失不负赔偿责任。

（四）保险期限

按照国际保险业的习惯，与伦敦保险协会的《协会货物保险条款》相同，基本险别采用的是"仓至仓"条款〔具体内容参见本章 ICC（A）、ICC（B）和 ICC（C）的"保险期限"相关内容〕。

战争险的保险责任期限以水面危险为限（具体内容可参见本章《协会战争险条款》中的"保险期限"相关内容）。

扫一扫下面的二维码，比较《协会货物保险条款》和《海洋运输货物保险条款》的异同

第三节　办理货物运输投保和投保单

一、办理货物运输投保

（一）选定投保方式

我国进出口货运投保有两种方法，按 CIF 条件出口时，采取逐笔投保，一般按发票金额的110%投保约定的险别。按 FOB 和 CFR 条件进口时，采取预约保险，保险金额一般按 CIF 价计算。各外贸公司同中国人民保险公司签订有各种运输方式进口预约保险合同，各外贸公司对每批进口货，无须填制投保单，而仅以国外的装运通知代替投保单办理投保手续，保险公司则对该批货物负自动承保责任。

（二）选择投保险别

进出口货物运输保险的投保人应该具有预期保险利益，即投保人（买方或卖方）对保险标的拥有某种合法的经济利益，由于保险人对不同的险别承担不同的责任范围，投保人在投保时按照买卖双方约定投保的险别进行投保。选择投保险别时一般要考虑货物的性质和特点，货物运输工具和路线，国际上政治、经济形势的变化，货物的残损规律等。

（三）确定保险金额

保险标的价值（insured goods value），又叫投保标的价值，一般是指保险标的的CIF（CIP）价值。

保险金额（insured amount），又叫投保金额，是指保险人所应承担的最高赔偿金额。保险金额一般由买卖双方经过协商确定，按照国际保险市场的习惯，通常在原投保标的价值的基础上再加成一定比率的金额，这部分金额叫作投保加成。投保加成一般包括先前对于投保标的价值的业务费用支出和预期利润。万一货物出现损失，被保险人不但可以获得货物价值本身的赔偿，而且可以同时获得占保险价值一定比率的相关业务费用和预期利润的补偿。

$$保险金额＝保险标的价值×(1＋投保加成率)$$

投保加成率一般为标的物价值的 10％，在特殊情况下，如买方提出以较高加成率计算保险金额投保时，在保险公司同意承保的条件下，出口方也可接受，但因此而增加的保险费，原则上应由买方支付。

（四）交付保险费

保险费（premium）是投保人向保险人投保时缴纳的费用。这是保险合同生效的重要条件。保险公司收取保险费的计算方法是：

$$保险费＝保险金额×保险费率$$
$$＝保险标的价值×(1＋投保加成率)×保险费率$$

保险费率是保险公司根据不同商品、不同目的地、不同运输工具和不同险别，依据货物损失率和赔付率，参照国际保险费率水平制定的。

（五）取得保险单据

保险公司决定承保后，签发的保险单据有以下几种。

1. 保险单

保险单（insurance policy），又称大保单，是保险人与被保险人订立保险合同的正式书面证明，一般由保险公司签发。保险单的正面载明被保险人（投保人）的名称、被保险货物（标的物）的名称、数量或重量、唛头、运输工具、保险币值和金额、运输工具、保险责任起讫地点、承保险别、赔款偿付地点、签订保险单的日期及地点、保险人签章等项目，还在保险单的背面列有保险人的责任范围，以及保险人与被保险人之间的权利、义务、除外责任、索赔期限等方面的详细条款。保险单可由被保险人背书，随物权的转移而转让，它是一份独立的保险单据。

2. 保险凭证

保险凭证（insurance certificate），又称小保单，是一种简式的保险合同。其正面内容与保险单基本一致，但背面不列有保险人与被保险人双方的权利、义务等条款。保险凭证与保险单具有同样的法律效力。

3. 联合保险凭证

联合保险凭证（combined insurance certificate）是一种更为简化的保险单据。保险公司不另出保险单，而是由保险公司在出口公司提交的发票上加上保险编号、承保险别、保险金额并加盖保险公司的印章。这种凭证仅出现在我国港澳地区内资银行开来的信用证项下业务，现已很少使用。

4. 预约保险单

预约保险单（open policy）又称开口保单、敞口保单，是保险公司承保被保险人在一定时期内发运的、以 CIF 价格条件成交的出口货物或以 FOB、CFR 价格条件成交的进口货物的保险单。预约保险单载明保险货物的范围、承保险别、保险费率、每批运输货物的最高保险金额以及保险费的结付、赔款处理等项目。凡属于预约保险单的保险范围内的进出口货物，一经启运，即自动按预约保险单所列条件承保。但被保险人在获悉每批货物启运时，应立即以装运通知（shipping advice）将该批货物的名称、数量、保险金额、运输工具的种类和名称、航程起讫地点、开航日期等情况通知保险公司，保险公司据此签发正式的保险凭证。

预约保单对于经常有进出口货物的公司而言十分方便，既可以防止漏保，又可省去逐笔、逐批投保的若干手续。

5. 批单

批单（endorsement）是保险公司在保险单出立后，根据投保人的需求，对保险内容进行补充或变更而出具的一种凭证。保险单批改的内容包括保险金额、保险责任范围的变动等。保险公司只有在证实货物未发生保险事故的情况下才同意办理，保险单一经批改，保险公司即按批改后的内容承担责任。批单须粘贴在原保险单或保险凭证上，并加盖骑缝章，是保险单的组成部分。在保险合同中，批单具有和保险单同样的法律效力。

（六）保险索赔

当货物遭受承保范围内的损失时，具有保险利益的人应在分清责任的基础上确定索赔对象，备好必要的索赔单据，并在索赔时效内（一般为两年）提出索赔。由于货运保险一般为定值保险，如货物遭受全损，应赔偿全部保险金额；如货物遭受部分损失，则应正确计算赔偿金额。对某些易破和短量的货物的索赔，应了解是否有免赔规定。有的无论损失程度，一律给予赔偿，也有的规定一定的免赔率。

知识链接

保险利益

如果货物在承保范围内灭失，被保险人或保险单据的受让人虽然拥有凭正本保险单据向保险公司提出索赔的权利，但保险公司是否赔付还取决于被保险人在货物灭失时是否具有保险利益。

因此，在 FOB 或 CFR 术语下，对于自行办理货物运输保险的买方，他虽然为保险合同的被保险人，但如果货物在装运前灭失，由于风险还未转移，不具有保险利益，或者，如果装运后买方不付款，未受让单据，他仍不具有保险利益，因此保险公司将不予赔付；对于卖方，由于他不是买方订立保险合同的被保险人，因此如果货物从他的仓库发出至买方仓库的途中灭失，他都不可能得到赔付，除非他事先和自己所在地的保险公司以被保险人的身份也建立了保险合同。

在 CIF 术语下，卖方有义务办理运输保险。如果保险单据以卖方为被保险人，装运前的灭失可以使他从保险公司得到赔付，因为他具有保险利益；如果装运后货物灭失，并且如果买方已付款受让所有单据，买方就具备了保险利益及保险索赔权，因此保险公司可以对买方实施赔付。如果买方拒付，不受让单据，卖方仍具有保险利益，仍是被保险人，因此他可以要求保险公司赔付。

当然，如果在 CIF 术语下，卖方应买方要求，投保时将买方做成被保险人，卖方在货物运输的全程将不可能从保险公司得到赔付。如果货物灭失，买方又拒付，卖方将可能"钱财两空"。因此，出口方在建立合同以及审证制单时应充分考虑这个问题。

知识链接

绝对免赔率和相对免赔率

免赔率是指保险损失发生后保险公司可以免除赔偿责任的比率。对于易碎、易渗漏等易损货物，保险公司往往规定一个免赔率，以免除或降低承保公司的赔偿责任。

绝对免赔率是指保险标的损失如果达到保险规定的百分数，保险公司只赔偿超过免赔率的部分；相对免赔率是指保险标的的损失只要达到保单规定的百分数，保险公司就不作任何扣除而全部予以赔偿。

例如：

货物总值为 100 000 元，在运输过程中，发生保险范围内的损失，损失为货物总值的 10%，即损失金额为 10 000 元，在免赔率为 3% 的情况下，在绝对免赔率和相对免赔率情况下各应赔多少？

在绝对免赔率为 3% 的情况下，实际损失 10%，超过了绝对免赔率 3%，应赔偿超过免赔率的部分，即赔偿 7%（＝10%－3%），赔偿金额为 7 000 元（＝100 000 元×7%）；但若发生的保险范围内的损失低于 3%，则保险公司不作任何赔偿。

在相对免赔率为 3% 的情况下，实际损失 10%，超过了相对 3% 的免赔率，应赔偿全部损失 10%，即 10 000 元；但若发生的保险范围内的损失低于 3%，则保险公司不作任何赔偿。

二、投保单

（一）投保单概述

投保单（application），又称投保书，是指投保人向保险人申请订立保险合同的书面要约。投保单是由保险人事先准备、具有统一格式的书据。投保人必须依其所列项目一一如实填写，以供保险人决定是否承保或以何种条件、何种费率承保。

投保单本身并非正式合同文本，但一经保险人接受后，即成为保险合同的一部分。在保险实务中，投保人提出保险要约时，均需填具投保单。如果投保单填写的内容不实或故意隐瞒、欺诈，都将影响保险合同的效力。如果投保单上有记载，保险单上即使遗漏，其效力与记载在保险单上也一样；如果投保人在投保单中告知不实，在保险单上又不更正，保险人可因投保人违背合同的诚信原则而解除合同。

（二）投保单的主要内容及填制方法

各保险公司设计的投保单格式大同小异（见单证 6 - 1），读者可参考附录中的投保单样例。投保单的主要内容及填制方法如下。

1. 保险公司名称（Name of Insurance Company）

在投保单顶端已印就保险公司名称，如中国人民财产保险股份有限公司（Property and Casualty Company Limited，PICC）、中国太平洋财产保险股份有限公司（China Pacific Property Insurance Co.，Ltd.）。

2. 投保单名称（Application Form）

在保险公司名称下方，一般已印就，表明本单据的性质。

3. 投保单号（Policy No.）

由保险公司填写编制的投保号。

4. 被保险人（Insured）

被保险人即投保人，或称抬头人。这一栏填写出口公司的名称。

5. 发票号（Invoice No.）/合同号（Contract No.）/信用证号（L/C No.）

分别填写该批货物的商业发票号码/合同号码/信用证号码。

6. 发票金额（Invoice Amount）

填写商业发票上注明的货物价值。

7. 投保加成（Plus）

按惯例填写 CIF 或 CIP 或发票金额的 10%。如合同或信用证有特殊要求，则按合同或信用证的要求填写。

8. 标记（Marks & Nos.）

填写唛头，应与运输单据、商业发票等单据显示的唛头完全一致。无唛头填"N/M"，也可填"as per Invoice No. ×××"。

9. 包装及数量（Quantity）

填写外包装单位的总件数。如果以包装件数计价，填写最大包装的总件数；如果以毛重或净重计价，可填件数及毛重或净重；如果是裸装货物，要注明本身件数；如果是散装货物，则表示其重量，并在其后注明"in bulk"字样。

10. 保险货物项目（Description of Goods）

填写货物的名称，保险货物项目的填写允许用统称，但不同类别的多种货物应注明不同类别货物各自的总称。

11. 保险金额（Amount Insured）

一般按发票金额加上投保加成后的金额填写，由币别和数字组成。投保的货币名称需与信用证、发票所使用的货币名称一致，数字的填法采取"进一取整"。即如果保险金额经计算为 USD330 408.25，则在投保单上应填 USD330 409.00。

12. 启运日期（Date of Commencement）

可按照运输单据日期填写，也可按照以下方式填写。

海洋运输可只填"as per B/L"，也可根据提单签发日期具体填写，如为备运提单应填装船日。

铁路运输填写"as per cargo receipt"。

航空运输填写"as per airway bill"。

邮包运输填写"as per post receipt"。

13. 装载运输工具（per conveyance）

填写运输工具的名称，并应与运输单据列出的运输工具一致。

海运方式下填写船名，最好再加上航次。例如：FENG NING V. 9103。如整个运输由两次运输完成，应分别填写一程船名及二程船名，中间用"/"隔开。此处可参考提单内容填写。例如：提单中一程船名为"Mayer"，二程为"Sinyai"，则填"Mayer/Sinyai"。

铁路运输填写"by railway"或"by train"，最好再加车号。

航空运输填写"by air"或"by airplane"。

邮包运输填写"by parcel post"。

14. 起讫地点（From ... To ...）

按照提单的装运港（启运地）和目的港（目的地）填写。如发生转运，则应加上转运港名称，即 from ...（装运港）to ...（目的港）W/T（with transshipment）at 或 via ...（转运港）。例如：from Shanghai to Toronto W/T at/via Hong Kong。

15. 提单号（B/L No.）

填写实际的提单号码。

16. 赔付地点（Claim Payable at）

赔付地点栏应按合同或信用证规定填写，一般将目的港（地）作为赔付地点。另外，还需注明赔付的货币，如信用证中对赔付货币未作特别说明，则应与信用证所使用的货币名称一致，如"at New York in USD"。

17. 投保险别（Conditions）

投保险别是保险单的核心内容，填写时必须与信用证规定的保险条款保持一致。要一律避免业务中采用一切险的做法，应针对不同商品的特点、不同运输方式和不同国别（地区）选用合适的险别。投保的险别除注明险别名称外，还应注明保险险别适用的保险条款的文本及日期。

18. 如实告知条款

根据投保货物如实填写。

19. 投保人签章（Applicant's Signature）

此栏由投保人签字盖章。

20. 投保日期（Date）

此栏填写保险单的签发日期。由于保险公司提供仓至仓服务，所以要求保险手续在货物离开出口方仓库前办理。保险单的日期相应地填写货物离开仓库的日期，或至少填写早于提单签发日的日期。

21. 本公司自用（For Office Use Only）

此栏由保险公司填写，投保人无须填写。

目前，许多保险公司和出口企业不再使用投保单，而改用发票投保。即在商业发票上抄写合同或信用证中规定的保险条款，然后传真给保险公司，保险公司根据发票内容出具保险单。

单证 6-1 货物运输投保单

投保单序号：PICC No.

中 国 人 民 保 险 公 司
The People's Insurance Company of China

地址（ADD）   邮编（POST CODE）

电话（TEL）   传真（FAX）

货物运输保险单投保单
APPLICATION FORM FOR CARGO TRANSPORTATION INSURANCE POLICY

被保险人（INSURED）...

发票号（INVOICE NO.）...

合同号（CONTRACT NO.）..

信用证号（L/C NO.）...

发票金额（INVOICE AMOUNT）.................... 投保加成（PLUS）.................... %

兹有下列物品向中国人民保险公司湖北省分公司投保（INSURANCE IS REQUIRED ON THE FOLLOWING COMMODITIES）：

标记 MARKS & NOS.	包装及数量 QUANTITY	保险货物项目 DESCRIPTION OF GOODS	保险金额 AMOUNT INSURED

启运日期　　　　　　　　　　　　　　　装载运输工具
DATE OF COMMENCEMENT.............. PER CONVEYANCE

自　　　　　　　　　经　　　　　　　　　至
FROM................ VIA................ TO................

提单号　　　　　　　　　　　　　赔款偿付地点
B/L NO.................. CLAIM PAYABLE AT..................

投保险别 **（PLEASE INDICATE THE CONDITIONS &/OR SPECIAL COVERAGES）**

INSURANCE POLICY/CERTIFICATE DULY ENORSED IF APPLICABLE COVERING RISKS PER INSTITUTE CARGO CLAUSES A WAR AND STRIKES AS PER INSTITUTE CLAUSES UP TO CANADA CLAIMS PAYABLE IN CANADA WITH NO EXCESS.

请如实告之下列情况（如"是"在［ ］中打"√"， "不是"在［ ］中打"×"。IF ANY, PLEASE MARK "√" OR "×"）

货物种类：	袋装［ ］	散装［ ］	冷藏［ ］	液体［ ］	活动物［ ］	机器/汽车［ ］	危险品等级［ ］
GOODS：	BAG/JUMBO	BULK	REEFER	LIQUID	LIVE ANIMAL	MACHINE/AUTO	DANGEROUS CLASS
集装箱种类：普通［ ］	开顶［ ］	框架［ ］	平板［ ］	冷藏［ ］		
CONTAINER：ORDINARY	OPEN	FRAME	FLAT	REFRIGERATOR		
转运工具：海轮［ ］	飞机［ ］	驳船［ ］	火车［ ］	汽车［ ］		
BY TRANSIT：SHIP	PLANE	BARGE	TRAIN	TRUCK		
船舶资料：	船籍［ ］		船龄［ ］		
PARTICULAR OF SHIP：	REGISTRY		AGE		

备注：被保险人确认已经完全了解本保险合同条款和内容。   投保人（签名盖章）
                                                      （APPLICANT'S SIGNATURE）

                                                    电话（TEL.）_____
投保日期（DATE）   地址（ADD.）_____

本公司自用（FOR OFFICE USE ONLY）

费率	保费	备注
RATE _____	PREMIUM _____	NOTE _____
经办人	核保人	负责人
BY _____	UNDER WRITER _____	MANAGER _____

第四节 保险单

一、保险单概述

保险单（insurance policy）又称大保单，是保险人与被保险人之间订立保险合同的证明文件，反映了保险人与被保险人之间的权利和义务关系，也是保险人的承保证明。当发生保险责任范围内的损失时，它又是保险索赔和理赔的主要依据。

二、保险单的主要内容及填制方法

投保人直接在保险单上填制相关项目，由保险公司确认签字后即生效。不同保险公司的保险单的格式不尽相同，但其内容基本一致（见单证 6 - 2），读者可参考附录中的保险单样例。保险单的主要内容及填制方法如下。

1. 保险公司名称（Name of Insurance Company）

在保险单顶端已印就保险公司名称，如中国人民财产保险股份有限公司（Property and Casualty Company Limited，PICC）、中国太平洋财产保险股份有限公司（China

Pacific Property Insurance Co. ，Ltd. ）。

2. 保险单据名称（Insurance Policy）

在保险公司名称下方，一般已印就，表明本单据的性质。

3. 保险单号（Policy No. ）

由保险公司填写编制的保单号。

4. 合同号（Contract No. ）/发票号（Invoice No. ）/信用证号（L/C No. ）

分别填写该批货物的合同号码/发票号码/信用证号码。

5. 被保险人（Insured）

被保险人即投保人，或称抬头人。这一栏填写出口公司的名称。一般说来，买卖双方对货物的权利可凭单据的转让而转移。因此，待交单结汇时，卖方将保险单背书转让给买方。

如信用证规定被保险人为受益人以外的第三方，或做成"to order of ... "，应视情况确定接受与否。

在 FOB 或 CFR 价格条件下，如国外买方委托卖方代办保险，被保险人栏可做成"×××（卖方）on behalf of ×××（买方）"，并且由卖方按此形式背书。此时，卖方可凭保险公司出示的保费收据（premium receipt）作为向买方收费的凭证。

6. 标记（Marks & Nos. ）

填写唛头，无唛头填"N/M"，也可填"as per Invoice No. ×××"，这是因为无论是办理货款结算还是保险索赔时，发票也是必须提交的单据之一。

7. 包装及数量（Quantity）

填写外包装单位的总件数。如果以包装件数计价，填写最大包装的总件数；如果以毛重或净重计价，可填件数及毛重或净重；如果是裸装货物，要注明本身件数；如果是散装货物，则表示其重量，并在其后注明"in bulk"字样。

8. 保险货物项目（Description of Goods）

填写货物的名称，保险货物项目的填写允许用统称，但不同类别的多种货物应注明不同类别货物各自的总称。

9. 保险金额（Amount Insured）

填写保险金额的小写，保险金额不要小数，出现小数时无论多少一律向上进位，如 $307.00。一般按发票金额加上投保加成后的金额填写。在信用证方式下，按信用证规定的加成率计算保险金额，一般保险金额为发票金额的 110%，但如果买方要求按较高的投保加成率投保，而保险公司也同意，卖方可以接受，但由此而增加的保险费应计算在成本之内。另外，投保的货币名称需与信用证所使用的货币名称一致。

即使从信用证或单据中可以得知最后的发票金额仅是货物总价值的一部分，例如由于折扣、预付或类似情况，或由于货物的部分价款将晚些支付，也必须以货物的总价值为基础来计算保险金额。

10. 总保险金额（Total Amount Insured）

填写总保险金额的大写，注意大小写金额必须保持一致，最后加"only"字样表示

"整"的意思，如 U. S. DOLLARS THREE HUNDRED AND SEVEN ONLY。

11. 保费（Premium）、费率（Rate）

保费、费率栏，一般已由保险公司印就"as arranged"（按协商）字样。除非信用证另有规定，每笔保费及费率可以不具体表示；也可按信用证要求缮打"paid""pre-paid"，或具体保费及费率。

12. 装载运输工具（Per Conveyance）

填写运输工具的名称，并应与运输单据列出的运输工具一致。

海运方式下填写船名，最好再加上航次。例如：FENG NING V. 9103。如整个运输由两次运输完成，应分别填写一程船名及二程船名，中间用"/"隔开。此处可参考提单内容填写。例如：提单中一程船名为"Mayer"，二程为"Sinyai"，则填"Mayer/Sinyai"。

铁路运输填写"by railway"或"by train"，最好再加车号。

航空运输填写"by air"或"by airplane"。

邮包运输填写"by parcel post"。

13. 启运日期（Date of Commencement/Sailing on or about）

既可按照运输单据日期填写，也可按照以下方式填写。

海洋运输可只填"as per B/L"，也可根据提单签发日期具体填写，如为备运提单应填装船日。

铁路运输填写"as per cargo receipt"。

航空运输填写"as per airway bill"。

邮包运输填写"as per post receipt"。

14. 起讫地点（From ... To ...）

按照提单的装运港（启运地）和目的港（目的地）填写。如发生转运，则应加上转运港名称，即 from ...（装运港/地）to ...（目的港/地）W/T（with transshipment）at 或 via ...（转运港/地）。例如：from Shanghai to Toronto W/T at/via Hong Kong。

15. 承保险别（Conditions）

投保险别是保险单的核心内容，填写时必须与信用证规定的保险条款保持一致。如由卖方投保，而来证要求投保的险别超出了合同的规定，只要买方同意支付额外保险费，卖方也可按照信用证规定的险别办理。同时，也要一律避免业务中采用一切险的做法，应针对不同商品的特点、不同运输方式和不同国别（地区）选用合适的险别。

如信用证没有具体规定险别，或只规定"marine risk""usual risk"或"transport risk"等，则可投保最低险别平安险"FPA"，或投保一切险"all risks"、水渍险"WA"或"WPA"中的任何一种。如果信用证中规定使用《中国保险条款》（CIC）、《协会货物保险条款》（ICC）或《美国保险协会货物条款》（AICC），都可以接受，保险单应按要求填制。投保的险别除注明险别名称外，还应注明保险险别适用的保险条款的文本及日期。另外，有些来证中的保险条款有可能要求在基本险的基础上加保战争险、罢工险、偷窃、提货不着险等附加险，可以与保险公司联系酌情接受。

16. 保险单份数（Number of Insurance Policy）

保险单也有正本和副本之分，正本保险单是索赔的正式文件并可经背书转让。保险单正本份数应符合合同或信用证的规定。在实际业务中，可根据信用证或合同规定使用一份、两份或三份正本保单，每份正本上分别印有"第一正本"（the first original）、"第二正本"（the second original）及"第三正本"（the third original）以示区别。根据 UCP600 第28 条的规定，除非信用证另有规定，受益人必须向银行提交全部正本保险单据。

17. 勘查理赔代理人（Surveying and Claim Agent）或保险人（Underwriter）

保险勘查理赔代理人是指货物出险时负责勘查、理赔的保险人的代理人。该代理人一般由保险公司选定，一般在目的港/地所在国，保险单上应注明勘查理赔代理人的名字、联系方式、详细地址等，以便收货人在出险后通知其代理人联系有关勘查和索赔事宜。

18. 赔付地点（Claim Payable at）

赔付地点栏应按合同或信用证规定填写，一般将目的港/地作为赔付地点。另外，还需注明赔付的货币，如信用证中对赔付货币未作特别说明，则应与信用证所使用的货币名称一致，如"at New York in USD"。

19. 日期与地点（Date and Place）

日期栏应填写保险单的实际签发日期，该日期为保险公司承担保险责任的正式生效日期。根据 UCP600 第 28 条的规定，除非保险单据表明保险责任不迟于装运日生效，保险单据签发日期不得晚于装运日期。地点一栏应填写保险单的实际签发地点即办理投保的地点，通常为装运港的名称。

20. 盖章与签字（Stamp and Signature）

保险单只有经保险公司或其代表签章后才生效。UCP600 第 28 条规定，保险单或预约保险项下的保险证明书或者声明书必须看似由保险公司（insurance company）或承保人（underwriter）或其代理人（agent）或代表（proxy）出具并签署。代理人或代表的签字必须表明其系代表保险公司或承保人签字。

单证 6-2　货物运输保险单

中国人民财产保险股份有限公司货物运输保险单
PICC PROPERTY AND CASUALTY COMPANY LIMITED
CARGO TRANSPORTATION INSURANCE POLICY

总公司设于北京　　　　　一九四九年创立
Head Office：Beijing　　　　　　　　Established in 1949

印刷号（Printed Number）
保险单号（Policy No.）
合同号（Contract No.）
发票号（Invoice No.）
信用证号（L/C No.）
被保险人（Insured）

中国人民财产保险股份有限公司（以下简称本公司）根据被保险人的要求，以被保险人向本公司缴付约定的保险费为对价，按照本保险单列明条款承保下述货物运输保险，特订立本保险单。

THIS POLICY OF INSURANCE WITNESSES THAT PICC PROPERTY AND CASUALTY COMPANY LIMITED HEREINAFTER CALLED（"THE COMPANY"）AT THE REQUEST OF THE INSURED AND IN CONSIDERATION OF THE AGREED PREMIUM PAID TO THE COMPANY BY THE INSURED, UNDERTAKES TO INSURE THE UNDERMENTIONED GOODS IN TRANSPORTATION SUBJECT TO THE CONDITION OF THIS POLICY AS PER THE CLAUSES PRINTED BELOW.

标记 Marks & Nos.	包装及数量 Quantity	保险货物项目 Description of Goods	保险金额 Amount Insured

总保险金额
Total Amount Insured _____

保费（Premium）_____　启运日期（Date of Commencement）_____

装载运输工具（Per Conveyance）_____

自　　　　　　　　　　经　　　　　　　　　　至
From_____　Via_____　To_____

承保险别（Conditions）：
INSURANCE POLICY/CERTIFICATE DULY ENORSED IF APPLICABLE COVERING RISKS PER INSTITUTE CARGO CLAUSES A WAR AND STRIKES AS PER INSTITUTE CLAUSES UP TO CANADA CLAIMS PAYABLE IN CANADA WITH NO EXCESS.

所保货物，如发生保险单项下可能引起索赔的损失，应立即通知本公司或下述代理人查勘。如有索赔，应向本公司提交正本保险单（本保险单共有_____份正本）及有关文件，如一份正本已用于索赔，其余正本自动失效。

IN THE EVENT OF LOSS OR DAMAGE WHICH MAY RESULT IN A CLAIM UNDER THIS POLICY, IMMEDIATE NOTICE MUST BE GIVEN TO THE COMPANY OR AGENT AS MENTIONED HEREUNDER. CLAIMS, IF ANY, ONE OF THE ORIGINAL POLICIES WHICH HAS BEEN ISSUED IN _____ ORIGINAL（S）TOGETHER WITH THE RELEVENT DOCUMENTS SHALL BE SURRENDERED TO THE COMPANY. IF ONE OF THE ORIGINAL POLICY HAS BEEN ACCOMPLISHED, THE OTHERS TO BE VOID.

保险人（Underwriter）
电话（Tel. ）
传真（Fax）
地址（Add. ）

赔款偿付地点
Claim Payable at _____

授权人签字
Authorized Signature _____

签单日期
Issuing Date _____

核保人　　　　　　制单人　　　　　　经办人
www. picc. com. cn

知识链接 -

保险单的背书

　　保险单是可以经过背书转让的单据。根据国际保险行业的习惯，保险单据经被保险人背书后，即随着被保险货物所有权的转移而自动转到受让人手中。背书前后均不需要通知保险公司。因此，出口方只需在保险单上背书就完成了转让手续。保险单的背书主要有3种。

　　1. 空白背书

　　空白背书只注明被保险人（包括出口商名称和经办人的名字）名称。当来证没有规定使用哪一种背书时，也使用空白背书方式。

　　2. 记名背书

　　当来证要求"DELIVERY TO×××时 COMPANY（BANK）"或"ENDORSED

IN THE NAME OF ×××"时，即规定使用记名方式背书。

　　具体做法是：在保险单背面注明被保险人的名称和经办人的名字后，打上"DE-LIVERY TO ××× COMPANY（BANK）"或"IN THE NAME OF ×××"的字样。

　　记名背书在出口业务中较少使用，因为这一背书方式只允许被背书人（受让人）而限制其他任何人在被保险货物损失后享有向保险公司或其代理人索赔的权利，并得到合理的补偿。

　　3. 指示背书

　　当来证保单条款规定为"INSURANCE POLICY OR CERTIFICATE IN NEGOTI-ABLE FORM ISSUED TO THE ORDER OF ×××"时，具体做法为：只要在保险单背面打上"TO ORDER OF ×××"，然后签署被保险人的名字就行了。

　　4. 特别情况

　　当被保险人不是出口方而是进口方时（由出口方替进口方投保且规定被保险人须为进口方时），出口人无须背书。如果这时保险单需要转让，必须由被保险人背书才能转让。当被保险人既不是出口方也不是进口方时，该保险单的转让不需要做任何方式的背书即可转让。当被保险货物损失（承保范围）后，保险单的持有人享有向保险公司或其代理人索赔的权利并得到合理的补偿。

　　在国际货物海洋运输过程中，各保险公司所承保的风险主要包括自然灾害、意外事故和外来风险。海损可分为全部损失与部分损失，或者共同海损与单独海损。

　　国际海上保险业务中大多采用英国伦敦保险协会的《协会货物保险条款》和《中国保险条款》中的《海洋运输货物保险条款》。

　　买方或卖方需要按照货物运输投保流程，选择适当的险别，填制投保单向保险公司投保货物运输保险，缴纳保险费，并取得保险单，从而为货物运输提供安全保障。

　　本章着重介绍了投保单和保险单的内容及填制方法。

本章小结

复习与思考

一、单项选择题

　　1. 某外贸公司出口茶叶 10 公吨，在海运过程中遭受暴风雨，海水涌入仓库，致使一部分茶叶发霉变质，这种损失属于（　　）。

　　A. 单独海损　　B. 推定全损　　C. 共同海损　　D. 实际全损

　　2. 信用证中规定"ALL DOCUMENTS SHOULD INDICATE THE SHIPPING MARKS"，出口公司在保单的"Marks & Nos."一栏应填写（　　）。

　　A. 实际唛头

　　B. AS PER INVOICE NO. ×××

　　C. AS PER B/L NO. ×××

D. 既可按实际唛头填写，也可按"AS PER INVOICE NO. ×××"填写

3. 某远洋货轮在航行途中，A 舱失火，船长以为 B 舱也同时失火，命令对两舱同时施救，A 舱共有两批货物，甲批货物全部焚毁，乙批货物为棉织被单，全部遭受水浸，B 舱货物也都遭受水浸，则（　　）。

A. A 舱乙批货物与 B 舱货物都属单独海损

B. A 舱乙批货物与 B 舱货物都属共同海损

C. A 舱乙批货物属共同海损，B 舱货物属单独海损

D. A 舱乙批货物属单独海损，B 舱货物属共同海损

4. "仓至仓"条款是（　　）。

A. 承运人负责运输责任起讫的条款　　　B. 出口人负责交货责任起讫的条款

C. 保险人负责保险责任起讫的条款　　　D. 保险人负责运输责任起讫的条款

5. 保险单的赔付地点一般填写（　　）。

A. 启运港（地）　　　　　　　　　　B. 目的港（地）

C. 投保人所在地　　　　　　　　　　D. 保险公司所在地

6. 为了防止运输中货物被盗，应该投保（　　）。

A. 平安险　　　　　　　　　　　　　B. 一切险

C. 平安险加偷窃、提货不着险　　　　D. 一切险加提货不着险

7. 以 CIF 术语达成的交易，如信用证没有特殊规定，保险单的被保险人一栏应填写（　　）。

A. 开证申请人的名称　　　　　　　　B. 受益人的名称

C. TO ORDER　　　　　　　　　　　D. TO WHOM IT MAY CONCERN

8. 中方某公司以 CIF 条件与外国客户达成一笔交易，中方公司应负责替国外客户投保，按照惯例，中方应投保（　　）。

A. 一切险加战争险

B. 一切险

C. 水渍险加战争险

D. 保险人承担责任范围最小的险别并不应包括战争险

9. 某公司以 CIF 条件出口一批货物，在广州港装上船只"DONGFENG"号运往香港，在香港装上第二程船"NARA"号后运往旧金山，该公司在保险单的装载运输工具栏（Per Conveyance S. S.）应填写（　　）。

A. DONGFENG　　　　　　　　　　B. NARA

C. DONGFENG/NARA　　　　　　　D. DONGFENG/NARA W/T HONGKONG

10. 按照伦敦保险协会的《协会货物保险条款》，保险公司对 ICC（A）、ICC（B）、ICC（C）三种基本险所承担的责任范围最大的是（　　）。

A. ICC（C）　　　B. ICC（B）　　　C. ICC（A）　　　D. ICC（SRCC）

二、多项选择题

1. 根据我国现行《海洋运输货物保险条款》，能够独立投保的险别有（　　）。

　　A. 水渍险　　　　　　B. 一切险　　　　　　C. 战争险　　　　　　D. 平安险

　　2. 根据英国伦敦保险协会制定的《协会货物保险条款》规定，ICC（A）的除外责任包括（　　）。

　　A. 一般除外责任　　　　　　　　　　B. 不适航、不适货除外责任

　　C. 战争除外责任　　　　　　　　　　D. 罢工除外责任

　　3. 若按 CIF 条件出口，并把下列险作为保险条款，哪个妥当？（　　）

　　A. 一切险、淡水雨淋险　　　　　　　B. 水渍险、受潮受热险

　　C. 偷窃险、战争险、罢工险　　　　　D. 平安险、偷窃险、战争险

　　4. 根据 PICC 的《海洋运输货物保险条款》，包括在一切险承保责任范围内的险别有（　　）。

　　A. 平安险　　　　　　B. 短量险　　　　　　C. 淡水雨淋险　　　　D. 战争险

　　5. 根据我国《海洋运输货物保险条款》的规定，下列哪些是保险公司对基本险别的除外责任？（　　）

　　A. 被保险人的故意行为或过失造成的损失

　　B. 属于发货人的责任所引起的损失

　　C. 在保险责任开始前，被保险货物已经存在的品质不良或数量短差所造成的损失

　　D. 被保险货物的自然损耗、本质特性、缺陷及市场跌落、运输延迟所引起的损失或费用

三、判断题

　　1. 在国际货物运输保险业务中，被保险人必须对保险标的具有可保利益，方可同保险人订立保险合同，并在保险标的遭受承保范围内的损失时，从保险人处取得赔偿。（　　）

　　2. 在出口业务中，保险单日期不能迟于海运提单日期。（　　）

　　3. 在海运货物保险业务中，"仓至仓"条款规定对于驳船运费造成的损失，保险公司不承担责任。（　　）

　　4. 出口托运玻璃制品时，被保险人在投保了一切险之后，还应加保破碎险。（　　）

　　5. 某公司按 CIF 条件出口布料 300 包，根据合同规定投保水渍险。货在途中因货舱内淡水管道滴漏，致使该布料的 10 包遭水浸，保险公司应对此损失负责赔偿。（　　）

四、案例分析题

　　1. 某外贸公司按 CIF 术语出口一批货物，装运前已向保险公司按发票总值的110%投保平安险，8月初货物装妥顺利开航。载货船舶于8月20日在海上遇到暴风雨，致使一部分货物受到水渍，损失价值为 3 100 美元。数月后，该船又突然触礁，致使该货物又遭到部分损失，价值为 6 000 美元。试问：保险公司对该批货物的损失是否赔偿？为什么？

　　2. 某载货船舶装有 A 公司 4 000 箱丝织品、B 公司 60 公吨大米、C 公司 200 公吨

石料驶往加拿大温哥华。在途中不幸触礁，导致船底出现裂缝，海水进入船舱，造成 A 公司 200 箱丝织品和 B 公司 20 公吨大米被海水浸湿。眼看情势危急，船长下令将 C 公司 100 公吨石料抛入海中，接着将船驶往附近中途港修理，其间发生修理费、船员工资等费用。船舶修理后继续航行，但在航行的第三天又遭受恶劣气候，致使 A 公司的 150 箱丝织品被海水浸湿。请回答本案中各项损失的性质。

五、简答题

1. 我国海运货物保险有哪些险别？
2. 简述货物运输保险投保流程。
3. 保险单据有哪些种类？
4. 保险单有哪几种背书方式？

六、单证操作题

1. 根据已知资料缮制保险单。

出口商：DAYU CUTTING TOOLS I/E CORP.
　　　　774 DONG FENG EAST ROAD, TIANJIN, CHINA
进口商：FAR EASTERN TRADING COMPANY LIMITED
　　　　336 LONG STREET, NEW YORK
发票日期：2023 年 5 月 15 日
发票号：X118
合同号：MK007
信用证号：41-19-03
装运港：TIANJIN
中转港：HONG KONG
目的港：NEW YORK
运输标记：FETC
　　　　MK007
　　　　NEW YORK
　　　　C/No. 1-500
货名：CUTTING TOOLS
数量：1 500 SETS
包装：纸箱装，每箱 3 SETS
单价：CIF NEW YORK USD 128/SET
原产地证书号：IBO12345678
商品编码：12970400
保险单号：ABX999
保险单日期：2023 年 5 月 18 日　保险加成率：10%
提单日期：2023 年 5 月 20 日
船名航次：HONGXING V. 777

险别：COVERING ICC（A）AS PER INSTITUTE CARGO CLAUSE OF 1982

赔付地点：NEW YORK IN U. S.

　　2. 根据下面的相关资料指出并改正下列保险单中错误的地方。

　　相关资料：

买方：QINGDAO ECONOMIC TRADE INT'L CO．，LTD.

　　　　NO. 19，ZHUZHOU ROAD，QINGDAO

卖方：VICTOR MACHINERY INDUSTRY CO．，LTD.

　　　　NO. 338，BA DE STREET，SHU LIN CITY，TAIBEI

　　　　TEL/FAX：886－2－26689666/26809123

信用证对海运提单的要求：

FULL SET（INCLUDING 3 ORIGINALS AND 3 NON-NEGOTIABLE COPIES）OF CLEAN ON BOARD OCEAN BILLS OF LADING MARKED "FREIGHT PREPAID" MADE OUT TO ORDER AND BLANK ENDORSED NOTIFYING APPLICANT WITH ITS FULL NAME AND ADDRESS.

发票号：FU1011103

提单号：KEETAO100933

船名、航次：YM HORIZON UT018NCNC

装船日期：MAY 10，2023

装运港：TAIWAN MAIN PORT

目的港：QINGDAO

唛头：E. T. I

　　　QINGDAO

　　　NOS. 1－2

保险单号：PO9810101

保险单日期：MAY 8，2023

发票金额：USD25 200. 00

保险金额：按发票金额的110％投保

货物描述：ONE COMPLETE STE OF SHEET CUTTER

毛重：15 600KGS

体积：51CBM

包装：PACKED IN TWO WOODEN CASES

贸易术语：CIF QINGDAO

投保险别：COVERING ALL RISKS AND WAR RISK AS PER CIC.

赔付地点：QINGDAO

存在错误的保险单：

海 洋 货 物 运 输 保 险 单
MARINE CARGO TRANSPORTATION INSURANCE POLICY

Invoice No. **FU1011108**	Policy No. **PO98106107**

Insured：**QINGDAO ECONOMIC TRADE INT'L CO.，LTD.**

中保财产保险有限公司（以下简称本公司）根据被保险人的要求，及其所缴付约定的保险费，按照本保险单承担险别和背面所载条款与下列特别条款承保下列货物运输保险，特签发本保险单。
This policy of Insurance witnesses that the People's Insurance（Property）Company of China，Ltd. （hereinafter called "The Company"）, at the request of the Insured and in consideration of the agreed premium paid by the Insured，undertakes to insure the undermentioned goods in transportation subject to conditions of the Policy as per the Clauses printed overleaf and other special clauses attached hereon.

货物标记 Marks of Goods	包装单位 Packing Unit	保险货物项目 Descriptions of Goods	保险金额 Amount Insured
E. T. I **QINGDAO** **NOS. 1 - 5**	**5 WOODEN** **CASES**	**ONE COMPLETE OF** **SHEET CUTTER**	**USD25 200. 00**

总保险金额：
Total Amount Insured：**SAY U. S. DOLLARS TWENTY FIVE THOUSAND TWO HUNDRED ONLY.**

保费 Premium **AS ARRANGED**	开航日期 Slg. on or abt **MAY 13，2023**	载运输工具 Per conveyance S. S **YM HORIZON** **UT018NCNC**

承保险别
Conditions
COVERING ALL RISKS AND WAR RISK AS PER CIC DATED 01/01/1981.

启运港 Form **QINGDAO** To	目的港 **KEELUNG**

所保货物，如发生本保险单项下可能引起索赔的损失或损坏，应立即通知本公司下述代理人查勘。如有索赔，应向本公司提交保险单正本（本保险单共有 2 份正本）及有关文件。如一份正本已用于索赔，其余正本则自动失效。
In the event of loss or damage which may result in acclaim under this Policy，immediate notice must be given to the Company's Agent as mentioned hereunder. Claims，if any，one of the Original Policy which has been issued in two original（s）together with the relevant documents shall be surrendered to the Company. If one of the Original Policy has been accomplished，the others to be void.

赔款偿付地点
Claim payable at **KEELUNG IN U. S.**

日期 Date **MAY 15，2023**	亚洲保险有限公司台北分公司 **ASIA INSURANCE CO.，LTD.，TAIBEI BRANCH** **LUCY**

第七章 运输单证

教学目标

了解国际货物运输的概念及方式；熟悉海运业务涉及单据和海运出口货物托运流程；了解海运提单的概念、作用及种类；了解航空运单的概念、作用及种类；掌握海运提单和航空运单的缮制规范。

关键词

国际货物运输　海运提单　航空运单

导入案例

案情介绍：长华贸易公司某年 5 月 19 日将一批货物交船公司运输出口。船公司于当天签发了一张"备运提单"给长华贸易公司业务人员，后于 5 月 25 日装船后又在提单上加注"on board"字样，同时在提单上注明装船日期和船名，并签字。该批货物信用证规定应于 5 月 31 日前装船，并须提交已装船提单。此提单在信用证结算交单时，开证行能否接受？

分析及结论：提单会被开证行接受。因为该批货物交付的提单是 5 月 25 日的已装船提单，符合信用证规定"应于 5 月 31 日前装船，并须提交已装船提单"。尽管船方一开始签发的是备运提单，但交付提单时已经注明"on board"（即已装船）字样，同时注明装船日期和船名，并签字，使提单成为已装船提单。

第一节　国际货物运输简述

一、国际货物运输的概念及方式

国际货物运输是基于货物进出国境（即进出口）而发生的。国际货物运输的主要目的是使货物跨国界移动，即承运人通过提供运输服务，使位于一国境内某一地点的托运人或发货人的货物运至另一国境内的某一地点并交至收货人手中。

在国际贸易货物运输中，涉及的运输方式很多，其中包括海洋运输、铁路运输、航空运输、河流运输、邮政运输、公路运输、管道运输、大陆桥运输以及由各种运输方式组合起来的国际多式联运等。其中，海洋运输简称海运，是国际贸易最主要的运输方式。

二、国际货物运输的当事人

1. 承运人

承运人是指本人或者委托他人以本人名义与托运人订立海上货物运输合同的人。承运人为船舶所有人或船舶经营人。

2. 托运人

托运人是指本人或者委托他人以本人名义或者委托他人为本人将货物交给与海上货物运输合同有关的承运人的人。

3. 收货人

收货人是指有权提取货物的人。在国际海上货物运输中，如果为提单运输，提单中的收货人已经注明的，被注明的人即为合法收货人。如果未注明，收货人由托运人根据具体情况在事后指明，如果未指明，则提单持有人为收货人。

4. 出租人

出租人是指与承租人订立租船运输合同并将其所有或经营的船舶全部或部分舱位或船舶租给承租人使用或经营，并向承租人收取租金或运费的人。在国际海上货物运输中，出租人为船舶所有人或经营人。

5. 承租人

承租人是指与出租人签订海上租船货物运输合同、租用船舶或船舶全部或部分舱位并支付租金或运费的任何人。

6. 货运代理人

货运代理人是指根据委托人的要求，代办货物运输业务的机构。它们有的代理承运人向货主揽取货物，有的代理货主向承运人办理托运，有的兼营两方面的代理业务。它们属于运输中间人性质，在承运人和托运人之间起着桥梁作用。

三、海运业务涉及的单据

（一）托运单

托运单（booking note，简称 B/N），又称"下货纸"（见单证 7 - 1），是托运人根据贸易合同和信用证条款内容填制的，向承运人或其代理人办理货物托运的单据。承运人根据托运单的内容，并结合船舶的航线、挂靠港、船期和舱位等条件考虑，认为合适后，即接受托运。其内容及填制方法如下。

单证 7 - 1　海运出口托运单

海运出口托运单 BOOKING NOTE						
托运人 Shipper						
编号 No.		船名 S/S				
目的港 For						
标记及号码 Marks & Nos.	件数 Quantity	货名 Description of Goods		重量（千克） Weight（Kilos）		
				净 Net		毛 Gross
共计件数（大写） Total Number of Packages				运费付款方式 Method of Freight Payment		
运费计算 Freight		尺码 Measurement				
备注 Remarks						
收货人 Consignee		可否转船 Whether Transshipment Allowed		可否分批 Whether Partial Shipment Allowed		
通知人 Notify		装运期 Period of Shipment		有效期 Period of Validity		
		金额 Amount		提单张数 No. of B/L		
		银行编号 Bank No.		信用证号 L/C No.		
				制单　　月　　日		

1. 托运人（Shipper）

此处一般填写出口合同的卖方，信用证支付方式下应与信用证受益人的名称、地址一致。

2. 编号（No.）、船名（S/S）

编号为托运单的顺序编号，船名可留给船方安排船只舱位后填写。

3. 目的港（For）

按合同/信用证规定填写目的港的具体名称，遇世界重名港口时，应在港口名称后面加注国名。

4. 标记及号码（Marks & Nos.）

本栏应按合同或信用证规定的内容和形式填写，如没有规定，可由出口商自己编制，没有唛头则填"N/M"。

5. 件数（Quantity）

按最大包装实际件数填写，应与唛头中的件数一致。

6. 货名（Description of Goods）

本栏填写货物大类名称或统称，与发票（信用证）中的货名一致。运费到付或运费预付也可借用此栏加以注明。

7. 重量（千克）〔Weight（Kilos）〕

本栏内容是计算船只受载吨位和运费的基础资料，以千克为单位，须分别填写整批货物的毛重和净重。

8. 尺码（Measurement）

本栏填写整批货物的体积实数，以立方米为单位，是计算运费的主要依据之一，计算应务求准确。

9. 运费付款方式（Method of Freight Payment）

本栏填写运费到付或运费预付。

10. 分批（Partial Shipment）、转船（Transshipment）

本栏应严格按合同或信用证填写"允许"或"不允许"。

11. 装运期（Period of Shipment）、有效期（Period of Validity）

本栏根据信用证规定的最迟装运期和议付有效期分别填写。

12. 收货人（Consignee）

本栏一般根据信用证要求填，指示抬头填"TO ORDER"或"TO ORDER OF SHIPPER"；记名抬头填"具体收货人名称"；持票人抬头填"TO BEARER"。

13. 通知人（Notify）

本栏填写接受船方发出货到通知的人的名称与地址。

14. 备注（Remarks）

本栏填写信用证中有关运输方面的特殊要求。

（二）配舱回单和装货单

配舱回单（booking receipt），是指接受托运人提出的装运申请的船公司，接受托运并配妥船只舱位后退回给托运人的单据（见单证 7 - 2）。托运人收到配舱回单后，可据此编制有关单证。

单证 7 - 2　配舱回单

Shipper			D/R No.		
Consignee			中国对外贸易运输总公司 **配舱回单**		
Notify Party					
Pre-carriage by		Place of Receipt			
Ocean Vessel Voy. No.		Port of Loading			
Port of Discharge		Place of Delivery		Final Destination for the Merchant's Reference	

Container No.	Seal No. Marks & Nos.	No. of Containers or Pkgs.	Description of Goods, Kind of Package	Gross Weight	Measurement
Total Number of Containers or Packages (In Words)					

Freight & Charges	Revenue Tons	Rate	Per	Prepaid	Collect

Ex. Rate	Prepaid at		Payable at		Place of Issue
	Total Prepaid		No. of Original B (s) /L		

Service Type on Receiving □ - CY □ - CFS □ - DOOR	Service Type on Delivery □ - CY □ - CFS □ - DOOR	Reefer Temperature Required	℉	℃
TYPE OF GOODS	□Ordinary.　□Reefer.　□Dangerous.　□Auto. □Liquid.　□Live Animal.　□Bulk.　□_____	危险品	Class Property IMDG Code Page UN No.	

可否转船	可否分批	提单签发
装 运 期	有 效 期	
金　　额		
制单日期		

装货单（shipping order，简称 S/O），是接受托运人提出的装运申请的船公司，签发给托运人，凭以命令船长将承运的货物装船的单据（见单证 7-3）。装货单既可作为装船依据，又是货主凭以向海关办理出口申报手续的主要单据之一。

单证 7-3 海运出口装货单

装货单

SHIPPING ORDER

托运人
Shipper _____

编号 No.	船名 S/S
_____	_____

目的港
For _____

兹将下列完好状况之货物装船后签署收货单
Receive on board the undermentioned goods apparent in good order and condition and sign the accompanying receipt for the same.

标记及号码 Marks & Nos.	件数 Quantity	货名 Description of Goods	重量（千克） Weight（kilos）	
			净 Net	毛 Gross

共计件数（大写）
Total Number of Packages

日期 Date	时间 Time
_____	_____

装入何舱
Stowed _____

实收
Received _____

理货员签名 Tallied By	经办员 Approved By
_____	_____

（三）收货单

收货单（mate's receipt，简称 M/R），又称大副收据（见单证 7 - 4），是船舶收到货物的收据及货物已经装船的凭证。

单证 7 - 4　海运出口收货单
收货单
MATE'S RECEIPT

托运人
Shipper　＿＿＿＿＿＿＿＿＿＿＿＿＿＿＿＿＿＿＿＿＿＿＿＿＿＿

编号　　　　　　　　　　　　　　　船名
No.　＿＿＿＿＿＿＿＿＿＿＿＿　S/S　＿＿＿＿＿＿＿＿＿＿＿

目的港
For　＿＿＿＿＿＿＿＿＿＿＿＿＿＿＿＿＿＿＿＿＿＿＿＿＿＿＿＿

下列完好状况之货物业已收妥无损
Received on board the following apparent in good order and condition：

标记及号码 Marks & Nos.	件数 Quantity	货名 Description of goods	重量（千克） Weight（kilos）	
			净 Net	毛 Gross
共计件数（大写） Total Number of Packages				

日期　　　　　　　　　　　　　　　时间
Date　＿＿＿＿＿＿＿＿＿＿＿　Time　＿＿＿＿＿＿＿＿＿＿

装入何舱
Stowed　＿＿＿＿＿＿＿＿＿＿＿＿＿＿＿＿＿＿＿＿＿＿＿＿

实收
Received　＿＿＿＿＿＿＿＿＿＿＿＿＿＿＿＿＿＿＿＿＿＿＿

理货员签名大副
Tallied By　＿＿＿＿＿＿＿＿　Chief Officer　＿＿＿＿＿＿＿

由于上述三份单据的主要项目基本一致，故在我国一些主要港口的做法是，将它们制成联单，一次制单，既可减少工作量，又可减少差错。

(四) 装货清单

装货清单（loading list）是承运人根据装货单留底，将全船待装货物按目的港和货物性质归类，依航次、靠港顺序排列编制的装货单汇总清单，既是船上大副编制配载计划的主要依据，又是供现场理货人员进行理货，港方安排驳运、进出库场以及承运人掌握情况的业务单据（见单证7-5）。

单证7-5 海运出口装货清单

装货清单

Loading List

船名
of s.s./m.v.   页数
Page No.

关单号码 S/O No.	件数及包装 No. of Pkgs	货名 Description	重量公吨 Weight in Metric Tons	估计立方米 Estimated Space in CU. M	备注 Remarks

(五) 提货单

提货单（delivery order，简称D/O），又称小提单（见单证7-6），是收货人凭正本提单或副本提单随同有效的担保向承运人或其代理人换取的，可向港口装卸部门提取货物的凭证。

发放小提单时应做到：

（1）正本提单为合法持有人所持有；

（2）提单上的非清洁批注应转到小提单上；

（3）当发生溢短残情况时，收货人有权向承运人或其代理人获得相应的签证；

（4）运费未付的，应在收货人付清运费及有关费用后，方可放小提单。

单证 7-6　提货单

提货单
DELIVERY ORDER

_____地区、场、站 收货人/通知方			_____年__月__日
船名	航次	启运港	目的港
提单号	交付条款	到付海运费	合同号
卸货地点	到达日期	进库场日期	第一程运输
货名		集装箱号/铅封号	
集装箱数			
件　数			
重　量			
体　积			
标　志			
请核对放货 青岛中远集装箱船务代理有限公司 　凡属法定检验、检疫的进口商品，必须向有关监督机构申报。			
收货人章	海关章		

（六）海运提单

海运提单，简称提单（bill of lading，简称 B/L），是承运人或其代理人应托运人的要求所签发的货物收据，在将货物收归其照管后签发，证明已收到提单上所列明的货物，是一种货物所有权凭证。提单持有人既可据以提取货物，也可凭此向银行押汇，还可在载货船舶到达目的港交货之前进行转让，是承运人与托运人之间运输合同的证明。

四、海运出口货物托运流程

海运出口货物托运流程见图 7-1。

（1）出口企业（货主）在货证齐备后，填制订舱委托书，随附商业发票、装箱单等其他必备单据，委托货代代为订舱。有的还委托其代理报关及货物储运等事宜。

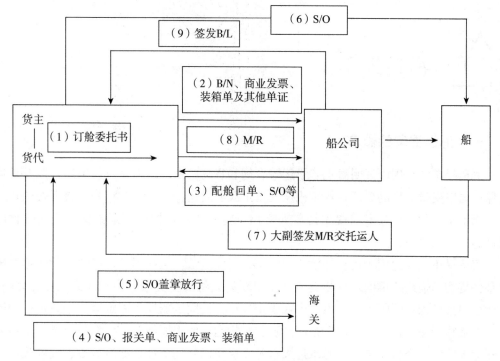

图 7 – 1　海运出口货物托运流程

（2）货代接受订舱委托后，缮制集装箱货物托运单（B/N），向船公司办理订舱。

（3）船公司根据具体情况，如果接受订舱则在托运单的几联单据上，填上船名、航次，并签署，即表明已经确认托运人的订舱，同时把配舱回单、装货单（S/O）等与托运人有关的单据退还给托运人。

（4）托运人持船公司签署的 S/O 填制出口货物报关单、商业发票、装箱单等连同其他有关的出口单证向海关办理报关手续。

（5）海关根据有关规定对货物进行查验，如同意，则在 S/O 上盖章，并将 S/O 退还给托运人。

（6）托运人持海关盖章的由船公司签署的 S/O 要求船长装船。

（7）装船后，由船上的大副签署大副收据（M/R），交给托运人。

（8）托运人持 M/R 向船公司换取正本已装船提单。

（9）船公司凭 M/R 签发正本提单并交给托运人凭以结汇。

扫一扫下面的二维码，了解更多国际货物运输的相关资料

第二节　海运提单

一、海运提单的概念

海运提单，是用以证明海上货物运输合同和货物已由承运人接收或装船，以及承运人保证据以交付货物的单证。规定根据提单中载明的向记名人交付货物，或者按照指示人的指示交付货物，或者向提单持有人交付货物的条款，构成承运人据以交付货物的保证。

海运提单主要适用于班轮运输。国际班轮货物运输，又称国际定期船货物运输、国际杂件货物运输或提单国际货物运输，是指托运人将货物交给作为承运人的船运公司，船运公司按照固定国际航线、沿线停靠固定港口，按固定船期和固定运费率所进行的国际海上货物运输。这"四固定"是国际班轮货物运输的主要特点。一般情况下，承运人向托运人签发、交付提单，有时承运人也签发提单以外的单证，如海运单、大副收据或提货指示。不同的单据，其法律地位和作用是不同的。

二、海运提单的性质和作用

在国际货物运输中，提单是最具特色、最完整的运输单据。在国际贸易中，提单是一种有价证券，同时代表物权和债权；在各国有关运输法律中，提单都被认定是一份非常重要的法律文件，提单上权利的实现必须以交还提单为要件。

（一）提单是托运人与承运人之间海上货物运输合同的证据

提单与海上货物运输合同是两个不同的概念。从时间上讲，托运人与承运人之间的货物运输合同在货物装船之前就已经成立，而提单则在货物装船完毕之后签发。托运人在向承运人订妥舱位后，合同即已成立。货物在交付给承运人之后或装船之后、承运人签发提单之前灭损，承运人应承担责任，承运人不能以托运人没有提单为借口要求免责。从表现形式上讲，托运人与承运人之间的货物运输合同可以是口头的，而提单却是书面的。从意思表示上讲，托运人与承运人之间的货物运输合同是双方的意思表示，而提单只是承运人单方签发的书面文件。

（二）提单是承运人接收货物、装船后向托运人出具的收据

这是提单最早具有的功能。最初承运人只是对承运的货物做记录，后来逐渐演变为向托运人出具收据。国际贸易中，普遍的做法是卖方通过承运人向买方交付货物，卖方向承运人交付货物即视为卖方履行了交货义务。承运人负责将货物交付买方。承运人在收到托运人交付的货物时，应向托运人出具收据，表明承运人已收到了托运人交付的货物或已将货物装船。

（三）提单是（代表）货物所有权的凭证

在国际贸易的早期发展阶段，卖方负责租船，承运人向卖方交付货物，后来发展为向卖方代理人或指定人或第三人（买方）交付货物，在运输途中可改变收货人。提单逐渐具有了流通特征。提单是承运人据以交付货物的单证和保证。提单持有人有权要求承运人交付货物，有权享有或占有货物。在国际贸易中，货物的流转与提单的流转是分开的，赋予提单所有权凭证的作用与特征，可以使提单持有人在货物运输期间处理货物，更好地促进货物的流转，促进国际贸易。提单的这一所有权凭证功能，作为国际贸易惯例，为各国法律所承认。转让提单就可以转让货物所有权。可转让提单成为一种可流通的有价票据，可以用于债务的担保。

三、海运提单的种类

随着世界经济的发展、通信工具的发达和使用，国际海上货物运输中遇到的海运提单的种类也越来越多。

（一）根据货物是否装船

（1）已装船提单（on board B/L 或 shipped B/L），是指承运人将货物装上指定的船只后签发的提单。这种提单的特点是提单上有载货船舶名称和装货日期。

（2）备运提单（received for shipment B/L），是指承运人收到托运的货物待装船期间，签发给托运人的提单。这种提单上面没有装船日期，也无载货的具体船名。

在国际贸易中，一般都必须是已装船提单。UCP600 规定，在信用证无特殊规定的情况下，卖方必须提供已装船提单。银行一般不接受备运提单。

（二）根据货物表面状况

（1）清洁提单（clean B/L），是指货物装船时，表面状况良好，承运人在签发提单时未加任何货损、包装不良或其他有碍结汇批注的提单。

（2）不清洁提单（unclean B/L 或 foul B/L），是指承运人收到货物之后，在提单上加注了货物外表状况不良或货物存在缺陷和包装破损的提单。例如，在提单上批注"铁条松失"（iron strip loose of missing）、"包装不固"（insufficiently packed）、"×件损坏"（×package in damage condition）等。

但是，并非提单有批注即为不清洁提单。国际航运公会（International Chamber of Shipping）于 1951 年规定，下列三种内容的批注不能视为不清洁：第一，不明白地表示货物或包装不能令人满意，如只批注"旧包装""旧箱""旧桶"等；第二，强调承运人对于货物或包装性质所引起的风险不负责任；第三，否认承运人知悉货物内容、重量、容积、质量或技术规格。这三项内容已被大多数国家和航运组织所接受。在使用信用证支付方式时，银行一般不接受不清洁提单。有时在装船时会发生货损或包装不良，托运人常要求承运人在提单上不作不良批注，而向承运人出具保函，也称赔偿保证书（letter of indemnity），向承运人保证如因货物破残损以及承运人签发清洁提单而引起的一切损失，由托运人负责。承运人则给予灵活，签发清洁提单，便于在信用证下结汇。对这种保函，有些国家法律和判例并不承认，如美国法律认为这是一种欺骗行为。所以，使用保函时要视具体情况而定。

(三) 根据收货人抬头

（1）记名提单（straight B/L），又称收货人抬头提单，它是指在提单的收货人栏内具体写明了收货人名称的提单。由于这种提单只能由提单内指定的收货人提货，所以提单不易转让。

（2）不记名提单（open B/L），又称空白提单，是指在提单收货人栏内不填明具体的收货人或指示人的名称而留空的提单。不记名提单的转让不需要任何背书手续，仅凭提单交付即可，提单持有者凭提单提货。

（3）指示提单（order B/L），是指收货人栏内只填写"凭指示"（to order）或"凭某人指示"（to order of ...）字样的一种提单。这种提单通过背书方式可以流通或转让。所以，它又称可转让提单。

(四) 根据运输方式

（1）直达提单（direct B/L），是指轮船装货后，中途不经过转船而直接驶往指定目的港，由承运人签发的提单。

（2）转船提单（transshipment B/L），是指货物经由两程以上船舶运输至指定目的港，而由承运人在装运港签发的提单。转船提单内一般注明"在某港转船"的字样。

（3）联运提单（through B/L），是指海陆、海空、海河、海海等联运货物，由第一承运人收取全程运费后并负责代办下程运输手续在装运港签发的全程提单。卖方可凭联运提单在当地银行结汇。

转船提单和联运提单虽然包括全程运输，但签发提单的承运人一般都在提单上载明只负责自己直接承运区段发生的货损，只要货物卸离他的运输工具，其责任即告终止。

(五) 根据提单内容的繁简

（1）全式提单（long form B/L），是指大多数情况下使用的既有正面内容又带有背面提单条款的提单。背面提单条款详细规定了承运人与托运人的权利与义务。

（2）略式提单（short form B/L），是指省略提单背面条款的提单。

(六) 根据签发提单的时间

（1）舱面提单（on deck B/L），又称甲板货提单，是指对装在甲板上的货物所签发的提单。在这种提单上一般都有"装舱面"（on deck）字样。舱面货（deck cargo）风险较大，根据《海牙规则》，承运人对舱面货的损坏或灭失不负责任。因此，买方和银行一般都不愿意接受舱面提单。但有些货物，如易燃、易爆、剧毒、体积大的货物和活牲畜等必须装在甲板上。在这种情况下，合同和信用证中就应规定"允许货物装在甲板上"的条款，这样，舱面提单才可结汇。但采用集装箱运输时，根据《汉堡规则》的规定和国际航运中的一般解释，装于舱面的集装箱是"船舱的延伸"，与舱内货物处于同等地位。

（2）过期提单（stale B/L），是指卖方向当地银行交单结汇的日期与装船开航的日期相距太久，以致若银行按正常邮程寄单则预计收货人不能在船只到达目的港前收到的提单，此外，根据UCP600的规定，在提单签发日期后21天才向银行提交的提单也属过期提单。

（3）倒签提单（anti-dated B/L），是指承运人应托运人的要求，签发提单的日期早于实际装船日期的提单，以符合信用证对装船日期的规定，便于在该信用证下结汇。装船日期的确定，主要通过提单的签发日期证明。提单日期不仅对买卖双方有着重要作用，而且也是银行向收货人提供垫款和向发货人转账的重要依据，同时也与海关办理延长进口许可证、海上货物保险契约的生效等都有密切关系。因此，提单必须依据接收货物记录和已装船的大副收据签发。

在我们的出口业务中，往往在信用证即将到期或不能按期装船时采用倒签提单。有人认为倒签提单是解决迟期装船的有效方式，用起来特别随便，好像是一种正常签发提单的方式。根据国际贸易惯例和有关国家的法律实践，错填提单日期，是一种欺骗行为，是违法的。

（4）预借提单（advanced B/L），又称无货提单，是指因信用证规定的装运日期和议付日期已到，货物因故而未能及时装船，但已被承运人接管，或已经开装而未装毕，托运人出具保函，要求承运人签发的已装船提单。预借提单与倒签提单同属一种性质，为了避免造成损失，应尽量不用或少用这两种提单。

（七）根据签发者的不同

（1）主提单（master B/L）。

主提单是指船公司签发的提单。出口预付情况下，发货人收到的通常都是签发的船公司正本海运提单，提单右上方一般都会有船公司的 LOGO。收货人收到海运提单，凭此到目的港船公司清关提货。

（2）分提单（house B/L）。

分提单，又叫货代提单。出口到付收货人指定货代情况下，发货人收到的通常都是启运港指定货代签发的货代提单。收货人收到货代提单，到目的港指定货代处，二次换单（换海运提单），清关提货。

四、海运提单的正面条款和背面条款

提单由两部分组成，包括正面条款和背面条款。正面记载的内容有：船名、航次、提单号、承运人名称、托运人名称、收货人名称、通知人名称、装货港、卸货港、转运港、货物名称、标志、包装、件数、重量、体积、运费支付、提单签发日、提单签发地点、提单签发份数、承运人或船长或其授权人的签字或盖章。

提单中分别在正面和背面有印刷条款。通常这些条款根据国际公约、各国法律和承运人的规定而印制，对于托运人和承运人双方都有约束。不同的班轮公司制定并印刷不同的条款，但基本条款相似，主要有：

（一）提单的正面条款

1. 提单正面的确认条款

"Received in apparent good order and condition except as otherwise noted the total number of containers or other packages or unites enumerated below for transportation from the place of receipt to the place delivery subject to the terms and conditions hereof."

上述英文措辞条款的大意是：承运人在货物或集装箱外表状况良好的条件下接收货物或集装箱，并同意按照提单所列条款，将货物或集装箱从启运地运往交货地，把货物交付给收货人。

2. 提单正面的不知条款

"Weight，measure，marks，numbers，quality，contents and value of mentioned in this Bill of Lading are to be considered unknown unless the contrary has expressly acknowledged and agreed to. The signing of this Bill of Lading is not to be considered as such an agreement."

上述英文措辞条款的大意是：承运人没有适当的方法对接收的货物或集装箱进行检查，所有货物的重量、尺码、标志、数量、品质和货物价值等都由托运人提供，对此，承运人并不明确知道。

3. 提单正面的承诺条款

"On presentation of this Bill of Lading duly endorsed to the Carrier by or on behalf of the Holder of Bill of Lading，the rights and liabilities arising in accordance with the terms and conditions hereof shall，without prejudice to any rule of common law or stature rendering them of the Bill of Lading as though the contract evidenced hereby had been made between them."

上述英文措辞条款的大意是：经承运人签发的提单是有效的，承运人承诺按照提单条款的规定，承担义务和享受权利，公平地也要求货主承诺接受提单条款的规定，承担义务和享受权利。

4. 提单正面的签署条款

"One original Bill of Lading must be surrendered duly endorsed in exchange for the goods or delivery order. In witness whereof the number of original Bill of Lading stated under have been signed，all of this tenor and date，one of which being accomplished，the other to stand void."

上述英文措辞条款的大意是：承运人签发的数份正本提单具有相同的法律效力，提取货物时必须交出经背书的一份正本提单，其中一份完成提货后，其余各份自行失效。

（二）提单的背面条款

提单的背面条款主要包括管辖权条款、承运人责任条款、承运人责任期间条款、货物包装和标志条款、运费和其他费用条款、错误申报条款、承运人赔偿金额条款、转船条款、集装箱货物条款、共同海损条款等。

知识链接

海运提单背面条款

1. 定义

"货方"包括托运人、受货人、发货人、收货人、提单持有人和货物所有人。

2. 管辖权

凡基于本提单或与其有关的一切争议均应按照中国法律在中国的法院解决或在中国

仲裁。

3. 承运人责任

有关承运人的义务、赔偿责任、权利及豁免适用《海牙规则》，即 1924 年 8 月 25 日在布鲁塞尔签订的《统一提单的若干法律规定的国际公约》。

4. 责任期间

承运人的责任期间应从货物装上船舶之时起到卸离船舶之时为止。

承运人对于货物在装船之前及卸离船舶之后，发生的灭失或损坏不负赔偿责任。

5. 包装和标志

在装船之前，托运人应对货物加以妥善包装，货物标志必须正确、清晰，并须以不小于 5 厘米长的字体将目的港清晰地标明在货物的外部，上述标志须能保持到交货时仍然清楚易读。由于包装和标志的不足或不适当所产生的一切罚款和费用应由货方负担。

6. 运费和其他费用

（1）预付运费应在装船时连同其他费用一并支付。运费和其他费用，如已有约定而未预付，则应由货方支付，并自通知缴付运费和其他费用之日起按年息5％加付利息。

装运的货物如系易腐货物、低值货物、活动物、舱面货，以及货物的目的港无承运人的代理人时，其运费和所有其他费用必须在装船时全部付清。

到付运费连同其他费用应在船舶抵达目的港时一并支付。

预付运费和（或）到付运费，无论船舶和货物或其中之一遭受任何灭失或损坏，都应毫无例外地全部付给承运人，不予退回且不得扣减。

（2）一切同货物有关的损失、税或任何费用应由货方支付。

7. 错误申报

承运人有权在装运港或目的港查对托运人申报的货物数量、重量、尺码与内容。如提单上所载的重量、尺码和（或）内容与实际装船的货物不符，而所付运费低于如果申报确实本来应付的运费，则承运人有权向货方收取实际装运货物与错误申报货物运费差额的两倍作为货方对承运人的违约赔偿金。

货方应对由于不正确申报货物的名称或其数量、重量、尺码或内容而对船舶和（或）货物所造成的灭失和损坏负赔偿责任，而且货方应偿付承运人衡量货物的数量、重量、尺码和内容的一切费用。

8. 装货、卸货和交货

无论港口习惯是否与此相反，货方都应以船舶所能装卸的速度尽快昼夜（如承运人需要，包括星期日和假日）无间断地提供和提取货物。货方对违反本款规定所引起的损失或损坏，包括滞期，应负赔偿责任。

承运人可以不预先通知就开始卸货。如受货人不能及时将货物迅速从船边提走或拒绝提货，或发现无人认领货物，承运人有权将货物卸在岸上或其他适当场所，而由货方负担全部风险和费用，承运人应认为已经履行其交付货物的责任。

无论港口习惯是否与此相反，在船上衡量货物的重量，需经承运人特殊许可方能进行。滞留费和卸货的特别费用，应由受货人或收货人负担。

如果在一合理的时间内无人认领货物或者货物将变质、腐烂或失去价值，承运人可按其留置权自行予以变卖、抛弃或处置该货物而不负任何责任，全部风险和费用由货方承担。

9. 驳船费

在装货港或卸货港内或港外的任何驳船费均由货方负担。

10. 留置权

承运人有权因货方未付运费、空舱费、滞期费和任何其他货方应付的款额，无论何人未付应付的共同海损分摊费用以及收回此项费用的开支而对货物以及任何单证行使留置权，并有权出售或处置货物。如果出售货物所得不足抵偿应收款额和引起的费用，承运人有权向货方收回其欠额。

11. 灭失或损坏通知、时效

除非在货物移交给根据运输合同有权接收货物的人保管之前或当时，将灭失或损坏及其一般性质的通知，用书面提交承运人或其在卸货港的代理人，否则这种移交应作为承运人已按提单所载明的情况交付货物的初步证据。

如果灭失或损坏不明显，则通知应于交付货物的 3 天内提交。

如果货物状况在其收受时已经联合检验或检查，就无须提交书面通知。

除非从货物交付之日或应交付之日起 1 年内提起诉讼，承运人和船舶在任何情况下都应被免除对灭失或损坏所负的一切责任。

遇有任何实际的或预料会发生的灭失或损失时，承运人和受货人应为检验和清点货物相互提供一切合理的便利。

12. 赔偿金额

当承运人对有关货物的灭失或损坏负赔偿责任时，该赔偿金额应按货方的净货价加运费及已付的保险费计算。

尽管有本提单第 3 条的规定，承运人对货物的灭失或损坏的赔偿责任应限制在每件或每计费单位不超过人民币 700 元，但承运人接受了货物前托运人书面申报的货价高于此限额，而又已填入本提单并按规定支付了额外运费者除外。

如果每件或每计费单位的货物实际价值超过上述申报价值，则其价值按申报价值计算，而承运人的赔偿责任将不超过申报价值，而且任何部分灭失或损坏均应按申报价值比例计算。

13. 转运、换船、转口货物和转船

如有需要，任意将货物交由属于承运人自己的船舶或属于他人的船舶，或经铁路或以其他运输工具直接或间接地驶往目的港，转船、驳动、卸岸、在岸上或水面上储存以及重新装船启运，以上费用由承运人负担，但风险则由货方承担。承运人的责任仅限于其本身经营的船舶所完成的那部分运输。

14. 危险品、违禁品

（1）在事先向承运人提出货物性质的书面通知，并按运输中可能适用的任何法律或规章的规定，在货物、集装箱或其他包装的外部加以标明之前，货方保证不交运具有危险性、易燃性、放射性和（或）任何有害性质的货物。

（2）无论何时发现承运的货物未能遵照上述第（1）款的规定，或发现货物属于违禁品，或在运输中为装货港、卸货港、挂靠港或任何地方、水域的任何法律或规章所禁止，承运人有权对该货物予以处置使其不能为害，或投弃海中或卸下，或进行任意处置而不予赔偿。货方应就任何种类的灭失、损坏或赔偿，包括运费损失和直接或间接的由该运输所引起或造成的任何费用担负责任并向承运人赔偿。

（3）如果遵照上述第（1）款的规定承运的任何货物对船舶或货物造成危险，则应同样予以处置使其不能为害，或投弃海中，或卸下，或由承运人任意处置而不予赔偿，但如有共同海损则不在此限。

15. 舱面货、活动物和植物

舱面货、活动物和植物的接受、装载、运输、保管和卸载均由货方承担风险，承运人对其灭失或损坏不负赔偿责任。

16. 集装箱货物

（1）货物可以由承运人或其代理人或受雇人装入集装箱。上述承运人装载的集装箱或接受的满载集装箱均可装在舱面或舱内，无须预先通知。虽然有本提单第15条的规定，又尽管货物装在舱内，但承运人对此运输的赔偿责任仍应按照本提单的各项条款处理，货物应承担共同海损分摊并应获得共同海损赔偿。

（2）如果集装箱非由承运人装箱或装载，则承运人对箱内所载货物的灭失或损坏不负赔偿责任，而货方应对由下列原因造成的承运人的任何人身伤害、灭失、损坏、责任或费用负责赔偿。

1）集装箱的装箱或装载方式；或

2）集装箱内的货载不适宜集装箱运输；或

3）集装箱不适宜或条件不良，而此种状况在集装箱装箱或装载之时或之间，货方只要进行合理检查本来是明显的。

如果集装箱非由承运人装箱或装载，而承运人以铅封完好交付，则此种交付应视为完全和全部履行了承运人的义务，则承运人对集装箱内所载货物的任何灭失或损坏不负赔偿责任。

在装箱之前，托运人应检查集装箱，而集装箱既经使用，即是完好和适宜使用的初步证据。

17. 冷藏货

冷藏货舱在装货之前，承运人除必须取得船级证书外，还应取得船舶检验机构的验船师或其他合格人员的证书，表明该冷藏舱位和冷藏机适于安全收受、载运和保管冷藏货物。

受货人应在船舶备妥交货时立即接收冷藏货物，否则，承运人可以将货物卸在岸上，其风险和费用均由货方负责。

18. 木材

本提单内关于木材装船时"外表状况良好"的任何记载，并不表示承运人承认该木材没有沾污、裂缝、洞孔或碎块。承运人对上述木材的沾污、裂缝、洞孔或碎块不负责任。

19. 铁和钢

货方应将每件铁和钢明显和持久地以油漆做出标志，每捆须捆扎牢固，明显、持久地以油漆做出标志并拴以金属标签，以便能在卸货港对每捆分辨认明。如果货方未能按上述要求做到，则承运人对正确交付及由此发生的费用不负责任。

20. 散装货、一个以上收货人的货物

(1) 由于承运人无适当方法核对散装货物的重量，提单上所列的重量仅能作为参考，不能构成不利于承运人的证据。

(2) 如果散装货或无标志的货物或标志相同的货物的收货人超过一个人，则收货人或货方应共同和单独承担将货物或货件数量按比例分成所发生的费用或损失，如有短缺，其短缺量应按承运人、其受雇人或代理人决定的比例向他们分摊。

21. 重货和笨件

每件货物的重量满 2 000 千克和任何笨件的长度满 9 米时，托运人必须清楚地标明其重量、体积及长度。承运人得自行决定使用港方起重设备或使用其他方法，其风险和费用均由货方负担。由于没有申报重量、体积及长度或者错误申报致使船舶、驳船、码头、起重机、绞车或不论何物或有关工作人员遭受或引起任何损害、损失或赔偿责任，均应由货方负担。

22. 熏蒸

无论何种原因货物在船上熏蒸，只要没有实际证据证明这是属于承运人的疏忽，也不应推定属于他的疏忽，承运人对货物的损坏不负赔偿责任，发生的一切费用应由货方负担。

23. 选港货

选择卸货港交付货物简称选港货，是指由于贸易的原因，在托运货物时，托运人尚不能确定具体的卸货港，要求在预先指定的两个或两个以上的卸货港中进行选择，待船开后再选定。在这种情况下，提单上的卸货栏内须写明两个或两个以上将被选择的卸货港的名称，并且最终的卸货港应在提单上写明的港口中选择。

货方采用选港货时，必须在办理货物托运时提出申请，同时必须在船舶自装货港开航后，抵达第一个选卸港前的 48 小时内，把决定了的卸货港通知船公司及其在选定卸货港的卸货代理人，否则承运人有权在任何一个选卸港将货物卸下，并被认为船公司已经履行了运输合同。同时，任何选港货都必须为本提单项下货物的总数量。

24. 共同海损和新杰逊条款

(1) 在中国共同海损应根据 2022 年新修订的《中国国际贸易促进委员会共同海损理算暂行规则》进行理算。

(2) 如果在航次开始之前或之后，由于疏忽等任何原因而引起意外、危险、损坏或灾难，而根据法令、合同或其他规定，承运人对此类事件或此类事件的后果都不负责，则货物托运人、收货人或货物所有人应在共同海损中与承运人一起分担可能构成或可能发生的具有共同海损性质的牺牲、损失或费用，并应支付关于货物方面所发生的救助费用和特殊费用。如果被救助船舶为承运人所有或由其经营，则其救助费应与该被救助船舶系为第三者所有一样，全额支付。承运人或其代理人认为足以支付货物方面的预计分摊款额及其救助费用和特殊费用所需要的保证金，如有需要，应由货物、托运人、收货人或货物所有人在提货之前付给承运人。

25. 船舶互撞责任条款

如有船舶由于他船疏忽以及本船船长、船员、引水员或承运人的受雇人在驾驶或管理船舶中的行为、疏忽或不履行职责而与他船碰撞,则本船的货物所有人应就他船亦即非载货船舶或其所有人所受一切损失或所负一切赔偿责任,给予本船承运人赔偿。但此种赔偿应以上述损失或赔偿责任所体现的已由或应由他船亦即非载货船舶或其所有人付给上述货物所有人其货物的灭失或损坏或其提出的任何赔偿要求的数额为限,并由他船亦即非载货船舶作为其向载货船舶或承运人提出的索赔的一部分,将其冲抵、补偿或收回。非属碰撞船舶或物体的,或在碰撞船舶或物体之外的任何船舶或物体的所有人、经营人或主管人在碰撞、触碰、搁浅或其他事故中犯有过失的,上述规定亦应适用。

26. 战争、检疫、冰冻、罢工等

如果发生战争、封锁、海盗、瘟疫、检疫、冰冻、罢工、港口拥挤以及其他非承运人所能控制的情况,而使船舶及货物不能安全运抵目的港及(或)在目的港卸货,承运人有权在装货港或任何其他安全和便利的港口卸下货物,运输合同应认为已经履行。在上述情况下发生的任何特殊费用均应由货方负担。

27. 地区条款

关于运往美国或从美国运出的货物,尽管有本提单的任何其他条款,本提单还是应遵守美国 1936 年《海上货物运输法》的规定。承运人或船舶对此种货物的灭失或损坏所负赔偿责任,在任何情况下,每件或此种货物不以包件运送时每一通常计费单位不超过美国合法货币 500 美元,但是托运人在此种货物装船前已将其性质和价值加以申报并被载入提单者不在此限。

五、海运提单的主要内容及填制方法

对于海运提单,每家船公司都有自己不同的格式,但各项栏目、内容基本一致(见单证 7-7),读者可参考附录中的海运提单样例。

1. 托运人(Shipper)

本栏通常填写信用证的受益人,即买卖合同中的卖方。按 UCP600 的规定,如信用证无相反规定,银行也接受以信用证受益人以外的第三方为发货人。

2. 收货人(Consignee)

这是提单中比较重要的一栏,应严格按照信用证规定填制。提单收货人按信用证的规定一般有三种填法,即:记名抬头、不记名抬头和指示性抬头。

信用证结算方式中常见的"收货人"栏目的制作方法主要有三种。

(1) 记名式,即在收货人栏内填写某人或某企业的具体名称。这种提单只能由提单上所指定的收货人提货,而不得转让给他人。这种提单在国际贸易中使用不多。信用证中的词句一般为:"full set of B/L consigned to ABC Company …"。

(2) 不记名式,即在本栏留空或仅填入:"to bearer"(给持有者)。这样的提单,谁持有，谁就可以提货。这种提单转让时不必背书，因而风险较大，目前在国际上使用也不多。

（3）指示式，这种提单使用最为普遍。指示式又可分为记名指示式和不记名指示式两种。

①记名指示式：一般有发货人指示式（to order of shipper）、银行指示式（to order of ×××　Bank）和收货人指示式（to order of ABC Company Ltd.），只要根据信用证的要求，制单时分别填入就行了。

在信用证项下，"to order of ×××　Bank"，一般大多是指开证行。

信用证上的词汇常常是："full set of B/L made out to our order"。这个"our"指的就是开证行。

而"to order of ABC Company Ltd."，一般多是指开证申请人。

信用证上用的词汇常常是："B/L issued to order of applicant"。这个"applicant"就是信用证的开证人。

②不记名指示式：在收货人一栏填写"to order"，然后在提单背面由发货人签字盖章进行背书，以示转让物权。

信用证上用的词汇常常是"full set of B/L made out to order"，凭指示抬头，即空白抬头。

如果是托收结算方式，根据合同，收货人一栏一般填写"to order"或者"to order of shipper"均可，然后由发货人背书。一般不做成代收行指示式抬头，因为 URC522 第 10 条规定：事先未征得银行的同意，货运不应直接做成银行抬头或银行指示性抬头。

3. 通知人（Notify Party）

本栏填写要与信用证的规定一致。几乎所有的提单上都有通知人名称这一项，但在记名提单上就没有必要再填写通知人了。因此这时可以填写"same as consignee"。通知人有时是作为预定收货人或代理人。若信用证提单条款规定"...Bill of Lading ... notify applicant"，则提单通知人栏中要填制开证人的详细名称、地址。如果来证中没有具体说明被通知人，那么就应将开证申请人名称、地址填入提单副本的这一栏中，而正本的这一栏保持空白或填写买方亦可。副本提单必须填写被通知人，是为了方便目的港代理通知联系收货人提货。如果来证中规定"notify ... only"，意指仅通知某某，则 only 一词不能漏掉。如果信用证没有规定被通知人地址，而托运人在提单中被通知人后面加注详细地址，银行可以接受，但无须审核。

4. 收货地（Place of Receipt）

本栏填写船公司或承运人的实际收货地点，如工厂、仓库等。在一般海运提单中没有此栏，但在多式联运提单中则有此栏。

5. 船名（Vessel）

本栏按配舱回单上的船名填写。若货物需转运，则填写第二程船名。UCP600 规定：通过预先印就的文字，或以已装船批注注明货物的装运日期表明货物已在信用证规定的装货港装上具名船只，银行可以接受；如果提单没有表明信用证规定的装货港为装货港，或者其载有"预期的"或类似的关于装货港的限定语，则需以已装船批注表明信用证规定的装货港、发运日期以及实际船名。即使提单以事先印就的文字表明了货物已装载或装运于具名船只，本规定仍适用；如果提单载有"预期船只"或类似的关于船名的限定语，则需以已装船批注明确发运日期以及实际船名。

6. 航次（Voyage Number）

本栏按配舱回单上的航次填写。若货物需转运，则填写第二程航次号。

7. 装货港（Port of Loading）

本栏要填实际的装货港，应严格按信用证规定填写。UCP600 规定：通过预先印就的文字，或以已装船批注注明货物的装运日期表明货物已在信用证规定的装货港装上具名船只，银行可以接受；如果提单没有表明信用证规定的装货港为装货港，或者其载有"预期的"或类似的关于装货港的限定语，则需以已装船批注表明信用证规定的装货港、发运日期以及实际船名。即使提单以事先印就的文字表明了货物已装载或装运于具名船只，本规定仍适用。

8. 卸货港（Port of Discharge）

本栏填写货物实际卸下的港口名称。与海运托运单相应栏目的填法相同。UCP600 规定：提单必须表明货物从信用证规定的装货港发运至卸货港。如果货物转运，可在目的港之后加注"with transshipment at..."。

9. 交货地（Place of Delivery）

本栏填写最终目的地名称。如果货物的目的地就是目的港，此栏空白。

10. 提单号码（B/L No.）

本栏按配舱回单上的 D/R 号码填写。

11. 箱号/封号（Container/Seal No.）、唛头（Marks & Nos.）

本栏必须填报每一个集装箱的箱号、封号。唛头须同信用证和其他单据的唛头一致，如果信用证没有规定唛头，此栏可填"N/M"。

12. 货物包装件数（No. of Container/Packages）

本栏填写集装箱的数量，以及按货物装船的实际情况填写总外包装件数。如果散装货物无件数，可表示为"in bulk"（散装）。包装种类一定要与信用证一致。

13. 货物名称（Description of Goods）

本栏填写货物的名称即可。按照 UCP600 的规定，除商业发票外，在其他一切单据中，货物的描述可使用统称，即主要的商品名称，不需要详细列出商品规格，但不能与信用证中货物的描述抵触。

14. 货物的毛重（千克）[Gross Weight（Kilos）]

本栏填写货物的毛重，须同装箱单上货物的总毛重一致。如果货物是裸装，没有毛重，只有净重，则在毛重栏显示："N.W：××××KGS"。

15. 尺码（立方米）[Measurement（Cu-metres）]

本栏填写货物的体积，须同装箱单上货物的总尺码一致。本栏一般以立方米为计量单位。

16. 货物总包装件数的大写〔Total Number of Containers/Packages（in words）〕

本栏目填写集装箱数量和货物总包装件数的英文大写，应与第 12 栏一致。

17. 运费条款（Freight & Charges）

除非信用证有特别要求，一般的海运提单都不填写运费的数额，只是表明"freight prepaid"或"freight collect"，并且要与所用的贸易术语一致。

18. 提单的签发地点和签发日期（Place and Date of Issue）

一般为承运人实际装运的地点和时间。

19. 正本提单份数〔Number of Original B（s）/L〕

本栏显示的是船公司为承运此批货物所开具的正本提单的份数，一般是 1～3 份，并使用大写数字如 ONE、TWO、THREE 等。如信用证对提单正本份数有规定，则应与信用证规定一致。比如，信用证规定"3/3 marine bills of lading ..."，即表明船公司为信用证项下的货物开立的正本提单必须是三份，且三份正本提单都要提交银行作为单据。UCP600 规定：提单为唯一的正本提单，或如果以多份正本出具，为提单注明的全套正本。

20. 已装船批注、装船日期（Shipped on Board Date）

根据 UCP600 的规定，如果提单上没有预先印就"shipped on board"（已装船）字样的，则必须在提单上加注已装船批注（on board notation）。海运提单必须是已装船提单，即使信用证仅要求"B/L"而未标明"shipped on board B/L"，提单也一定要有"on board"（已装船）的表示。

单证 7-7　海运提单

Shipper	B/L No.
	中远集装箱运输有限公司 **COSCO CONTAINER LINES** **Port-to-Port or Combined Transport** **BILL OF LADING**
Consignee	RECEIVED in external apparent good order and condition except as otherwise noted. The total number of packages or units stuffed in the container, the description of the goods and the weights shown in this Bill of Lading are furnished by the Merchants, and which the carrier has no reasonable means of checking and is not a part of this Bill of Lading contract. The carrier has issued the number of Bills of Lading stated below, all of this tenor and date, one of the original Bills of lading must be surrendered and endorsed or signed against the delivery of the shipment and whereupon any other original Bills of Lading shall be void. The Merchants agree to be bound by the terms and conditions of this Bill of Lading as if each had personally signed this Bill of Lading. SEE clauses on the back of this Bill of Lading（Terms continued on the back hereof, please read carefully）.
Notify Party	

续表

Vessel and Voyage Number	Port of Loading		Port of Discharge	
Place of Receipt	Place of Delivery		Number of Original B（s）/L	
PARTICULARS AS DECLARED BY SHIPPER-CARRIER NOT RESPONSIBLE				
Container/Seal No. Marks & Nos.	No. of Container/Packages/ Description of Goods		Gross Weight (Kilos)	Measurement (Cu-metres)
Freight & Charges The Shipping Agent's Details Tel. Fax E-mail	Total Number of Containers/Packages（in words）			
	Shipped on Board Date			
	Place and Date of Issue			
	In Witness whereof this number of Original Bills of Lading stated above all of the tenor and date one of which being accomplished the others to stand void. （Stamp & Signature）			

提单要显示装船日期，而且此日期不能迟于信用证规定的最迟装运日。

实务中可分成两种情况：

（1）提单上预先印就"已装船"文字或相同的意思，如"shipped on board the vessel named here in apparent good order and condition..."或"shipped in apparent good order and condition..."，这种提单通常被称为"已装船提单"，不必另行加注已装船批注，提单的签发日期就是装船日期。

（2）提单上只有"received by the carrier from the shipper in apparent good order and condition..."，这种提单通常被称为"收妥备运提单"，这时需在提单上加注已装船批注，并在旁边显示装船日期，而提单的签发日期不能视作装船日期。

21. 承运人或其代理人签字、盖章（Signed for and on Behalf of the Carrier）

根据 UCP600 的规定，提单必须由下列四类人员签署证实。即：承运人，或承运人的具名代理人，或船长，或船长的具名代理人。

承运人或船长的任何签字或证实，必须表明"承运人"或"船长"的身份。代理人代表承运人或船长签字或证实时，也必须表明代表的委托人的名称或身份，即注明代理人是代表承运人或船长签字或证实的。

提单必须由承运人、船长或代表他们的具名代理人签发或证实，其表示方式见表 7-1。

表 7-1　海运提单的签发方式

提单的签发人	表示方式
承运人签发	COSCO as Carrier
承运人的具名代理人签发	ABC Shipping Company as agent for COSCO，Carrier
	ABC Shipping Company as agent on Behalf of COSCO
船长签发	Smith（本人签字）as Master
船长的具名代理人签发	ABC Shipping Company as agent for Smith，Master

22. 提单背书

提单应按照信用证的具体要求进行背书。一般信用证要求提单进行空白背书（"bill of lading … endorsed in blank" 或 "bill of lading … blank endorsed"）的比较多见。

（1）空白背书，只需要背书人签章并注明背书的日期即可。

例如：　ABC Co.（签章）

December 11，2020

（2）记名背书，有时信用证也要求提单作记名背书，此时则应先写上被背书人的名称，然后再由背书人签署并加盖公章，同时注明背书的日期。

例如：　Endorsed to：DEF Co. 或 Delivered to DEF Co.

ABC Co.（签章）

December 11，2020

第三节　航空运单

一、航空运单的概念及其作用

航空运单（air waybill，简称 AWB）是由承运人或其代理人签发的重要的货物运输单据，是承托双方的运输合同，其内容对双方均具有约束力。航空运单不可转让，不具有物权凭证性质，与海运提单有很大不同。

航空运单作为承运人和托运人之间所使用的重要文件，其作用主要有以下几个方面。

1. 航空运单是运输合同

航空运单是发货人与航空承运人之间的运输合同。与海运提单不同，航空运单不仅证明航空运输合同的存在，而且其本身就是发货人与航空运输承运人之间缔结的货物运输合同，在双方共同签署后产生效力，并在货物到达目的地交付给运单上所记载的收货人后失效。

2. 航空运单也是货物收据

航空运单是承运人签发的已接收货物的证明，在发货人将货物发运后，承运人或其代理人就会将其中一份交给发货人（即发货人联），作为已经接收货物的证明。除非另外注明，它是承运人收到货物并在良好条件下装运的证明。

3. 航空运单是承运人据以核收运费的账单

航空运单分别记载着属于收货人负担的费用、属于应支付给承运人的费用和属于应支付给代理人的费用，并详细列明费用的种类。

4. 航空运单是报关单证之一

出口时，航空运单是报关单证之一。在货物到达目的地机场进行进口报关时，航空运单也通常是海关查验放行的基本单证。

5. 航空运单同时可作为保险证书

如果承运人承办保险或发货人要求承运人代办保险，则航空运单也可用来作为保险证书。

6. 航空运单是承运人内部业务的依据

航空运单随货同行，证明了货物的身份。运单上载有有关该票货物发送、转运、交付的事项，承运人会据此对货物的运输做出相应安排。

二、航空货运单代理人制单

根据《统一国际航空运输某些规则的公约》（简称《华沙公约》）第 6 条第（1）款和第（5）款的规定，航空货运单应当由托运人填写，承运人根据托运人的要求填写航空货运单的，在没有相反证据的情况下，应当视为是代替委托人填写。

在航空货运业务的操作中，各航空公司承运的货物大量是通过其代理人收运的，某些特种货物由航空公司直接收运。因为填写航空货运单必须具有一定的专业知识，同时为了方便操作和对客户提供服务，托运人以托运书（shipper's letter of instructions）或委托书（见单证 7-8）的形式授权航空公司或其代理人代替填写航空货运单。

单证 7-8　国际货物托运书样单
国际货物托运书
SHIPPER'S LETTER OF INSTRUCTION

始发站 AIRPORT OF DEPARTURE		到达站 AIRPORT OF DESTINATION						供承运人使用 FOR CARRIER USE ONLY
路线及到达站 ROUTING AND DESTINATION								航班/日期 FLIGHT/DATE
至 TO	第一承运人 BY FIRST CARRIER	至 TO	承运人 BY	至 TO	承运人 BY	至 TO	承运人 BY	已预留吨位 BOOKED
收货人账号，收货人姓名地址 CONSIGNEE'S ACCOUNT NUMBER CONSIGNEE'S NAME AND ADDRESS								运费 CHARGES
另行通知 ALSO NOTIFY								
托运人账号 SHIPPER'S ACCOUNT NUMBER		托运人姓名地址 SHIPPER'S NAME AND ADDRESS						

续表

托运人声明价值 SHIPPER'S DECLARED VALUE		保险金额 AMOUNT OF INSURANCE	所附文件 DOCUMENTS TO ACCOMPANY AIR WAYBILL
供运输用 FOR CARRIAGE	供海关用 FOR CUSTOMS		

件数 NO. OF PACKAGES	实际毛重（千克） ACTUAL GROSS WEIGHT (KGS)	运价类别 RATE CLASS	收费重量 CHARGEABLE WEIGHT	费率 RATE CHARGE	货物名称及数量 （包括体积或尺寸） NATURE AND QUANTITY OF GOODS (INCL DIMENSIONS OR VOLUME)
在货物不能交与收货人时，托运人指示的处理办法 SHIPPER'S INSTRUCTION IN CASE OF INABILITY TO DELIVER SHIPMENTS AS CONSIGNED					
处理情况（包括包装方式、货物标记及号码等） HANDLING INFORMATION (INCL METHOD OF PACKING, INDENTIFYING MARKS AND NUMBERS)					
托运人证实以上所填全部属实并愿遵守托运人的一切载运章程 THE SHIPPER CERTIFYS THAT THE PARTICULARS ON THE FACE HEREOF ARE CORRECT AND AGREES TO THE CONDITIONS OF THE CARRIAGE OF THE CARRIER. 托运人签字 日期 经手人 日期 SIGNATURE OF SHIPPER DATE AGENT DATE					

　　航空公司或其代理人根据托运人的托运书或委托书代替托运人填写航空货运单。在这种情况下，对于代理人来说，它既是托运人的代理人，又是有关航空公司的指定代理人（或称授权代理人）。因此，托运人正确地、完整地填写托运书或委托书十分重要。

　　扫一扫下面的二维码，了解《统一国际航空运输某些规则的公约》

三、航空货运单的构成

　　目前，经营国际货物运输的航空公司及其航空货运代理公司使用的都是统一的一式12份的空运单（见表7-2），其中有3份正本（original）、6份副本（copy）和3份额外副本（extra copy）。承运人根据托运人的请求，接收货物并填写航空货运单。航空货运单正本一式三份。航空货运单第一份注明"交承运人"，由托运人签字、盖章；第二份注明"交收货人"，由托运人和承运人签字、盖章；第三份由承运人在接收货物后签字、盖章，交给托运人。

表 7-2　国际航空货运单的构成及其用途

顺序	名称	颜色	用途
1	正本 3	蓝	交托运人。作为承运人收到货物的证明，以及作为承托双方运输合同成立的证明
2	正本 1	绿	交承运人财务部门。除了作为承运人财务部门的运费账单和发票外，还作为承托双方运输合同成立的证明
3	副本 9	白	交代理人，供代理人留存
4	正本 2	粉红	随货物交收货人
5	副本 4	黄	交付联。收货人提货后应签字并交承运人留存，以证明已交妥货物
6	副本 5	白	交目的港机场
7	副本 6	白	交第三承运人
8	副本 7	白	交第三承运人
9	副本 8	白	交第三承运人
10	额外副本	白	供承运人使用
11	额外副本	白	供承运人使用
12	额外副本	白	供承运人使用

四、航空货运单的种类

(一) 按有无承运人的名称分类

1. 航空公司货运单

航空公司货运单（airline air waybill）是指印有出票航空公司（issue carrier）名称及标志（航徽、代码等）的航空货运单。这类空运单代表出票航空公司的身份。

2. 中性货运单

中性货运单（neutral air waybill）是指没有预先在运单上打印任何承运人名称及标志的货运单。这类空运单不代表任何一个航空公司，是中立货运单。

(二) 按照不同作用分类

1. 航空主运单

凡由航空运输公司签发的航空运单就被称为航空主运单（master air waybill，简称MAWB）。它是航空运输公司据以办理货物运输和交付的依据，是航空公司和托运人订立的运输合同，每一批航空运输的货物都有自己对应的航空主运单。

2. 航空分运单

航空分运单（house air waybill，简称 HAWB）是指集中托运人在办理集中托运业务时签发的航空运单。在集中托运的情况下，除了航空运输公司签发主运单外，集中托运人还要签发航空分运单。

航空分运单作为集中托运人与托运人之间的货物运输合同，合同双方分别为货主和集中托运人；而航空主运单作为航空运输公司与集中托运人之间的货物运输合同，当事人则为集中托运人和航空运输公司。货主与航空运输公司没有直接的契约关系。

不仅如此，由于在启运地货物由集中托运人将货物交付航空运输公司，在目的地由集中托运人或其代理人从航空运输公司处提取货物，再转交给收货人，因而货主与航空运输公司也没有直接的货物交接关系。

知识链接

国际航空运输协会（IATA）

　　国际航空运输协会（International Air Transport Association，IATA）是一个由世界各国航空公司所组成的大型国际组织，其前身是 1919 年在海牙成立并在第二次世界大战时解体的国际航空业务协会，总部设在加拿大的蒙特利尔，执行机构设在日内瓦。与制定航行规则确保航空安全的国际民航组织相比，它更像是一个由承运人（航空公司）组成的国际协调组织，管理在民航运输中出现的诸如票价、危险品运输等问题。

　　IATA 从组织形式上是一个航空企业的行业联盟，属非官方性质的组织，但是由于世界上大多数国家的航空公司是国家所有，即使非国有的航空公司也受到所属国政府的强力干预或控制，因此 IATA 实际上是一个半官方组织。它制定运价的活动，也必须在各国政府授权下进行，它的清算所对全世界联运票价的结算是一项有助于世界空运发展的公益事业，因而 IATA 发挥着通过航空运输企业来协调和沟通政府间政策、解决实际运作困难的重要作用。

　　该协会的基本职能包括：国际航空运输规则的统一、业务代理、空运企业间的财务结算、技术上合作、参与机场活动、协调国际航空客货运价、航空法律工作、帮助发展中国家航空公司培训高级和专门人员。

　　不同的航空公司有自己独特的航空运单格式。但各航空公司所使用的航空运单则大多借鉴 IATA 所推荐的标准格式，差别并不大。

五、航空运单的主要内容及填制方法

　　航空运单（见单证 7-9）要求使用英文打字机或计算机，用英文大写字母打印，各栏内容必须准确、清楚、齐全，不得随意涂改。航空运单已填内容在运输过程中需要修改时，必须在修改项目的近处盖章注明修改航空运单的空运企业名称、地址和日期。修改航空运单时，应将所有剩余的各联一同修改。

1. 左上角票证注册代号

　　航空运单左上角印制或者电脑打制承运人的票证注册代号。

　　依次填写始发站机场的 IATA 三字代码，由承运人填写。如果没有机场的 IATA 三字代码，可以填写机场所在城市的 IATA 三字代码。例如，"781" 是中国东方航空公司的代码，"999" 是中国国际航空公司的代码。

　　扫一扫下面的二维码，查询航空公司和机场的 IATA 代码

2. 右上、下角货运单号码

货运单号码由 8 位数字组成，前 7 位为顺序号，第 8 位为检查号。

3. 托运人姓名和地址（Shipper's Name and Address）

填写托运人的全名，地址填写国家名称、城市名称、街道名称、门牌号码、邮政编码和电话号码。收货人的姓名要与其有效身份证件相符，地址要详细，邮政编码和电话号码要清楚、准确。

4. 托运人账号（Shipper's Account Number）

根据承运人的需要，填写托运人账号。

5. 收货人姓名及地址（Consignee's Name and Address）

填写收货人的全名，地址填写国家名称、城市、街道名称、门牌号码、邮政编码和电话号码。收货人的姓名要与其有效身份证件相符，地址要详细，邮政编码和电话号码要清楚、准确。因货运单不能转让，此栏内不可填写"TO ORDER"字样。

单证 7 - 9　航空运单

999			999—		
Shipper's Name and Address	Shipper's Account Number	Not Negotiable **Air Waybill** Issued by　中国国际航空公司 **AIR CHINA** BEIJING CHINA			
		Copies 1, 2 and 3 of this Air Waybill are originals and have the same validity.			
Consignee's Name and Address	Consignee's Account Number	It is agreed that the goods described herein are accepted for carriage in apparent good order. And condition (except as noted) and SUBJECT TO THE CONDITIONS OF CONTRACT ON THE REVERSE HEREOF. THE SHIPPER'S ATTENTIONIS DRAWN TO THE NOTICE CONCERNING CARRIER'S LIMITATION OF LIABIL-ITY. Shipper may increase such limitation of liability by declaring a higher value for carriage and paying a supplemental charge if required.			
Issuing Carrier's Agent Name and City		Accounting Information			
Agent's IATA Code	Account No.				
Airport of Departure (Addr. of First Carrier) and Requested Routing					

To	By First Carrier Routing and Destination	To	By	To	By	Currency	CHGS Code	WT/VAL		Other		Declared Value for Carriage	Declared Value for Customs
								PPD	COLL	PPD	COLL		
Airport of Destination	Flight/Date for Carrier Use Only					Amount of Insurance				INSURANCE—If Carrier offers insurance, and such insurance is requested in accordance with the conditions thereof, indicate amount to be insured in figures in box marked "Amount of Insurance".			

续表

Handling Information									SCI
(For USA only) These commodities licensed by U. S. for ultimate destination... Diversion contrary to U. S. law is prohibited									

No. of Pieces RCP	Gross Weight	Kg/Lb	Rate Class / Commodity Item No.	Chargeable Weight	Rate / Charge	Total	Nature and Quantity of Goods (incl. Dimensions or Volume)

Prepaid	Weight Charge	Collect	Other Charges
	Valuation Charge		
	Tax		
	Total Other Charges Due Agent		Shipper certifies that the particulars on the face hereof are correct and that insofar as any part of the consignment contains dangerous goods，such part is properly described by name and is in proper condition for carriage by air according to the applicable Dangerous Goods Regulations.
	Total Other Charges Due Carrier		
			Signature of Shipper or his Agent
Total Prepaid	Total Collect		Carrier certifies that the goods described hereon are accepted for carriage subject to the condition of contract on the reverse hereof. The goods then being in apparent good order and condition except as noted hereon.
Currency Conversion Rates	CC Charges in Dest. Currency		
			Executed on（date）at（place）Signature of Issuing Carrier or its Agent
For Carrier's Use only at Destination	Charges at Destination	Total Collect Charges	999—

6. 收货人账号（Consignee's Account Number）

根据承运人的需要，填写收货人账号。

7. 代理人名称和城市（Issuing Carrier's Agent Name and City）

填写制单代理人的名称及其所在的城市，应清楚、详细。

8. 代理人的 IATA 代号（Agent's IATA Code）

在 NON-CASS 系统区，必须填写 IATA 7 位数字的代号；

在 CASS 系统区，必须填写 IATA 7 位数字的代号，后面是 3 位数字的地址代码及检查号。①

———————————

① CASS，Cargo Accounts Settlement System 的缩写，指货物财务结算系统。

一些航空公司为便于内部系统管理，要求其代理人在此处填制相应的代码。

9. 代理人账号（Account No.）

根据承运人的需要，填写代理人账号。

10. 始发站机场和指定航线（Airport of Departure and Requested Routing）

填写货物始发站机场的名称和所要求的运输路线。始发站机场应填写英文全称，不得简写或使用代码。

11. 结算注意事项（Accounting Information）

填写与结算有关的注意事项。

（1）以现金或者支票支付货物运费，应予注明。

（2）以旅费证支付货物运费，仅限于作为货物运输的行李，填写旅费证的号码及应支付的金额，填写"客票及行李票"号码、航班、日期等。

（3）以政府提单支付货物运费，填写政府提单的号码。

（4）因无法交付而退回始发站的货物，在新的货运单的此栏内填写原货单号码。

12. 至（To）

填写目的站或者第一中转站机场的 IATA 三字代码。

13. 第一承运人（By First Carrier Routing and Destionation）

填写第一承运人的全称或者 IATA 两字代码。

14. 至（To）

填写目的站或者第二中转站机场的 IATA 三字代码。

15. 第二承运人（By）

填写第二承运人的全称或者 IATA 两字代码。

16. 至（To）

填写目的站或者第三中转站机场的 IATA 三字代码。

17. 第三承运人（By）

填写第三承运人的全称或者 IATA 两字代码。

18. 币种（Currency）

填写始发站所在国家货币的三字代码（由国际标准化组织，即 ISO 规定）。

19. 费用代码（CHGS Code）

填写货物运费的支付方式：

（1）CA——partial collect credit，partial prepaid cash（部分到付信用卡、部分预付现金）。

（2）CB——partial collect credit，partial prepaid credit（部分到付信用卡、部分预付信用卡）。

（3）CC——all charges collect（全部货物运费到付）。

（4）CG——all charges collect by GBL（全部货物运费到付政府提单）。

（5）CP——destination collect cash（目的站到付现金）。

（6）CX——destination collect credit（目的站到付信用卡）。

（7）NC——no charge（免费）。

（8）PC——partial prepaid cash，partial collect cash（部分预付现金、部分到付现金）。

（9）PD——partial prepaid credit，partial collect cash（部分预付信用卡、部分到付现金）。

（10）PG——all charges prepaid by GBL（全部货物运费预付政府提单）。

（11）PP——all charges prepaid by cash（全部货物运费预付现金）。

（12）PX——all charges prepaid by credit（全部货物运费预付信用卡）。

20. 航空运费/声明价值附加费的付款方式（WT/VAL）

在航空运单的左下方，"Weight Charge"（航空运费）和"Valuation Charge"（声明价值附加费）必须同时全部预付或者到付，并在相应的栏目"PPD"（prepaid，预付）、"COLL"（collect，到付）内填写"×"。

21. 其他费用的付款方式（Other）

在航空运单的左下方，"Total Other Charges Due Agent"（代理人收取的其他费用）和"Total Other Charges Due Carrier"（承运人收取的其他费用）必须同时全部预付或者到付，并在相应的栏目"PPD""COLL"内填写"×"。

22. 运输声明价值（Declared Value for Carriage）

填写托运人向承运人办理货物托运时声明的货物价值，一般按发票的总额填写。托运人未声明价值，必须填写"NVD"（no value declaration）字样。

23. 海关声明价值（Declared Value for Customs）

填写托运人向海关申报的货物价值。托运人未办理此声明价值，必须填写"NCV"（no customs valuation）字样。

24. 目的站机场（Airport of Destination）

填写货物目的站机场的名称，应填写英文全称，不得简写或使用代码。如有必要，填写该机场所属国家、州的名称或城市的全称。

25. 航班/日期（仅供承运人使用）（Flight/Date for Carrier's Use Only）

填写托运人已经定妥的航班/日期；填写托运人已经定妥的续程的航班/日期。

26. 保险金额（Amount of Insurance）

如果承运人向托运人提供代办货物保险业务，此栏打印托运人货物投保的金额。如果承运人不提供此项服务或托运人不要求投保，此栏内必须打印"×××"符号。如果中国民航不代理国际货物的保险业务，此栏填写"NIL"或者"×××"等字样。

27. 储运事项（Handling Information）

填写货物在仓储和运输过程中所需要注意的事项。

（1）对于危险物品，填写"详见随附货运单的危险物品申报单"或者"危险物品——但不需要危险物品申报单"或者"仅限货机"等。

（2）对于危险物品中包含有非危险物品，应分别列明，危险物品必须列在第一项，此类货物不要求托运人附危险物品申报单，而危险物品不是放射性物质且数量有限。

（3）填写货物标志、号码以及货物包装方式等。

（4）填写除地址栏以外的其他在目的站的被通知人的名称、地址以及联系方式等。

（5）填写随附货运单的文件的名称，如托运人的动物证明书、装箱单、发票等。

（6）填写需要作特殊说明的其他情况。

但必须注意，这些事项应不能超过承运人的仓储、运输能力。

28. 海关信息（SCI）

填写海关信息，仅在欧盟国家之间运输货物时使用。

29. 件数/运价点（No. of Pieces，RCP）

填写货物的总包装件数。RCP（rate combination point）即运价组合点，如果所使用的货物运价种类不同，应分别填写。如果货物运价系分段相加运价，将运价组合点的 IATA 三字代码填写在件数下面。

在此栏下面，填写各组货物的件数之和。

30. 毛重（Gross Weight）

与件数相对应，填写货物的毛重，如果分别填写，将总毛重填写在此处栏内。

在此栏下面，填写各组货物毛重之和。

31. 毛重的计量单位（Kg/Lb）

填写货物毛重的计量单位，"Kg"或者"Lb"分别表示"千克"或者"磅"。

32. 运价等级（Rate Class）

填写所采用的货物运价等级代号。

（1）M——minimum charge（最低运费），即货物的启运运价。

（2）N——normal rate under 45 kgs（45千克以下运价），即45千克以下普通货物的运价。

（3）Q——quantity rate over 45 kgs（45千克以上运价），即45千克以上普通货物的运价。45千克被称为重量分界点。

（4）C——specific commodity rate（特种货物运价）。

（5）R——class rate reduction（折扣运价），即对少数货物，可按"N"运价给予一定百分比的折扣。

（6）S——class rate surcharge（加价运价），即对少数货物，可按"N"运价加一定的百分比。

（7）U——unit load device basic charge or rate（集装化设备基础运费或运价）。

（8）E——unit load device additional rate（集装化设备附加运价）。

（9）X——unit load device additional information（集装化设备附加说明）。

（10）Y——unit load device discount（集装化设备折扣）。

33. 商品编号（Commodity Item No.）

应根据下列情况分别填写。

（1）使用指定商品运价时，填写指定商品编号。

（2）使用等级货物运价时，填写所适用的普通货物运价的编号及百分比数。如填写

"R"（表示附减等级运价），"S"（表示附加等级运价）。

（3）托运的货物是集装货物时，填写集装货物运价等级。

34. 计费重量（Chargeable Weight）

填写托运货物的实际毛重，如属于"M"运价等级和以尺码计费者，则此栏空白不填。

如果托运货物是集装货物，则

（1）与运价等级代号"U"对应打印适合集装货物基本运费的运价点重量。

（2）与运价等级代号"E"对应打印超过使用基本运费的重量。

（3）与运价等级代号"X"对应打印集装器空重。

35. 运价/运费（Rate/Charge）

填写所适用的货物运价。对折扣运价或加价运价，此栏与运价等级对应填写附加或附减后的运价。

36. 运费总额（Total）

填写根据货物运价和货物计费重量计算出的运费总额。如果是最低运费或集装货物基本运费，本栏与"运价/运费"填写的金额相同。

在此栏下面，填写各组货物运费之和。

扫一扫下面的二维码，了解航空运费

37. 货物品名及数量（包括体积或容积）[Nature and Quantity of Goods（incl. Dimensions or Volume）]

（1）填写货物的具体名称及数量。货物品名不得填写表示货物类别的统称，如：不能填写电器、仪器、仪表等；鲜活易腐物品、活体动物等不能作为货物品名。托运人托运危险物品应填写其标准学术名称。作为货物运输的行李应填写其内容和数量，或随附装箱清单。

（2）填写每件货物的外包装体积，单位分别用厘米和立方米表示，货物体积按其外包装的长×宽×高的顺序填写。

（3）根据承运人的要求，填写有关服务代号。

38. 航空运费（Weight Charge）

填写按重量计算的运费总额，可以预付或者到付。其运费额与上面的"Total"（运费总额）中的金额一致。

39. 声明价值附加费（Valuation Charge）

填写托运人对托运货物的声明价值，可以预付或者到付。

若托运人无声明价值，本栏一般空白不填。

40. 税款（Tax）

填写按规定收取的税款额，可以预付或者到付。但是，必须同时全部预付或者同时全部到付。

41. 由代理人收取的其他费用（Total Other Charges Due Agent）

填写由代理人收取的其他费用总额，可以预付或者到付。

42. 由承运人收取的其他费用（Total Other Charges Due Carrier）

填写由承运人收取的其他费用总额，可以预付或者到付。

43. 预付费用总额（Total Prepaid）

第 38、39、40、41、42 等栏有关预付费用之和，也可在相应栏内填"AS AR-RANGED"。

44. 到付费用总额（Total Collect）

第 38、39、40、41、42 等栏有关到付费用之和，也可在相应栏内填"AS AR-RANGED"。

45. 其他费用（Other Charges）

填写其他费用的项目名称和金额。在始发站发生的其他费用，应全部预付或者到付；也可以填写在运输过程中或目的站发生的其他费用，应全部预付或者到付；未在此栏内列明的其他费用，其他费用可以用下列代号表示。

AC——animal container（动物容器费）

AS——assembly service fee（集装服务费）

AT——attendant（押运员服务费）

AW——air waybill fee（货运单费）

BR——bank release（银行放单）

DB——disbursement fee（代垫付款手续费）

DF——distribution service（分发服务费）

FC——charges collect fee（货物运费到付手续费）

GT——government tax（政府税）

IN——insurance premium（代办保险手续费）

LA——live animals（活体动物处理费）

MA——miscellaneous due agent（代理人收取的杂项费）

MZ—— miscellaneous due carrier（承运人收取的杂项费）

PK——packaging（货物包装费）

PA——dangerous goods surcharge（危险物品处理费）

SD——surface charge destination（目的站地面运输费）

SO——storage origin（始发站仓储费）

SR——storage destination（目的站仓储费）

SU——surface charge（地面运输费）

TR——transit（过境费）

TX——taxes（税款）

UH——ULD handling（集装设备处理费）

在相应的其他费用代号后加 "C" 表示该项费用由承运人收取，加 "A" 表示该项费用由代理人收取。如无其他费用，本栏空白不填。

46. 托运人或其代理人签字、盖章（Signature of Shipper or his Agent）

由托运人或其代理人签字、盖章。

47. 签发运单日期〔Executed on（date）〕

填写货运单的签发日期。UCP600 第 23 条 c 款规定，空运单据必须表明出具日期。该日期将被视为发运日期，除非空运单据载有专门批注注明实际发运日期，此时批注中的日期将被视为发运日期。空运单据中的其他与航班号和航班日期有关的信息将不被用来确定发运日期。

48. 签发运单地点〔at（place）〕

填写货运单的签发地点。

49. 制单承运人或其代理人签字、盖章（Signature of Issuing Carrier or its Agent）

由填制货运的承运人或其代理人签字、盖章。UCP600 第 23 条 a 款规定，空运单据必须在表面上看来注明承运人名称并由下列当事人签署。

（1）承运人或承运人的具名代理人或代表。

（2）承运人或代理人的任何签字必须能被识别为是承运人或代理人的签字。

（3）代理人的签字必须显示其是否作为承运人的代理人或代表签署。

50. 仅限在目的站由承运人填写（For Carrier's Use only at Destination）

（1）汇率（Currency Conversion Rates）。

填入目的站国家货币代号及兑换比率。

（2）目的站国家货物货币付费（CC Charge in Dest. Currency）。

将 "Total Collect"（到付费用总额）按照汇率折算成目的站国家货币的金额。

（3）在目的站的费用（Charges at Destination）。

填写最后承运人在目的站发生的费用总额。

（4）到付费用总额（Total Collect Charges）。

填写到付费用总额，包括 "CC Charge in Dest. Currency"（目的站国家货币付费）和 "Charges at Destination"（在目的站的费用）之和。

国际货物运输是外贸合同履行中的重要环节，涉及能否按照合同要求交货和安全结汇。

国际货物运输方式主要以海运为主。海运业务涉及的单证包括托运单、装货单、收货单、装货清单、提货单、海运提单等。

本章着重介绍了海运提单及航空运单的主要内容和缮制规范。

本章小结

复习与思考

一、单项选择题

1. 航空运单（   ）。

A. 代表物权，经背书可转让   B. 代表物权，但不能转让

C. 不代表物权，不能凭以向承运人提货   D. 不代表物权，但可以作为提货凭证

2. H公司以海运、CIF贸易术语进口一批货物，采用班轮运输，国外卖方提交的海运提单上有关"运费支付"一项应写成（   ）。

A. freight prepaid   B. freight as arranged

C. freight collect   D. freight payable at destination

3. 下面四份海运提单，根据收货人的不同，（   ）需托运人背书。

A. to order   B. to ABC Co.，Ltd.

C. to order of ABC Co.，Ltd.   D. to order of ABC Bank

二、多项选择题

1. 班轮提单的作用是（   ）。

A. 物权凭证   B. 承运人签发给托运人的货物收据

C. 承运人与托运人之间运输契约的证明   D. 出口人纳税的依据

2. 指示性提单的收货人一栏中可以做成（   ）。

A. to ABC Co. only   B. to order

C. to order of issuing bank   D. to order of shipper

三、判断题

1. 空白抬头提单是指提单"收货人"一栏不填写任何内容的提单，谁持有该提单谁就有权提货。（   ）

2. 货物装船后，托运人凭装货单（S/O）向承运人或者其代理人换取提单（B/L）。（   ）

3. 航空运单的抬头，可以做成"to order"（凭指示）或"to order of ABC"（凭某人指示）的抬头。（   ）

四、案例分析题

1. 某年，我国甲公司与新加坡A公司以FOB签订一笔出口2 000公吨散装货物合同。8月10日，甲公司收到经A公司申请开来的信用证。信用证要求，甲公司先装运1 000公吨货物，并在该批货物提单的托运人栏内填写A公司的名称。8月21日，甲公司将1 000公吨货物交给某外轮公司承运，并请求该外轮公司在提单托运人栏内填写A公司名称，收货人为"to order"。甲公司装船后取得清洁提单，背书后到银行办理结汇。但银行在其背书上打了"×"，将提单退回甲公司。这意味着甲公司无法通过银行收取货款。后又得知，当货物抵达目的港新加坡后，承运人按照提单托运人A公司的声明，在没有正本提单的情况下，将货物直接交给了收货人。于是，甲公司持正本提单以无正本提单放货为由，要求承运的某外轮公司承担赔偿责任。但该外轮公司认为，甲公司虽然持有正本提单，但该提单为指示性提单，其托运人为A公司，而非甲公司，

提单未经托运人 A 公司背书，甲公司不能证明其具有合法当事人的地位，因而甲公司与该外轮公司不存在合同关系。因此，甲公司不能向该外轮公司主张权利。问：甲公司的教训是什么？为什么？

2. 我国某企业出口货物一批，签订 CIF 合同，即期信用证支付。货物装运后，出口企业在向轮船公司支付全额运费后取得了由船公司签发的已装船清洁提单。但制单人员在提单上漏打了"freight prepaid"（运费已付）的字样。当时正遇该货物市场价格下跌，开证行根据开证申请人的意见，以所交单据与信用证不符为由拒付货款。开证行拒付是否有道理？

五、简答题

1. 简述海运提单的性质和作用。

2. 简述海运出口货物托运流程。

3. 信用证结算方式中常见的海运提单"收货人"栏目的制作方法主要有几种？

4. 简述航空运单的含义及其作用。

六、单证操作题

1. 根据已知资料缮制海运提单。

相关资料：

注意本批货物共 600 套（SET），装于 150 个纸箱（CTN），放在 15 个托盘（PALLETS）内，每套内有 3 个（3PCS IN ONE SET），每箱毛重 28KGS，体积 $0.04M^3$，发货港：XINGANG, TIANJIN；目的港：BREMEN；B/L NO.：123；船名：PAUL RICKMERS；航程：V.458；提单日期：2023 年 8 月 1 日。信用证内容如下：

DRESENER BANK，BREMEN BRANCH

DATE：4 JULY, 2023

CREDIT NO.：TS－36376

EXPIRY：31ST AUG.，2023

APPLICANT：　SCHLITER CO. BREMEN.

　　　　　　　3601 AW. HERO ROAD，BREMEN，GERMANY

BENEFICIARY：HANJIN ARTS AND CRAFTS I/E CORP. TIANJIN，CHINA

ADVISING BANK：BANK OF CHINA，TIANJIN，CHINA

AMOUNT：EUR 6 600.00（SAY EUROS SIX THOUSAND SIX HUNDRED ONLY）

DEARS SIRS，

　　WE OPEN THIS IRREVOCABLE DOCUMENTS CREDIT AVAILABLE AGAINST THE FOLLOWING DOCUMENTS：

　　　　　　　　……………

　　FULL SET OF CLEAN ON BOARD BILL OF LADING MADE OUT TO ORDER AND BLANK ENDORSED MARKED "FREIGHT PREPAID"，NOTIFY OPENER.

　　SHIPMENT FROM TIANJIN TO BREMEN LATEST ON AUG. 25，2023

　　COVERING：

600 SETS（3 PCS OF EACH）"WILLON PRODUCTS" ART NO. TSSR-16 @ EUR11 PER SET，CIF BREMEN

PARTIAL AND TRANSSHIPMENT ARE NOT ALLOWED

SHIPPING MARK：　　　S

　　　　　　　　BREMEN

　　　　　　　　NO. 1-UP

空白的海运提单：

Shipper	B/L No. 123
	PIL
	PACIFIC INTERNATION LINES（PTE）LTD.
	（Incorporated in Singapore）
	COMBINED TRANSPORT BILL OF LADING
Consignee	Received in apparent good order and condition except as otherwise noted the total number of container or other packages or units enumerated below for transportation from the place of receipt to the place of delivery subject to the terms hereof. One of the signed Bills of Lading must be surrendered duly endorsed in exchange for the Goods or delivery order. On presentation of this document（duly）Endorsed to the Carrier by or on behalf of the Holder，the rights and liabilities arising in accordance with the terms hereof shall（without prejudice to any rule of common law or statute rendering them binding on the Merchant）become binding in all respects between the Carrier and the Holder as though the contract evidenced hereby had been made between them.
Notify Party	
	SEE TERMS ON ORIGINAL B/L

Vessel and Voyage Number	Port of Loading	Port of Discharge
Place of Receipt	Place of Delivery	Number of Original B（s）/L 3

PARTICULARS AS DECLARED BY SHIPPER-CARRIER NOT RESPONSIBLE

Container/Seal No. Marks & No.	No. of Container/Packages/ Description of Goods	Gross Weight （Kilos）	Measurement （Cu-metres）

Freight & Charges	Total Number of Containers/Packages（in words）
	Shipped on Board Date
	Place and Date of Issue
	In Witness whereof this number of Original Bills of Lading stated above all of the tenor and date one of which being accomplished the others to stand void.
	CHENGANG
	for **PACIFIC INTERNATIONAL LINES（PTE）LTD.** as Carrier

2. 根据下面的相关信用证资料指出并改正下列海运提单中错误的地方。

相关资料：

L/C NO.：894010151719

PLACE AND DATE OF ISSUE：HONG KONG MAR. 04，2023

APPLICANT：　BERNARD & COMPANY LIMITED

　　　　　　　UNIT 1001-3 10/F YUE XIU BLDG

　　　　　　　160-174 LOCKHART ROAD

　　　　　　　WANCHAI HONG KONG

BENEFICIARY：NANJING CANTI IMPORT AND EXPORT CORP.

　　　　　　　120 MX STREET，NANJING，CHINA

SHIPMENT：　FROM SHANGHAI，CHINA TO SYDNEY，AUSTRALIA

　　　　　　　BEFORE APR. 04，2023

TRANSSHIPMENT：ALLOWED

PARTIAL SHIPMENT：NOT ALLOWED

DOCUMENTS REQUIRED：

　—FULL SET OF CLEAN ON BOARD FREIGHT COLLECT OCEAN BILL OF LADING，MADE OUT TO ORDER OF SHIPPER AND BLANK ENDORSED，MARKED "NOTIFY ID COM CO.，79‐81 WALES RD，NSW，AUSTRALIA" AND THE L/C NO.

　—INVOICE IN TRIPLICATE

　—PACKING LIST IN TRIPLICATE

DESCRIPTION OF GOODS：LUGGAGE SET OF 8 PCS

存在错误的海运提单：

SHIPPER **NANJING CANTI IMPORT AND EXPORT LTD.** **120 MX STREET，NANJING，CHINA**		B/L NO.	
CONSIGNEE **TO ORDER**		**COSCO**	
NOTIFY **BERNARD & COMPANY LIMITED** **UNIT 1001‐3 10/F YUE XIU BLDG，** **160‐174 LOCKHART ROAD** **WANCHAI HONG KONG**		***OCEAN BILL OF LADING***	
PRE CARRIAGE BY	PORT OF LOADING **SHANGHAI，CHINA**	PORT OF RECEIPT **SHANGHAI，CHINA**	
OCEAN VESSEL/VOYAGE NO. **BERLIN EXPRESS V. 06W01**	PORT OF DISCHARGE **SYDNEY，AUSTRIA**	PLACE OF DELIVERY **SYDNEY，AUSTRIA**	

续表

MKS & NOS. CONTAINER NO. SEAL NUMBER	NOS. AND KIND OF PKGS	DESCRIPTION OF GOODS	GROSS WEIGHT	MEASUREMENT
ID COM PART OF 1×40' GP MLCU4578618/C423776 FREIGHT PREPAID	**372CNTS**	**SAID TO CONTAIN: LUGGAGE SET OF 5 PCS**	**8484. 00KGS**	**47. 768CBM**

TOTAL NO. OF CONTAINERS
OR PACKAGES (IN WORDS): **SAY THREE HUNDRED AND SEVENTY CARTONS ONLY**

	NO. OF ORIGINAL B/Ls **THREE** （3）	FREIGHT PAYBALE AT **DESTINATION**
OVERSEA OFFICE OR DESTINA-TION PORT AGENT	ON BOARD DATE **2022 - 04 - 08**	PLACE & DATE OF ISSUE **SHANGHAI， 2023 - 04 - 08**
	SIGNED BY AS AGENT FOR THE CARRIER	

第八章

报关报检单证

／教学目标／

了解报关的含义，检验证书的种类及作用；熟悉进出口货物报关的基本操作程序；掌握进出口报关单的填制规范。

／关键词／

报关　报关程序　进出口货物报关单　检验

／导入案例／

案情介绍： 外贸公司委托天津××报关有限公司代理进口通关，在天津新港海运进口 ABS 树脂，720 包，毛重 36 000 千克。在向海关申报后，海关需要对该批货物进行开箱查验，查验方式及内容为机检并称重。海关查验并称重后发现该批货物的实际毛重为 38 000 千克，与实际申报不符。外贸公司表示发货人有可能在发货时未准确称重，同意海关的查验结果。

分析及结论： 报关公司在向海关申报前，需要确认单单相符，即报关单的毛重 36 000 千克与报关单证中的装箱单、提单全部相符，报关单的填报从单证审核角度来说没有错误。海关验货后称重，发现实际货物重量为 38 000 千克，与申报的报关单证不符，在确认实际申报的重量确实有误后，收货人或其代理人需要向海关说明重量申报错误的原因并提供准确单证，在海关认可后才可以办理报关单的修改手续。毛重为运输舱单重要的数据之一，需先更正进口运输舱单，再办理报关单数据的修改手续。修改毛重时，应同时考虑净重是否存在申报错误的风险，需要向收货人或其代理人进一步确认。

第一节　办理进出口货物报关报检

一、报关的概念

党的十九届三中全会审议通过了《中共中央关于深化党和国家机构改革的决定》和《深化党和国家机构改革方案》，十三届全国人大一次会议审议通过了《国务院机构改革方案》，明确"将国家质量监督检验检疫总局的出入境检验检疫管理职责和队伍划入海关总署"。《中华人民共和国进出口商品检验法实施条例（2019 年修订）》第 2 条规定：海关总署主管全国进出口商品检验工作。海关总署设在省、自治区、直辖市以及进出口商品的口岸、集散地的出入境检验检疫机构，管理所负责地区的进出口商品检验工作。

海关进出口货物整合申报自 2018 年 8 月 1 日起实施，是关检深度融合的标志性改革举措，改变了企业原有报关报检流程和作业模式。报关报检合并为一张报关单、一个申报界面、一套随附单证及一组参数，外贸企业只要填报一张报关单就同时完成了报关报检申报。

《中华人民共和国海关法》（以下简称《海关法》）第 8 条规定："进出境运输工具、货物、物品，必须通过设立海关的地点进境或者出境。"一般而言，报关是指进出口货物收发货人、进出境运输工具负责人、进出境物品的所有人或者他们的代理人向海关办理货物、物品或运输工具进出境手续及相关海关事务的过程。

二、报关的基本内容

按照法律规定，所有进出境运输工具、货物、物品都需要办理报关手续。报关的具体范围如下：

1. 进出境运输工具

主要包括用以载运人员、货物、物品进出境，并在国家间运营的各种境内境外船舶、车辆、航空器和驮畜等。

2. 进出境货物

主要包括一般进出口货物，保税货物，暂准进出境货物，特定减免税货物，过、转运和通运货物及其他进出境货物。

另外，一些特殊形态的货物，如以货品为载体的软件等也属报关的范围。

3. 进出境物品

主要包括进出境的行李物品、邮递物品和其他物品。以进出境人员携带、托运等方式进出境的物品为行李物品；以邮递方式进出境的物品为邮递物品；其他物品主要包括享有外交特权和豁免的外国机构或者人员的公务用品或自用物品等。

知识链接

关检融合"整合申报项目"介绍

按照海关总署的统一部署，从 2018 年 8 月 1 日起，海关进出口货物实行整合申报，报关单、报检单合并为一张报关单。此次整合申报项目是关检业务融合的标志性改革举措，将改变企业原有报关流程和作业模式，实现报关报检"一张大表"货物申报。

以下是有关该项目的进一步介绍。

1. 项目主要内容

整合申报项目主要是对海关原报关单申报项目和检验检疫原报检单申报项目进行梳理，报关报检面向企业端整合形成"四个一"，即"一张报关单、一套随附单证、一组参数代码、一个申报系统"。同步编写并对外发布《进出口货物报关单填制规范》（2018 年第 60 号）、《进出口货物报关单和进出境货物备案清单格式》（2018 年第 61 号）、《进出口货物报关单申报电子报文格式》（2018 年第 67 号）等公告。

（1）整合原报关、报检申报数据项。

在前期征求各部委、报关协会、部分报关企业意见的基础上，按照"依法依规、去繁就简"的原则，对海关原报关单和检验检疫原报检单申报项目进行梳理整合，通过合并共有项、删除极少使用项，将原报关、报检单合计 229 个货物申报数据项精简到 105 个，大幅减少企业申报项目。

（2）原报关单、报检单整合成为一张报关单。

整合后的新版报关单以原报关单 48 个项目为基础，增加部分原报检单内容形成了具有 56 个项目的新报关单打印格式。此次整合对进口、出口货物报关单和进境、出境货物备案清单布局结构进行了优化，版式由竖版改为横版，与国际推荐的报关单样式更加接近，纸质单证全部采用普通打印方式，取消套打，不再印制空白格式单证。修改后的进口、出口货物报关单和进境、出境货物备案清单格式自 2018 年 8 月 1 日起启用，原报关单、备案清单同时废止，原入境、出境货物报检单同时停止使用。

（3）原报关、报检单据单证整合为一套随附单证。

整合简化申报随附单证，对企业原报关、报检所需随附单证进行梳理，整理随附单证类别代码及申报要求，整合原报关、报检重复提交的随附单据和相关单证，形成统一的随附单证申报规范。

（4）原报关、报检参数整合为一组参数代码。

对原报关、报检项目涉及的参数代码进行梳理，参照国际标准，实现现有参数代码的标准化。梳理整合后，统一了 8 个原报关、报检共有项的代码，包括国别（地区）代码、港口代码、币制代码、运输方式代码、监管方式代码、计量单位代码、包装种类代码、集装箱规格代码等。具体参数代码详见：海关总署门户网站→在线服务→通关参数→关检融合部分通关参数查询及下载。

（5）原报关、报检申报系统整合为一个申报系统。

在申报项目整合的基础上，对原报关、报检的申报系统进行整合，形成一个统一的申报系统。用户由"互联网＋海关"国际贸易"单一窗口"接入。新系统按照整合申报内容对原有报关、报检的申报数据项、参数、随附单据等都进行了调整。

2. 整合原则

海关总署按照在全国通关一体化框架下实现关检业务全面融合的要求，遵循全面融合与平稳过渡相结合、强化监管与简化手续相结合、维护安全与促进便利相结合、防范风险与提升获得感相结合的原则，在企业申报环节以流程整合优化为主线，以信息系统一体化为支撑，以便利企业为目的进一步精简申报项目，参照国际标准，尊重惯例，实现单证统一、代码规范、申报系统整合。

三、报关程序

根据《海关法》的规定，进出口货物，除另有规定外，可以由进出口货物收发货人自行办理报关纳税手续，也可以由进出口货物收发货人委托海关准予注册登记的报关企业办理报关纳税手续。可以向海关办理报关注册登记的单位有两类：一是进出口货物收发货人，主要包括依法向国务院对外贸易主管部门或者其委托的机构办理备案登记的对外贸易经营者等；二是报关企业，主要包括报关行、国际货物运输公司等。

（一）报关程序的概念

报关程序是指进出口货物收发货人、运输工具负责人、物品所有人或其代理人按照海关的规定，办理货物、物品、运输工具进出境及相关海关事务的手续和步骤。本节所指的报关程序主要限于进出境货物的报关程序。在我国，货物的进出境须经过海关审单、查验、征税、放行四个作业环节。从海关对进出境货物进行监管的全过程来看，报关程序按时间先后可以分为三个阶段：前期阶段、进出境阶段、后续阶段。

（二）报关的基本程序

1. 前期阶段

前期阶段是指根据海关对保税货物、特定减免税货物、暂准进出境货物、其他进出境货物的监管要求，进出口货物收发货人或其代理人在货物进境以前，向海关办理备案手续的过程。

2. 进出境阶段

进出境阶段是指根据海关对进出境货物的监管制度，进出口货物收发货人或其代理人，在一般进出口货物、保税加工货物、保税物流货物、特定减免税货物、暂准进出境货物、其他进出境货物进出境时，向海关办理进出口申报、配合查验、缴纳税费、提取或装运货物手续的过程。在进出境阶段中，进出口货物收发货人或其代理人应当按照步骤完成以下四个环节的工作：进出口申报、配合查验、缴纳税费、提取或装运货物。

（1）进出口申报。

进出口申报是指报关单位在规定的期限、地点，采用电子数据报关单和纸质报关单形式，向海关报告实际进出口货物的情况，并接受海关审核的行为。

　　1）申报地点。

　　进口货物应该在货物的进境地海关申报；出口货物应当在出境地申报。

　　经收发货人申请，海关同意，进口货物可以在设有海关的货物指运地、出口货物可以在设有海关的货物启运地申报。

　　2）申报期限。

　　进口货物应该在自载运的运输工具申报进境之日起 14 天内向海关申报。出口货物应该在货物运抵海关监管区后、装货的 24 小时以前向海关申报。经海关批准准予集中申报的货物，自装载货物的运输工具进境之日起 1 个月内申报。经电缆、管道或其他特殊方式进出境的货物，进出口货物的收发货人或其代理人应当按照海关的规定定期申报。

　　进口货物滞报金应按日计证。计证起始日为运输工具申报进境之日起第 15 日，截止日为海关接受申报之日。

　　滞报金的日征收金额为进口货物完税价格的 0.5‰，不足人民币 1 元的部分免征。滞报金起征点为人民币 50 元。

　　3）申报程序。

　　①准备申报单证（见表 8-1）。单证分为两类：报关单证、随附单证。

表 8-1　申报单证分类

分类		内容
报关单证		进出口货物报关单
		带有进出口货物报关单性质的单或证，如保税区、出口加工区进出境备案清单，ATA 单证册，转关运输申报单，快件报关单等
随附单证	基本单证	货运单据和商业单据，如进口提货单、出口装货单、商业发票、装箱单等
	特殊单证	进出口许可证、特定减免税证明、加工贸易登记手册、原产地证书、担保文件等

　　②申报前看货物样。为了确定货物的品名、规格、型号等原因，或为了避免买卖双方因为信息沟通不畅而造成申报不实，可以向海关提出查看货物或提取货样的书面申请，经海关审核同意后看货取样。

　　③申报。先以电子数据报关单形式向海关申报，后提交纸质报关单。可以选择终端申报方式、EDI 申报方式、网上申报方式等方式进行电子报关。

　　电子报关是指进出口货物收发货人或其代理人通过计算机系统，按照《中华人民共和国海关进出口货物报关单填制规范》有关要求，向海关传送报关单电子数据，并备齐随附单证的申报方式。

　　《海关法》规定："办理进出口货物的海关申报手续，应当采用纸质报关单和电子数据报关单的形式。"

　　在一般情况下，进出口货物收发货人或其代理人先向海关计算机系统发送电子数据报关单，接收到海关计算机系统发送的"接受申报"电子报文后，凭以打印纸质报关单，附必需的其他单证，提交给海关。

　　在某些特殊情况下，进出口货物收发货人或其代理人可以单独使用纸质报关单向海关申报；在特定条件下，进出口货物收发货人或其代理人可以单独使用电子数据报关单向海关申报。

　　电子通关系统包括海关 H883/EDI 通关系统、海关 H2018 通关系统和中国电子口岸系统。

　　H883/EDI 通关系统是中国海关报关自动化系统的简称，是我国海关利用计算机对进出口货物进行全面信息化管理，实现监管、征税、统计三大海关业务一体化管理的综合性信息利用项目。H2018 通关系统是新一代通关系统，该系统梳理整合海关 H2010 和原检验检疫 e-CIQ 的接审单职责功能，统一接审单业务操作系统，实现关检融合统一作业，进一步推进关检业务融合。目前新系统已优化整合报关单处置、税费及保金保函处置、现场验估作业、证件管理、出口申报前监管、通关状态查询服务、理单归档管理、业务及贸易统计、核批管理等 9 个业务模块、33 个子模块、65 项功能，可实现关检综合业务后台统一办理。中国电子口岸系统又称口岸电子执法系统，简称电子口岸，是与进出口贸易管理有关的国家 12 个部委利用现代计算机信息技术，将各部委分别管理的进出口业务信息电子底账数据集中存放在公共数据中心，为政府管理机关提供跨部门、跨行业联网数据核查服务，为企业提供网上办理各种进出口业务服务服务的国家信息系统（见图 8-1 和图 8-2）。

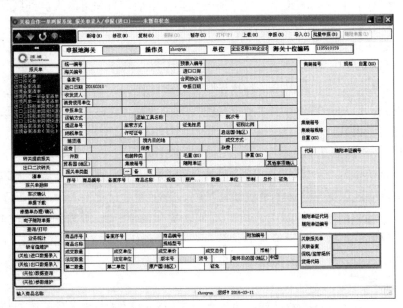

图 8-1　中国电子口岸——进口报关单录入界面

　　④提交报关单及随附单证。

　　海关审结电子数据报关单后，进出口货物的收发货人或其代理人应当自接到海关"现场交单"或"放行交单"通知之日起 10 日内，持打印的纸质报关单，备齐相关单

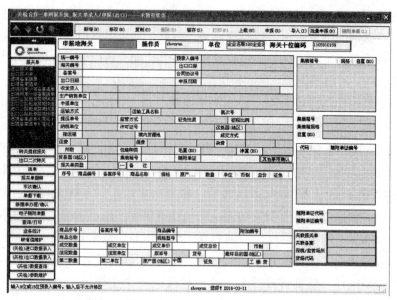

图 8-2　中国电子口岸——出口报关单录入界面

证，到货物所在地海关办理相关海关手续。

（2）配合查验。

1）查验的地点。

查验应当在海关监管区实施，特殊情况经企业申请，海关可派人员到区外查验。

2）查验时间。

一般约定在海关正常工作时间内。

3）径行开验。

径行开验是指海关在进出口货物收发货人或者其代理人不在场的情况下，自行开拆货物进行查验。但是海关在行使"径行开验"的权力时，应该通知货物存放场所的管理人员或其他到场人员。

4）配合查验。

配合查验指海关查验货物时，进出口货物的收发货人或其代理人应该到场，配合海关查验，主要应做以下工作：①负责搬移货物，开拆和重封货物的包装；②了解和熟悉货物申报的情况，回答查验海关人员的提问，提供海关查验所需的单证或其他资料；③协助海关提取需要做进一步检验的货样，收取海关出具的《取样清单》；④查验结束后，认真阅读《海关进出境货物查验记录单》。

（3）缴纳税费。

进出口货物收发货人或其代理人在规定时间内，持缴款书或收费票据向指定银行办理税费交付手续。在试行中国电子口岸网上缴税和付费的海关，进出口货物收发货人或其代理人可以通过电子口岸接收海关发出的税款缴款书和收费票据，在网上向签有协议的银行电子支付税费。

（4）提取或装运货物。

1）海关放行和货物结关。

放行是指货物完成进出口申报、查验和缴费后，对进出口货物做出结束海关进出境现场监管决定，允许货物离开监管现场的工作环节。

结关是指办结海关手续，货物一旦结关，海关就不再进行监管。

对于一般进出口货物，放行等于结关；对于保税货物、特定减免税货物、暂准进出口货物，海关放行不等于结关。

2）进出口货物的发货人或其代理人签收海关加盖放行章的提（装）货凭证，到海关监管仓库办理货物提取（离境）手续。

3）申请签发证明联。

进口付汇证明：适用于需要在银行或国家外汇管理部门办理进口付汇核销的货物；

出口收汇证明：适用于需要在银行或国家外汇管理部门办理出口收汇核销的货物；

出口退税证明：对需要在国家税务机关办理出口退税的货物，报关员应当向海关申请签发出口货物报关单（出口退税证明联）；

进口货物证明：是进口汽车、摩托车等向国家交通管理部门办理牌照的凭据。

3. 后续阶段

后续阶段是指根据海关对保税货物、特定减免税货物、暂准进出境货物、部分其他出境货物的监管要求，进出口货物收发货人或其代理人在货物进出境储存、加工、装配、使用、维修后，在规定的期限内，按照规定的要求，向海关办理上述进出口货物核销、销案、申请解除监管等手续的过程。

第二节 进出口货物报关单

进出口货物的收发货人或其代理人在货物进出口向海关办理进出口手续时，需要填写《进口货物报关单》或《出口货物报关单》，同时提供批准货物进出口的证件和有关的货运、商业票据，以便海关审查货物的进出口是否合法，确定关税的征收或减免事宜，编制海关统计。能否正确填制报关单将直接影响报关率、企业的经济利益和海关监管的各个工作环节。因此，正确填制报关单是海关对报关企业和报关人员的基本要求，也是报关人员必须履行的义务。

一、进出口货物报关单概述

（一）进出口货物报关单的概念

进出口货物报关单是指进出口货物的收发货人或其代理人，按照海关规定的格式对进出口货物的实际情况做出书面申明，以此要求海关对其货物按照适用的海关制度办理通关手续的法律文书。

（二）进出口货物报关单的种类

按照货物的流转状态、贸易性质和海关监管方式的不同，进出口货物报关单可以分为以下几种类型：

（1）按进出口状态划分：①进口货物报关单；②出口货物报关单。

（2）按表现形式划分：①纸质报关单；②电子数据报关单。

（3）按使用性质划分：①进料加工进出口货物报关单（粉红色）；②来料加工及补偿贸易进出口货物报关单（浅绿色）；③一般贸易进出口货物报关单（浅蓝色）。

（4）按用途划分：

①报关单录入凭单：指申报单位按海关规定的格式填写的凭单，用作报关单预录入的依据。

②预录入报关单：指预录入单位录入、打印，由申报单位向海关申报的报关单。

③电子数据报关单：指申报单位通过电子计算机系统，按照《中华人民共和国海关进出口货物报关单填制规范》的要求，向海关申报的电子报文形式的报关单及事后打印、补交备核的纸质报关单。

④报关单证明联：指海关在核实货物实际入、出境后按报关单格式提供的证明，用作企业向税务、银行、外汇管理部门、主管海关和交通部门办结有关手续的证明文件。

（三）进出口货物报关单各联的用途

纸质进口货物报关单一式四联，分别是：海关作业联、企业留存联、海关核销联、进口付汇证明联；纸质出口货物报关单一式五联，分别是：海关作业联、企业留存联、海关核销联、出口收汇证明联、出口退税证明联（见单证 8－1 和单证 8－2）。

1. 进出口货物报关单海关作业联和企业留存联

进出口货物报关单海关作业联和企业留存联是报关员配合海关查验、交纳税费、提取或装运货物的重要单据，也是海关查验货物、征收税费、编制海关统计以及处理其他海关事务的重要凭证。

2. 进出口货物报关单收、付汇证明联

进口货物报关单付汇证明联和出口货物报关单收汇证明联，是海关对已实际进出境的货物所签发的证明文件，是银行和国家外汇管理部门办理售汇、付汇和收汇及核销手续的重要依据之一。

对需要办理进口付汇核销或出口收汇核销的货物，进出口货物的收发货人或其代理人应当在海关放行货物或结关以后，向海关申领进口货物报关单和进口付汇证明联，或出口货物报关单和出口收汇证明联。

3. 进出口货物报关单海关核销联

进出口货物报关单海关核销联是指口岸海关对已实际申报进口或出口的货物所签发的证明文件，是海关办理加工贸易合同核销、结案手续的重要凭证。加工贸易的货物进出口后，申报人应当向海关领取进出口货物报关单海关核销联，并凭以向主管海关办理加工贸易合同核销手续。

4. 出口货物报关单出口退税证明联

出口货物报关单出口退税证明联是海关对已实际出口并已装运离境的货物所签发的证明文件，是国家税务部门办理出口货物退税手续的重要凭证之一。对可办理出口退税的货物，出口货物发货人或其代理人应当在载运货物的运输工具实际离境、海关收到载货清单、办理结关手续后，向海关申领出口货物报关单出口退税证明联。

为深化通关作业无纸化改革，完善货物贸易外汇服务和管理，进一步减少纸质单证流转，优化营商环境，海关总署、国家外汇管理局决定，全面取消报关单收、付汇证明联和办理加工贸易核销的海关核销联。企业办理货物贸易外汇收付和加工贸易核销业务，按规定须提交纸质报关单的，可通过中国电子口岸自行以普通 A4 纸打印报关单并加盖企业公章。

单证 8-1 中华人民共和国海关出口货物报关单

中华人民共和国海关出口货物报关单

预录入编号： 海关编号： 页码/页数：

境内发货人	出境关别	出口日期	申报日期	备案号
境外收货人	运输方式	运输工具名称及航次号	提运单号	
生产销售单位	监管方式	征免性质	许可证号	
合同协议号	贸易国（地区）	运抵国（地区）	指运港	离境口岸

包装种类	件数	毛重（千克）	净重（千克）	成交方式	运费	保费	杂费

随附单证及编号

标记唛码及备注

项号	商品编码	商品名称及规格型号	数量及单位	单价/总价/币制	原产国（地区）	最终目的国（地区）	境内货源地	征免

特殊关系确认： 价格影响确认： 支付特许权使用费确认： 自报自缴：

报关人员 报关人员证号 电话	兹申明以上内容承担如实申报、依法纳税之法律责任	海关批注及签章
申报单位	申报单位（签章）	

单证 8-2　中华人民共和国海关进口货物报关单

中华人民共和国海关进口货物报关单

预录入编号：　　　　　　　　　　海关编号：　　　　　　　　　　页码/页数：

境内收货人	进境关别	进口日期	申报日期	备案号
境外发货人	运输方式	运输工具名称及航次号	提运单号	货物存放地点
消费使用单位	监管方式	征免性质	许可证号	启运港
合同协议号	贸易国（地区）	启运国（地区）	经停港	入境口岸

包装种类	件数	毛重（千克）	净重（千克）	成交方式	运费	保费	杂费

随附单证及编号

标记唛码及备注

项号	商品编码	商品名称及规格型号	数量及单位	单价/总价/币制	原产国（地区）	最终目的国（地区）	境内货源地	征免

特殊关系确认：	价格影响确认：	支付特许权使用费确认：	自报自缴：

报关人员　　报关人员证号　　电话	兹申明以上内容承担如实申报、依法纳税之法律责任	海关批注及签章
申报单位	申报单位（签章）	

二、进出口货物报关单的填制规范

（一）海关对报关单填制的一般要求

进出境货物的收发货人或其代理人向海关申报时，必须填写并向海关递交进出口货物报关单。申报人在填制报关单时，应当依法如实向海关申报，对申报内容的真实性、准确性、完整性和规范性承担相应的法律责任。

第一，报关人员必须按照《海关法》《中华人民共和国海关进出口货物申报管理规定》《中华人民共和国海关进出口货物报关单填制规范》的有关规定和要求，向海关如实申报。

第二，报关单填报必须真实，做到"两个相符"：单、证相符，所填报关单各栏目的内容必须与合同、发票、装箱单、提单以及批文等随附单据相符；单、货相符，所填报关单各栏目的内容必须与实际进出口货物情况相符。

第三，报关单的填报要准确、齐全、完整、清楚，报关单各栏目内容要逐项详细、准确填报，字迹清楚、整洁、端正，不得用铅笔或红色复写纸填写；若有更正，必须在更正项目上加盖校对章。

第四，不同运输工具、不同航次、不同提运单、不同贸易方式、不同备案号、不同征免性质的货物，均应该分单填报。

一份原产地证书只能用于同一批次进口货物；同一份报关单上的商品不能同时享受协定税率和减免税；在同一批货物中，对于实行原产地证书联网管理的，如涉及多份原产地证书或含有非原产地证书商品，亦应分单填报。

第五，在反映进出口商品情况的项目中，需分项填报的主要有下列几种情况：商品编号不同的，商品名称不同的，原产国（地区）/最终目的国（地区）不同的，计量单位不同的，币制不同的，征免不同的。

扫一扫下面的二维码，了解海关总署公告 2019 年第 66 号《关于发布〈报关单证电子转换或扫描文件格式标准〉的公告》

（二）进出口货物报关单的主要内容及填制方法

扫一扫下面的二维码，点击"通关参数→关检融合部分通关参数查询及下载"，查询进出口货物报关单的相关代码

1. 预录入编号

预录入编号指预录入报关单的编号，一份报关单对应一个预录入编号，由系统自动生成。

报关单预录入编号为 18 位，其中第 1～4 位为接受申报海关的代码（海关规定的

《关区代码表》中相应海关代码），第 5～8 位为录入时的公历年份，第 9 位为进出口标志（"1"为进口，"0"为出口；集中申报清单"I"为进口，"E"为出口），后 9 位为顺序编号。

2. 海关编号

海关编号指海关接受申报时给予报关单的编号，一份报关单对应一个海关编号，由系统自动生成。

报关单海关编号为 18 位，其中第 1～4 位为接受申报海关的代码（海关规定的《关区代码表》中相应海关代码），第 5～8 位为海关接受申报的公历年份，第 9 位为进出口标志（"1"为进口，"0"为出口；集中申报清单"I"为进口，"E"为出口），后 9 位为顺序编号。

3. 境内收发货人

填报在海关备案的对外签订并执行进出口贸易合同的中国境内法人、其他组织名称及编码。编码填报 18 位法人和其他组织统一社会信用代码，没有统一社会信用代码的，填报其在海关的备案编码。

特殊情况下填报要求如下：

（1）进出口货物合同的签订者和执行者非同一企业的，填报执行合同的企业。

（2）外商投资企业委托进出口企业进口投资设备、物品的，填报外商投资企业，并在标记唛码及备注栏注明"委托某进出口企业进口"，同时注明被委托企业的 18 位法人和其他组织统一社会信用代码。

（3）有代理报关资格的报关企业代理其他进出口企业办理进出口报关手续时，填报委托的进出口企业。

（4）海关特殊监管区域收发货人填报该货物的实际经营单位或海关特殊监管区域内经营企业。

（5）免税品经营单位经营出口退税国产商品的，填报免税品经营单位名称。

4. 进出境关别

根据货物实际进出境的口岸海关，填报海关规定的《关区代码表》中相应口岸海关的名称及代码。

特殊情况填报要求如下：

进口转关运输货物填报货物进境地海关名称及代码，出口转关运输货物填报货物出境地海关名称及代码。按转关运输方式监管的跨关区深加工结转货物，出口报关单填报转出地海关名称及代码，进口报关单填报转入地海关名称及代码。

在不同海关特殊监管区域或保税监管场所之间调拨、转让的货物，填报对方海关特殊监管区域或保税监管场所所在的海关名称及代码。

其他无实际进出境的货物，填报接受申报的海关名称及代码。

5. 进出口日期

进口日期填报运载进口货物的运输工具申报进境的日期。出口日期指运载出口货物的运输工具办结出境手续的日期，在申报时免予填报。无实际进出境的货物，填报海关接受申报的日期。

进出口日期为8位数字，顺序为年（4位）、月（2位）、日（2位）。

6. 申报日期

申报日期指海关接受进出口货物收发货人、受委托的报关企业申报数据的日期。以电子数据报关单方式申报的，申报日期为海关计算机系统接受申报数据时记录的日期。以纸质报关单方式申报的，申报日期为海关接受纸质报关单并对报关单进行登记处理的日期。本栏目在申报时免予填报。

申报日期为8位数字，顺序为年（4位）、月（2位）、日（2位）。

7. 备案号

填报进出口货物收发货人、消费使用单位、生产销售单位在海关办理加工贸易合同备案或征、减、免税审核确认等手续时，海关核发的《中华人民共和国海关加工贸易手册》（简称《加工贸易手册》）、海关特殊监管区域和保税监管场所保税账册、《中华人民共和国海关进出口货物征免税证明》（简称《征免税证明》）或其他备案审批文件的编号。

一份报关单只允许填报一个备案号。具体填报要求如下：

（1）加工贸易项下货物，除少量低值辅料按规定不使用《加工贸易手册》及以后续补税监管方式办理内销征税的外，填报《加工贸易手册》编号。

使用异地直接报关分册和异地深加工结转出口分册在异地口岸报关的，填报分册号；本地直接报关分册和本地深加工结转分册限制在本地报关，填报总册号。

加工贸易成品凭《征免税证明》转为减免税进口货物的，进口报关单填报《征免税证明》编号，出口报关单填报《加工贸易手册》编号。

对加工贸易设备、使用账册管理的海关特殊监管区域内减免税设备之间的结转，转入和转出企业分别填制进、出口报关单，在报关单"备案号"栏目填报《加工贸易手册》编号。

（2）涉及征、减、免税审核确认的报关单，填报《征免税证明》编号。

（3）减免税货物退运出口，填报《中华人民共和国海关进口减免税货物准予退运证明》的编号；减免税货物补税进口，填报《减免税货物补税通知书》的编号；减免税货物进口或结转进口（转入），填报《征免税证明》的编号；相应的结转出口（转出），填报《中华人民共和国海关进口减免税货物结转联系函》的编号。

（4）免税品经营单位经营出口退税国产商品的，免予填报。

8. 境外收发货人

境外收货人通常指签订并执行出口贸易合同中的买方或合同指定的收货人，境外发货人通常指签订并执行进口贸易合同中的卖方。

填报境外收发货人的名称及编码。名称一般填报英文名称，检验检疫要求填报其他外文名称的，在英文名称后填报，以半角括号分隔；对于AEO互认国家（地区）企业，编码填报AEO编码，填报样式为"国别（地区）代码＋海关企业编码"，例如：新加坡AEO企业SG123456789012（新加坡国别代码＋12位企业编码）；非互认国家

（地区）AEO 企业等其他情形，编码免予填报。

特殊情况下无境外收发货人的，名称及编码填报"NO"。

9. 运输方式

运输方式包括实际运输方式和海关规定的特殊运输方式，前者指货物实际进出境的运输方式，按进出境所使用的运输工具分类；后者指货物无实际进出境的运输方式，按货物在境内的流向分类。

根据货物实际进出境的运输方式或货物在境内流向的类别，按照海关规定的《运输方式代码表》选择填报相应的运输方式。

（1）特殊情况填报要求如下：

1）非邮件方式进出境的快递货物，按实际运输方式填报。

2）进口转关运输货物，按载运货物抵达进境地的运输工具填报；出口转关运输货物，按载运货物驶离出境地的运输工具填报。

3）不复运出（入）境而留在境内（外）销售的进出境展览品、留赠转卖物品等，填报"其他运输"（代码9）。

4）进出境旅客随身携带的货物，填报"旅客携带"（代码L）。

5）以固定设施（包括输油、输水管道和输电网等）运输货物的，填报"固定设施运输"（代码G）。

（2）无实际进出境货物在境内流转时的填报要求如下：

1）境内非保税区运入保税区货物和保税区退区货物，填报"非保税区"（代码0）。

2）保税区运往境内非保税区货物，填报"保税区"（代码7）。

3）境内存入出口监管仓库和出口监管仓库退仓货物，填报"监管仓库"（代码1）。

4）保税仓库转内销货物或转加工贸易货物，填报"保税仓库"（代码8）。

5）从境内保税物流中心外运入中心或从中心运往境内中心外的货物，填报"物流中心"（代码W）。

6）从境内保税物流园区外运入园区或从园区内运往境内园区外的货物，填报"物流园区"（代码X）。

7）保税港区、综合保税区与境内（区外）（非海关特殊监管区域、保税监管场所）之间进出的货物，填报"保税港区/综合保税区"（代码Y）。

8）出口加工区、珠澳跨境工业区（珠海园区）、中哈霍尔果斯边境合作中心（中方配套区）与境内（区外）（非海关特殊监管区域、保税监管场所）之间进出的货物，填报"出口加工区"（代码Z）。

9）境内运入深港西部通道港方口岸区的货物以及境内进出中哈霍尔果斯边境合作中心中方区域的货物，填报"边境特殊海关作业区"（代码H）。

10）经横琴新区和平潭综合实验区（以下简称综合试验区）二线指定申报通道运往境内区外或从境内经二线指定申报通道进入综合试验区的货物，以及综合试验区内按选择性征收关税申报的货物，填报"综合试验区"（代码T）。

11）海关特殊监管区域内的流转、调拨货物，海关特殊监管区域、保税监管场所之间的流转货物，海关特殊监管区域与境内区外之间进出的货物，海关特殊监管区域外的加工贸易余料结转、深加工结转、内销货物，以及其他境内流转货物，填报"其他运输"（代码9）。

10. 运输工具名称及航次号

填报载运货物进出境的运输工具名称或编号及航次号。填报内容应与运输部门向海关申报的舱单（载货清单）所列相应内容一致。

（1）运输工具名称具体填报要求如下：

1）直接在进出境地或采用全国通关一体化通关模式办理报关手续的报关单填报要求如下：

①水路运输：填报船舶编号（来往港澳小型船舶为监管簿编号）或者船舶英文名称。

②公路运输：启用公路舱单前，填报该跨境运输车辆的国内行驶车牌号，提前报关模式的报关单填报国内行驶车牌号＋"/"＋"提前报关"。启用公路舱单后，免予填报。

③铁路运输：填报车厢编号或交接单号。

④航空运输：填报航班号。

⑤邮件运输：填报邮政包裹单号。

⑥其他运输：填报具体运输方式名称，例如：管道、驮畜等。

2）转关运输货物的报关单填报要求如下：

①进口。

A. 水路运输：直转、提前报关填报"@"＋16位转关申报单预录入号（或13位载货清单号）；中转填报进境英文船名。

B. 铁路运输：直转、提前报关填报"@"＋16位转关申报单预录入号；中转填报车厢编号。

C. 航空运输：直转、提前报关填报"@"＋16位转关申报单预录入号（或13位载货清单号）；中转填报"@"。

D. 公路及其他运输：填报"@"＋16位转关申报单预录入号（或13位载货清单号）。

E. 以上各种运输方式使用广东地区载货清单转关的提前报关货物填报"@"＋13位载货清单号。

②出口。

A. 水路运输：非中转填报"@"＋16位转关申报单预录入号（或13位载货清单号）。如多张报关单需要通过一张转关单转关的，运输工具名称字段填报"@"。中转货物：境内水路运输填报驳船船名；境内铁路运输填报车名（主管海关4位关区代码＋"TRAIN"）；境内公路运输填报车名（主管海关4位关区代码＋"TRUCK"）。

B. 铁路运输：填报"@"＋16位转关申报单预录入号（或13位载货清单号），如多张报关单需要通过一张转关单转关的，填报"@"。

C. 航空运输：填报"@"＋16位转关申报单预录入号（或13位载货清单号），如多张报关单需要通过一张转关单转关的，填报"@"。

D. 其他运输方式：填报"@"＋16 位转关申报单预录入号（或 13 位载货清单号）。

③采用"集中申报"通关方式办理报关手续的，报关单填报"集中申报"。

④免税品经营单位经营出口退税国产商品的，免予填报。

⑤无实际进出境的货物，免予填报。

（2）航次号具体填报要求如下：

1）直接在进出境地或采用全国通关一体化通关模式办理报关手续的报关单：

①水路运输：填报船舶的航次号。

②公路运输：启用公路舱单前，填报运输车辆的 8 位进出境日期［顺序为年（4 位）、月（2 位）、日（2 位），下同］。启用公路舱单后，填报货物运输批次号。

③铁路运输：填报列车的进出境日期。

④航空运输：免予填报。

⑤邮件运输：填报运输工具的进出境日期。

⑥其他运输方式：免予填报。

2）转关运输货物的报关单：

①进口。

A. 水路运输：中转转关方式填报"@"＋进境干线船舶航次。直转、提前报关免予填报。

B. 公路运输：免予填报。

C. 铁路运输："@"＋8 位进境日期。

D. 航空运输：免予填报。

E. 其他运输方式：免予填报。

②出口。

A. 水路运输：非中转货物免予填报。中转货物：境内水路运输填报驳船航次号；境内铁路、公路运输填报 6 位启运日期［顺序为年（2 位）、月（2 位）、日（2 位）］。

B. 铁路拼车拼箱捆绑出口：免予填报。

C. 航空运输：免予填报。

D. 其他运输方式：免予填报。

③免税品经营单位经营出口退税国产商品的，免予填报。

④无实际进出境的货物，免予填报。

11. 提运单号

填报进出口货物提单或运单的编号。一份报关单只允许填报一个提单或运单号，一票货物对应多个提单或运单时，应分单填报。

具体填报要求如下：

（1）直接在进出境地或采用全国通关一体化通关模式办理报关手续的。

1）水路运输：填报进出口提单号。如有分提单的，填报进出口提单号＋"＊"＋分提单号。

2）公路运输：启用公路舱单前，免予填报；启用公路舱单后，填报进出口总运单号。

3）铁路运输：填报运单号。

4）航空运输：填报总运单号＋"_"＋分运单号，无分运单的填报总运单号。

5）邮件运输：填报邮运包裹单号。

（2）转关运输货物的报关单。

1）进口。

①水路运输：直转、中转填报提单号。提前报关免予填报。

②铁路运输：直转、中转填报铁路运单号。提前报关免予填报。

③航空运输：直转、中转货物填报总运单号＋"_"＋分运单号。提前报关免予填报。

④其他运输方式：免予填报。

⑤以上运输方式进境货物，用公路运输转关的，填报车牌号。

2）出口。

①水路运输：中转货物填报提单号；非中转货物免予填报；使用汽车运输提前报关的转关货物，填报承运车辆的车牌号。

②其他运输方式：免予填报。使用汽车运输提前报关的转关货物，填报承运车辆的车牌号。

（3）采用"集中申报"通关方式办理报关手续的，报关单填报归并的集中申报清单的进出口起止日期［按年（4位）月（2位）日（2位）—年（4位）月（2位）日（2位）］。

（4）无实际进出境的货物，免予填报。

12. 货物存放地点

填报货物进境后存放的场所或地点，包括海关监管作业场所、分拨仓库、定点加工厂、隔离检疫场、企业自有仓库等。

13. 消费使用单位/生产销售单位

（1）消费使用单位填报已知的进口货物在境内的最终消费、使用单位的名称，包括：

1）自行进口货物的单位。

2）委托进出口企业进口货物的单位。

（2）生产销售单位填报出口货物在境内的生产或销售单位的名称，包括：

1）自行出口货物的单位。

2）委托进出口企业出口货物的单位。

3）免税品经营单位经营出口退税国产商品的，填报该免税品经营单位统一管理的免税店。

（3）减免税货物报关单的消费使用单位/生产销售单位应与《征免税证明》中的"减免税申请人"一致；保税监管场所与境外之间的进出境货物，消费使用单位/生产销售单位填报保税监管场所的名称［保税物流中心（B型）填报中心内企业名称］。

（4）海关特殊监管区域的消费使用单位/生产销售单位填报区域内经营企业（"加工单位"或"仓库"）。

（5）编码填报要求：

1）填报18位法人和其他组织统一社会信用代码。

2）无18位统一社会信用代码的，填报"NO"。

（6）进口货物在境内的最终消费或使用以及出口货物在境内的生产或销售的对象为自然人的，填报身份证号、护照号、台胞证号等有效证件号码及姓名。

14. 监管方式

监管方式是以国际贸易中进出口货物的交易方式为基础，结合海关对进出口货物的征税、统计及监管条件综合设定的海关对进出口货物的管理方式。其代码由4位数字构成，前两位是按照海关监管要求和计算机管理需要划分的分类代码，后两位是参照国际标准编制的贸易方式代码。

根据实际对外贸易情况按海关规定的《监管方式代码表》选择填报相应的监管方式简称及代码。一份报关单只允许填报一种监管方式。

特殊情况下加工贸易货物监管方式填报要求如下：

（1）进口少量低值辅料（即5 000美元以下，78种以内的低值辅料）按规定不使用《加工贸易手册》的，填报"低值辅料"。使用《加工贸易手册》的，按《加工贸易手册》上的监管方式填报。

（2）加工贸易料件转内销货物以及按料件办理进口手续的转内销制成品、残次品、未完成品，填制进口报关单，填报"来料料件内销"或"进料料件内销"；加工贸易成品凭《征免税证明》转为减免税进口货物的，分别填制进、出口报关单，出口报关单填报"来料成品减免"或"进料成品减免"，进口报关单按照实际监管方式填报。

（3）加工贸易出口成品因故退运进口及复运出口的，填报"来料成品退换"或"进料成品退换"；加工贸易进口料件因换料退运出口及复运进口的，填报"来料料件退换"或"进料料件退换"；加工贸易过程中产生的剩余料件、边角料退运出口，以及进口料件因品质、规格等原因退运出口且不再更换同类货物进口的，分别填报"来料料件复出""来料边角料复出""进料料件复出""进料边角料复出"。

（4）加工贸易边角料内销和副产品内销，填制进口报关单，填报"来料边角料内销"或"进料边角料内销"。

（5）企业销毁处置加工贸易货物未获得收入，销毁处置货物为料件、残次品的，填报"料件销毁"；销毁处置货物为边角料、副产品的，填报"边角料销毁"。

企业销毁处置加工贸易货物获得收入的，填报"进料边角料内销"或"来料边角料内销"。

（6）免税品经营单位经营出口退税国产商品的，填报"其他"。

15. 征免性质

根据实际情况按海关规定的《征免性质代码表》选择填报相应的征免性质简称及代码，持有海关核发的《征免税证明》的，按照《征免税证明》中批注的征免性质填报。

一份报关单只允许填报一种征免性质。

加工贸易货物报关单按照海关核发的《加工贸易手册》中批注的征免性质简称及代码填报。特殊情况填报要求如下：

（1）加工贸易转内销货物，按实际情况填报（如一般征税、科教用品、其他法定等）。

（2）料件退运出口、成品退运进口货物填报"其他法定"。

（3）加工贸易结转货物，免予填报。

（4）免税品经营单位经营出口退税国产商品的，填报"其他法定"。

16. 许可证号

填报进（出）口许可证、两用物项和技术进（出）口许可证、两用物项和技术出口许可证（定向）、纺织品临时出口许可证、出口许可证（加工贸易）、出口许可证（边境小额贸易）的编号。

免税品经营单位经营出口退税国产商品的，免予填报。

一份报关单只允许填报一个许可证号。

17. 启运港

填报进口货物在运抵我国关境前的第一个境外装运港。

根据实际情况，按海关规定的《港口代码表》填报相应的港口名称及代码，未在《港口代码表》列明的，填报相应的国家名称及代码。货物从海关特殊监管区域或保税监管场所运至境内区外的，填报《港口代码表》中相应海关特殊监管区域或保税监管场所的名称及代码，未在《港口代码表》中列明的，填报"未列出的特殊监管区"及代码。

其他无实际进境的货物，填报"中国境内"及代码。

18. 合同协议号

填报进出口货物合同（包括协议或订单）编号。未发生商业性交易的，免予填报。

免税品经营单位经营出口退税国产商品的，免予填报。

19. 贸易国（地区）

发生商业性交易的进口填报购自国（地区），出口填报售予国（地区）。未发生商业性交易的填报货物所有权拥有者所属的国家（地区）。

按海关规定的《国别（地区）代码表》选择填报相应的贸易国（地区）中文名称及代码。

20. 启运国（地区）/运抵国（地区）

启运国（地区）填报进口货物启始发出直接运抵我国或者在运输中转国（地）未发生任何商业性交易的情况下运抵我国的国家（地区）。

运抵国（地区）填报出口货物离开我国关境直接运抵或者在运输中转国（地区）未发生任何商业性交易的情况下最后运抵的国家（地区）。

不经过第三国（地区）转运的直接运输进出口货物，以进口货物的装货港所在国（地区）为启运国（地区），以出口货物的指运港所在国（地区）为运抵国（地区）。

经过第三国（地区）转运的进出口货物，如在中转国（地区）发生商业性交易，则以中转国（地区）作为启运/运抵国（地区）。

按海关规定的《国别（地区）代码表》选择填报相应的启运国（地区）或运抵国（地区）中文名称及代码。

无实际进出境的货物，填报"中国"及代码。

21. 经停港/指运港

经停港填报进口货物在运抵我国关境前的最后一个境外装运港。

指运港填报出口货物运往境外的最终目的港；最终目的港不可预知的，按尽可能预知的目的港填报。

根据实际情况，按海关规定的《港口代码表》选择填报相应的港口名称及代码。经停港/指运港在《港口代码表》中无港口名称及代码的，可选择填报相应的国家名称及代码。

无实际进出境的货物，填报"中国境内"及代码。

22. 入境口岸/离境口岸

入境口岸填报进境货物从跨境运输工具卸离的第一个境内口岸的中文名称及代码；采取多式联运跨境运输的，填报多式联运货物最终卸离的境内口岸中文名称及代码；过境货物填报货物进入境内的第一个口岸的中文名称及代码；从海关特殊监管区域或保税监管场所进境的，填报海关特殊监管区域或保税监管场所的中文名称及代码。其他无实际进境的货物，填报货物所在地的城市名称及代码。

离境口岸填报装运出境货物的跨境运输工具离境的第一个境内口岸的中文名称及代码；采取多式联运跨境运输的，填报多式联运货物最初离境的境内口岸中文名称及代码；过境货物填报货物离境的第一个境内口岸的中文名称及代码；从海关特殊监管区域或保税监管场所离境的，填报海关特殊监管区域或保税监管场所的中文名称及代码。其他无实际出境的货物，填报货物所在地的城市名称及代码。

入境口岸/离境口岸类型包括港口、码头、机场、机场货运通道、边境口岸、火车站、车辆装卸点、车检场、陆路港、坐落在口岸的海关特殊监管区域等。按海关规定的《国内口岸编码表》选择填报相应的境内口岸名称及代码。

23. 包装种类

填报进出口货物的所有包装材料，包括运输包装和其他包装，按海关规定的《包装种类代码表》选择填报相应的包装种类名称及代码。运输包装指提运单所列货物件数单位对应的包装，其他包装包括货物的各类包装，以及植物性铺垫材料等。

24. 件数

填报进出口货物运输包装的件数（按运输包装计）。特殊情况填报要求如下：

（1）舱单件数为集装箱的，填报集装箱个数。

（2）舱单件数为托盘的，填报托盘数。

不得填报为零，裸装货物填报为"1"。

25. 毛重（千克）

填报进出口货物及其包装材料的重量之和，计量单位为千克，不足一千克的填报为"1"。

26. 净重（千克）

填报进出口货物的毛重减去外包装材料后的重量，即货物本身的实际重量，计量单位为千克，不足一千克的填报为"1"。

27. 成交方式

根据进出口货物实际成交价格条款，按海关规定的《成交方式代码表》选择填报相应的成交方式代码。

无实际进出境的货物，进口填报 CIF，出口填报 FOB。

28. 运费

填报进口货物运抵我国境内输入地点起卸前的运输费用，出口货物运至我国境内输出地点装载后的运输费用。

运费可按运费单价、总价或运费率三种方式之一填报，注明运费标记（运费标记"1"表示运费率，"2"表示每吨货物的运费单价，"3"表示运费总价），并按海关规定的《货币代码表》选择填报相应的币种代码。

免税品经营单位经营出口退税国产商品的，免予填报。

29. 保费

填报进口货物运抵我国境内输入地点起卸前的保险费用，出口货物运至我国境内输出地点装载后的保险费用。

保费可按保险费总价或保险费率两种方式之一填报，注明保险费标记（保险费标记"1"表示保险费率，"3"表示保险费总价），并按海关规定的《货币代码表》选择填报相应的币种代码。

免税品经营单位经营出口退税国产商品的，免予填报。

30. 杂费

填报成交价格以外的、按照《中华人民共和国进出口关税条例》相关规定应计入完税价格或应从完税价格中扣除的费用。可按杂费总价或杂费率两种方式之一填报，注明杂费标记（杂费标记"1"表示杂费率，"3"表示杂费总价），并按海关规定的《货币代码表》选择填报相应的币种代码。

应计入完税价格的杂费填报为正值或正率，应从完税价格中扣除的杂费填报为负值或负率。

免税品经营单位经营出口退税国产商品的，免予填报。

31. 随附单证及编号

根据海关规定的《监管证件代码表》和《随附单据代码表》选择填报除本规范第16条规定的许可证件以外的其他进出口许可证件或监管证件、随附单据代码及编号。

本栏目分为随附单证代码和随附单证编号两栏，其中代码栏按海关规定的《监管证件代码表》和《随附单据代码表》选择填报相应证件代码；随附单证编号栏填报证件编号。

（1）加工贸易内销征税报关单（使用金关二期加工贸易管理系统的除外），随附单证代码栏填报"c"，随附单证编号栏填报海关审核通过的内销征税联系单号。

（2）一般贸易进出口货物，只能使用原产地证书申请享受协定税率或者特惠税率（以下统称优惠税率）的（无原产地声明模式），"随附单证代码"栏填报原产地证书代码"Y"，在"随附单证编号"栏填报"〈优惠贸易协定代码〉"和"原产地证书编号"。可以使用原产地证书或者原产地声明申请享受优惠税率的（有原产地声明模式），"随附单证代码"栏填写"Y"，"随附单证编号"栏填报"〈优惠贸易协定代码〉"、"C"（凭原产地证书申报）或"D"（凭原产地声明申报），以及"原产地证书编号（或者原产地声明序列号）"。一份报关单对应一份原产地证书或原产地声明。各优惠贸易协定代码如下：

"01"为《亚太贸易协定》；

"02"为《中国-东盟全面经济合作框架协议》；

"03"为《内地与香港关于建立更紧密经贸关系的安排》（香港 CEPA）；

"04"为《内地与澳门关于建立更紧密经贸关系的安排》（澳门 CEPA）；

"06"为"对部分原产于台湾地区农产品零关税措施"；

"07"为《中国-巴基斯坦自由贸易协定》；

"08"为《中国-智利自由贸易协定》；

"10"为《中国-新西兰自由贸易协定》；

"11"为《中国-新加坡自由贸易协定》；

"12"为《中国-秘鲁自由贸易协定》；

"13"为"对最不发达国家特别优惠关税待遇"；

"14"为《海峡两岸经济合作框架协议》（ECFA）；

"15"为《中国-哥斯达黎加自由贸易协定》；

"16"为《中国-冰岛自由贸易协定》；

"17"为《中国-瑞士自由贸易协定》；

"18"为《中国-澳大利亚自由贸易协定》；

"19"为《中国-韩国自由贸易协定》；

"20"为《中国-格鲁吉亚自由贸易协定》。

海关特殊监管区域和保税监管场所内销货物申请适用优惠税率的，有关货物进出海关特殊监管区域和保税监管场所以及内销时，已通过原产地电子信息交换系统实现电子联网的优惠贸易协定项下货物报关单，按照上述一般贸易要求填报；未实现电子联网的优惠贸易协定项下货物报关单，"随附单证代码"栏填报"Y"，"随附单证编号"栏填报"〈优惠贸易协定代码〉"和"原产地证据文件备案号"。"原产地证据文件备案号"为进出口货物的收发货物人或者其代理人录入原产地证据文件电子信息后，系统自动生成的号码。

向香港或者澳门特别行政区出口用于生产香港 CEPA 或者澳门 CEPA 项下货物的原材料时，按照上述一般贸易填报要求填制报关单，香港或澳门生产厂商在香港工贸署或者澳门经济局登记备案的有关备案号填报在"关联备案"栏。

"单证对应关系表"中填报报关单上的申报商品项与原产地证书（原产地声明）上

的商品项之间的对应关系。报关单上的商品序号与原产地证书（原产地声明）上的项目编号应一一对应，不要求顺序对应。同一批次进口货物可以在同一报关单中申报，不享受优惠税率的货物序号不填报在"单证对应关系表"中。

（3）各优惠贸易协定项下，免提交原产地证据文件的小金额进口货物"随附单证代码"栏填报"Y"，"随附单证编号"栏填报"〈优惠贸易协定代码〉XJE00000"，"单证对应关系表"享惠报关单项号按实际填报，对应单证项号与享惠报关单项号相同。

32. 标记唛码及备注

填报要求如下：

（1）标记唛码中除图形以外的文字、数字，无标记唛码的填报 N/M。

（2）受外商投资企业委托代理其进口投资设备、物品的进出口企业名称。

（3）与本报关单有关联关系的，同时在业务管理规范方面又要求填报的备案号，填报在电子数据报关单中"关联备案"栏。

保税间流转货物、加工贸易结转货物及凭《征免税证明》转内销货物，其对应的备案号填报在"关联备案"栏。

减免税货物结转进口（转入），"关联备案"栏填报本次减免税货物结转所申请的《中华人民共和国海关进口减免税货物结转联系函》的编号。

减免税货物结转出口（转出），"关联备案"栏填报与其相对应的进口（转入）报关单"备案号"栏中《征免税证明》的编号。

（4）与本报关单有关联关系的，同时在业务管理规范方面又要求填报的报关单号，填报在电子数据报关单中的"关联报关单"栏。

保税间流转、加工贸易结转类的报关单，应先办理进口报关，并将进口报关单号填入出口报关单的"关联报关单"栏。

办理进口货物直接退运手续的，除另有规定外，应先填制出口报关单，再填制进口报关单，并将出口报关单号填报在进口报关单的"关联报关单"栏。

减免税货物结转出口（转出），应先办理进口报关，并将进口（转入）报关单号填入出口（转出）报关单的"关联报关单"栏。

（5）办理进口货物直接退运手续的，填报"＜ZT"＋"海关审核联系单号或者《海关责令进口货物直接退运通知书》编号"＋"＞"。办理固体废物直接退运手续的，填报"固体废物，直接退运表××号/责令直接退运通知书××号"。

（6）保税监管场所进出货物，在"保税/监管场所"栏填报本保税监管场所编码［保税物流中心（B型）填报本中心的国内地区代码］，其中涉及货物在保税监管场所间流转的，在本栏填报对方保税监管场所代码。

（7）涉及加工贸易货物销毁处置的，填报海关加工贸易货物销毁处置申报表编号。

（8）当监管方式为"暂时进出货物"（代码 2600）和"展览品"（代码 2700）时，填报要求如下：

1）根据《中华人民共和国海关暂时进出境货物管理办法》（海关总署令第 233 号，以下简称《管理办法》）第 3 条第 1 款所列项目，填报暂时进出境货物类别，如：暂进六，暂出九；

2）根据《管理办法》第 10 条的规定，填报复运出境或者复运进境日期，期限应在货物进出境之日起 6 个月内，如：20180815 前复运进境，20181020 前复运出境；

3）根据《管理办法》第 7 条，向海关申请对有关货物是否属于暂时进出境货物进行审核确认的，填报《中华人民共和国××海关暂时进出境货物审核确认书》编号，如〈ZS 海关审核确认书编号〉，其中的英文为大写字母；无此项目的，无须填报。

上述内容依次填报，项目间用"/"分隔，前后均不加空格。

4）收发货人或其代理人申报货物复运进境或者复运出境的：

货物办理过延期的，根据《管理办法》填报《货物暂时进/出境延期办理单》的海关回执编号，如〈ZS 海关回执编号〉，其中的英文为大写字母；无此项目的，无须填报。

（9）跨境电子商务进出口货物，填报"跨境电子商务"。

（10）加工贸易副产品内销，填报"加工贸易副产品内销"。

（11）服务外包货物进口，填报"国际服务外包进口货物"。

（12）公式定价进口货物填报公式定价备案号，格式为："公式定价"＋备案编号＋"@"。对于同一报关单下有多项商品的，如某项或某几项商品为公式定价备案的，则备注栏内填报为："公式定价"＋备案编号＋"＃"＋商品序号＋"@"。

（13）进出口与《预裁定决定书》列明情形相同的货物时，按照《预裁定决定书》填报，格式为："预裁定＋《预裁定决定书》编号"（例如：某份预裁定决定书编号为 R-2-0100-2018-0001，则填报为"预裁定 R-2-0100-2018-0001"）。

（14）含归类行政裁定报关单，填报归类行政裁定编号，格式为："c"＋四位数字编号（例如 c0001）。

（15）已经在进入特殊监管区时完成检验的货物，在出区入境申报时，填报"预检验"字样，同时在"关联报检单"栏填报实施预检验的报关单号。

（16）进口直接退运的货物，填报"直接退运"字样。

（17）企业提供 ATA 单证册的货物，填报"ATA 单证册"字样。

（18）不含动物源性低风险生物制品，填报"不含动物源性"字样。

（19）货物自境外进入境内特殊监管区或者保税仓库的，填报"保税入库"或者"境外入区"字样。

（20）海关特殊监管区域与境内区外之间采用分送集报方式进出的货物，填报"分送集报"字样。

（21）军事装备出入境的，填报"军品"或"军事装备"字样。

（22）申报《商品名称及编码协调制度》（H.S.）为 3821000000、3002300000 的，属于下列情况的，填报要求为：属于培养基的，填报"培养基"字样；属于化学试剂的，填报"化学试剂"字样；不含动物源性成分的，填报"不含动物源性"字样。

（23）属于修理物品的，填报"修理物品"字样。

（24）属于下列情况的，填报"压力容器""成套设备""食品添加剂""成品退换"

"旧机电产品"等字样。

（25）申报 H. S. 为 2903890020（入境六溴环十二烷），用途为"其他（99）"的，填报具体用途。

（26）集装箱体信息填报集装箱号（在集装箱箱体上标示的全球唯一编号）、集装箱规格、集装箱商品项号关系（单个集装箱对应的商品项号，半角逗号分隔）、集装箱货重（集装箱箱体自重＋装载货物重量，千克）。

（27）申报 H. S. 为 3006300000、3504009000、3507909010、3507909090、3822001000、3822009000，不属于"特殊物品"的，填报"非特殊物品"字样。"特殊物品"定义见《出入境特殊物品卫生检疫管理规定》（国家质量监督检验检疫总局令第 160 号公布，根据国家质量监督检验检疫总局令第 184 号、海关总署令第 238 号、第 240 号、第 243 号修改）。

（28）进出口列入目录的进出口商品及法律、行政法规规定须经出入境检验检疫机构检验的其他进出口商品实施检验的，填报"应检商品"字样。

（29）申报时其他必须说明的事项。

33. 项号

分两行填报。第一行填报报关单中的商品顺序编号；第二行填报备案序号，专用于加工贸易及保税、减免税等已备案、审批的货物，填报该项货物在《加工贸易手册》或《征免税证明》等备案、审批单证中的顺序编号。有关优惠贸易协定项下报关单填制要求按照海关总署相关规定执行。其中第二行特殊情况填报要求如下：

（1）深加工结转货物，分别按照《加工贸易手册》中的进口料件项号和出口成品项号填报。

（2）料件结转货物（包括料件、制成品和未完成品折料），出口报关单按照转出《加工贸易手册》中进口料件的项号填报；进口报关单按照转进《加工贸易手册》中进口料件的项号填报。

（3）料件复出货物（包括料件、边角料），出口报关单按照《加工贸易手册》中进口料件的项号填报；如边角料对应一个以上料件项号，填报主要料件项号。料件退换货物（包括料件、不包括未完成品），进出口报关单按照《加工贸易手册》中进口料件的项号填报。

（4）成品退换货物，退运进境报关单和复运出境报关单按照《加工贸易手册》原出口成品的项号填报。

（5）加工贸易料件转内销货物（以及按料件办理进口手续的转内销制成品、残次品、未完成品）填制进口报关单，填报《加工贸易手册》进口料件的项号；加工贸易边角料、副产品内销，填报《加工贸易手册》中对应的进口料件项号。如边角料或副产品对应一个以上料件项号，填报主要料件项号。

（6）加工贸易成品凭《征免税证明》转为减免税货物进口的，应先办理进口报关手续。进口报关单填报《征免税证明》中的项号，出口报关单填报《加工贸易手册》中的原出口成品项号，进、出口报关单货物数量应一致。

（7）加工贸易货物销毁，填报《加工贸易手册》中相应的进口料件项号。

（8）加工贸易副产品退运出口、结转出口，填报《加工贸易手册》中新增成品的出口项号。

（9）经海关批准实行加工贸易联网监管的企业，按海关联网监管要求，企业需申报报关清单的，应在向海关申报进出口（包括形式进出口）报关单前，向海关申报"清单"。一份报关清单对应一份报关单，报关单上的商品由报关清单归并而得。加工贸易电子账册报关单中项号、品名、规格等栏目的填制规范比照《加工贸易手册》。

34. 商品编号

填报由 10 位数字组成的商品编号。前 8 位为《中华人民共和国海关进出口税则》和《中华人民共和国海关统计商品目录》确定的编码；9、10 位为监管附加编号。

35. 商品名称及规格型号

分两行填报。第一行填报进出口货物规范的中文商品名称，第二行填报规格型号。具体填报要求如下：

（1）商品名称及规格型号应据实填报，并与进出口货物收发货人或受委托的报关企业所提交的合同、发票等相关单证相符。

（2）商品名称应当规范，规格型号应当足够详细，以能满足海关归类、审价及许可证件管理要求为准，可参照《中华人民共和国海关进出口商品规范申报目录》中对商品名称、规格型号的要求进行填报。

（3）已备案的加工贸易及保税货物，填报的内容必须与备案登记中合同项号下货物的商品名称一致。

（4）对需要海关签发《货物进口证明书》的车辆，商品名称栏填报"车辆品牌＋排气量（注明 cc）＋车型（如越野车、小轿车等）"。进口汽车底盘不填报排气量。车辆品牌按照《进口机动车辆制造厂名称和车辆品牌中英文对照表》中"签注名称"一栏的要求填报。规格型号栏可填报"汽油型"等。

（5）由同一运输工具同时运抵同一口岸并且属于同一收货人、使用同一提单的多种进口货物，按照商品归类规则应当归入同一商品编号的，应当将有关商品一并归入该商品编号。商品名称填报一并归类后的商品名称；规格型号填报一并归类后商品的规格型号。

（6）加工贸易边角料和副产品内销，边角料复出口，填报其报验状态的名称和规格型号。

（7）进口货物收货人以一般贸易方式申报进口属于《需要详细列名申报的汽车零部件清单》（海关总署公告 2006 年第 64 号附件 1）范围内的汽车生产件的，按以下要求填报：

①商品名称填报进口汽车零部件的详细中文商品名称和品牌，中文商品名称与品牌之间用"/"相隔，必要时加注英文商业名称；进口的成套散件或者毛坯件应在品牌后加注"成套散件""毛坯"等字样，并与品牌之间用"/"相隔。

②规格型号填报汽车零部件的完整编号。在零部件编号前应当加注"S"字样，并与零部件编号之间用"/"相隔，零部件编号之后应当依次加注该零部件适用的汽车品牌和车型。汽车零部件属于可以适用于多种汽车车型的通用零部件的，零部件编号后应当加注"TY"字样，并用"/"与零部件编号相隔。与进口汽车零部件规格型号相关的其他

需要申报的要素，或者海关规定的其他需要申报的要素，如"功率""排气量"等，应当在车型或"TY"之后填报，并用"/"与之相隔。汽车零部件报验状态是成套散件的，应当在"标记唛码及备注"栏内填报该成套散件装配后的最终完整品的零部件编号。

（8）进口货物收货人以一般贸易方式申报进口属于《需要详细列名申报的汽车零部件清单》范围内的汽车维修件的，填报规格型号时，应当在零部件编号前加注"W"，并与零部件编号之间用"/"相隔；进口维修件的品牌与该零部件适用的整车厂牌不一致的，应当在零部件编号前加注"WF"，并与零部件编号之间用"/"相隔。其余申报要求同上条执行。

（9）品牌类型。品牌类型为必填项目。可选择"无品牌"（代码0）、"境内自主品牌"（代码1）、"境内收购品牌"（代码2）、"境外品牌（贴牌生产）"（代码3）、"境外品牌（其他）"（代码4）如实填报。其中，"境内自主品牌"是指由境内企业自主开发、拥有自主知识产权的品牌；"境内收购品牌"是指境内企业收购的原境外品牌；"境外品牌（贴牌生产）"是指境内企业代工贴牌生产中使用的境外品牌；"境外品牌（其他）"是指除代工贴牌生产以外使用的境外品牌。上述品牌类型中，除"境外品牌（贴牌生产）"仅用于出口外，其他类型均可用于进口和出口。

（10）出口享惠情况。出口享惠情况为出口报关单必填项目。可选择"出口货物在最终目的国（地区）不享受优惠关税""出口货物在最终目的国（地区）享受优惠关税""出口货物不能确定在最终目的国（地区）享受优惠关税"如实填报。进口货物报关单不填报该申报项。

（11）申报进口已获3C认证的机动车辆时，填报以下信息：

①提运单日期。填报该项货物的提运单签发日期。

②质量保质期。填报机动车的质量保证期。

③发动机号或电机号。填报机动车的发动机号或电机号，应与机动车上打刻的发动机号或电机号相符。纯电动汽车、插电式混合动力汽车、燃料电池汽车为电机号，其他机动车为发动机号。

④车辆识别代码（VIN）。填报机动车车辆识别代码，须符合国家强制性标准《道路车辆 车辆识别代号（VIN）》（GB 16735 - 2019）的要求。该项目一般与机动车的底盘（车架号）相同。

⑤发票所列数量。填报对应发票中所列进口机动车的数量。

⑥品名（中文名称）。填报机动车中文品名，按《进口机动车辆制造厂名称和车辆品牌中英文对照表》的要求填报。

⑦品名（英文名称）。填报机动车英文品名，按《进口机动车辆制造厂名称和车辆品牌中英文对照表》的要求填报。

⑧型号（英文）。填报机动车型号，与机动车产品标牌上整车型号一栏相符。

（12）进口货物收货人申报进口属于实施反倾销反补贴措施货物的，填报"原厂商中文名称""原厂商英文名称""反倾销税率""反补贴税率""是否符合价格承诺"等计税必要信息。

格式要求为："｜＜＞＜＞＜＞＜＞＜＞"。"｜""＜"和"＞"均为英文半角符号。第一个"｜"为在规格型号栏目中已填报的最后一个申报要素后系统自动生成或人工录入的分割符（若相关商品税号无规范申报填报要求，则需要手工录入"｜"），"｜"后面5个"＜＞"中的内容依次为"原厂商中文名称""原厂商英文名称（如无原厂商英文名称，可填报以原厂商所在国或地区文字标注的名称，具体可参照商务部实施贸易救济措施相关公告中对有关原厂商的外文名称写法）""反倾销税率""反补贴税率""是否符合价格承诺"。其中，"反倾销税率"和"反补贴税率"填写实际值，例如，税率为30%，填写"0.3"。"是否符合价格承诺"填写"1"或者"0"，"1"代表"是"，"0"代表"否"。填报时，5个"＜＞"不可缺项，如第3、4、5项"＜＞"中无申报事项，相应的"＜＞"中内容可以为空，但"＜＞"需要保留。

36. 数量及单位

分三行填报。

（1）第一行按进出口货物的法定第一计量单位填报数量及单位，法定计量单位以《中华人民共和国海关统计商品目录》中的计量单位为准。

（2）凡列明有法定第二计量单位的，在第二行按照法定第二计量单位填报数量及单位。无法定第二计量单位的，第二行为空。

（3）成交计量单位及数量填报在第三行。

（4）法定计量单位为"千克"的，特殊情况下填报要求如下：

①装入可重复使用的包装容器的货物，按货物扣除包装容器后的重量填报，如罐装同位素、罐装氧气及类似品等。

②使用不可分割包装材料和包装容器的货物，按货物的净重填报（即包括内层直接包装的净重重量），如采用供零售包装的罐头、药品及类似品等。

③按照商业惯例以公量重计价的商品，按公量重填报，如未脱脂羊毛、羊毛条等。

④采用以毛重作为净重计价的货物，可按毛重填报，如粮食、饲料等大宗散装货物。

⑤采用零售包装的酒类、饮料、化妆品，按照液体/乳状/膏状/粉状部分的重量填报。

（5）成套设备、减免税货物如需分批进口，货物实际进口时，按照实际报验状态确定数量。

（6）具有完整品或制成品基本特征的不完整品、未制成品，根据《商品名称及编码协调制度》归类规则按完整品归类的，按照构成完整品的实际数量填报。

（7）已备案的加工贸易及保税货物，成交计量单位必须与《加工贸易手册》中同项号下货物的计量单位一致，加工贸易边角料和副产品内销、边角料复出口，填报其报验状态的计量单位。

（8）优惠贸易协定项下进出口商品的成交计量单位必须与原产地证书上对应商品的计量单位一致。

（9）法定计量单位为立方米的气体货物，折算成标准状况（即摄氏零度及1个标准大气压）下的体积进行填报。

37. 单价

填报同一项号下进出口货物实际成交的商品单位价格。无实际成交价格的,填报单位货值。

38. 总价

填报同一项号下进出口货物实际成交的商品总价格。无实际成交价格的,填报货值。

39. 币制

按海关规定的《货币代码表》选择相应的货币名称及代码填报,如《货币代码表》中无实际成交币种,需将实际成交货币按申报日外汇折算率折算成《货币代码表》列明的货币填报。

40. 原产国（地区）

原产国（地区）依据《中华人民共和国进出口货物原产地条例》《关于非优惠原产地规则中实质性改变标准的规定》以及海关总署关于各项优惠贸易协定原产地管理规章规定的原产地确定标准填报。同一批进出口货物的原产地不同的,分别填报原产国（地区）。进出口货物原产国（地区）无法确定的,填报"国别不详"。

按海关规定的《国别（地区）代码表》选择填报相应的国家（地区）名称及代码。

41. 最终目的国（地区）

最终目的国（地区）填报已知的进出口货物的最终实际消费、使用或进一步加工制造国家（地区）。不经过第三国（地区）转运的直接运输货物,以运抵国（地区）为最终目的国（地区）；经过第三国（地区）转运的货物,以最后运往国（地区）为最终目的国（地区）。同一批进出口货物的最终目的国（地区）不同的,分别填报最终目的国（地区）。进出口货物不能确定最终目的国（地区）时,以尽可能预知的最后运往国（地区）为最终目的国（地区）。

按海关规定的《国别（地区）代码表》选择填报相应的国家（地区）名称及代码。

42. 境内目的地/境内货源地

境内目的地填报已知的进口货物在国内的消费、使用地或最终运抵地,其中最终运抵地为最终使用单位所在的地区。最终使用单位难以确定的,填报货物进口时预知的最终收货单位所在地。

境内货源地填报出口货物在国内的产地或原始发货地。出口货物产地难以确定的,填报最早发运该出口货物的单位所在地。

海关特殊监管区域、保税物流中心（B型）与境外之间的进出境货物,境内目的地/境内货源地填报本海关特殊监管区域、保税物流中心（B型）所对应的国内地区。

按海关规定的《国内地区代码表》选择填报相应的国内地区名称及代码。境内目的地还需根据《中华人民共和国行政区划代码》选择填报其对应的县级行政区名称及代码。无下属区县级行政区的,可选择填报地市级行政区。

43. 征免

按照海关核发的《征免税证明》或有关政策规定,对报关单所列每项商品选择海关规定的《征减免税方式代码表》中相应的征减免税方式填报。

加工贸易货物报关单根据《加工贸易手册》中备案的征免规定填报；《加工贸易手册》中备案的征免规定为"保金"或"保函"的，填报"全免"。

44. 特殊关系确认

根据《中华人民共和国海关审定进出口货物完税价格办法》（以下简称《审价办法》）第 16 条，填报确认进出口行为中买卖双方是否存在特殊关系，有下列情形之一的，应当认为买卖双方存在特殊关系，应填报"是"，反之则填报"否"：

（1）买卖双方为同一家族成员的；

（2）买卖双方互为商业上的高级职员或者董事的；

（3）一方直接或者间接地受另一方控制的；

（4）买卖双方都直接或者间接地受第三方控制的；

（5）买卖双方共同直接或者间接地控制第三方的；

（6）一方直接或者间接地拥有、控制或者持有对方 5% 以上（含 5%）公开发行的有表决权的股票或者股份的；

（7）一方是另一方的雇员、高级职员或者董事的；

（8）买卖双方是同一合伙的成员的。

买卖双方在经营上相互有联系，一方是另一方的独家代理、独家经销或者独家受让人，如果符合前款的规定，也应当视为存在特殊关系。

出口货物免予填报，加工贸易及保税监管货物（内销保税货物除外）免予填报。

45. 价格影响确认

根据《审价办法》第 17 条，填报确认纳税义务人是否可以证明特殊关系未对进口货物的成交价格产生影响，纳税义务人能证明其成交价格与同时或者大约同时发生的下列任何一款价格相近的，应视为特殊关系未对成交价格产生影响，填报"否"，反之则填报"是"：

（1）向境内无特殊关系的买方出售的相同或者类似进口货物的成交价格；

（2）按照《审价办法》第 23 条的规定所确定的相同或者类似进口货物的完税价格；

（3）按照《审价办法》第 25 条的规定所确定的相同或者类似进口货物的完税价格。

出口货物免予填报，加工贸易及保税监管货物（内销保税货物除外）免予填报。

46. 支付特许权使用费确认

根据《审价办法》第 11 条和第 13 条，填报确认买方是否存在向卖方或者有关方直接或者间接支付与进口货物有关的特许权使用费，且未包括在进口货物的实付、应付价格中。

买方存在需向卖方或者有关方直接或者间接支付特许权使用费，且未包含在进口货物实付、应付价格中，并且符合《审价办法》第 13 条的，在"支付特许权使用费确认"栏目填报"是"。

买方存在需向卖方或者有关方直接或者间接支付特许权使用费，且未包含在进口货物实付、应付价格中，但纳税义务人无法确认是否符合《审价办法》第 13 条的，填报"是"。

买方存在需向卖方或者有关方直接或者间接支付特许权使用费且未包含在实付、应付价格中，纳税义务人根据《审价办法》第 13 条，可以确认需支付的特许权使用费与进口货物无关的，填报"否"。

买方不存在向卖方或者有关方直接或者间接支付特许权使用费的，或者特许权使用费已经包含在进口货物实付、应付价格中的，填报"否"。

出口货物免予填报，加工贸易及保税监管货物（内销保税货物除外）免予填报。

47. 自报自缴

进出口企业、单位采用"自主申报、自行缴税"（自报自缴）模式向海关申报时，填报"是"；反之则填报"否"。

48. 申报单位

自理报关的，填报进出口企业的名称及编码；委托代理报关的，填报报关企业名称及编码。编码填报 18 位法人和其他组织统一社会信用代码。

报关人员填报在海关备案的姓名、编码、电话，并加盖申报单位印章。

49. 海关批注及签章

海关批注及签章供海关作业时签注。

相关用语的含义如下：

报关单录入凭单：指申报单位按报关单的格式填写的凭单，用作报关单预录入的依据。该凭单的编号规则由申报单位自行决定。

预录入报关单：指预录入单位按照申报单位填写的报关单凭单录入、打印由申报单位向海关申报，海关尚未接受申报的报关单。

报关单证明联：指海关在核实货物实际进出境后按报关单格式提供的，用作进出口货物收发货人向国税、外汇管理部门办理退税和外汇核销手续的证明文件。

本规范所述尖括号（<>）、逗号（,）、连接符（一）、冒号（:）等标点符号及数字，填报时都必须使用非中文状态下的半角字符。

第三节   检验证书

一、商品检验

出入境检验检疫是指海关依照法律、行政法规和国际惯例等的要求，对出入境的货物、交通运输工具、人员等进行检验检疫、认证等监督管理工作。出入境检验检疫的目的是保护国家经济的顺利发展，保护人民的生命和生活环境的安全与健康。

商品检验（commodity inspection）是指在国际货物买卖中，对于卖方交付的货物的质量、数量和包装进行检验，以确定合同标的是否符合买卖合同的规定；有时还对装运技术条件和货物在装卸运输过程中发生的残损、短缺进行检验和鉴定，以明确事故的起因和责任的归属；货物的检验还包括根据一国的法律或行政法规对某些进出口货物或有关的事项进行质量、数量、包装、卫生、安全等方面的强制性检验或检疫。

海关受理鉴定业务的范围主要有：

（1）进出口商品的质量、数量、重量、包装鉴定和货载衡量；

（2）进出口商品的监视装载和监视卸载；

（3）进出口商品的积载鉴定、残损鉴定、载损鉴定和海损鉴定；

（4）装载出口商品的船舶、车辆、飞机、集装箱等运载工具的适载鉴定；

（5）装载进出口商品的船舶封舱、舱口检视、空距测量；

（6）集装箱及集装箱货物鉴定；

（7）与进出口商品有关的外商投资财产的价值、品种、质量、数量和损失鉴定；

（8）抽取并签封各类样品；

（9）签发价值证书及其他鉴定证书；

（10）其他进出口商品鉴定业务。

知识链接

对我国出口商品进行检验的程序

（1）受理报验。首先由报验人提供有关的单证和资料，如外贸合同、信用证、厂检结果单正本等。海关在审查上述单证符合要求后，受理该批商品的报验。如发现有不合要求者，可要求申请人补充或修改有关条款。

（2）抽样。由海关派员主持进行，根据不同的货物形态，采取随机取样方式抽取样品。报验人应提供存货地点情况，并配合商检人员做好抽样工作。

（3）检验。海关可以使用从感官到化学分析、仪器分析等各种技术手段，对出口商品进行检验，检验的形式有商检自验、共同检验、驻厂检验和产地检验。

（4）签发证书。海关对检验合格的商品签发检验证书。出口企业在取得货物报关地海关签发的检验证书后，在规定的有效期内报运出口。

二、报检单证

对外经济贸易关系人在向海关报验时，应按照其要求，真实、准确地填写报验单并签名盖章。它是关系人向海关申请检验的正式文件，也是海关进行检验的一种原始凭证。一般对于不同合同、不同发票、不同提单或装运单的商品应分别填写申请单。报验时除了提交申请单外，还应根据以下的不同情况分别提供各种单证。

出口商品在报验时，一般应提供外贸合同（或售货确认书及函电）、信用证原本的复印件或副本，必要时提供原本。合同如果有补充协议的要提供补充协议书；合同、信用证有更改的，要提供合同、信用证的修改书或更改的函电。对签订有长期贸易合同而采取记账方式结算的，各外贸进出口公司每年一次将合同副本送交海关。申请检验时，只在申请单上填明合同号即可，不必每批附交合同副本。凡属危险或法定检验范围内的商品，在申请品质、规格、数量、重量、安全、卫生检验时，必须提交海关签发的出口商品包装性能检验合格单证，海关凭此受理上述各种报验手续。

凭样品成交的商品，须提供经国外买方确认、双方签封或合同、信用证已明确须经海关签封的样品。临时看样成交的商品，申请人还必须将样品的编号送交海关一份。对于服装、纺织品、皮鞋、工艺品等商品，在报验时还应提交文字表达不了的样卡、色卡或实物样品。

属于必须向海关办理卫生注册和出口商品质量许可证的商品，报验时必须提供海关签发的卫生注册证书或出口质量许可证编号和厂检合格单。冷冻、水产、畜产品和罐头食品等须办理卫生时，必须附交海关签发的卫生注册证书和厂检合格单。

经发运地海关检验合格的商品，需在口岸申请换证的，必须附交发运地海关签发的"出口商品检验换证凭单"（简称"换证凭单"）正本。

经生产经营部门检验的，应提交其检验结果单。第一次检验不合格，经返工整理后申请重新检验的，应附交原来的海关签发的不合格通知单和返工整理记录；申请重量/数量鉴定的，应附交重量明细单、装箱单等资料；申请积载鉴定、监视装载的，应提供配载图、配载计划等资料；申请出口商品包装使用鉴定的，应附交海关签发的包装性能检验合格单；申请委托检验时，报验人应填写"委托检验申请单"并提交检验样品、检验标准和方法。国外委托人在办理委托检验手续时还应提供有关函电、资料。

三、检验证书的概念及作用

检验证书（inspection certificate）是检验机构对进出口商品进行检验、鉴定后签发的书面证明文件。此外，在交易中如果买卖双方约定由生产单位或使用单位出具检验证明，则该证明也可起到检验证书的作用。

在国际贸易中，由国家设置的检验机构或由经政府注册的、独立的第三者身份的鉴定机构，对进出口的商品的质量、规格、卫生、安全、检疫、包装、数量、重量、残损以及装运条件、装运技术等进行检验、鉴定和监督管理工作。进出口商品检验是货物交接过程中不可缺少的一个环节。经检验合格的，发给检验证书，出口方即可报关出运；检验不合格的，可申请一次复验，复验仍不合格的，不得出口。

商检证书关系到有关各方的经济责任和权益，其作用表现为：

（1）作为卖方所交付货物的品质、重量、数量、包装及卫生条件等是否符合合同规定的依据。

（2）作为买方对品质、数量、重量、包装等提出异议、拒收货物、要求赔偿的凭证。

（3）作为卖方向银行议付货款的单据之一。

（4）作为出口国和进口国海关验放的有效证件。

（5）作为证明货物在装卸、运输中实际状况、明确责任归属的依据。

商品检验证书起着公正证明的作用，是买卖双方交接货物、结算货款和处理索赔、理赔的主要依据，也是通关纳税、结算运费的有效凭证。

四、检验证书的种类

（1）品质检验证书（inspection certificate of quality）（见单证 8 - 3，读者也可参考附录中的品质检验证书样例），是出口商品交货结汇和进口商品结算索赔的有效凭证；法定检验商品的证书，是进出口商品报关、输出输入的合法凭证。

单证 8 - 3　品质检验证书

中华人民共和国出入境检验检疫
ENTRY-EXIT INSPECTION AND QUARANTINE
OF THE PEOPLE'S REPUBLIC OF CHINA

编号 No.

品质检验证书
INSPECTION CERTIFICATE OF QUALITY

发货人
Consignor＿＿＿＿＿＿＿＿＿＿＿＿＿＿＿＿＿＿＿＿＿＿＿＿＿＿＿＿＿＿＿＿＿
收货人
Consignee＿＿＿＿＿＿＿＿＿＿＿＿＿＿＿＿＿＿＿＿＿＿＿＿＿＿＿＿＿＿＿＿
品名
Description of Goods＿＿＿＿＿＿＿＿＿＿＿＿＿＿＿＿＿＿＿＿＿＿＿＿＿＿＿

		标记及号码
报验数量/重量 Quantity/Weight Declared		Mark & No.
包装种类及数量 Number and Type of Packages		
运输工具 Means of Conveyance		
检验结果 Results of Inspection		

印章　　　　 签证地点　Place of Issue ＿＿＿＿＿　签证日期　Date of Issue ＿＿＿＿＿
Official Stamp　签字授权人　Authorized Officer ＿＿＿＿＿　签名　　Signature ＿＿＿＿＿

我们已尽所知和最大能力实施上述检验，不能因我们签发本证书而免除买方或其他方面根据合同和法律所承担的产品质量责任和其他责任。

All inspections are carried out conscientiously to the best of our knowledge and ability. This certificate does not in any respect absolve the seller and other related parties from his contractual and legal obligations especially when product quality is concerned.

（2）重量检验证书（inspection certificate of weight）（见单证 8 - 4），是证明进出口商品重量的证明文件，是出口商品交货结汇、签发提单和进口商品结算索赔的有效凭证。出口商品的重量检验证书也是国外报关征税和计算运费、装卸费用的证件。

（3）数量检验证书（inspection certificate of quantity）（见单证 8 - 4），是证明进出口商品数量的证明文件，是出口商品交货结汇、签发提单和进口商品结算索赔的有效凭证。出口商品的数量检验证书也是国外报关征税和计算运费、装卸费用的证件。

（4）兽医检验证书（veterinary inspection certificate），是证明出口动物产品或食品经过检疫合格的证件，适用于冻畜肉、冻禽、禽畜罐头、冻兔、肠衣等出口商品，是对外交货、银行结汇和进口国通关输入的重要证件。

单证 8－4　数量/重量检验证书

中华人民共和国出入境检验检疫
ENTRY-EXIT INSPECTION AND QUARANTINE
OF THE PEOPLE'S REPUBLIC OF CHINA

编号 No.

数量/重量检验证书
INSPECTION CERTIFICATE OF QUANTITYANDWEIGHT

发货人
Consignor＿＿＿＿＿＿＿＿＿＿＿＿＿＿＿＿＿＿＿＿＿＿＿＿＿＿＿
收货人
Consignee＿＿＿＿＿＿＿＿＿＿＿＿＿＿＿＿＿＿＿＿＿＿＿＿＿＿
品名
Description of Goods＿＿＿＿＿＿＿＿＿＿＿＿＿＿＿＿＿＿＿＿

报验数量/重量 Quantity/Weight Declared	标记及号码 Mark & No.
包装种类及数量 Number and Type of Packages	
运输工具 Means of Conveyance	
检验结果 Results of Inspection	

印章　　　　签证地点　Place of Issue＿＿＿＿＿＿　签证日期　Date of Issue＿＿＿＿＿
Official Stamp　签字授权人　Authorized Officer＿＿＿＿＿　签名　　Signature＿＿＿＿＿

中华人民共和国出入境检验检疫机关及其官员或代表不承担本证书的任何财经责任。
No financial liability with respect to this certificate shall attach to the entry-exit inspection and quarantine authority of the People's Republic of China or to any of its officers or representative.

（5）卫生检验证书（sanitary inspection certificate），是证明可供人类食用的出口动物产品、食品等经过卫生检验或检疫合格的证件，适用于肠衣、罐头、冻鱼、蛋品、乳制品、蜂蜜等，是对外交货、银行结汇和通关验放的有效证件。

（6）消毒检验证书（disinfection inspection certificate），是证明出口动物产品经过消毒处理，保证安全卫生的证件，适用于猪鬃、马尾、羽毛、人发等商品，是对外交货、银行结汇和国外通关验放的有效凭证。

（7）熏蒸证书（fumigation certificate），是用于证明出口粮谷、油籽、皮张等商品，以及包装用木材与植物性填充物等已经过熏蒸灭虫的证书。

（8）残损检验证书（inspection certificate on damaged cargo），是证明进口商品残损情况的证件。适用于进口商品发生残、短、毁等情况；可作为受货人向发货人或承运人或保险人等有关责任方索赔的有效证件。

（9）产地检验证书（inspection certificate of origin）。如果合同规定出具原产地证明，按给惠国的要求，出口方开具原产地证明，商检机构签发原产地证书。

（10）价值检验证书（inspection certificate of value），证明产品的价值或发票所载商品价值正确的文件。

（11）积载鉴定证书（stowage evaluation certificate），是证明船方和集装箱装货部门正确配载积载货物，作为证明履行运输契约义务的证件。可供货物交接或发生货损时处理争议之用。

（12）验残检验证书（inspection certificate on damaged cargo），证明商品残损情况、残损程度、残损原因，供索赔、理赔之用的文件。

（13）原产地证书（certificate of origin），是出口商品在进口国通关输入和享受减免关税优惠待遇和证明商品产地的凭证。

（14）财产价值鉴定证书，是对外贸易关系人和司法、仲裁、验资等有关部门索赔、理赔、评估或裁判的重要依据。

（15）船舱检验证书，证明承运出口商品的船舱清洁、冷藏效能及其他技术条件是否符合保护承载商品的质量和数量完整与安全的要求，可作为承运人履行租船契约适载义务、对外贸易关系方进行货物交接和处理货损事故的依据。

（16）生丝品级及公量检验证书，是出口生丝的专用证书。其作用相当于品质检验证书和重量/数量检验证书。

（17）舱口检视证书、监视装/卸载证书、舱口封识证书、油温空距证书、集装箱监装/拆证书，作为证明承运人履行契约义务、明确责任界限、便于处理货损货差责任事故的证明。

（18）价值证明书，可作为进口国管理外汇和征收关税的凭证。在发票上签盖商检机构的价值证明章与价值证明书具有同等效力。

（19）货载衡量检验证书，是证明进出口商品的重量、体积吨位的证件，可作为计算运费和制订配载计划的依据。

（20）集装箱租箱交货检验证书、租船交船剩水/油重量鉴定证书，可作为契约双方明确履约责任和处理费用清算的凭证。

此外，根据具体业务需要，商检机构还可以签发检温证书、验舱证书等。

五、检验证书缮制时的注意事项

（1）出证机关、地点及证书名称。如来证未规定出具证书的机关，则由出口人决定；如 L/C 上规定由"有关当局"出证，则应根据情况由有关的商检机构出具。出证地点除 L/C 有特别规定外，原则上应在装船口岸。证书名称应与 L/C 的规定相符。

（2）证书日期。原则上应与提单日期相同，如证书日期与提单日期相差超过 3 天，就容易遭到开证行或开证人拒付，议付时也会发生困难。

（3）证书内容。证书所表示的检验结果要与 L/C 上的要求和发票等各项单据所列明的规格、形状、质量等项目一致。

知识链接 ....

《商品名称及编码协调制度》

1. 《商品名称及编码协调制度》介绍

《商品名称及编码协调制度》(The Harmonized Commodity Description and Coding System) 简称《协调制度》，又称 H.S.，是指在原《海关合作理事会税则商品分类目录》和《国际贸易标准分类目录》的基础上，协调国际上多种商品分类目录而制定的一部多用途的国际贸易商品分类目录。

《协调制度》是 1983 年 6 月海关合作理事会（现名世界海关组织）主持制定的一部供海关、统计、进出口管理及与国际贸易有关各方共同使用的商品分类编码体系。H.S. 编码 "协调" 涵盖了《海关合作理事会税则商品分类目录》和联合国的《国际贸易标准分类目录》两大分类编码体系，是系统的、多用途的国际贸易商品分类体系。它除了用于海关税则和贸易统计外，为运输商品的计费、统计、计算机数据传递、国际贸易单证简化以及普遍优惠制税号的利用等，都提供了一套可使用的国际贸易商品分类体系。《协调制度》于 1988 年 1 月 1 日正式实施，每 4 年修订 1 次，形成了 1988 年、1992 年、1996 年、2002 年、2007 年、2012 年、2017 年和 2022 年版本。为适应国际贸易的发展，2022 年 1 月 1 日，世界海关组织发布了 2022 年版的《协调制度》，更新了 H.S. 编码。这次更新的版本，即 2022 年版《协调制度》是大多数国家自 1992 年以来使用的第 7 版 H.S. 编码。世界上已有 200 多个国家使用 H.S. 编码，占全球贸易总量 90% 以上的货物都是以 H.S. 编码分类的。

在实际工作中，为了适用于海关监管、海关征税及海关统计，需要按照进出口商品的性质、用途、功能或加工程度等将商品准确地归入《协调制度》中与之对应的类别和编号。

2. 《商品名称及编码协调制度》的基本结构

《协调制度》的主要内容是品目和子目，即代表各种各样商品名称及其规格的列目，2022 年版 H.S. 编码分布于 22 类、98 章（其中 77 章是空章）中，为使各个品目和子目之间界限分明，不会发生交叉归类的情况，它在许多类、章下加有注释，有的注释是专门针对某个子目的，叫子目注释。对于涉及整个《协调制度》各类、章商品分类的一些规则，《协调制度》将其单独列出，称为归类总规则。

《协调制度》是一部系统的国际贸易商品分类目录，所列商品名称的分类和编排是有一定规律的。从类来看，它基本上是按社会生产的分工（或称生产部类）分类的，它将属于同一生产部类的产品归在同一类里，如农业在第一、二类；化学工业在第六类；纺织工业在第十一类；冶金工业在第十五类；机电制造业在第十六类等。从章来看，基本上按商品的属性或用途来分类。第 1~83 章（第 64~67 章除外）基本上是按商品的自然属性来分章，而每章的前后顺序则是按照动、植、矿物质来先后排列的。如第 1~5 章是活动物和动物产品；第 6~14 章是植物产品；第 50 和 51 章是蚕丝、羊毛及其他动物毛；第 52 和 53 章是棉花、其他植物纺织纤维和纸纱线；第 54 和 55 章为化学纤维。商品之所以按自然属性分类是因为其种类、成分或原料比较容易区分，同时也因为商品价值的高低往往取决于构成商品本身的原材料。第 64～67 章和第 84～97 章是按货物的用途或功能来分章的，如第 64 章是鞋、第 65 章是帽、第 84 章是机械设备、第 85 章是电气设备、第 87 章是汽车、第 89 章是船舶等。之所以这样分类，一是因为这些物品由各种材料或多种材料构成，难以将这些物品作为哪一种材料制成的物品来分类。如鞋、帽，有可能是皮的，也可能是布的或塑料的，有些还可能由几种材料构成。例如运动鞋，其外底是橡胶的，鞋内底是泡沫塑料的，鞋面底是泡沫塑料的，鞋面是帆布的等。二是因为商品的价值主要体现在生产该物品的社会必要劳动时间上。如一台机器，其价值一般主要看生产这台机器所耗费的社会必要劳动时间，而不是看机器用了多少贱金属等。从目的排列看，一般也是按动、植、矿物质顺序排列，而且更为明显的是原材料先于产品，加工程度低的产品先于加工程度高的产品，列名具体的品种先于列名一般的品种。如在第 44 章内，品目 4403 是原木；4404 至 4408 是经简单加工的木材；4409 至 4413 是木的半制品；4414 至 4421 是木的制成品。

商品编码有 10 位：从左至右，第 1、2 位表示所在的章，第 3、4 位表示所在章的位置，第 5、6 位为一级子目，第 7、8 位为二级子目，第 9、10 位为三级子目。

如：其他鲜或冷可食用濒危鱼杂碎的编码为 0302 9900.10

例：

0203 鲜、冷、冻猪肉：　　　　◀━━━　品目条文
　—鲜或冷的：　　　　　　　◀━━━　一级子目条文
　——整头及半头：　　　　　◀━━━　二级子目条文
02031110.10———乳猪　　　◀━━━　三级子目条文
02031190.10———其他
02031200.10———带骨的前腿、后腿及其肉类
02031900.10———其他
　—冻的：
　——整头及半头：
02032110.10———乳猪
02032190.10———其他
02032200.10———带骨的前腿、后腿及其肉类
02032900.10———其他

扫一扫下面的二维码，查询商品的 H.S. 编码

小结

报关程序是指进出口货物收发货人、运输工具负责人、物品所有人或其代理人按照海关的规定，办理货物、物品、运输工具进、出境及相关海关事务的手续和步骤。

在我国，货物的进出境须经过海关审单、查验、征税、放行四个作业环节。

从海关对进出境货物进行监管的全过程来看，报关程序按时间先后可以分为三个阶段：前期阶段、进出境阶段、后续阶段。

进出口货物的收发货人或其代理人向海关办理进出口手续时，在货物进出口的时候填写进出口货物报关单，同时提供批准货物进出口的证件和有关的货运、商业票据，以便海关审查货物的进出口是否合法，确定关税的征收或减免事宜，编制海关统计。

在国际贸易中，检验机构签发的证书包括品质检验证书、重量检验证书、数量检验证书、兽医检验证书、卫生检验证书、消毒检验证书、熏蒸证书、残损检验证书等。

本章重点介绍了进出口报关单的填制规范。

复习与思考

一、单项选择题

1. 海关规定进口货物的进口日期是指（   ）。

A. 申报货物办结海关进口手续的日期

B. 向海关申报货物进口的日期

C. 运载货物的运输工具申报进境的日期

D. 所申报货物进入海关监管场地或仓库的日期

2. 中国某公司自新加坡购买英国生产的产品，从新加坡启运经中国香港转运至中国内地，填写报关单时启运地为（   ）。

A. 英国 B. 新加坡 C. 香港 D. 不用填

3. 某进出口公司从国外进口一批钢板 70 吨，在运输过程中，加以捆扎放于船的甲板上。进口报关单上的"件数"和"包装种类"两个项目的正确填报应是（   ）。

A. 件数为 70，包装种类为"吨" B. 件数为 1，包装种类为"散装"

C. 件数为 1，包装种类为"裸装" D. 件数为 1，包装种类为"其他"

4. 100 美元的运费单价应填报（   ）。

A. 502/100/1 B. 100 美元 C. 100 D. 502/100/2

二、多项选择题

1. 下列关于进出口货物报关单填制要求的表述，正确的是（   ）。

A. 同一批货物中贸易方式不同的商品，应分单填报

B. 同一批货物中商品编码不同的商品，应分项填报

C. 同一种商品成交计量单位与《海关法》计量单位不一致的，应分行填报

D. 同一批货物中征免性质不同的商品，应分单填报

2. 商检证书关系到有关各方的经济责任和权益，其作用表现为：（　　）。

A. 作为卖方所交付货物的品质、重量、数量、包装及卫生条件等是否符合合同规定的依据

B. 作为买方对品质、数量、重量、包装等提出异议、拒收货物、要求赔偿的凭证

C. 作为卖方向银行议付货款的单据之一

D. 作为出口国和进口国海关验放的有效证件

3. 某公司从日本进口联合收割机 10 台及部分附件，分装 30 箱，发票注明每台单价为 CIF SHANGHAI USD22 400，总价为 USD224 000，附件不另计价格。进口货物报关单以下栏目正确填报的为（　　）。

A. 成交方式：CIF　　　　　　　　B. 件数：10

C. 商品名称：联合收割机及附件　　D. 单价：22 400

三、判断题

1. 某化工进出口公司下属某厂以进料加工贸易方式进口原料一批，经海运抵港后，进口报关单的"备案号"栏应填报为该货物的加工贸易手册的编号。（　　）

2. 中国仪器进出口公司从日本松下公司购得分属三个合同的六种不同规格精密仪器同船一并运达。由于这些货物品种单一且数量不大，申报时可以用一份进口货物报关单准确、真实、齐全、清楚地填报。（　　）

3. 海关总署设在省、自治区、直辖市以及进出口商品的口岸、集散地的出入境检验检疫机构，管理所负责地区的进出口商品检验工作。（　　）

四、案例分析题

江苏某港口机械制造股份有限公司（320193××××）向香港飞翼船务有限公司出口集装箱半挂车 5 辆，总价 HKD608 000。经海关批准，该批货物运抵启运地海关监管现场前，先向该海关录入出口货物报关单电子数据，货物运至海关监管现场后，转关至上海吴淞口岸装运出境。上述货物出口后，其中 1 辆因质量不良被香港飞翼船务有限公司拒收而退运进口，整批货物因此未能收汇。

根据上述案例，回答下列问题。

1. 该批货物出口申报应符合下列海关规定（　　）。

A. 应同时以电子数据报关单和纸质报关单向海关申报，然后由海关进行电子审单

B. 应先向海关提交纸质报关单，由海关预审，再以电子数据报关单向海关正式申报

C. 应以电子数据报关单向海关申报，海关审结后，再向海关提交纸质报关单并随附其他单证

D. 由发货人或其代理人选择使用电子数据报关单或纸质报关单向海关申报

2. 该批出口货物报关单"贸易方式"与"征免性质"两栏目分别填报为（　　）。

A. 一般贸易，一般征税　　　　　　B. 一般贸易，中外合资

C. 合资合作设备，一般征税　　　　D. 合资合作设备，中外合资

五、简答题

1. 简述货物报关程序。

2. 简述海关对报关单填制的一般要求。

六、单证操作题

根据已知资料缮制报关单。

资料1：

位于上海浦东新区的上海顺达贸易发展公司（统一社会信用代码：91310120MA1HNX7L60）于2022年11月28日进口货物一批，次日由该公司自理向上海浦东海关（关区代码2210）报关。商品编码为：8441.1000；法定计量单位为：台；保险费率为：0.3%；集装箱自重为：4 000千克。

资料2：发票

HAIDA HEALTH MANAGEMENT LTD.
TONG SHING BUILDING A，80 SHEUNG SHA WAN ROAD
KOWLOON，U. S. A.

INVOICE

No. SH04‑10‑001　　　　　　　　　　　　　　　Date：October 28，2022

INVOICE of

For account and risk Messrs. SHANGHAI SHUNDA TRADE DEVELOPMENT CORP.

9/F No. 266 DONGFENGXI RD，SHANGHAI CHINA 上海顺达贸易发展公司 91310120MA1HNX7L60（上海浦东新区）

Shipped by HAIDA HEALTH MANAGEMENT LTD. Per QIANJIN 308

Sailing on or about Oct. 31，2022 From BOSTON U. S. A to PUDONG PORT，SHANGHAI CHINA

L/C No. 360LC010050115　　　　　　　　　　Contract No. SHDI01－16HH024

Marks & Nos.	Description of Goods	Quantity	Unit Price	Amount
			CFR SHANG HAI	
VADI BOSTON U. S. A. C/No. 1-10	VIDD CUTTING MACHINES (VI-400) (VIDD牌 切纸机 VI-400) COUNTRY OF ORIGIN： GERMANY	80 PCS	USD 6 500.00	USD 52 000.00
	SAY TOTAL U. S. DOLLARS FIFTY TWO THOUSAND ONLY.	80 PCS		USD52 000.00

HAIDA HEALTH MANAGEMENT LTD. USA

资料 3：装箱单

HAIDA HEALTH MANAGEMENT LTD.

TONG SHING BUILDING A, 80 SHEUNG SHA WAN ROAD

KOWLOON, U. S. A.

PACKING LIST

No. SH04 - 10 - 001 　　　　　　　　　　　　　　　Date：October 28，2022

PACKING LIST of 　　　　　　　　　　　　　　　　B/L NO：SH0103580

For account and risk of Messrs. SHANGHAI SHUNDA TRADE DEVELOPMENT CORP.　MRKS&.NOS.

9/F No. 266 DONGFENGXI RD，SHANGHAI CHINA 　　　　　　　　　　VADI

Shipped by HAIDA HEALTH MANAGEMENT LTD. Per QIANJIN 308 　　BOSTON U. S. A

Sailing on or about Oct. 31，2022 　　　　　　　　　　　　　　C/No. 1 - 10

From BOSTON U. S. A to PUDONG PORT，SHANGHAI CHINA

Packing No.	Description	Quantity	Net Weight	Gross Weight	Measurement
1—10	VIDD CUTTING MACHINES (VI - 400)	@8 PCS	@144.00 kg	@156.00 kg	
	（VIDD牌 切纸机 VI - 400）	80 PCS	1 440.00 kg	1 560.00 kg	
	TOTAL：10CASES	80 PCS	1 440.00 kg	1 560.00 kg	
	SAY TOTAL TEN （10） CASES ONLY.				
	2×40' CONTAINER CONTAINER NO： 　　ABTU136898 - 9 　　ABTU136899 - 8				

HAIDA HEALTH MANAGEMENT LTD. U. S. A

中华人民共和国海关进口货物报关单

预录入编号：　　　　　　海关编号：　　　　　　页码/页数：

境内收货人	进境关别	进口日期	申报日期	备案号
境外发货人	运输方式	运输工具名称及航次号	提运单号	货物存放地点
消费使用单位	监管方式	征免性质	许可证号	启运港
合同协议号	贸易国（地区）	启运国（地区）	经停港	入境口岸

包装种类	件数	毛重（千克）	净重（千克）	成交方式	运费	保费	杂费

随附单证及编号

标记唛码及备注

项号	商品编码	商品名称及规格型号	数量及单位	单价/总价/币制	原产国（地区）	最终目的国（地区）	境内货源地	征免

特殊关系确认	价格影响确认	支付特许权使用费确认	自报自缴

报关人员　报关人员证号　电话	兹申明以上内容承担如实申报、依法纳税之法律责任	海关批注及签章
申报单位	申报单位（签章）	

第九章

原产地证书

教学目标

了解原产地证书的概念、作用及种类；掌握原产地证书、普惠制原产地证书的内容和缮制方法；熟悉区域性经济集团互惠原产地证书的种类和内容。

关键词

一般原产地证书　普惠制原产地证书　区域性优惠原产地证书

导入案例

案情介绍： 某年 8 月潍坊出入境检验检疫局检验检疫人员收到山东出入境检验检疫局通关处转发的发货人为潍坊某公司的东盟原产地证书的退证查询邮件。经检验检疫人员认真核对，该证书为伪造证书，证书第 1 栏发货人为潍坊辖区内某贸易公司，但公司地址显示为塞舌尔共和国的境外地址，未显示该贸易公司的实际地址，证书第 12 栏签证人员的手签笔迹和签证印章均属伪造。在调查过程中，检验检疫人员于当年 9 月又收到山东出入境检验检疫局通关处转发的发货人为该公司的另一份东盟原产地证书的退证查询函，案件细节与前类似。潍坊出入境检验检疫局检验检疫人员对该公司涉嫌伪造、买卖和使用虚假原产地证书的行为进行了立案，并派员进行调查。经过调查发现：该公司于当年 6 月向印度尼西亚同一客户出口三批硅酸钠，分别为 400 公吨、100 公吨和 500 公吨，货值分别为 90 400 美元、22 600 美元和 113 000 美元。出口时由于国外客户要求提供中国东盟原产地证书，而该公司一直未在潍坊出入境检验检疫局办理过原产地证书企业注册，经咨询检验检疫机构无法签发发货人为境外公司的东盟原产地证书，于是该公司业务人员就在网上通过 QQ 联系办理假原产地证书。该公司负责人承认了上述违法事实，称因为公司业务人员法律意识淡薄、业务知识匮乏，导致了违法行为的发生。鉴于该公司积极配合调查，并主动交代其他违法事实，潍坊出入境检验检疫局对该公司做出了处以 30 000 元罚款的处罚。

分析及结论：自由贸易区优惠原产地证书是出口商在出口货物时享受关税减免的证明性文件。近年来，国外退证查询证书真伪的调查明显增多，一些不法企业买卖和使用伪造、变造优惠原产地证书的行为严重损害了国家声誉，破坏了正常的出入境检验检疫工作秩序，必须采取有效的措施加以管理。(1) 应积极开展对外宣传和培训。应加大宣传检验检疫法律法规知识，提高出口企业的法律意识，及时通报典型案例；同时加强业务宣传，使企业了解原产地证书申报手续，并简化签证手续，提高签证效率，避免部分企业因不熟悉签证流程、来不及办理而使用假证，引导企业自觉申领原产地证书。(2) 强化对空白原产地证书和申领员的监督管理。严格执行空白原产地证书的入库、申领、使用和核销工作，对领用的证书逐份核销，应用原产地签证管理系统对空白原产地证书的整个业务流程实行信息化管理，做到从源头上追溯到每一份空白证书的出处，杜绝造假证书，使造假者无机可乘；应用出口企业诚信管理系统对原产地注册企业和申领员实施信息化管理，杜绝空白原产地证书的冒领买卖行为，从源头上控制利用空白原产地证书伪造、变造原产地证书的违法行为。(3) 实行"黑名单"管理制度，利用诚信管理系统将涉及伪造、变造原产地证书违法行为的出口企业纳入"黑名单"，加强对类似违法行为的有效预防，使企业知法守法、诚信经营。要内查外排建立失信惩戒机制，并结合双打工作，大力打击买卖单证、逃避检验检疫等违法行为，维护正常进出口秩序，维护"中国制造"产品的国际声誉。(4) 目前我国对办假证者的惩罚措施过于宽松、假证的使用成本过低，是造成假证风行的重要原因。治理假证，不但要从打击假证制作源头抓起，而且要从防范体制漏洞做起，加强法律法规的宣传力度，提高外贸从业人员的业务素质，并将假证制造者的情况提供给公安机关依法追究其刑事责任。同时加强国际合作，认真答复国外海关退证查询，及时对证书的真伪情况进行确认和识别，防止假证书通关。

第一节　认识原产地证书

一、原产地证书的概念及作用

原产地证书（certificate of origin）是出口商应进口商要求而提供的、由公证机构或政府或出口商出具的证明货物原产地或制造地的一种证明文件。

原产地证书是商品进入国际贸易领域的"护照"，用来证明商品的经济国籍。它是在国际贸易中交接货物、结算货款、索赔理赔、进口国通关验收、征收关税的有效凭证，它还是出口国享受配额待遇、进口国对不同出口国实行不同贸易政策的凭证。

二、原产地证书的种类

（一）根据签发者的不同，原产地证书可以分为海关出具的原产地证书、商会出具的原产地证书、制造商或出口商出具的原产地证书

1. 海关出具的原产地证书

海关总署公告 2018 年第 106 号《关于中国原产地证书和金伯利进程证书签发有关事宜的公告》指出，根据 2018 年国务院机构改革方案，原国家质量监督检验检疫总局的出入境检验检疫管理职责和队伍划入海关总署。中国原产地证书和金伯利进程证书的签证管理部门由原国家质量监督检验检疫总局变更为海关总署，签证机构中的各地出入境检验检疫机构变更为各直属海关。签发的各类原产地证书具体包括：非优惠原产地证书、普惠制原产地证书、优惠贸易协定原产地证书、输欧盟农产品等专用原产地证书以及金伯利进程证书。

扫一扫下面的二维码，了解海关总署公告 2018 年第 106 号《关于中国原产地证书和金伯利进程证书签发有关事宜的公告》

2. 商会出具的原产地证书

中国国际贸易促进委员会（简称贸促会）及其地方分会依据《中华人民共和国进出口货物原产地条例》签发原产地证书。如明确要求原产地证书由商会出具，企业应向贸促会及其地方分会申请。

目前，贸促会可签发非优惠原产地证书、优惠原产地证书、加工装配证书和转口证书。其中优惠原产地证书包括《亚太贸易协定》《中国-新加坡自由贸易协定》《中国-新西兰自由贸易协定》《中国-秘鲁自由贸易协定》《中国-哥斯达黎加自由贸易协定》《海峡两岸经济合作框架协议》项下的优惠原产地证书等。

扫一扫下面的二维码，了解更多关于中国国际贸易促进委员会原产地证书的相关信息

3. 制造商或出口商出具的原产地证书

制造商或出口商出具的原产地证书是指在国际贸易实务中，按照合同或信用证的要求，制造商或出口商出具的证明货物原产地的证明文件。

（二）根据原产地规则的不同，原产地证书可以分为优惠原产地证书和非优惠原产地证书两大类；根据用途不同，原产地证书可以分为普遍优惠原产地证书、区域性优惠原产地证书、一般原产地证书和专用原产地证书等

1. 优惠原产地证书

优惠原产地证书包括非互惠原产地证书和互惠原产地证书。目前我国审签的普惠制原产地证书是非互惠原产地证书。《亚太贸易协定》优惠原产地证书、中国–东盟自由贸易区优惠原产地证书、中国–智利自由贸易区优惠原产地证书、中国–巴基斯坦自由贸易区优惠原产地证书、中国–新西兰自由贸易区优惠原产地证书、中国–新加坡自由贸易区优惠原产地证书、中国–秘鲁自由贸易区优惠原产地证书、中国–哥斯达黎加自由贸易区优惠原产地证书、海峡两岸经济合作框架协议原产地证书等是互惠原产地证书。

（1）普惠制原产地证书（Form A）。

普遍优惠制，简称普惠制（generalized system of preferences，简称 GSP），是指发达国家承诺对从发展中国家或地区输入的商品，特别是制成品和半制成品，给予普遍的、非歧视的和非互惠的关税优惠待遇。它是一项有利于发展中国家和地区扩大出口的关税优惠制度。普惠制原产地证书是根据普惠制给惠国的原产地规则和有关要求签发的原产地证书，是受惠国货物出口到给惠国时享受普惠制关税优惠待遇的官方凭证。普惠制证书采用国际统一的证书格式（Form A）。

自 2019 年 4 月 1 日起，海关不再对输日货物签发普惠制原产地证书及相关日本进料加工证书。目前给予我国普惠制待遇的国家有 5 个，它们分别为：挪威、俄罗斯、白俄罗斯、乌克兰和哈萨克斯坦。

（2）《亚太贸易协定》优惠原产地证书（Form B）。

《亚太贸易协定》是中国与《亚太贸易协定》其他成员国就《亚太贸易协定》项下进出口货物可享受到更加优惠的关税待遇而签订的经贸合作协议。《亚太贸易协定》的成员国包括中国、韩国、孟加拉国、斯里兰卡、印度、老挝和蒙古国。《亚太贸易协定》项下的优惠原产地证书由海关总署设在各地的直属海关负责签发。申请企业应当在海关总署设在各地的直属海关办理注册登记手续，申请程序与办理普惠制原产地证书相同。如果企业已经取得普惠制原产地证书注册资格，只需申请增加《亚太贸易协定》出口货物原产地证书的签证类别即可。

扫一扫下面的二维码，了解《中华人民共和国海关〈亚太贸易协定〉项下进出口货物原产地管理办法》

（3）中国-东盟自由贸易区优惠原产地证书（Form E）。

中国-东盟自由贸易区优惠原产地证书是根据《中华人民共和国与东南亚国家联盟全面经济合作框架协议》签发的就中国-东盟自由贸易区成员国之间相互给予关税减免待遇的官方证明文件。自 2004 年 1 月 1 日起，凡出口到东盟的农产品（H.S. 第一章到第八章）凭借检验检疫机构（现改为各地直属海关）签发的中国-东盟自由贸易区优惠原产地证书（Form E）可以享受关税优惠待遇。自 2005 年 7 月 20 日起，7 000 多种正常产品开始全面降税。中国和东盟 6 个老成员国（即文莱、印度尼西亚、马来西亚、菲律宾、新加坡和泰国）至 2005 年 7 月 40％税目的关税降到 0～5％；2007 年 1 月 60％税目的关税降到 0～5％；2010 年 1 月 1 日将关税最终削减为零。老挝、缅甸至 2009 年 1 月、柬埔寨至 2012 年 1 月 50％税目的关税降到 0～5％；2013 年 40％税目的关税降到零。越南 2010 年 50％税目的关税降到 0～5％。2015 年其他四国（老挝、缅甸、柬埔寨、越南）将关税降为零。可以签发中国-东盟自由贸易区优惠原产地证书的国家有：文莱、柬埔寨、印度尼西亚、老挝、马来西亚、缅甸、菲律宾、新加坡、泰国、越南等 10 个国家。

扫一扫下面的二维码，了解《中华人民共和国海关〈中华人民共和国与东南亚国家联盟全面经济合作框架协议〉项下经修订的进出口货物原产地管理办法》

（4）中国-智利自由贸易区优惠原产地证书（Form F）。

中国-智利自由贸易区优惠原产地证书是根据《中华人民共和国政府和智利共和国政府自由贸易协定》签发的就中国和智利两国相互给予关税减免待遇的官方证明文件。自 2006 年 10 月 1 日起，各地出入境检验检疫机构（现改为各地直属海关）开始签发中国-智利自由贸易区优惠原产地证书（Form F），即日起对原产于我国的 5 891 个 6 位税目产品关税降为零。

扫一扫下面的二维码，了解《中华人民共和国海关〈中华人民共和国政府和智利共和国政府自由贸易协定〉项下进出口货物原产地管理办法》

（5）中国-巴基斯坦自由贸易区优惠原产地证书（Form P）。

中国-巴基斯坦自由贸易区优惠原产地证书是根据《中华人民共和国政府和巴基斯坦

伊斯兰共和国政府自由贸易协定》签发的就中国-巴基斯坦自由贸易区成员国之间相互给予关税减免待遇的官方证明文件。2003年11月，中国与巴基斯坦签署《优惠贸易安排》（PTA），中巴两国分别列出关税减让清单。2005年4月，中巴签署了《中华人民共和国政府与巴基斯坦伊斯兰共和国政府关于自由贸易协定早期收获计划的协议》，决定结束中巴自由贸易协定联合可行性研究，启动自由贸易协定谈判。自2006年1月1日起，对双方先期实施降税的3 000多个税目产品，分别实施零关税和优惠关税，原产于中国的486个8位零关税税目产品的关税将在2年内分3次逐步下降，2008年1月1日全部降为零。原产于中国的486个8位零关税税目产品的关税优惠幅度从1%到10%不等，平均优惠幅度为22%，将在承诺的时间内逐步降低关税，直至降为零关税。

扫一扫下面的二维码，了解《中华人民共和国海关〈中华人民共和国政府与巴基斯坦伊斯兰共和国政府自由贸易协定〉项下进口货物原产地管理办法》

（6）中国-新西兰自由贸易区优惠原产地证书（Form N）。

2008年4月7日，《中华人民共和国政府和新西兰政府自由贸易协定》在两国总理的见证下正式签署，并自2008年10月1日起生效。协定实施后，在货物贸易方面，新西兰承诺将在2016年1月1日前取消全部自华进口产品关税，其中63.6%的产品从协定生效时起即实现零关税；中国承诺将在2019年1月1日前取消97.2%自新西兰进口的产品关税，其中24.3%的产品从协定生效时起即实现零关税。对于没有立即实现零关税的产品，将在承诺的时间内逐步降低关税，直至降为零关税。

2016年11月双方启动自贸协定升级谈判，并于2019年11月宣布完成升级谈判。2021年1月双方正式签署升级成果《中华人民共和国政府与新西兰政府关于升级〈中华人民共和国与新西兰政府自由贸易协定〉的议定书》，2022年4月7日正式生效实施。该议定书对原自贸协定进行了修订，对原协定的原产地规则进行升级，双方完善了直接运输条款的规定，引入了经核准出口商原产地自主声明制度，便利进出口企业享惠；此外，还增加了原产地证书补发、免于提交原产地文件、联网核查系统等条款的内容。

扫一扫下面的二维码，了解《中华人民共和国海关〈中华人民共和国政府和新西兰政府自由贸易协定〉项下经修订的进出口货物原产地管理办法》

（7）中国-新加坡自由贸易区优惠原产地证书（Form X）。

《中华人民共和国政府和新加坡共和国政府自由贸易协定》自 2009 年 1 月 1 日起实施。自 2009 年 1 月 1 日起，各地出入境检验检疫机构（现改为各地直属海关）开始签发中国-新加坡自由贸易区优惠原产地证书。根据协定，新加坡从 2009 年 1 月 1 日起，取消所有原产于中国的进口产品关税；而中国将在 2010 年 1 月 1 日前取消 97.1% 原产于新加坡的进口产品关税，87.5% 的产品从协定生效时起即实现零关税。

扫一扫下面的二维码，了解《中华人民共和国海关〈中华人民共和国政府和新加坡共和国政府自由贸易协定〉项下经修订的进出口货物原产地管理办法》

（8）中国-秘鲁自由贸易区优惠原产地证书（Form R）。

2010 年 3 月 1 日，《中国-秘鲁自由贸易协定》正式生效，这标志着中国-秘鲁自贸区货物贸易降税进程正式启动，为双边贸易发展提供了新的机遇和更广阔的空间。按照国家质检总局（现改为海关总署）的要求，各地出入境检验检疫局（现改为各地直属海关）自 3 月 1 日起正式签发中国-秘鲁自贸区优惠原产地证书。产品涉及机电、化工、医药、轮胎和轻工等多个行业，企业凭证书可获得 3%～100% 不等幅度的关税优惠。

扫一扫下面的二维码，了解《中华人民共和国海关〈中华人民共和国政府和秘鲁共和国政府自由贸易协定〉项下进出口货物原产地管理办法》

（9）中国-哥斯达黎加自由贸易区优惠原产地证书（Form L）。

中国-哥斯达黎加自由贸易区优惠原产地证书是根据《中国-哥斯达黎加自由贸易协定》签发的就中国和哥斯达黎加两国之间相互给予关税减免待遇的官方证明文件。自 2011 年 8 月 1 日起，我国出口到哥斯达黎加的符合中国-哥斯达黎加自贸区原产地规则的产品享受哥斯达黎加给予的关税优惠待遇。该协定是中国与中美洲国家签署的第一个一揽子自贸协定，是两国关系发展史上新的里程碑。根据协定规定，中哥双方将对各自 90% 以上的产品分阶段实施零关税，中国的纺织原料及制品、轻工、机械、电器设备、蔬菜、水果、汽车、化工、生毛皮及皮革等产品和哥斯达黎加的咖啡、牛肉、猪肉、菠萝汁、冷冻橙汁、果酱、鱼粉、矿产品、生皮等产品将从降税安排中获益。

扫一扫下面的二维码，了解《中华人民共和国海关〈中华人民共和国政府和哥斯达

黎加共和国政府自由贸易协定〉项下进出口货物原产地管理办法》

（10）中国-瑞士自由贸易区优惠原产地证书。

2014 年 7 月 1 日，《中国-瑞士自由贸易协定》生效，此后，中国和瑞士之间的双边经济贸易往来获得了多方面的优惠条件。特别是在贸易领域，中国对瑞士出口 99％以上的商品可享受零关税，瑞士对中国出口 96％以上的商品可享受关税减免。按照相关要求，自 2014 年 7 月 1 日起中国-瑞士自贸区优惠原产地证书正式签发。

扫一扫下面的二维码，了解《中华人民共和国海关〈中华人民共和国和瑞士联邦自由贸易协定〉项下进出口货物原产地管理办法》

（11）中国-冰岛自由贸易区优惠原产地证书。

2014 年 7 月 1 日，《中国-冰岛自由贸易协定》生效，该协定是我国与欧洲国家签署的第一个自由贸易协定，涵盖货物贸易、服务贸易、投资等诸多领域。该协定的生效将为中冰关系的长远发展注入巨大活力，并对深化中欧经贸合作起到了示范作用。中冰自贸区建成后，双方最终实现零关税的产品，按税目数衡量均接近 96％，按贸易量衡量均接近 100％。按照相关要求，中国-冰岛自贸区优惠原产地证书自 2014 年 7 月 1 日起正式签发。

扫一扫下面的二维码，了解《中华人民共和国海关〈中华人民共和国政府和冰岛政府自由贸易协定〉项下进出口货物原产地管理办法》

（12）中国-韩国自由贸易区优惠原产地证书。

2015 年 12 月 20 日，《中国-韩国自由贸易协定》正式生效。该协定涵盖货物贸易、

服务贸易、投资和规则共 17 个领域，包含了电子商务、竞争政策、政府采购、环境等
"21 世纪经贸议题"。在关税减让方面，协定达成后，经过最长 20 年的过渡期，中方实
现零关税的产品将达到税目的 91%、进口额的 85%，韩方实现零关税的产品将达到税
目的 92%、进口额的 91%。按照相关要求，中国-韩国自贸区优惠原产地证书自 2015
年 12 月 20 日起正式签发。

　　扫一扫下面的二维码，了解《中华人民共和国海关〈中华人民共和国政府和大韩民
国政府自由贸易协定〉项下进出口货物原产地管理办法》

　　（13）中国-澳大利亚自由贸易区优惠原产地证书。

　　2015 年 12 月 20 日，《中国-澳大利亚自由贸易协定》正式生效。中国 96.8% 的税
目将实现自由化，且均采用线性降税这一简单直接的降税方式，其中 5 年内完成降税的
税目比例为 95%，剩余产品降税过渡期最长不超过 15 年。澳大利亚所有产品均对中国
完全降税，自由化水平达到 100%，其中 91.6% 的税目关税在协定生效时即降为零，
6.9% 的税目在协定生效第 3 年降为零，最后 1.5% 的税目关税在协定生效第 5 年降为
零。按照相关要求，中国-澳大利亚自贸区优惠原产地证书自 2015 年 12 月 20 日起正式
签发。

　　扫一扫下面的二维码，了解《中华人民共和国海关〈中华人民共和国政府和澳大利
亚政府自由贸易协定〉项下进出口货物原产地管理办法》

　　（14）中国-格鲁吉亚自由贸易区优惠原产地证书。

　　2018 年 1 月 1 日，《中国-格鲁吉亚自由贸易协定》正式生效。该协定是我国与欧亚
地区国家签署的第一个自贸协定，也是"一带一路"倡议提出后我国启动并达成的第一
个自贸协定。协定生效后，在货物贸易方面，格方对我国 96.5% 的产品立即实施零关
税，覆盖格鲁吉亚自中国进口总额的 99.6%；我国对格鲁吉亚 93.9% 的产品实施零关
税，覆盖我国自格鲁吉亚进口总额的 93.8%，其中 90.9% 的产品（42.7% 的进口额）
立即实施零关税，其余 3% 的产品（51.1% 的进口额）5 年内逐步降为零关税。在服务

贸易方面，双方在各自世界贸易组织承诺的基础上，进一步相互开放市场。此外，双方还在环境与贸易、竞争、知识产权、投资、电子商务等众多领域达成广泛共识。协定将进一步提升双边贸易自由化、便利化水平，为企业营造更加开放、透明和稳定的贸易环境，为两国人民带来更多质优价廉的产品和服务。按照相关要求，中国-格鲁吉亚自贸区优惠原产地证书自2018年1月1日起正式签发。

扫一扫下面的二维码，了解《中华人民共和国海关〈中华人民共和国政府和格鲁吉亚政府自由贸易协定〉项下进出口货物原产地管理办法》

（15）《区域全面经济伙伴关系协定》原产地证书

《区域全面经济伙伴关系协定》（Regional Comprehensive Economic Partnership, RCEP）是2012年由东盟发起的。2020年11月15日，东盟10国和中国、日本、韩国、澳大利亚、新西兰共15个亚太国家正式签署了《区域全面经济伙伴关系协定》。2022年1月1日，《区域全面经济伙伴关系协定》正式生效，首批生效的国家包括文莱、柬埔寨、老挝、新加坡、泰国、越南等东盟6国和中国、日本、新西兰、澳大利亚等非东盟4国。2022年2月1日起对韩国生效。2022年3月18日起对马来西亚生效。2022年5月1日起对缅甸生效。2023年1月2日起对印度尼西亚生效。2023年2月21日，菲律宾正式加入《区域全面经济伙伴关系协定》。协定生效后，区域内90%以上的货物贸易最终实现零关税，且主要是立刻降税到零和逐步降税到零。

扫一扫下面的二维码，了解《中华人民共和国海关〈区域全面经济伙伴关系协定〉项下进出口货物原产地管理办法》

（16）海峡两岸经济合作框架协议原产地证书。

海峡两岸经济合作框架协议原产地证书是指依据海峡两岸关系协会与台湾海峡交流基金会签署的《海峡两岸经济合作框架协议》（Economic Cooperation Framework Agreement，简称ECFA）签发的就双方之间相互给予关税减免待遇的官方证明文件。自2011年1月1日起，大陆企业持《海峡两岸经济合作框架协议》项下的优惠原产地证书，出口到台湾的货物将获得关税减免的优惠。《海峡两岸经济合作框架协议》是我国大陆与台湾经过多次商谈达成的一项重要协议，已于 2010 年 9 月 12 日生效，其中早期收获清单自 2011 年 1 月 1 日起付诸实施，列入清单的约 800 项产品将逐步降关税，3 年内全部降为零，包括大陆对台湾开放的产品 500 多项，台湾批准大陆的产品 5 大类 267 项，含石化类、机械类、纺织类、运输类产品。

扫一扫下面的二维码，了解《中华人民共和国海关〈海峡两岸经济合作框架协议〉项下进出口货物原产地管理办法》

（17）内地与港澳 CEPA 原产地证书。

我国中央政府与香港和澳门特别行政区政府签署的《〈内地与香港关于建立更紧密经贸关系的安排〉货物贸易协议》和《〈内地与澳门关于建立更紧密经贸关系的安排〉货物贸易协议》均自 2019 年 1 月 1 日起实施。根据协议，香港和澳门继续对原产内地的所有进口货物实行零关税。内地对原产香港和澳门的进口货物全面实施零关税。根据世界海关组织公布的 2022 年版《商品名称及编码协调制度》（简称《协调制度》）修订目录，内地已分别与香港、澳门就《〈内地与香港关于建立更紧密经贸关系的安排〉货物贸易协议》和《〈内地与澳门关于建立更紧密经贸关系的安排〉货物贸易协议》（以下简称"港澳 CEPA 货物贸易协议"）项下产品特定原产地规则中产品名称及编码由 2017 年版《协调制度》向 2022 年版转换达成一致，自 2022 年 5 月 16 日起实施。进出口货物收发货人或者其代理人办理港澳 CEPA 货物贸易协议项下货物海关申报手续。出口货物发货人或者其代理人、签证机构按照本公告附件中列明的原产地标准申领、签发港澳 CEPA 原产地证书。

扫一扫下面的二维码，了解《海关总署关于公布港澳 CEPA 项下产品特定原产地规则转版清单的公告》

2. 非优惠原产地证书

（1）一般原产地证书。

一般原产地证书（certificate of origin，简称 CO）是出口产品在进口国/地区通关所需，是进口国进行贸易统计等的依据。它适用于征收关税、贸易统计、保障措施、歧视性数量限制、反倾销和反补贴、原产地标记、政府采购等方面。一般原产地证书对所有独立关税区的国家（地区）都可签发。

（2）加工装配证书。

加工装配证书（certificate of processing）是指对全部或部分使用了进口原料或零部件而在中国进行了加工、装配的出口货物，当其不符合中国出口货物原产地标准、未能取得原产地证书时，由签证机构根据申请单位的申请所签发的证明中国为出口货物加工、装配地的一种证明文件。

（3）转口证书。

转口证书（certificate of re-export）是指经中国转口的外国货物，由于不能取得中国的原产地证，而由中国签证机构出具的证明货物系他国原产、经中国转口的一种证明文件。

（4）专用原产地证书。

①金伯利进程证书，是指在实施金伯利进程证书制度成员国之间使用的，用于证明进出口毛坯钻石合法来源地的证明书。

②输欧盟农产品原产地证书（certificate of origin for imports of agricultural products into the European economic community），例如，输欧盟托考伊葡萄酒原产地名称证书、输欧盟奶酪制品证书、输欧盟烟草真实性证书、输欧盟农产品原产地名称证书等。

在实际业务中，选择哪一种原产地证书应根据信用证或合同规定确定。一般货物出口到实行普惠制待遇的国家，都须出具普惠制原产地证书。一般货物出口到与中国政府间签订有区域性优惠贸易安排或协议的国家或地区，都须出具特殊区域性原产地证书。如果信用证并未明确规定原产地证书的签证机构，则银行应该接受任何一种原产地证书。

第二节　一般原产地证书

一般原产地证书，又称普通原产地证书，是产地证书的一种。一般原产地证书是用以证明有关出口货物制造地的一种证明文件。一般原产地证书可以分为两种，一种是由中国国际贸易促进委员会签发的，另外一种是由海关总署设在各地的直属海关签发的。一般原产地证书是国际贸易行为中的"原籍"证书，在特定情况下进口国据此对进口货物给予不同的关税待遇。

一、一般原产地证书的申领

根据我国现行规定，出口企业最迟于货物报关出运前 3 天，持签证机构规定的正本文件，向签证机构申请办理一般原产地证书。申领所需的文件有：

（1）《一般原产地证书申请书》一份，见单证 9 - 1；

（2）《一般原产地证书》一套；

（3）正式出口商业发票正本一份，如发票内容不全，另附装箱单（盖章，不得涂改）；

（4）含有进口成分的产品，必须提交《含进口成分产品成本明细单》；

（5）签证机构需要的其他单据。

二、一般原产地证书的主要内容及填制方法

一般原产地证书采用全国统一的证书格式，一正三副。一般原产地证书（见单证 9 - 2）共有 12 项内容，除按检验检疫部门指定的号码填入证书编号（Certificate No.）以外，现就其各栏目内容和缮制要点逐项介绍如下。

1. 出口商（Exporter）

此栏包括出口商的全称和地址。信用证项下一般为信用证受益人，汇付和托收项下是卖方。

2. 收货人（Consignee）

填本批货物最终目的地的收货人的全称和地址。信用证项下一般为开证申请人，如信用证有具体规定，应按要求填写。汇付和托收项下是买方。

3. 运输方式和路线（Means of transport and route）

应填装运港和卸货港的名称，并说明运输方式。例如，from Shanghai to London by sea。如要转运，须注明转运地。例如，from Shanghai to London via Hong Kong by sea。

4. 目的国家或地区（Country/Region of destination）

按信用证或合同规定的目的国家或地区名称填制。在转口贸易时，一般应与最终收货人或最终目的港（地）国别一致，不能填写中间商所在国家名称。

5. 供签证机构使用（For certifying authority use only）

本栏供检验检疫部门根据需要加注说明，例如，"证书丢失，重新补发，声明××号证书作废"等内容。出口方将此栏留空。

6. 唛头（Marks and numbers）

按信用证中规定的内容进行缮制，且与发票和提单的同项一致，不得留空。

7. 包装件数及种类、商品名称（Number and kind of packages；Description of goods）

填写具体的包装件数和种类、商品名称，如散装货物用"in bulk"表示。

8. H. S. 编码（H. S. Code）

H. S. 是海关合作理事会《商品名称及编码协调制度》的英文缩写。商务部和海关总署根据 H. S. 分类编制了《中华人民共和国进出口商品目录对照表》，规定了商品名称和编码。本栏应按该规定填入，不同商品应分别标明不同的 H. S. 编码。

单证 9-1　一般原产地证书/加工装配证明书申请书

申请单位注册号：　　　　　　　　　　　　　　　　　　　证书号：

申请人郑重声明：

本人被正式授权代表本企业办理和签署本申请书。

本申请书及一般原产地证所列内容正确无误，如发现弄虚作假、冒充证书所列货物、擅改证书，自愿接受签发机构的处罚并承担法律责任，现将有关情况申报如下：

企业名称		发票号	
商品名称		H. S. 编码（六位数）	
商品 FOB 总值（以美元计）		最终目的地国家/地区	
拟出运日期		转口国（地区）	
贸易方式和企业性质（请在适用划"√"）			
一般贸易		"三来一补"	其他贸易方式
国营		国营	国营
"三资"		"三资"	"三资"
其他		其他	其他
包装数量或毛重或其他数量			
证书种类（划"√"）	一般原产地证书		加工装配证明书

　　现提交中国出口货物商业发票副本一份，一般原产地证书/加工装配证明书一正三副，以及其他附件　　份，请予审核签证。

　　申请单位盖章　　　　　　　　　　　　　申请人（签名）

　　　　　　　　　　　　　　　　　　　　　电话

　　　　　　　　　　　　　　　　　　　　　日期　　年　月　日

　　商检局联系记录

9. 数量及重量（Quantity or weight）

依据发票和提单有关内容填写。重量应注明毛重和净重。例如，G. W. 40 000KGS，N. W. 38 000KGS。

10. 发票号码及日期（Number and date of invoices）

此栏填写商业发票的号码和日期，分两行填写，第一行填写发票号码，第二行填写发票日期，该日期应与商业发票上的显示一致，并且不能迟于出货日期。为避免对月份、日期的误解，月份应用英文缩写表示。

11. 出口商声明（Declaration by the exporter）

出口商声明已事先印就。内容为："下列签署人声明，以上各项及其陈述是正确的，全部货物均在中国生产，完全符合中华人民共和国原产地规则。"在本栏仅填入申报地点和日期，加盖申请单位章，并由经办人签字。签字与图章不能重叠。

12. 签证机构证明（Certification）

签证机构证明事先已印制，内容为："兹证明出口商声明是正确的。"签证机构在此注明签证日期和地点，并由授权人签名，加盖签证机构印章。两者不能重叠。

单证 9 - 2　一般原产地证书

1. Exporter	CERTIFICATE No. **CERTIFICATE OF ORIGIN OF THE PEOPLE'S REPUBLIC OF CHINA**			
2. Consignee				
3. Means of transport and route	5. For certifying authority use only			
4. Country/Region of destination				
6. Marks and numbers	7. Number and kind of packages; Description of goods	8. H. S. Code	9. Quantity or weight	10. Number and date of invoices
11. Declaration by the exporter The undersigned hereby declares that the above details and statements are correct; that all the goods were produced in China and that they comply with the Rules of Origin of the People's Republic of China. -------------------- Place and date, signature and stamp of authorized signatory	12. Certification It is hereby certified that the declaration by the exporter is correct. -------------------- Place and date, signature and stamp of certifying authority			

三、一般原产地证书的更改或重发

对签证机构已签发的原产地证书，当申请单位需要更改其内容时，申请单位应书面申明理由，提交已更改的原产地证书，并退回原证书正本。

对签证机构已签发的原产地证书遗失或损毁，申请单位应书面说明遗失或损毁的原因，提交重新填制的产地证书副本或复印件。此时，签证机构将在第 5 栏加注下列内容："This Certificate is in replacement of Certificate of Origin No. . . . dated . . . which cancelled."（本证为某月某日签发的第××号证书之副本，原证作废。）

第三节 普惠制原产地证书

普惠制原产地证书（generalized system of preferences certificate of origin），是指受惠国有关机构就本国出口商向给惠国出口受惠国商品而签发的用以证明原产地的证明文件。在我国普惠制原产地证书格式 A（Form A）由海关总署设在各地的直属海关签发。

一、普惠制原产地证书的申领

根据我国海关的有关规定，出口企业最迟于货物出运前 5 天，持填好的普惠制原产地证书、申请书及其他必要单据到各地的商检机构办理签发手续。商检机构对提交的单据进行审核，如审核无误，即在证书上签字盖章，将其退给出口企业。申领时需要提交下列资料：

(1)《普惠制原产地证书申请书一份》（见单证 9 - 3）；
(2)《普惠制原产地证书（Form A）》（英文缮制）一套；
(3) 正式出口商业发票正本一份，如发票内容不全，另附装箱单；
(4) 含有进口成分的产品，必须提交《含进口成分产品成本明细单》；
(5) 复出口日本的来料加工产品或进料加工产品需提交《从日本进口原料证明书》；
(6) 签证机构需要的其他单据。

二、普惠制原产地证书的主要内容及填制方法

普惠制原产地证书（见单证 9 - 4）用英文填写。证书编号（Reference No.）按海关总署的编号填制。其他缮制要点如下：

1. 发货人（出口商名称、地址、国家）〔Goods consigned from（Exporter's name, address, country）〕

此栏出口商名称必须经海关登记注册，其名称、地址必须与注册档案一致。必须填明在中国境内的出口商详细地址、国名。

2. 收货人（收货人名称、地址、国家）〔Goods consigned to（Consignee's name, address, country）〕

填给惠国的最终收货人的名称、地址和国家。信用证项下一般为开证申请人，如果其不是实际收货人，又不知最终收货人，可填发票抬头人。

单证 9-3　普惠制原产地证书申请书

申请单位（盖章）　　　　　　　　　　　　　　　　　　　证书号
组织机构代码　　　　　　　　　　　　　　　　　　　　　注册号
申请人郑重声明

　　本人被正式授权代表本出口单位办理和签署本申请书。

　　本申请书及普惠制原产地证书格式 A 所列内容正确无误，如发现弄虚作假，冒充格式 A 所列货物，擅改证书，自愿接受签证机关的处罚及负法律责任，现将有关情况申报如下：

生产单位		生产单位联系人电话	
商品名称 （中英文）		H. S. 税目号 （以六位数码计）	

商品 FOB 总值（以美元计）			发票号	
最终销售国		证书种类划"√"	加急证书	√普通证书
货物拟出运日期				

贸易方式和企业性质（请在适用处划"√"）

正常贸易 C	来进料加工 L	补偿贸易 B	中外合资 H	中外合作 Z	外商独资 D	零售 Y	展卖 M

包装数量或毛重或其他数量

原产地标准：
本项商品系在中国生产，完全符合该给惠国给惠方案规定，其原产地情况符合以下第＿＿＿条；
　　(1)"P"（完全国产，未使用任何进口原材料）；
　　(2)"W" 其 H. S. 税目号为＿＿＿＿＿＿＿＿＿＿（含进口成分）；
本批产品系：1. 直接运输从＿＿＿＿＿到＿＿＿＿＿；
　　　　　　　2. 转口运输从＿＿＿＿＿中转国（地区）＿＿＿到＿＿＿。

申请人说明　　　　　　　　　　　　领证人（签名）
　　　　　　　　　　　　　　　　　电话：
　　　　　　　　　　　　　　　　　日期：　　年　月　日

　　现提交中国出口货物商业发票副本一份，普惠制原产地证书格式 A（FORM A）一正二副，以及其他附件，请用于审核签发证明。

　　注：凡含进口成分的商品，必须按要求提交《含进口成分受惠商品成分明细单》。

3. 运输方式和路线 [Means of transport and route (as far as known)]

应按信用证规定填运输路线和运输方式。例如：by steamer（海运）、by train（陆运）、by air（空运）。如中途转运应注明转运地，例如：via Hong Kong。不知转运地的则用 W/T 表示。

4. 供官方使用 (For official use)

申请人不用填写此栏。在签发"后发""重发"证书时由签证机构在证书正本和副本上加盖相应的印章。后发证书在第四栏标记"ISSUED RETROSPECTIVELY"；重发证书应在此栏注明原发证书的编号和签证日期并声明原发证书作废，其文字是"This certificate is in replacement of certificate of origin No. ××× dated ××× which is cancelled"；附有日本进口原材料证明的 Form A 证书，应由申请人在此栏加上"Attached with Annex No. ×××"；货物经香港转往欧盟需办理"未再加工证明"的，由香港中国检验有限公司在该栏批注。

5. 商品顺序号（Item number）

将同批出口不同种类的商品用阿拉伯数字进行顺序编号填入此栏，单项商品用"1"表示或不填。

6. 唛头（Marks and numbers of packages）

此栏应与发票唛头一致，如无唛头，应填"N/M"字样。此栏不得出现"香港、台湾或其他国家和地区制造"或"见提单""见发票"等字样。唛头是图文唛头或是特殊文体唛头无法缮制时，可将唛头复印件粘贴在第六栏。如果唛头复印件过多，可在证书第 7、8、9、10 栏的空白处粘贴，但不可超出证书的边框线和证书第 11、12 栏的顶线，且不得遮盖证书的内容。唛头过多可加贴在第二页，依此类推。粘贴唛头须加盖签证机构印章。

7. 包装及种类、商品名称（Number and kind of packages; description of goods）

填出口货物最大包装件数和商品名称，如信用证规定单据要加注信用证编号或合同号码等内容，可在此显示。例如，信用证规定：All shipping documents must show the S/C No. T20031。此栏应注明 S/C No. T20031 的合同号。

8. 原产地标准（Origin criterion）

此栏是国外海关审证的核心项目，必须认真审核。

第一，完全为中国原产产品，不含任何进口成分，出口到所有给惠国均填"P"。

第二，含有进口成分的产品（须符合原产地标准）。

（1）产品出口到挪威，填写"W"加商品的 H.S. 四位数编码。例如："W"95.03。

（2）产品出口到俄罗斯、白俄罗斯、乌克兰、哈萨克斯坦等国家，其进口成分不得超过离岸价的 50%，填写"Y"字样，并在字母后面打上进口价值占出厂价的百分比。例如："Y"45%。

9. 毛重或其他数量（Gross weight or other quantity）

按发票和装箱单的内容填。以重量表示的商品，此栏填写毛重数量，或再加注件数。散装货填净重数量，但注明"N.W."。

10. 发票号码及日期（Number and date of invoices）

此栏不得留空。为避免误解，月份一律用英文缩写，年度要填四位数。此栏所填发票号日期必须与发票一致。发票日期不能晚于第 11、12 栏申请签发日期和第 3 栏出货日期。

11. 签证当局证明（Certification）

签证当局证明已印制，此栏由签证当局签章，由其授权人手签。出证日期和地点由申报单位填写。签证当局（海关总署）只签发正本。

12. 出口商声明（Declaration by the exporter）

本栏有三个内容：（1）生产国别："China"已事先印妥；（2）出口国别：填给惠国

的国名（即进口国）；（3）出口商申请日期、地点及签章：申请单位盖章，由授权人手签并注明日期和地点。申报日期不得早于发票日期、晚于提单日期。

单证 9-4　普惠制原产地证书

1. Goods consigned from （Exporter's name, address, country）			Reference No. **GENERALIZED SYSTEM OF PREFERENCES** **CERTIFICATE OF ORIGIN** （**Combined declaration and certificate**） **FORM A** Issued in **THE PEOPLE'S REPUBLIC OF CHINA** （country） see notes overleaf			
2. Goods consigned to （Consignee's name, address, country）					
3. Means of transport and route （as far as known）			4. For official use		
5. Item number	6. Marks and numbers of packages	7. Number and kind of packages；description of goods	8. Origin criterion （see notes overleaf）	9. Gross weight or other quantity	10. Number and date of invoices
11. Certification 　It is hereby certified，on the basis of control carried out，that the declaration by the exporter is correct. Place and date，signature and stamp of certifying authority			12. Declaration by the exporter 　The undersigned hereby declares that the above details and statements are correct；that all the goods were produced in **CHINA** （country） and that they comply with the origin requirements specified for those goods in the Generalized System of Preferences for goods exported to （importing country） Place and date，signature and stamp of authorized signatory		

第四节　区域性优惠原产地证书

　　区域性优惠原产地证书是具有法律效力的在协定成员国之间就特定产品享受互惠减免关税待遇的官方凭证。由于区域性贸易协定的关税优惠是对等互惠的，它将逐渐代替普惠制，成为我国出口产品的主要优惠政策，各种区域性优惠原产地证书也将逐步代替普惠制原产地证书。

一、《亚太贸易协定》原产地证书的缮制

《亚太贸易协定》原产地证书，又称格式 B，或 Form B，见单证 9-5。

单证 9-5 《亚太贸易协定》原产地证书

1. Goods consigned from (Exporter's business name，address，country)	Reference No. **CERTIFICATE OF ORIGIN** Asia-Pacific Trade Agreement (Combined declaration and certificate) Issued in ___The People's Republic of China___ (Country)				
2. Goods consigned to (Consignee's name，address，country)	3. For official use				
4. Means of transport and route					
5. Tariff item number	6. Marks and numbers of packages	7. Number and kind of packages/description of goods	8. Origin criterion (see notes overleaf)	9. Gross weight or other quantity	10. Number and date of invoices
11. Declaration by the exporter 　The undersigned hereby declares that the above details and statements are correct: that all the goods were produced in 　　　　　CHINA 　　　　(Country) and that they comply with the origin requirements specified for these goods in the Asia-Pacific Trade Agreement for goods exported to 　　(Importing Country)	12. Certificate 　It is hereby certified on the basis of control carried out, that the declaration by the exporter is correct.				
Place and date, signature of authorized signatory	Place and date, signature and stamp of certifying authority				

1. 发货人（出口商名称、地址、国家）[Goods consigned from(Exporter's business name，address，country)]

注明出口商的全称、地址和国家。须与发票上的出口商名称一致。

2. 收货人（收货人名称、地址、国家）[Goods consigned to(Consignee's name，address，country)]

注明收货人的全称、地址和国家。该收货人名称必须与发票上的进口商名称一致。如果属于第三方贸易，应该注明"凭背书"字样。

3. 官方使用（For official use）

此栏留空。签证机构在签发后发证书、补发证书或加注其他声明时使用。申请人不用填写此栏。

4. 运输工具和路线（Means of transport and route）

详细注明出口货物的运输工具和路线。如果信用证等单证未详细列明，应注明"空运"或"海运"字样；如果是转运货物，还要加上转运地。

5. 税则号列（Tariff item number）

注明各项商品的 H. S. 四位数编码。

6. 唛头（Marks and numbers of packages）

注明包装上的唛头及编号。应当与货物包装上的唛头及编号一致。

7. 包装件数及种类/商品名称（Number and kind of packages/description of goods）

此栏填写商品的名称，应根据商品的用途及所用材料给予商品详细的描述。商品的描述以能确定 H. S. 税目号为准。包装数量应包含各种商品的数量及总数量，货物无包装，应注明"in bulk"（散装）或"in nude"（裸装）。唛头上注明是挂装的衣物，可打总"PCS"（件数）。总数量应用英文大写数字和阿拉伯数字表示，并标明货物包装种类或度量单位。最后应加上截止线"＊＊＊＊＊＊＊＊＊＊＊"，以防止添加伪造内容。国外信用证要求填具合同、信用证号码等内容的，可加在截止线下方空白处。

8. 原产地标准（Origin criterion）

享受关税减让优惠的货物必须符合《亚太贸易协定》原产地规则第 2 条的规定，是在出口成员国完全获得或者生产的；或者是在出口成员国非完全获得或者生产的符合原产地规则第 3 条、第 4 条规定的。

A. 完全获得或者生产的：在第 8 栏中填写字母"A"。

B. 非完全获得或者生产的：在第 8 栏中应当按照下列方式填写：

（1）如果符合第 5 条第 1 款规定的原产地标准，则在第 8 栏中填写字母"B"。在字母"B"的后面填上使用非成员国原产或不明原产地的材料、零件或产物的总价值，以在出口货物船上交货价格（FOB 价格）中所占的百分比表示（如"B"50%）。

（2）如果符合第 7 条第 1 款规定的原产地标准，则在第 8 栏中填写字母"C"。在字母"C"的后面填上在出口成员国原产成分的累计总和，以在出口货物船上交货价格（FOB 价格）中所占的百分比表示（如"C"60%）。

（3）如果符合原产地规则第 5 条第 3 款或者第 7 条第 2 款规定的特殊比例标准，则第 8 栏中填写字母"D"。

9. 毛重或者其他数量（Gross weight or other quantity）

注明货物毛重或其他数量（如件数、千克）。

10. 发票编号及日期（Number and date of invoices）

注明发票编号及日期。随附发票上的日期不应当迟于原产地证书格式正式启用的日期。

11. 出口商声明（Declaration by the exporter）

"出口商"是指发货人，该发货人既可以是贸易商也可以是制造商。声明中应当注明原产国、进口国、地址和日期。并且该栏目应当由公司授权人员签名。

12. 证明（Certification）

本栏目由签证机构签章确认。

二、中国−东盟自贸区优惠原产地证书的缮制

中国−东盟自由贸易区原产地证书，又称格式 E，或 Form E，见单证 9−6。证书为棕色，一式四份。在中国，由海关总署设在各地的直属海关负责签发这种原产地证书。

1. 发货人（出口商名称、地址、国家）[Goods consigned from（Exporter's business name, address, country）]

此栏应填写中国境内出口商的详细地址，包括道路名称、门牌号码等。

2. 收货人（收货人名称、地址、国家）[Goods consigned to（Consignee's name, address, country）]

一般应填写最终收货人名称，如最终收货人不明确或为中间商，可填"TO ORDER"字样。

3. 运输工具和路线[Means of transport and route（as far as known）]

填写启运港、目的港名称及运输方式（海运或者空运），船名航次及开船日期。

4. 官方使用栏（For official use）

此栏由进口国海关填写。不论是否给予优惠待遇，进口成员国海关必须在第 4 栏做出相应的标注。

5. 商品顺序号（Item number）

如同批出口货物有不同品种，则按不同品种分列"1""2""3"等，依此类推。单项商品，此栏填"1"。此栏不得超过 20 项。

6. 唛头（Marks and numbers）

此栏应照实填具完整的图案、文字标记及包装号。如唛头多从而本栏填不下，可填在第 7、8、9 栏的空白处，如还不够，可以附页填写。如图案文字无法缮制，可附复印件，但须加盖签证机构印章。如无唛头，应填"N/M"字样。

7. 包装数量及种类、商品名称（Number and type of packages, description of goods）

此栏应填明商品总称和具体名称。如商品名称不详细，应在商品名称后加上详细的说明并用括号加上材质，或者详细的英文品名。如同批货物有不同品种，则要有总包装箱数。最后应加上截止线，以防止添加伪造内容。国外信用证有时要求填具合同、信用证号码等，可加在截止线下方空白处。

8. 原产地标准[Origin criterion（see Notes overleaf）]

（1）完全原产于出口国的产品应打"×"。

（2）非完全原产于出口成员国的产品填单一国家原产成分的百分比，例如：40%。

单证 9-6　中国-东盟自贸区优惠原产地证书

1. Goods consigned from (Exporter's business name, address, country)	Reference No. **ASEAN-CHINA FREE TRADE AREA** **PREFERENTIAL TARIFF** **CERTIFICATE OF ORIGIN** （**Combined Declaration and Certificate**） **FORM E**
2. Goods consigned to (Consignee's name, address, country)	Issued in <u>THE PEOPLE'S REPUBLIC OF CHINA</u> （Country） See Notes overleaf

3. Means of transport and route (as far as known) Departure date Vessel's name/Aircraft etc. Port of discharge	4. For official use ☐　Preferential Treatment Given Under ASEAN-CHINA Free Trade Area Preferential Tariff ☐　Preferential Treatment NOT Given (Please state reason/s) ⋯⋯⋯⋯⋯⋯⋯⋯⋯⋯⋯⋯⋯⋯⋯⋯⋯⋯⋯ Signature of Authorized Signatory of the Importing Country

5. Item number	6. Marks and numbers	7. Number and type of packages, description of goods (including quantity where appropriate and H. S. number of the importing Country)	8. Origin criterion (see Notes overleaf)	9. Gross weight or other quantity and value (FOB)	10. Number and date of invoices

11. Declaration by the exporter 　The undersigned hereby declares that the above details and Statement are correct; that all the goods were produced in ⋯⋯⋯⋯⋯⋯CHINA⋯⋯⋯⋯⋯⋯ （Country） and that they comply with the origin requirements specified for these goods in the ASEAN-CHINA Free Trade Area Preferential Tariff for the goods exported to ⋯⋯⋯⋯⋯⋯⋯⋯⋯⋯⋯⋯⋯⋯⋯⋯ （Importing Country） ⋯⋯⋯⋯⋯⋯⋯⋯⋯⋯⋯⋯⋯⋯⋯⋯ Place and date, signature of authorized signatory	12. Certification 　It is hereby certified, on the basis of control carried out, that the Declaration by the exporter is correct. ⋯⋯⋯⋯⋯⋯⋯⋯⋯⋯⋯⋯⋯⋯⋯⋯ Place and date, signature and stamp of certifying authority

9. 重量或者其他数量和价值（FOB）〔Gross weight or other quantity and value（FOB）〕

一般货物能显示 PCS/SETS 数量，尽可能使用 PCS/SETS 数量。如果实在是不能用 PCS/SETS 数量表示，就用重量表示。

10. 号码和日期（Number and date of invoices）

此栏不得留空。月份一律用英文缩写。该栏日期应早于开船日期，而开船日期不应晚于签发原产地证书日期，最晚就是 3 个日期处于同一天。号码和日期一般都是由发货人在发票上制作的号码和日期。如果发货人在发票上没有制作号码和日期，而到时候又需要做 Form A，可以随便编写一个；如果单证上有号码，尽可能跟原产地证书一致，以免单证不符。单证员尽可能做到单单一致。

11. 出口商声明（Declaration by the exporter）

填制申报日期，申报员签名，加盖公章。

12. 签证机构证明（Certification）

申请单位在此栏填写签证日期和地点，然后由签证机构已授权的签证人签名、盖章。该栏由申领单位已在签证机构注册的人员签字并加盖企业中英文印章，同时填写申领地点和日期，该栏日期不得早于第 10 栏的日期。签发日期不得早于第 10 栏的日期和第 11 栏的申请日期。

三、海峡两岸经济合作框架协议原产地证书的缮制

海峡两岸经济合作框架协议原产地证书采用专用证书格式，一正二副，正本为浅褐色，两联副本为白色。海峡两岸经济合作框架协议原产地证书用简体中文填写，必要时辅以英文，但不能仅用英文填写，见单证 9-7。各栏的填写如下：

1. 出口商（名称、地址）

应填写出口商详细名称、地址、电话、传真和电子邮件等联系方式。如无传真或电子邮件，应填写"无"。

2. 生产商（名称、地址）

应填写生产商的详细名称、地址、电话、传真和电子邮件等联系方式。如无传真或电子邮件，应填写"无"。如果证书包含一家以上生产商，应详细列出所有生产商的名称、地址，如果证书填写不下，可以随附生产商清单。如果生产商和出口商相同，应填写"同上"。若本栏资料属机密性资料，请填写"签证机构或相关机关要求时提供"。

3. 进口商（名称、地址）

应填写进口商的详细名称、地址、电话、传真和电子邮件等联系方式，如无传真或电子邮件，应填写"无"。

4. 运输工具及路线

应填写运输工具及路线，详细说明离港日期、运输工具（船舶、飞机等）的编号、装货口岸和到货口岸。如离港日期未最终确定，可填写预计的离港日期，并注明"预计"字样。

5. 受惠情况

不论是否给予优惠关税待遇，进口方海关都可在本栏标注（√）。如果不给予优惠关税待遇，进口方海关在该栏注明原因。该栏应由进口方海关已获授权签字人签字。

6. 备注

如有需要，可填写订单号码、信用证号等。

7. 项目编号

应填写项目编号，但不得超过 20 项。

8. H. S. 编码

应对应第 9 栏中的每项货物填写 H. S. 编码，以进口方 8 位编码为准。

9. 货品名称、包装件数及种类

应详细列明货品名称、包装件数及种类，以便海关人员查验。货品名称可在中文名称外辅以英文，但不能仅以英文填写。货品名称应与出口商发票及《协调制度》上的商品描述相符。如果是散装货，应注明"散装"。当本栏货物信息填写完毕时，加上"＊＊＊"（三颗星）或"＼"（结束斜线符号）。

10. 毛重或其他计量单位

每种货物的数量都可依照海峡两岸双方惯常采用的计量单位填写，但应同时填写以国际计量单位衡量的数量，如毛重（用千克衡量）、容积（用公升衡量）、体积（用立方米衡量）等，以精确地反映货物数量。

11. 包装唛头或编号

应填写唛头或包装号，以便海关人员查验。

12. 原产地标准

若货物符合临时原产地规则，出口商必须按照下列说明，在本证书第 12 栏中标明其货物申报适用优惠关税待遇所根据的原产地标准：

（1）出口方完全获得的货物，填"WO"。

（2）完全是在一方或双方，仅由符合本附件的临时原产地规则的原产材料生产，填"WP"。

（3）符合产品特定原产地标准的货物，填"PSR"。

此外，如果货物适用的原产地标准依据"累积规则"条款、"微小含量"条款或"可互换材料"条款，亦应于本栏相应填写"ACU""DMI"或"FG"。

13. 发票价格、编号及日期

应填写出口商开具的商业发票所载明的货物实际成交价格、发票编号及发票日期。

14. 出口商声明

应由出口商或已获授权人填写、签名，并应填写签名的地点及日期。

15. 证明

应由签证机构的授权人员填写签证地点和日期，并签名、盖章。同时应提供签证机构的电话号码、传真及地址。

单证 9-7 海峡两岸经济合作框架协议原产地证书

正本

如有任何涂改、损毁或改写不清均将导致本原产地证书失效

1. 出口商（名称、地址）	编号 签发日期 有效期至
2. 生产商（名称、地址）	5. 受惠情况 ☐ 依据《海峡两岸经济合作框架协议》给予优惠关税待遇
3. 进口商（名称、地址） 名称 地址 电话　　　传真 电子邮件	☐ 拒绝给予优惠关税待遇（请注明原因） ———————————— 进口方海关已获授权签字人签字
4. 运输工具及路线 离港日期 船舶/飞机编号等 装货口岸 到货口岸	6. 备注

7. 项目编号	8. H.S.编码	9. 货品名称、包装件数及种类	10. 毛重或其他计量单位	11. 包装唛头或编号	12. 原产地标准	13. 发票价格、编号及日期

| 14. 出口商声明
——本人对于所填报原产地证书内容的真实性与正确性负责；
——本原产地证书所载货物，系原产自本协议一方或双方，且货物属符合《海峡两岸经济合作框架协议》之原产货物。

　　出口商或已获授权人签字

　　　地点和日期 | 15. 证明
依据《海峡两岸经济合作框架协议》临时原产地规则规定，兹证明出口商所做申报正确无讹。

　　地点和日期，签字和签证机构印章
电话　　　传真
地址 |

　　原产地证书被用来证明有关货物的原产地，便于进口国海关按本国的贸易政策确定关税税率，或进行贸易统计以及控制货物从特定国输入等。

　　根据原产地规则的不同，原产地证书分为优惠原产地证书和非优惠原产地证书两大类；根据用途不同，原产地证书可分为普惠制原产地证书、区域性优惠原产地证书、一般原产地证书、专用原产地证书等。

　　本章着重介绍了一般原产地证书、普惠制原产地证书和区域性优惠原产地证书的内容和缮制规范。

**本章
小结**

复习与思考

一、单项选择题

1. 关于中华人民共和国出口货物原产地证书，下列表述中错误的是（　　）。

A. 货物确系中华人民共和国原产的证明文件

B. 进口国海关确定该进出口商品适用何种税率的依据

C. 出口报关的必备证件

D. 各地海关和贸促会均可签发此证

2. 普惠制原产地证书主要有三种形式，其中（　　）使用范围较广。

A. 普惠制原产地证书格式 A　　　　　　B. 普惠制原产地证书格式 59A

C. 普惠制原产地证书格式 APR　　　　　D. 普惠制原产地证书

3. 原产地证书是证明本批出口商品的生产地并符合《中华人民共和国进出口货物原产地条例》的一种文件，如果信用证或合同对签证机构未作具体规定，一般由（　　）签发。

A. 海关　　　　　　　　　　　　　　　B. 中国国际贸易促进委员会

C. 中国出入境检验检疫局　　　　　　　D. 出口商

4. 普惠制原产地证书中的"Origin criterion"（原产地标准）一栏，应根据货物原料进口成分的比例填制，"P"表示（　　）。

A. 含进口成分　　　　　　　　　　　　B. 无进口成分

C. 进口成分要在 40% 以下　　　　　　　D. 进口成分在 20% 以下

5. 根据我国有关规定，出口企业最迟于货物出运前（　　）向签证机构申请办理原产地证书。

A. 1 天　　　　　　B. 2 天　　　　　　C. 3 天　　　　　　D. 4 天

二、多项选题题

1. 出口企业在向签证机构审核签发普惠制原产地证书格式 A 时，应递交的文件有（　　）。

A. 普惠制原产地证书申请书   B. 普惠制原产地证书格式 A

C. 商业发票   D. 签证机构要求的其他文件

2. 原产地证书是由出口国政府有关机构签发的一种证明货物原产地或制造地的证明文件，通常多用于不需要提供（　　）的国家或地区。

A. 海关发票   B. 领事发票   C. 证实发票   D. 联合发票

3. 普惠制原产地证书是指受惠国有关机构就本国出口商向给惠国出口受惠商品而签发的，用以证明原产地的文件，其主要有（　　）三种。

A. 普惠制原产地证书格式 A   B. 普惠制原产地证书格式 59A

C. 普惠制原产地证书格式 APR   D. 普惠制原产地证书

4. 在下列叙述中，符合原产地规则中的实质性改变标准的是（　　）。

A. 经过加工后，在海关进出口税则的税号 4 位数一级的税则号列已经有了改变

B. 货物经过加工后，增值部分占新产品总值的比例已经达到 30% 及以上

C. 新包装整理后的货物

D. 经过重新筛选并重新包装的货物

5. 关于原产地证书，下列说法错误的是（　　）。

A. 中国-东盟自由贸易区优惠原产地证书应当自东盟国家有关机构签发之日起 6 个月向我国境内申报地海关提交，经过第三方转运的，提交期限延长为 8 个月

B. 中国-巴基斯坦自由贸易区优惠原产地证书应当自东盟国家有关机构签发之日起 4 个月向我国境内申报地海关提交，经过第三方转运的，提交期限延长为 6 个月

C. 原产于东盟国家的进口货物，如果产品的 FOB 价不超过 200 美元，无须要求我国的纳税义务人提交原产地证书，但是要提交出口商对有关产品原产于该出口成员国的声明

D. 关于《亚太贸易协定》优惠原产地证书，一个原产地证书可多次使用，适用于多批进口货物

三、判断题

1. 普惠制的原则有非普遍原则、非互惠原则和非歧视原则。（　　）

2. 不含有进口成分的产品，出口到给予我国普惠制的国家，普惠制原产地证书格式 A 的原产地标准栏目填"W"。（　　）

3. 海关可以接受对外贸易关系人的申请，依照有关法律、行政法规的规定签发普惠制原产地证书、一般原产地证书。（　　）

4. 非歧视原则是指应对所有的发展中国家都给予优惠待遇，不应区别对待，不应有例外。（　　）

5. 非互惠原则是指非对等的原则，发达国家应单方面给予发展中国家优惠关税待遇，而不要求发展中国家给予同等待遇。（　　）

四、简答题

1. 原产地证书的种类有哪些？

2. 普惠制原产地证书和一般原产地证书有哪些区别？

3. 缮制普惠制原产地证书应注意哪些问题？

五、单证操作题

根据所给资料缮制原产地证书。

出口商（托运人）：　DAYU CUTTING TOOLS I/E CORP.

　　　　　　　　　　774 DONG FENG EAST ROAD, TIANJIN, CHINA

进口商（收货人）：　FAR EASTERN TRADING COMPANY LIMITED

　　　　　　　　　　336 LONG STREET, NEW YORK

发票日期：2023 年 5 月 15 日

发票号：X118

合同号：MK007

信用证号：41-19-03

装运港：TIANJIN

中转港：HONG KONG

目的港：NEW YORK

运输标志：FETC

　　　　　MK007

　　　　　NEW YORK

　　　　　C/No. 1-UP

货名：CUTTING TOOLS

数量：1 500 SETS

包装：纸箱装，每箱 3 SETS

单价：CIF NEW YORK USD 128/SET

原产地证书号：IBO12345678

商品编码：12970400

保险单号：ABX999

保险单日期：2023 年 5 月 18 日　保险加成率：10%

提单日期：2023 年 5 月 20 日

船名航次：HONGXING V. 777

险别：COVERING ICC（A）AS PER INSTITUTE CARGO CLAUSE OF 1982

赔付地点：NEW YORK IN USD

1. Exporter（full name and address）	CERTIFICATE No. **CERTIFICATE OF ORIGIN** **OF** **THE PEOPLE'S REPUBLIC OF CHINA**		
2. Consignee（full name，address，country）			
3. Means of transport and route	5. For certifying authority use only		
4. Country/Region of destination			
6. Marks and numbers	7. Description of goods，number and kind of packages	8. H. S. Code	9. Quantity or weight	10. Number and date of invoices
11. Declaration by the exporter 　The undersigned hereby declares that the above details and statements are correct; that all the goods were produced in China and that they comply with the Rules of Origin of the People's Republic of China. --------------------- Place and date，signature and stamp of authority signatory	12. Certification 　It is hereby certified that the declaration by the exporter is correct. --------------------- Place and date，signature and stamp of certifying authority		

第十章 其他单证

/ 教学目标 /

了解进出口许可证的概念、申领和签发流程，掌握进出口许可证的主要内容及填制办法；了解装运通知的概念和作用，掌握装运通知的主要内容及填制办法；了解受益人证明的概念和种类，掌握受益人证明的主要内容及填制办法；了解船公司证明的概念和种类，掌握船公司证明的主要内容及填制方法。

/ 关键词 /

进出口许可证　装运通知　受益人证明　船公司证明

/ 导入案例 /

案情介绍： A 银行开出信用证一份，并由 B 银行加以保兑。该信用证要求的单据之一如下。

1. BENEFICIARY'S CERTIFICATE CERTIFYING THAT EXTRA COPIES OF DOCUMENTS HAVE BEEN DISPATCHED ACCORDING TO THE CONTRACT TERMS.

2. BENEFICIARY'S CERTIFICATE CERTIFYING THAT ORIGINAL CERTIFICATE OF ORIGIN AND PACKING LIST HAVE BEEN SENT TO THE APPLICANT BY DHL WITHIN 21 DAYS AFTER SHIPMENT DATE.

货物出运后，B 银行议付了该信用证。单据到达 A 银行，A 银行提出以下不符点。

1. 受益人证明显示单据副本已寄出，但受益人证明的出具日期为 6 月 29 日，而原产地证书的出具日期为 7 月 1 日，单据表面互相矛盾。

2. 受益人证明显示原产地证书正本和装箱单正本已通过 DHL 寄给开证申请人，而受益人证明的出具日期为 6 月 29 日，原产地证书的出具日期为 7 月 1 日。

请问以上不符点是否成立？

　　分析及结论：议付单据中，受益人证明证实：受益人已按信用证要求寄出了单据，出单日期为 6 月 29 日；然而所寄单据中的原产地证书出单日期为 7 月 1 日，明显存在逻辑问题。因此，从单据表面审核，单据之间存在"单单不一致"。所以，以上不符点成立。

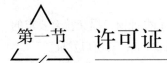

第一节　许可证

　　进出口许可证管理是指国家职能管理部门根据商务部、海关总署等制定和调整的进出口许可证管理货物目录，以签发进出口许可证的形式，对该目录商品实行的行政许可管理。

一、出口许可证

（一）出口许可证的概念

　　出口许可证（export license）是指一国根据出口商品管制的法令规定，由有关当局签发的准许出口的证件。根据国家规定，凡是国家宣布实行出口许可证管理的商品，不管任何单位或个人，也不分任何贸易方式（对外加工装配方式按有关规定办理），出口前均须申领出口许可证。

　　商务部是全国出口许可证的归口管理部门，负责制定出口许可证管理办法及规章制度，监督、检查出口许可证的执行情况，处罚违规行为。商务部会同海关总署制定、调整和发布年度《出口许可证管理货物目录》。商务部授权配额许可证事务局（以下简称许可证局）负责管理全国出口许可证发证机构及出口许可证的签发工作并监督检查。出口许可证发证机构是许可证局及商务部驻各地特派员办事处和各省、自治区、直辖市、计划单列市以及商务部授权的其他省会城市商务厅（局）、外经贸委（厅、局）。

（二）出口许可证的申领和签发

1. 申请材料

　　经营者申请出口许可证须提交以下材料：

　　（1）加盖经营者公章的《中华人民共和国出口许可证申请表》。

　　（2）主管机关签发的出口批准文件。属于配额管理的，应提交主管机关签发的出口配额文件；属于招标管理的，应提交商务部下发的中标经营者名单及其中标数量、招标办公室出具的《申领配额招标货物出口许可证证明书》；加工贸易方式出口需提交《加工贸易业务批准证》、海关加工贸易进口报关单。

　　（3）出口合同正本复印件。

　　（4）出口商与发货人不一致的，应当提交《委托代理协议》正本复印件。

　　（5）商务部规定的其他应当提交的材料。

　　对于年度内初次申请出口许可证的，还应提交以下材料的复印件：

　　（1）《企业法人营业执照》。

（2）加盖对外贸易经营者备案登记专用章的《对外贸易经营者备案登记表》或者《中华人民共和国进出口企业资格证书》；经营者为外商投资企业的，应当提交《中华人民共和国外商投资企业批准证书》。

上述材料如有变化，经营者须及时向当地发证机构提交变更后的材料。

2. 申领流程

（1）书面申领的流程如下：①企业到商务部行政事务服务中心办证窗口提交符合要求的申请材料；②窗口人员录入发证系统；③初审；④复审；⑤打印许可证；⑥窗口发证。

（2）网上申请的流程如下：①企业在线填写申请表；②提交申请表；③初审；④复审；⑤打印许可证；⑥窗口发证（企业同时提交符合要求的申请材料）。

发证机构收到相关行政主管部门批准文件（含电子文本、数据）和相关材料并经审核无误后，3 个工作日签发出口许可证。

3. 出口许可证的有效期

出口许可证管理实行"一证一关"制、"一批一证"制和"非一批一证"制。"一证一关"指出口许可证只能在一个海关报关；"一批一证"指出口许可证在有效期内一次报关使用；"非一批一证"指出口许可证在有效期内可以多次报关使用，但最多不超过12 次，由海关在"海关验放签注栏"内逐批签注出运数。

下列情况实行"非一批一证"制，签发出口许可证时应在备注栏内注明"非一批一证"：

（1）外商投资企业出口许可证管理的货物；

（2）补偿贸易项下出口许可证管理的货物；

（3）其他在《出口许可证管理货物目录》中规定实行"非一批一证"的出口许可证管理货物。

出口许可证的有效期最长不得超过 6 个月，且有效期截止时间不得超过当年 12 月31 日。出口许可证应当在有效期内使用，逾期自行失效，海关不予放行。

（三）出口许可证的主要内容及填制方法

1. 中华人民共和国出口许可证（见单证 10-1）

（1）出口商。

填写出口商全称，注明在海关注册的企业代码。

（2）发货人。

发货人指具体执行合同发货报关的单位。

（3）出口许可证号。

此栏留空，由签证机关填制。

（4）出口许可证有效截止日期。

有效截止日期按《货物出口许可证管理办法》确定的有效期，由发证系统自动生成。

（5）贸易方式。

根据实际情况填写贸易方式一栏，如一般贸易、进料加工、来料加工等。

（6）合同号。

合同号一栏应填写该批出口合同的编号，长度不超过 20 个字节。

（7）报关口岸。

指出口口岸，只允许填报一个关区。出口许可证实行"一证一关"制。

（8）进口国（地区）。

进口国（地区）栏中填写目的港（地）国家（地区）的全称。

（9）付款方式。

按合同支付条款的规定填写支付方式，如汇付、托收、信用证等。

单证 10-1 中华人民共和国出口许可证
EXPORT LICENCE OF THE PEOPLE'S REPUBLIC OF CHINA

1. 出口商　　　　　代码 Exporter			3. 出口许可证号 Export license No.		
2. 发货人　　　　　代码 Consignor			4. 出口许可证有效截止日期 Export license expiry date		
5. 贸易方式 Terms of trade			8. 进口国（地区） Country/Region of purchase		
6. 合同号 Contract No.			9. 付款方式 Payment conditions		
7. 报关口岸 Place of clearance			10. 运输方式 Mode of transport		
11. 商品名称 Description of goods			商品编码 Code of goods		
12. 规格、等级 Specification	13. 单位 Unit	14. 数量 Quantity	15. 单价（币别） Unit price	16. 总值（币别） Amount	17. 总值折美元 Amount in USD
18. 总计 Total					
19. 备注 Supplementary details			20. 发证机关签章 Issuing authority's stamp & signature 21. 发证日期 License date		

（10）运输方式。

运输方式栏中填写合同或信用证规定的运输方式，如海运、空运等。

（11）商品名称和编码。

商品名称和编码按商务部公布的年度《出口许可证管理货物目录》中的 10 位商品编码填报，商品名称由发证系统自动生成。

（12）规格、等级。

规格、等级一栏，用于对商品作具体说明，包括具体品种、规格、等级。同一编码商品规格型号超过 4 种时，应另行申请出口许可证。

（13）单位。

单位指计量单位，按商务部公布的年度《出口许可证管理货物目录》中的计量单位执行，发证系统自动生成。非贸易项下的出口商品，此栏以"批"为计量单位，具体单位在备注栏中说明。

（14）数量。

数量栏填写申请出口的数量。最大位数为 9 位阿拉伯数字，最小保留小数点后 1 位。如数量过大，可分证办理；如数量过小，可在备注栏内注明。计量单位为"批"的，此栏均为"1"。

（15）单价。

单价指第 13 项"单位"所使用的计量单位相应的单价和货币种类。计量单位为 1 批的，此栏为总金额。

（16）总值。

由发证系统自动计算。

（17）总值折美元。

按外汇牌价折算为美元计入。由发证系统自动计算。

（18）总计。

将各栏的合计数分别填入本栏内。由发证系统自动计算。

（19）备注。

如果有特别要求或说明，在此栏注明。如果不是一批一证报关的出口许可证，在此栏注明"非一批一证"。

（20）发证机关签章。

发证机关经办人签字盖章。

（21）发证日期。

发证日期由发证系统自动生成。

2. 输欧盟纺织品出口许可证（见单证 10－2）

第 1 栏　出口企业名称、地址、国家：出口企业的全称和详细地址，13 位企业代码。

第 2 栏　证书号码：进口国代码，一律用英文大写。

第 3 栏　年度：货物实际出运年度（当年配额只能当年使用），以货物离开中国最后一个港口时间为限。年度写全称，不得用简称。

第 4 栏　类别号：实际出口纺织品类别号，一份证只写一个类别号。

第 5 栏　收货人名称、地址、国家：目的国进口商名称和地址。

第 6 栏　原产地国家：已印制。

第 7 栏　目的地国家：货物最终到达的国家名称。

第 8 栏　装运日期、地点、运输方式：实际装运日期（年、月），具体港口名称，运输方式。

第9栏 加注内容：

（1）4 类童装（小于 130 厘米）按五件童装折三件成人装计算，此栏应加注"The conversion rate for garments of a commercial size of not more than 130cm must be applied"。

（2）如有遗失，加注原许可证证号。

第10栏 唛头及包装号、包装种类及件数、商品说明：

（1）按照发票上的唛头填写完整的图案、文字标志及包装号；如无唛头，须填"N/M"。

（2）商品名称应具体，并标明 H. S. 编码。

（3）生产厂商代码、名称及地址。

（4）加注 TOTAL：英文的数量及计量单位大写。

第11栏 数量：按实际出运货物的数量填写。

第12栏 离岸价值：FOB 价，以元为单位，小数保留两位，币别应与发票一致。

第13栏 有关当局证明：发证机构所在城市名称。由发证机构经办人手签日期和姓名（签字人员的姓名不再实行备案制）。

第14栏 有关当局的名称、地址、国家：发证机构的具体名称和地址。

单证 10 - 2 输欧盟纺织品出口许可证

1 Exporter（EID. Name，full address，country）		2 No.
	ORIGINAL	
	3 Quota year	4 Category number
5 Consignee（name，full address，country）	**EXPORT LICENCE**	
	（Textile products）	
	6 Country of origin	7 Country of destination
8 Place and date of shipment—Means of transport	9 Supplementary details	
10 Marks and numbers—Number and kind of packages—DESCRIPTION OF GOODS	11 Quantity（1）	12 FOB value（2）
13 CERTIFICATION BY THE COMPETENT AUTHORITY—VISA DE L'AUTORITE COMPETENTE I, the undersigned，certify that the goods described above have been charged against the quantitative limit established for the year shown in box No. 3 in respect of the category shown in box No. 4 by the provisions regulating trade in textile products with the European Community.		
14 Competent authority（name，full address，country）		
	At on	
	Signature Stamp	

二、进口许可证

（一）进口许可证的概念

进口许可证制度是国际上普遍采用的对进口贸易实施管理的措施之一。进口许可证是国家管理货物进口的法律凭证，凡属于受到进口许可证管理的货物，除国家另有规定外，各类进出口企业应在进口前按规定向指定的发证机构申领进口许可证，海关凭进口许可证接受申报和验放。

根据世界贸易组织《进口许可程序协议》《中华人民共和国对外贸易法》以及我国《货物进口许可证管理办法》的规定，我国对进口许可证的管理实行进口许可证与自动进口许可分类管理的原则。

1. 进口许可证

列入《进口许可证管理货物目录》的货物共两类：一类是重点旧机电产品；另一类是消耗臭氧层物质。由许可证局和商务部授权的地方发证机构分别负责签发相应货物的进口许可证。其中，重点旧机电产品的进口许可证由许可证局负责签发；消耗臭氧层物质的进口许可证由地方发证机构负责签发。

2. 自动进口许可

商务部根据检测货物进口情况的需要，对部分货物实行自动进口许可管理。实行自动进口许可管理的货物目录，包括具体货物名称、税则号，由商务部会同有关部门确定，并至少在实施前 21 天公布。在实行自动进口许可管理货物的原因发生变化后，商务部将取消对该货物的自动进口许可管理，并予以公布。

列入《自动进口许可管理货物目录》中的一部分商品进口许可证由商务部签发，另一部分商品进口许可证由地方、部门机电产品进口办公室签发。

进口属于自动进口许可管理的货物，进口经营者应当在海关申报前，向商务部授权的"自动进口许可证"发证机构提交自动进口许可证申请。海关凭加盖自动进口许可证专用章的"自动进口许可证"办理报关手续，银行凭"自动进口许可证"办理售汇和付汇手续。

（二）进口许可证的申领和签发

1. 申请材料

经营者申请进口许可证须提交以下材料：

（1）《中华人民共和国进出口企业资格证书》或《对外贸易经营者备案登记表》，经营者为外商投资企业的，提交外商投资企业批准证书复印件一份（限消耗臭氧层物质）。

（2）《中华人民共和国进口许可证申请表》。如采用书面申请方式，需下载一式两份申请表，加盖进口商公章。

（3）进口合同正本复印件一份（限消耗臭氧层物质）。

（4）相关主管部门审批文件。消耗臭氧层物质：提供国家消耗臭氧层物质进出口管理办公室签发的《受控消耗臭氧层物质进口审批单》原件。重点旧机电产品：提供商务部产业司《机电产品进口证件领取凭证》原件。

（5）进口经营者公函（介绍信）原件（限消耗臭氧层物质）。

（6）领证人员的有效身份证明原件、复印件一份（限消耗臭氧层物质）。

（7）如因异地申领等特殊情况，需要委托他人申领许可证的，被委托人应提供进口经营者出具的委托公函原件和被委托人的有效身份证明原件、复印件一份（限消耗臭氧层物质）。

（8）已申请的许可证需要更改相关行政主管部门批准文件中未列明项目的，在许可证有效期内递交以下材料：相关行政主管部门批准文件复印件一份、《中华人民共和国进口许可证申请表》（一式两份）、《中华人民共和国进口许可证更改申请表》一份（加盖公章）、进口合同正本复印件一份、许可证原件。网上申请时还需将如"08AAX00000 换证"字样录在备注栏。凡更改项目涉及相关行政主管部门批准文件中已列明项目的，需向相关行政主管部门重新申请。

2. 申领流程

消耗臭氧层物质：在京中央管理企业向配额许可证事务局申请，其他企业向地方商务部门申请。

重点旧机电产品：所有企业向配额许可证事务局申请。

（1）网上申请方式（限消耗臭氧层物质）：企业应先申领用于企业身份认证的电子钥匙（详见商务部配额许可证事务局网站 http://www.licence.org.cn 办事指南中电子钥匙申请流程）。申请时，登录配额许可证事务局网站，进入相关申领系统，在线填写申请表，保存、上报申请表电子数据，及时查看《中华人民共和国进口许可证申请表》状态，经过初审、复审通过后，申领者可在企业端打印《中华人民共和国进口许可证申请表》并加盖公章，持相关申请材料到商务部行政事务服务中心领取进口许可证。

（2）书面申请方式（限消耗臭氧层物质）：进口经营者将相关申请材料递交商务部行政事务服务中心。

发证机构收到相关行政主管部门批准文件（含电子文本、数据）和相关材料并经审核无误后，3 个工作日签发进口许可证。

3. 进口许可证的有效期

进口许可证管理实行"一证一关"管理。一般情况下进口许可证为"一批一证"，如要实行"非一批一证"，应当同时在进口许可证备注栏内打印"非一批一证"字样。

"一证一关"指进口许可证只能在一个海关报关；"一批一证"指进口许可证在有效期内一次报关使用；"非一批一证"指进口许可证在有效期内可多次报关使用，但最多不超过 12 次，由海关在许可证背面"海关验放签注栏"内逐批签注核减进口数量。

进口许可证的有效期为 1 年。进口许可证应当在有效期内使用，逾期自行失效，海关不予放行。

（三）进口许可证的主要内容及填制方法

进口许可证（见单证 10-3 和单证 10-4）填制的具体要求如下。其中，自动进口许可证与进口许可证类似，不再赘述。

1. 进口商

此栏应填写具备该商品进口经营权、对外签订进口合同的企业名称及编码。

2. 收货人

此栏填写实际收货人。

3. 进口许可证号

此栏不用申请人填写，由发证机关编排。

4. 进口许可证有效截止日期

有效截止日期按《货物进口许可证管理办法》确定的有效期，由发证系统自动生成。

5. 贸易方式

根据实际贸易方式填写。此栏的内容可以填写：一般贸易、易货贸易、补偿贸易、协定贸易、进料加工、来料加工、外商投资企业进口、国际租赁、国际贷款进口、国际援助、国际招标、国际展销、国际拍卖、捐赠、赠送、边境贸易、许可贸易等。

单证 10-3　中华人民共和国进口许可证
IMPORT LICENCE OF PEOPLE'S REPUBLIC OF CHINA

1. 进口商 Importer	3. 进口许可证号 Import license No.				
2. 收货人 Consignee	4. 进口许可证有效截止日期 Import license expiry date				
5. 贸易方式 Terms of trade	8. 出口国（地区） Country/Region of exportation				
6. 外汇来源 Terms of foreign exchange	9. 原产地国（地区） Country/Region of origin				
7. 报关口岸 Place of clearance	10. 商品用途 Use of goods				
11. 商品名称 Description of goods	商品编码 Code of goods				
12. 规格、型号 Specification	13. 单位 Unit	14. 数量 Quantity	15. 单价 Unit price	16. 总值 Amount	17. 总值折美元 Amount in USD
18. 总计 Total					
19. 备注 Supplementary details	20. 发证机关签章 Issuing authority's stamp & signature 21. 发证日期 License date				

单证 10-4 中华人民共和国自动进口许可证

AUTOMATIC IMPORT LICENSE OF THE PEOPLE'S REPUBLIC OF CHINA

1. 进口商 Importer	2. 自动进口许可证号 Automatic important license No.
3. 进口用户 Consignee	4. 自动进口许可证有效截止日期： Automatic import license expiry date
5. 贸易方式 Terms of trade	8. 出口贸易国 Country/Region of exportation
6. 外汇来源 Terms of foreign exchange	9. 原产地国（地区） Country/Region of origin
7. 报关口岸 Place of clearance	10. 商品用途 Use of goods

11. 商品名称 Description of goods	商品编码 Code of goods		商品状态 Status of goods		
12. 规格、型号 Specification	13. 单位 Unit	14. 数量 Quantity	15. 单价（ ） Unit price	16. 总值（ ） Amount	17. 总值折美元 Amount in USD
18. 总计 Total					

19. 备注 Supplementary details	20. 发证机关签章 Issuing authority's stamp & signature （签字盖章） 21. 发证日期 License date 年 月 日

6. 外汇来源

进口商品所需外汇的获得渠道。此栏的内容可以填写：银行购汇、外资、贷款、赠送、索赔、无偿援助、劳务等。

7. 报关口岸

指进口口岸，只允许填报一个关区。进口许可证实行"一证一关"制。

8. 出口国（地区）

填写出口商所在地的国别（地区）名称。

9. 原产地国（地区）

应填写对商品进行实质性加工的国别、地区。

10. 商品用途

根据实际情况填写，商品用途通常有自用、生产用、内销、维修、样品等，只填写其中一种。

11. 商品名称和编码

应按商务部公布的实行进口许可证管理商品目录填写，只准填写一种商品名称和编码。

12. 规格、型号

根据商品的实际规格、型号填写，不同规格应分行表示。但只能填写同一编码商品不同规格型号的 4 种，多于 4 种型号应另行申请许可证。

13. 单位

单位指计量单位。按商务部公布的年度《进口许可证管理货物目录》中的计量单位执行，发证系统自动生成。

14. 数量

数量栏填写申请进口的数量。最大位数为 9 位阿拉伯数字，最小保留小数点后 1 位。如数量过大，可分证办理；如数量过小，可在备注栏内注明。计量单位为"批"的，此栏均为"1"。

15. 单价

单价指第 13 项"单位"所使用的计量单位相应的单价和货币种类。计量单位为 1 批的，此栏为总金额。

16~18. 总值、总值折美元、总计

由发证系统自动计算。

19. 备注

如果有特别要求或说明，在此栏注明。如果不是一批一证报关的进口许可证，在此栏注明"非一批一证"。

20. 发证机关签章

发证机关经办人签字盖章。

21. 发证日期

发证日期由发证系统自动生成。

扫一扫下面的二维码，登录商务部和商务部配额许可证事务局网站，了解更多关于进出口许可证的信息

第二节 装运通知

一、装运通知概述

（一）装运通知的概念

装运通知（shipping advice），也称装船通知，或者装船声明（shipping statement 或 shipping declaration），是出口商在货物装运后，通过传真、电子邮件或邮寄等方式发给进口商、进口商指定人或保险公司的包括货物装运情况的通知。目的是让进口商了解货物已经装船出运，准备办理保险事宜或付款接货。

（二）装运通知的作用

1. 以便进口商办理保险手续

在 FOB 或 CFR 条件下，出口商安排运输，进口商负责办理保险，进口商是根据出口商发送的装运通知来办理货物保险的。如果出口商不能及时地给予进口商充分的装运通知，则进口商无法及时办理货运保险，甚至有可能漏保货运险。因此，要求出口商一定在货物离开装运港后及时向进口商发出装运通知；否则，出口商应承担货物在运输途中的风险和损失。有时，进口商在货物发运前预先在保险公司办理预约保险，并要求出口商将装运通知直接发给保险公司，以便保险及时生效。

2. 以便进口商做好接货和付款准备

货物装船后，出口商应及时向国外进口商发出装运通知，以便对方准备付款、赎单，办理进口报关和接货手续。

3. 作为议付货款的单据之一

为避免出口商因疏忽未及时发出装运通知，进口商往往在来证中明确规定出口商必须在规定的时间内发出装运通知，并以装运通知作为议付货物的单据之一。

二、装运通知的主要内容及填制方法

装运通知（见单证 10-5）没有统一格式，主要给予进口商关于货物已按规定装运的充分通知。如果合同或信用证对装运通知有具体规定，必须按合同或信用证的规定办理。装运通知由出口商自行缮制，主要内容和填制方法如下。

1. 出口商的名称和地址

此内容一般由出口商预先印就于单据信头位置，包括出口商的中英文名称、地址及联系方式等内容，信用证结算方式下，应注意要与信用证中的受益人一致。

2. 单据名称

单据名称即"Shipping Advice"或"Advice of Shipment"字样。在信用证方式下，

应注意装运通知的名称需与信用证的规定一致。

3. 编号（No.）和日期（Date）

编号一般填写发票号码，日期指的是装运通知的签发日期，此日期不能超过合同或信用证约定的时间。常见的有以小时为准，如"within 24/48 hours"；或以天为准，如"one day before the shipment date"。如果信用证规定"immediately after shipment"，应在提单日期后的 3 天之内。

4. 通知对象（Messrs）

一般按信用证要求填写，具体可以是开证申请人、申请人的指示人或保险公司等。若信用证规定通知开证申请人或保险公司，则在"Messrs"后面填写开证申请人的名称或保险公司的名称；若信用证没有规定抬头人，则填写开证申请人名称即可。一般有以下几种情况：

单证 10－5　装运通知

浙江展翼国际贸易有限公司
ZHEJIANG ZHANYI INTERNATIONAL TRADING CO.，LTD.
NO. 168 ZHONGDONG STREET，LISHUI CITY，ZHEJIANG，CHINA

Shipment Advice

No.： 2020000442
Date： JAN. 13，20××

Messrs： JOHNSON TRADING COMPANY LTD.
　　　　 DAMASCUS，SYRIA

Dear Sirs：

Re：Invoice No. 929AK110005　　L/C No. CMK1446

We hereby inform you that the goods under the above mentioned credit have been shipped. The details of the shipment are as follows：

Commodity：CLUTCH MOTOR FOR INDUSTRIAL SEWING MACHINE

SHIPPING MARKS：N/M

Quantity：850 CARTONGS

GROSS WEIGHT：16 150KGS

NET WEIGHT：14 875KGS

Total Amount：USD21 250.00

Bill of Lading No.：MSC2016948

Ocean Vessel：WANGFU V. 098W

Port of Loading：SHANGHAI，CHINA

Port of Destination：DAMASCUS，SYRIA

Date of Shipment：JAN. 11，20××

ETA：FEB. 20，20××

Container/Seals No.：MSC906343/07321

We hereby certify that the above content is true and correct. We look forward to the pleasure of receiving your valuable repeat orders.

ZHEJIANG ZHANYI INTERNATIONAL TRADING CO.，LTD.

（1）填写保险公司的名称和地址，即与买方签发了预约保险单的保险人的名称与地址，便于对方收到本通知后，使预约保险单及时生效。

（2）填写开证申请人的名称与地址，便于对方在未办理预约保险的情况下及时投保并准备收货。

（3）填写信用证申请人的代理人的名称与地址，便于代理人收到本通知后，及时联系保险公司或收货人办理后续相关业务。

5. 事由（Re）

一般填写商品的名称、件数、合同号、信用证号和预约保险单号。在 FOB 和 CFR 条件下，买方在办理保险手续时，信用证往往要求装运通知预约保险单号"open policy No."或"cover note No."，此时应该按信用证规定填写。

6. 声明或证明文句（Statement）

一般声明或证明文句的含义为"我们特此通知你方，上述信用证项下货物已经装运，运输货物的详情如下所述"，此内容也可省略不写。

7. 通知内容（Details）

通知内容主要包括所发运货物的合同号或信用证号、品名、数量、金额、运输工具名称、开航日期、启运港（地）、目的港（地）、提单号码和运输标记等，并且与其他单据保持一致，如果信用证提出具体要求，则应严格按规定出单。此外，包装说明、ETD（预计船舶离港时间）、ETA（预计船舶到达时间）等内容，也应该在装运通知里一一显示。

8. 激励性的文句（Good Wish）

一般填写希望产品质量令对方满意并期盼收到续订单之类的文句，不是装运通知必需的部分，此内容也可省略不写。

9. 签署（Signature）

通常在装运通知的右下角，由出口商签章。

三、装运通知条款示例

信用证中对装运通知条款的表述方法很多，现列举如下。

（1）Original fax from beneficiary to our applicant evidencing B/L No.，name of ship，shipment date，quantity and value of goods.

该条款要求应向申请人提交正本通知一份，通知上列明提单号、船名、装运日期、货物的数量和金额。

（2）Shipment advice with full details including shipping marks，CTN No.，vessel's name，B/L No.，value and quantity of goods must be sent on the date of shipment to us.

该条款要求装运通知应列明包括运输标志、箱号、船名、提单号、货物金额和数量在内的详细情况，并在货物发运当天寄开证行。

（3）Beneficiary must fax advice to the applicant for the particulars before shipment effected and a copy of the advice should be presented for negotiation.

该条款规定，受益人应在货物装运前以传真方式发出装运通知，传真副本作为议付单据。

（4）Insurance covered by openers. All shipments under this credit must be advised by you immediately after shipment direct to ABC Insurance Co. and to the openers referring to cover note No. CA363，including full details of shipment. A copy of this advice to accompany each set of documents.

该条款要求保险由申请人负责，货物装运后由受益人直接发通知给 ABC 保险公司和申请人，通知上应注明号码为 CA364 的暂保单，并说明货物的详细情况。每次交单都应随附该通知副本。

（5）Beneficiary's certified copy of fax sent to applicant within 48 hours after shipment indicating contract No.，L/C No.，name of goods，quantity，invoice value，vessel's name，package/container No.，loading port，shipping date and ETA.

该条款要求，受益人出具的装运通知必须签署，通知应在发货后 48 小时内发出，具体通知内容为合同号、信用证号、品名、数量、发票金额、船名、箱/集装箱号、装货港、装运日期和船舶预抵港时间。

第三节　受益人证明

一、受益人证明概述

（一）受益人证明的概念

受益人证明（beneficiary's certificate）通常是指信用证受益人根据信用证的要求出具的证明受益人已经履行了合同或信用证规定义务的证明，是信用证付款方式下要求的常见单据之一。

（二）受益人证明的种类

1. 寄单证明

寄单证明是指卖方在货物装运前后的一定时期内，向买方或指定人做出的某项证明，证明卖方已把合同和信用证规定的单据邮寄给了买方。

2. 寄样证明

寄样证明是由卖方根据合同和信用证的规定，签发已寄出船样、样卡和码样的证明。

3. 包装证明

包装证明是指卖方所交货物的包装符合合同、信用证及进口国法规的规定的证明。

二、受益人证明的主要内容及填制方法

受益人证明（见单证 10 - 6、单证 10 - 7、单证 10 - 8）的内容视信用证的具体规定而定，没有统一格式。由出口商自行缮制，主要内容和填制方法如下。

单证 10 - 6 受益人证明（寄单证明）

浙江展翼国际贸易有限公司

ZHEJIANG ZHANYI INTERNATIONAL TRADING CO. ，LTD.

NO. 168 ZHONGDONG STREET，LISHUI CITY，ZHEJIANG，CHINA

BENEFICIARY'S CERTIFICATE

Date：　FEB. 20，20××

To whom it may concern：

Re：Invoice No. ZJ20××0033　　L/C No. CMK142436

We hereby certify that one complete set of non-negotiable shipping documents have been sent directly to applicant by express airmail within 2 days after shipment.

ZHEJIANG ZHANYI INTERNATIONAL TRADING CO. ，LTD.

单证 10 - 7 受益人证明（寄样证明）

浙江展翼国际贸易有限公司

ZHEJIANG ZHANYI INTERNATIONAL TRADING CO. ，LTD.

NO. 168 ZHONGDONG STREET，LISHUI CITY，ZHEJIANG，CHINA

BENEFICIARY'S CERTIFICATE

Date：　MAY 20，20××

To whom it may concern：

Re：Invoice No. ZJ20××0163　　L/C No. AHAxx03344

We hereby certify that in compliance with the terms of the relative L/C，we have sent requisite shipment samples by registered airmail to the ABC company.

ZHEJIANG ZHANYI INTERNATIONAL TRADING CO. ，LTD.

单证 10－8　受益人证明（包装证明）

浙江展翼国际贸易有限公司

ZHEJIANG ZHANYI INTERNATIONAL TRADING CO.，LTD.

NO.168 ZHONGDONG STREET，LISHUI CITY，ZHEJIANG，CHINA

BENEFICIARY'S CERTIFICATE

Date：　　JUNE 2，20××

To whom it may concern：

Re：Packing requirement

We hereby certify that：

1. All drums are neutral packing.

2. No Chinese words or any hints to show the products made in China.

3. No any printing materials are allowed to fill in drums.

ZHEJIANG ZHANYI INTERNATIONAL TRADING CO.，LTD.

1. 受益人名称和地址

此内容一般由出口商预先印就于单据信头位置，包括出口商的中英文名称、地址及联系方式等内容，信用证结算方式下，应注意要与信用证中的受益人一致。

2. 单据名称

单据名称位于单据正上方，应根据信用证要求标注，如受益人证明（Beneficiary's Certificate）、受益人声明（Beneficiary's Statement）、受益人申明（Beneficiary's Declaration）等。

3. 编号和日期（No. & Date）

编号一般填写发票号码，日期指的是受益人证明的签发日期，此日期不能超过合同或信用证约定的时间。

例如，提单日期是 8 月 12 日。受益人证明的有关内容是"We hereby certify that one set of non-negotiable shipping documents have been airmailed to the Applicant within 2 days after the shipment date"，则受益人证明的日期不能早于 8 月 12 日，也不能晚于信用证规定的交单日期。

4. 抬头人（To）

除非信用证另有规定，通常可笼统地填写为"To whom it may concern"（致有关方面）。

5. 事由（Re）

一般填写商品的名称、合同号、信用证号。在非信用证方式下，可填写商品的名称和合同号。

6. 声明或证明文句（Statement）

此内容是该单据的关键，受益人证明的内容应根据信用证要求的内容缮制，其中的人称、时态和语态有时需要调整，不能照搬信用证原句。

例如，信用证条款规定："Beneficiary's certificate certifying that all the packages to be lined with waterproof paper and bound with two iron straps outside"，则受益人证明应为"packages have been lined ..."。

7. 签署（Signature）

通常在受益人证明的右下角，由出口商签章。注意作为证明函，无论信用证是否要求受益人签字都要签署。

8. 正本（Original）

在受益人原始信笺上出具的或是经签章的受益人证明，均可被视为正本，也可直接在其名称下方标注"Original"字样。

三、受益人证明条款示例

信用证中对受益人证明条款的表述方法很多，现列举如下。

（1）Beneficiary's certificate certifying that 2 liters of composite sample which to be drawn from

— 1 liter from Dalian shore tank by AQSIQ before loading,

— 1 liter on board the vessel by AQSIQ after loading completed indicating that the sample has been retained at AQSIQ counter for at least 90 days after shipment effected.

该条款是出口粗苯的信用证中的要求，要求出具受益人证明，证明在货物装船前、后由质检局分别取样 1 公升并于货物实际发运后将样品留存该局至少 90 天。

（2）Beneficiary's certificate certifying that beneficiary has faxed shipping documents，including B/L，invoice，packing list，within 2 working days after shipment date to applicant.

该条款要求出具受益人证明，证明受益人发货后两日内传真发送有关单据给申请人。

（3）Two sets of shipping samples and one set of non-negotiable shipping documents must be sent to applicant by speed post/courier service within 5 days from the date of bill of lading and a certificate to this effect from beneficiary together with relative speed post/courier receipt must accompany the documents.

该条款要求出具受益人证明，证明受益人须在提单日后 5 日内将 2 套船样和 1 套非流通的装运单据通过邮局快递寄给开证人，受益人证明和相应的邮政快递收据必须随议付单据提交。

第四节　船公司证明

一、船公司证明概述

（一）船公司证明的概念

船公司证明（shipping company's certificate）是指卖方应买方要求由船公司或其代理人出具的，用以证明船龄、船籍、航程、船级、集装箱船和运费等内容的书面文件。

（二）船公司证明的种类

1. 船龄证明

船龄证明（certificate of vessel's age）是船公司出具的说明载货船舶船龄的文件。一般航行 15 年以上的船舶就属于"高龄危险"船舶，许多保险公司不予承保。有些进口商为保障船只和货物在运输途中的安全，就会在合同或信用证中提出要求船公司出具船龄证明，证明载货船舶的船龄不超过 15 年。

2. 船级证明

船级证明（certificate of classification）是船公司出具的说明载货船舶符合一定船级标准的证明。有时来证要求提供英国劳氏船级社（Lloyd's Register of Shipping，缩写为 LR）签发的船级证明，因为我国班轮以及在我国港口航行的船只很少有劳氏船级社注册的船，所以一般无法出具该证明。

3. 船籍证明

船籍证明（certificate of ship's nationality）是船公司说明装载货物船舶国籍的证明文件。有时买方出于政治原因，对载货船舶的国籍予以限制，要求卖方仅装某些国家的船或不装某些国家的船，并要求卖方提供相应证明。

4. 黑名单证明

黑名单证明（certificate of black list）是船公司出具的说明载货船舶未列入黑名单的证明文件。黑名单是阿拉伯国家对与以色列有业务往来的船舶列出的名单，若船舶被列入黑名单，阿拉伯国家将不再允许与本国发生运输业关系。因此，阿拉伯国家进口业务或开立的信用证通常都要求载货的船公司出具黑名单证明。

5. 船长收据

船长收据（captain's receipt）是指船长出具的用以说明收到了托运人委托随船转交单据的证明。有些来证要求发货人在货物装运后将一套正本或副本单据委托装船船只的船长代交给收货人，以便收货人在货到目的港后能及时提货或办理其他手续。议付时以船长收据为证，收据上须有船长转递单据的承诺。

6. 班轮公会证明

班轮公会证明（certificate of conference line）是用以说明载货船舶属于班轮公会的证明。信用证规定须装班轮公会船只时，在提供的单据中，出口方应要求船公司或船代理出具该证明。例如，信用证要求"A certificate issued by the carrier，shipping Co. or their agents certifying that shipment has been effected by conference line and/or regular line vessel only covered by institute classification clause to accompany the documents"，其意思是由承运人、船公司或其代理人签发证明，证实货物已经装运在符合伦敦协会船级条款的班轮工会船只或定期船上，该船证随单据提交。

7. 集装箱船只证明

集装箱船只证明（certificate of container vessel）是用以说明货物已装在集装箱船上的证明。有时来证规定货物必须装在集装箱船上，如果提单上能表明货物是集装箱运输，就不需要提供该证明；但如果信用证条款有特别规定要求单独出具此证明，则必须单独出具集装箱船只证明。

8. 运费收据

运费收据（freight note）是船公司出具的用以说明运费支付情况的证明。通常买方请卖方代办运输事宜时，国外买方往往来证要求提供运费收据，以便了解已付运费的实际情况，并将其作为双方结算运费的依据。

9. 航程证明

航程证明（certificate of ship's itinerary）是用以说明载货船舶在航程中停靠的港口的证明。有时买方出于政治原因或为了避免航行途中货船被扣的风险，对载货船舶的航行路线、停靠港口予以限制，要求船只不能经过某些地区，或不在某些港口停靠，并要求卖方提供相应的证明。

红海或波斯湾一带地区常要求船公司或船方出具这样的证明。在国际贸易中，对于去阿拉伯国家的货物，进口商常要求出具"三不证明"（Three-no Certificate），即载货船舶不是以色列籍的船、在航程中不停靠以色列港口、不是阿拉伯国家黑名单上的船只的证明。

二、船公司证明的主要内容及填制方法

船公司证明（见单证 10-9、单证 10-10 和单证 10-11）的内容视信用证的具体规定而定，没有统一格式。由船公司或其代理人缮制，主要内容和填制方法如下。

1. 单据名称

单据名称位于单据正上方，应根据信用证要求标注，如"Shipping Company's Certificate"。

2. 编号和日期（No. & Date）

编号一般填写发票号码，日期应该与提单日期相同。

3. 抬头人（To）

除非信用证另有规定，通常可笼统地填写为"To whom it may concern"（致有关方面）。

4. 证明的内容（Contents）

按照信用证要求并结合实际情况做出证明。

5. 签署（Signature）

通常在船公司证明的右下角，由船公司或其代理人签字盖章，一般应与提单签单人一致。

单证 10 - 9　船公司证明（船龄证明）

SHIPPING COMPANY'S CERTIFICATE

Date：　JUNE 12，20××

To whom it may concern：

　This is to certify that M. S. /S. S _____（name of vessel）was built in year _____ and has therefore not been in operation for more than 15 years at time of cargo loading.

×× Shipping Company

（Signature）

单证 10 - 10　船公司证明（船籍和航程证明）

SHIPPING COMPANY'S CERTIFICATE

Date：　JULY 10，20××

To whom it may concern：

　This is to certify that M. S. /S. S _____（name of vessel）flying _____（name of country）flag，from ×× to Kuwait calling at following ports during this present voyage according to the schedule，and so far as we know that it is not black listed by the Arabian countries.

Name of calling port during voyage
（1）×× （具体港口名称）
（2）×× （具体港口名称）
（3）×× （具体港口名称）

×× Shipping Company

（Signature）

单证 10 - 11　船公司证明（集装箱船只证明）

SHIPPING COMPANY'S CERTIFICATE

Date：　MAY 14，20××

To whom it may concern：

　Re：Invoice No. covering ×× bags of ××
　This is to certify that shipment of the captioned invoice has been effected by the container vessel.

×× Shipping Company

（Signature）

三、船公司条款示例

信用证中对船公司证明条款的表述方法很多，现列举如下。

（1）Shipping company's certificate certifying that carrying vessel flying the flag of the People's Republic of China from any Chinese port to Kuwait calling at following ports ×××during this present voyage according to the schedule, and that carrying vessel is not black listed by Arabian countries.

该条款要求提交船公司证明，证明载货船舶悬挂中华人民共和国国旗，按照目前的航行计划载货船舶从任何中国港口驶向科威特港途中停靠以下港口，该船舶没有被阿拉伯国家列入黑名单。

（2）Full set of non-negotiable shipping documents to be sent to the captain of the carrying vessel and handed over to Mr ×××and captain's receipt accompanied by the original documents for negotiation.

该条款要求全套不可议付的装运单据将寄给载货船舶的船长，由其转交给×××先生，船长收据随正本单据议付货款。

（3）Certificate from the shipping company to certify that shipment to be effected by container vessel.

该条款要求提交船公司证明，证明货物将通过集装箱轮出运。

本章小结

进出口许可证是指根据国家进出口商品管制的法令规定，由有关部门签发进出口许可证准许商品进出口的证件。

装运通知是指按照合同或信用证规定，发货人通常在装船后将装船情况通知进口商，以便及时办理保险或准备提货租仓等。

受益人证明是指进口商在信用证中要求受益人开出证明，证明其办理了某项工作或证实某件事实的单据。

船公司证明是船公司出具的单据，是进口商为了满足政府需要或为了解货物运输情况等要求出口商提供的单据。

本章着重介绍了进出口许可证、装运通知、受益人证明和船公司证明的内容及填制规范。

复习与思考

一、翻译题（汉译英）

1. 该条款要求装运通知以电传方式将货物装运情况及预约保单号码通知保险公司，并在议付时提交电传抄本。

2. 该条款要求注明承运船只的名称、开航日期、跟单信用证的金额和号码的装运通知必须通过航空挂号信寄给开证申请人。提交的单据应附上有关的挂号邮件收据和装运通知副本。

3. 该条款要求出具一份受益人证明，证明以下单据已经在装船后，用快递邮寄给开证申请人：①1/3 的正本提单；②一份由海关出具的质量证明书。

4. 该条款要求出具受益人证明，证明每件出口包装上都注明"中国制造"。

5. 该条款要求出具船公司证明，装运的船只船龄不超过 10 年。

6. 该条款要求出具船公司证明，载货船舶按照协会等级条款的要求由等级评估机构鉴定过。

二、复习思考题

1. 出口许可证和进口许可证的概念是什么？

2. 装运通知的概念和作用是什么？

3. 受益人证明的概念是什么？通常能有几种形式？

4. 船公司证明有哪些种类？

三、单证操作题

根据下列资料，制作出口许可证。

重庆市×××（集团）进出口有限公司（单位编码：5102622019718）申请签发编号为 02 - 30 - 302243 的出口许可证，向印度尼西亚出口活塞引擎。

出口许可证的签发日期：2023 年 10 月 8 日

出口许可证有效截止日期：2024 年 2 月 28 日

品名：50cc＜排气量≤250cc 往复式活塞引擎

规格：110CC

商品编码：84073200

单价：13.5 美元 CIF 上海

数量：100 台

合同号：LF02 - 904

贸易方式：一般贸易

付款方式：汇付

报关口岸：上海海关

运输方式：海上运输

中华人民共和国出口许可证
EXPORT LICENCE OF THE PEOPLE'S REPUBLIC OF CHINA

1. 出口商　　　　　代码 Exporter　　　　Code	3. 出口许可证号 Export license No.
2. 发货人　　　　　代码 Consignor　　　　Code	4. 出口许可证有效截止日期 Export license expiry date
5. 贸易方式 Terms of trade	8. 进口国（地区） Country/Region of purchase
6. 合同号 Contract No.	9. 付款方式 Payment conditions

续表

7. 报关口岸 Place of clearance			10. 运输方式 Mode of transport		
11. 商品名称 Description of goods			商品编码 Code of goods		
12. 规格、等级 Specification	13. 单位 Unit	14. 数量 Quantity	15. 单价（币别） Unit price	16. 总值（币别） Amount	17. 总值折美元 Amount in USD
18. 总计 Total					
19. 备注 Supplementary details			20. 发证机关签章 Issuing authority's stamp & signature 21. 发证日期 License date		

第十一章 国际贸易单证审核与处理

教学目标

了解国际贸易单证审核的意义和方法；熟悉审单基本准则及单据不符的处理办法；掌握国际贸易单证审核要点。

关键词

国际贸易单证　单证审核　单据不符的处理

导入案例

案情介绍：某公司接到国外开来的信用证，规定："于或约于 5 月 15 日装船。"该公司于 5 月 8 日装船，并向银行提交了一份 5 月 8 日签发的提单，但遭到银行拒绝付款，为什么？

分析及结论：按照《跟单信用证统一惯例》的规定，如果信用证对装运日期使用"约或大约"，应视作规定日期前后各 5 天的时间内装运，起讫日期包括在内。因此，本例中信用证规定"于或约于 5 月 15 日装船"，按上述规定，实际装运日期应是 5 月 10日—5 月 20 日。而卖方于 5 月 8 日装船并提交了 5 月 8 日签发的提单，开证行当然可以"单证不符"为由拒收单据，拒付货款。

第一节 国际贸易单证审核概述

一、单据审核的意义

单据的审核是进、出口合同履行中的重要环节。出口商单证的审核是对已经缮制备妥的单据对照信用证（在信用证付款情况下）或合同（非信用证付款方式）的有关内容进行单、单证的及时检查和核对，发现问题及时更正，以达到安全收汇的目的。进口单据不仅是进口商凭以付款、提货的依据，也是用于核对出口商所供货物是否与合同相符的凭证。因此，对开证行与进口商而言，做好进口单据的审核工作是十分重要的。

如采用汇付和托收支付方式，出口商和进口商负责对货物单据分别进行全面审核，确认所交和收到的单据符合合同要求。如采用信用证支付方式，则出口商为了安全收汇并避免违约，要进行"单货""单合""单单"和"单证"审核，相符后向议付行交单议付。出口地银行收到受益人交来的单据后进行审核，在单证相符、单单相符的基础上对受益人进行议付、承兑或承担延期付款责任。开证行收到单据后，开证行和进口商共同对货物单据进行审核。通常是由开证行对单据进行初审，进口企业进行复审，在单据符合信用证及合同规定的条件下，开证行和进口商履行付款责任。

二、审单基本准则

（一）独立审单

根据信用证的特点和国际商会的相关惯例，银行审核单据必须遵守独立审核的准则，即审单与下列事项无关：与作为信用证基础的买卖合同或其他合同；与申请人和受益人之间的关系；与货物、服务和（或）行为；与审单以外的其他知识和信息。

（二）表面相符

UCP600 第 14 条 a 款规定：按照指定行事的被指定银行、保兑银行（若有）以及开证行必须仅仅依据单据审核提示，以决定单据是否表面上构成相符的提示。

为此，银行审核信用证规定的单据，以确定单据在表面上是否符合信用证规定，应从以下几个方面加以解释。

（1）单据必须与信用证条款相符（单证相符）。例如，信用证规定货物应使用木箱包装（goods packed in wooden cases），而包装单却表明货物装于木条箱中（goods packed in wooden crates）。这属于单证不符。

（2）单据必须与国际惯例相符。由于规范信用证业务的国际惯例（UCP600）对信用证的许多问题，包括单据的问题均有规定，因此，银行审单时判断单据是否在表面上与信用证相符的另一依据是，单据还须与 UCP600 的规定相符。例如，若信用证没有规定单据的最迟提交期限，则晚于运输单据签发日后 21 天才提交的单据属于单证不符。

（3）单据必须与既成事实相符。受益人所制作的单据须与已完成的事实相符，而不能完全照搬信用证的文句，否则就是表面上不符信用证规定。

（4）单据之间表面相符（单单相符）。UCP600 第 14 条 e 款规定：除商业发票外，单据中货物的描述、服务或行为（若有）可以使用与信用证中的描述不相冲突的统称。因此，各种单据的主要内容，如货物名称、数量、金额、包装、唛头等，必须在表面上相同或一致，不得相互矛盾。特别是发票、提单、保险单等单据之间关于货物的主要内容须保持一致。

（5）单据本身相符。UCP600 第 14 条 d 款规定：单据中的信息，应当联系信用证上下文、该单据本身及《国际标准银行实务》，不必与该单据、任何其他规定的单据或信用证中的信息完全相同，但不得与其相冲突。该款强调，银行审单的标准是：单证相符、单单相符及单内相符。但是，单证之间、单单之间及单内的信息无须"完全等同"（identical），仅要求"不得冲突或矛盾"（must not conflict with）即可。受益人所提示的每一种单据本身的相关内容也要彼此相符。

（三）审单依据

银行审核信用证项下的单据，除了依据国际惯例的规定之外，其直接依据是信用证中规定的条款和条件。根据国际商会的解释，条款（term）是指必然发生的事件，如信用证规定的装运期、交单期、有效期、单据种类与名称、单据内容等，是业务中必然发生的事情，通常可用独立的单据加以证明。条件（conditions）是指未来不确定的事件，通常没有独立的单据可供银行审核，但需要一定的单据给予支持。如信用证规定提交已装船的、清洁的提单，"已装船和清洁"是一种条件，通常由提单（属于条款）中的批注或记载来加以支持，而没有独立的"已装船和清洁"单据供银行审核。

（四）不理会非单据条件

所谓非单据条件是指，虽然信用证规定了某一条件，但并没有同时规定需要受益人提交何种单据来支持这种条件。例如，信用证规定货物的产地是中国，但并没有要求受益人同时应提交原产地证明，因此，"产地是中国"则是一个非单据条件。若信用证既规定货物的产地是中国，同时又要求受益人提交货物的原产地证明，则"产地是中国"就不是非单据条件，因为原产地证明可以支持货物产自中国这一条件。常见的非单据条件还有：载货船舶的船龄不得超过 10 年；载货船舶不得悬挂某国国旗；装船后受益人应立即通知申请人；货物不得为某国家所生产等。

UCP600 第 14 条 h 款规定：若信用证包含了一个条件且没有规定用来表明与该条件相符的单据，则银行将该条件视为没有规定，且不予理会。

因此，银行在审单时对非单据条件视为没有记载。为此，申请人和开证行在开立信用证时，须将非单据条件转化为单据条件。如上述"船龄不得超过 10 年"，应要求提交船舶规范证明复印件；"船舶不得悬挂某国国旗"，应要求提交船籍证明复印件等。

（五）不审核未规定的单据

未规定的单据是指，信用证中没有提及的单据。在信用证业务中，有时受益人因种种原因在规定的单据中夹杂着信用证并未要求的某些单据。对此，UCP600 第 14 条 g 款规定，对于信用证中未规定的单据，银行收到此种单据，可将其退还提交人。这一规定表明了银行审单的范围，同时也暗示，即使这种单据与信用证要求的单据有不符之处，也不应影响信用证的效力，换言之，银行不应以此为理由拒付。

（六）在规定时间内审单

UCP600 第 14 条 b 款规定：按照指定行事的被指定银行、保兑银行（若有）以及开证行均有自提示日次日起最多 5 个银行营业日，以决定提示是否相符。

国际商会规定银行审单有一个时间限制，其目的在于，若超过 5 个银行营业日仍未做出是否接受单据的决定，银行将失去拒受单据的权利，即使单据存在不符点，银行也只能接受单据；但在5个银行营业日内，银行可以拒绝接受单据。

UCP600的上述规定表明，5个银行营业日是审单的最长时间限制。因此，若超过该时间限制，银行只能接受单据。但这并不意味着5个营业日全部用完才做出是否接受单据的决定就是合理的，若3个或4个营业日就做出了是否接受单据的决定也同样是合理的，而且时间越短，对各当事人越有利。因此，5个营业日对银行而言，既是一种权利，也是一种义务。

（七）遵从其他国际惯例

银行在审单时，除了须依据信用证中的条款和条件外，还必须遵从国际商会制定的与信用证业务有关的所有惯例和规则。这些惯例和规则主要有：eUCP600、ISBP745、URR725、Incoterms2020以及UCP600等。

扫一扫下面的二维码，了解新版ISBP745的修订

三、审单的方法

（一）企业审单方法

企业审单方法包括纵向审核法和横向审核法两种方法，实际操作中通常会两种方法结合使用。

1. 纵向审核法

纵向审核法是指以信用证条款为基础，对规定的各项单据进行逐字逐句的审核，要求有关单据的内容严格符合信用证的规定，做到"单证相符"。在进行纵向审核时，仔细分析信用证。信用证中每涉及一种单据，即按单据条款核对相对应的单据，以达到单证一致。如果发现有与信用证不一致之处，应做好记录，以免遗漏。

2. 横向审核法

横向审核法是在纵向审核的基础上，以商业发票为中心审核其他规定的单据，使单据与单据之间所有的项目相互一致，做到"单单相符"。

在进行横向审核时，要注意以发票为中心，对其他单据与发票的相同资料（如发票、装箱单和运输单据上共有的货物的标记、包装、件数等）及有关项目（如发票的金额与保险单的保险金额）予以核对。

（二）银行审单方法

银行收到受益人提交上来的单据后，同样要对单据进行细致全面的审核，确认"单证相符""单单相符"后才把全套单据按照信用证中规定的寄单方式邮寄给开证行或开证行指定的付款行（偿付行）进行索汇。一般银行审单主要采取的方法有以下几种。

1. 先简后繁法

在审单业务中，往往可能一时送来众多单据，在先后顺序的安排上可以先做"简单容易的单据"，后做"较为繁杂的单据"。在实务中，先将容易、页数少的单据做完，对于那些数量浩大、内容繁杂的单据就可以静下心来，有条不紊地做，这样不容易出差错。审单往往要赶时间，实效性较强。

虽然 UCP600 规定，银行的审单时间为"5 个工作日"，但是多数银行要求职员在"1 个工作日"内完成审单任务。如果先做复杂的单据，前面拖的时间过长，后面还有大量未做的单据，难免心情烦躁，很可能引起失误。

2. 分地区客户审单法

不同国别、不同进口商对出口单证的要求各异，但同一国别、地区或同一客户对出口单证的要求则基本相同。银行负责国际结算业务的每位工作人员往往不能全面掌握世界各地区的单证特点，因此，对某一地区客户的特殊要求往往会有所疏漏。

为了提高效率和质量，业务量较大的银行可采用分地区客户审单的工作方法，因为业务人员对某一地区的交易习惯往往比较熟悉，实践中，常分为欧洲科、日本科、北美科、中东科或非洲科等。

3. 按装运日期审单法

单据量多的银行为了加速单据的流转，避免出现货到目的港而单据未到的情况，可以按照货物装运日期的先后依次进行审核，这样可避免迟期单据的产生。

4. 先读后审法

先读后审法即在审核单据前，先将信用证从头到尾通读一遍，然后再按信用证条款依次审核单据。

5. 先审后读法

先审后读法即按信用证条款依次审核各种单据后，最后再通读信用证全文，确保每一条款都未被遗漏。

四、单据不符的处理办法

（一）开证行对单据不符的处理

作为开证行，收到议付行（或付款行、承兑行）寄来的单据后进行审核，若有不符点决定拒付的，如果开证行未能按照要求的规定行事，将无权宣称单据未能构成相符提示。要注意以下几点。

（1）开证行提出的不符点必须明确，且以单据为依据，没有提出具体不符点的拒付不能构成完整的拒付通知。

（2）开证行提出的不符点必须是合理的，即开证行提出的不符点必须是实质性的不符点。

（3）开证行必须以自身的名义提出不符点拒付，不得以开证申请人认为单证有不符点为由提出拒付。

（4）开证通知必须以电信方式发出，或者，如果不可能以电信方式通知，则以其他快捷方式通知，但不得迟于提示单据日期翌日起第 5 个银行工作日终了。

（5）开证行必须一次性地提出所有不符点。

（6）开证行一次性通知提示人的通知必须声明：①银行拒绝兑付或议付；②银行凭以拒绝兑付或议付的各个不符点；③银行持有单据等候提示人的进一步指示；或开证行持有单据直至收到申请人通知弃权并同意接受该弃权，或在同意接受弃权前从提示人处收到进一步指示；或银行退回单据；或银行按照先前从提示人处收到的指示行事。

（二）出口商对信用证遭拒付后的处理

1. 明确拒付理由

造成信用证被银行拒付的原因有两类，一类是银行违法违规审单，另一类是单据确实存在问题。对于银行违法违规审单，一方面是因为银行信誉良莠不齐，一些信誉欠佳的开证行往往会极力配合开证申请人，对单据无端挑剔，以无害不符点拒付甚至无理拒付；另一方面是因为银行素质参差不齐，对国际惯例的理解也不一样，有些银行在未弄清不符点内容的情况下就盲目地将其认定为不符点。因此，出口商要自己认真审核不符点，做到心中有数。出口商要以国际惯例和国际标准银行惯例为依据，判断开证行所提的不符点是否成立。单据不符可以拒付，但如果单据相符，则银行必须接受单据并履行信用证项下的付款责任，另外开证行不得以单据以外的理由拒绝付款。如单据在表面上符合信用证，同时单据与单据之间并无不一致，就可认定所提不符点不成立，理直气壮地要求开证行履行付款的义务。

2. 不符点的提出是否符合规定

判断开证行提出不符点的前提是否已满足。首先，根据目前 UCP600 的规定，开证行必须在合理的时间，即收到单据次日起算的 5 个工作日之内提出不符点，并且无延迟地以电信方式或其他快捷方式将不符点通知提示者；其次，不符点必须一次性提出，且通知不符点的同时须说明将单据代为保管听候处理，或径退交单者。以上条件如有一项开证行未做到，开证行便无权称单据有不符点而拒付。有时开证行提出不符点的条件均已满足，单据也确实存在不符点，但开证行由于自身素质或语言水平的限制，提出的不符点与实际存在的不符点大相径庭，实质上所提的不符点是不存在的，而其后来对不符点所做的解释可能是正确的不符点，但出口企业可以指其是第二次提出不符点，系无效的拒付行为。

3. 及时修正不符单据

对于单据确实存在不符点的情况，出口商一定要清楚，此时开证行虽然已通知拒付，但只要受益人改正的单据在信用证规定的有效期和议付期内提交到指定银行，且新提交的单据没有新的不符点，则视为单据不存在不符点，开证行必须付款。因此，一旦获知开证行提出不符点，公司的反应一定要快，看是否来得及改单，如有可能，应迅速改单并及时将单据交到指定银行手中。

4. 巧妙申请退单

《跟单信用证统一惯例》规定银行拒付后必须持单听候指示，或是将单据退还交单者，也就是说开证行拒付后不经受益人或议付行同意，不得擅自向开证申请人放单，否则其必须付款。此时，出口商关注货物下落可以了解到开证申请人的提货情况。若开证申请人是凭开证行的提货担保提取货物，受益人可向议付行要求退单，然后向承运人索要货物，承运人因无法提供货物，必然转而找开证行，要求其履行提货担保的责任，此时开证行往往会立即付款。

第二节　单据审核要点

一、单据审核总要点

（一）缩略语

普遍接受的缩略语可以在单据上替代其全称，比如但不限于，用"Int'l"代替"International"（国际），用"Co."代替"Company"（公司），用"kgs"或"kos."代替"kilograms"（千克）或"kilos"（千克、千米），用"Ind"代替"Industry"（工业），用"Ltd."代替"Limited"（有限），用"mfr"代替"manufacturer"（制造商），用"mt"代替"metric tons"（公吨），反之亦然。信用证文本中使用缩略语，即允许单据上使用同样的缩略语或具有同一含义的其他缩略语，或使用其全称，反之亦然。

斜线（"/"）可能导致不同的含义，不应用来替代词语。尽管如此，如果还是使用了斜线，且上下文含义不明，那么将允许使用其中的一个或多个选择。例如，信用证规定了"红/黑/蓝"，且没有进一步说明，这表示颜色可以只是红，或只是黑，或只是蓝，或它们的任何一种组合。

逗号用来表明信用证中的数据范围，如装货港或卸货港或原产地所在国时，可能导致不同的含义，不应用来替代词语。尽管如此，如果还是使用了逗号，且上下文含义不明，那么将允许使用其中的一个或多个选择。例如，当信用证允许部分装运，规定了装货港信息为"汉堡，鹿特丹，安特卫普"，且没有进一步说明时，这表示装货港可以只是汉堡，或只是鹿特丹，或只是安特卫普，或它们的任何一种组合。

（二）证明书和证明、声明书和声明

当信用证要求提交证明书或证明、声明书或声明时，该单据应当签署。

证明书或证明、声明书或声明是否需要注明日期取决于所要求的证明书或证明、声明书或声明的类型、所要求的措辞和单据上所显示的措辞。

例如，当信用证要求提交由承运人或其代理人出具的证明书以证实船龄不超过25年时，为表明相符，该证明书可以注明：船舶建造日期或年份，且该日期或年份不早于装运日期或装运所发生年份之前25年，此时没有必要显示出具日期；或者信用证规定的措辞，此时要求显示出具日期，以证实在证明书出具之日船龄不超过25年。

当载有证明或声明的单据已经签署并注明了日期时，只要该证明或声明看似由出具

并签署单据的同一实体做出，单据上的证明或声明就无须另行签署或加注日期。

（三）运输单据的副本

当信用证要求运输单据的副本时，相关条款并不适用，因为这些条款仅适用于正本运输单据。运输单据的副本将只在信用证明确规定的范围内审核，其他方面将按照UCP600 第 14 条 f 款的规定予以审核。

运输单据的副本上显示的任何数据，在与信用证、单据本身以及《国际标准银行实务》对照解读时，无须与该单据上的其他数据、任何其他规定单据上的数据或信用证中的数据等同一致，但不得矛盾。

除非信用证明确规定了确定交单期的基础，UCP600 第 19 条至第 25 条涉及的运输单据的副本，不适用于 UCP600 第 14 条 c 款规定的 21 个日历日的默认交单期，或者信用证规定的任何交单期，在此情况下，单据可以在任何时候提交，但无论如何不得晚于信用证的有效期。

（四）更正与更改（统称"更正"）

除汇票（汇票上数据的任何更正，应当看似已由受益人以外的签字或小签加以证实）外，由受益人出具的单据上数据的任何更正均无须证实。

当受益人出具的单据已经合法化、签证或证实等时，数据的任何更正都应当看似由实施合法化、签证或证实等的至少一个实体进行证实。该证实应当以含有证实人名称的印戳，或以额外加注证实人名称的方式表明实施证实的实体，并包括其签字或小签。

除由受益人出具的单据外，单据上数据的任何更正都应当看似由单据出具人或作为其代理人或代表的实体进行证实。该证实应当以含有证实人名称的印戳，或以额外加注证实人名称的方式表明实施证实的实体，并包括其签字或小签。代理人或代表证实时，应当注明其作为出具人的代理人或代表行事的身份。

当由受益人以外一方出具的单据已经合法化、签证或证实等时，数据的任何更正还应当在"除由受益人出具的单据外，单据上数据的任何更正都应当看似由单据出具人或作为其代理人或代表的实体进行证实。该证实应当以含有证实人名称的印戳，或以额外加注证实人名称的方式表明实施证实的实体，并包括其签字或小签。代理人或代表证实时，应当注明其作为出具人的代理人或代表行事的身份"的规定外，看似由实施合法化、签证或证实等的至少一个实体额外进行证实。该证实应当以含有证实人名称的印戳，或以额外加注证实人名称的方式表明实施证实的实体，并包括其签字或小签。副本单据上数据的任何更正无须证实。

当由受益人以外一方出具的单据包含一处以上的更正时，每一处更正都应当单独地进行证实，或者做出一项证实并注明其适用于所有的更正。例如，当由×××出具的单据显示编号为 1、2、3 的三处更正时，一个"编号为 1、2、3 的更正已经由×××证实"的声明或类似措辞，并含有×××的签字或小签，即满足证实要求。同一份单据内使用多种字体、字号或手写，其本身并不表示更正。

（五）寄送单据、通知等的快递收据、邮政收据或投邮证明

当信用证要求提交快递收据、邮政收据或邮寄证明，以证实寄送单据、通知等给一个具名或规定的实体时，该单据将只在信用证明确规定的范围内审核，其他方面将按照 UCP600 第 14 条 f 款的规定予以审核，而不适用 UCP600 第 25 条。

（六）日期

即使信用证没有明确要求，汇票也应当注明出具日期；保险单据也应当注明出具日期或"当保险单据显示出具日期晚于（UCP600 第 19 条至第 25 条所定义的）装运日期时，应当以附注或批注的方式清楚地表明保险生效日期不晚于装运日期"和"在保险单据没有出具日期和保险生效日期的情况下，副签日期也将视为证实了保险生效日期"中所显示的保险生效日期；以及按照 UCP600 第 19 条至第 25 条审核的正本运输单据，也应当相应地显示出具日期、注明日期的装船批注、装运日期、收妥待运日期、发送或运送日期、接管日期、取件日期或收件日期。

如果信用证要求汇票、保险单据或正本运输单据以外的其他单据注明日期，那么在该单据上注明出具日期，或在单据上援引同一交单下其他单据的日期（例如，由承运人或其代理人出具的证明中显示"日期参见×××号提单"），或在规定的单据上显示一个事件发生的日期（例如，检验证明显示了检验日期，但没有注明出具日期），即满足要求。

一份单据，比如但不限于分析证明、检验证明或熏蒸证明，注明的出具日期可以晚于装运日期。

当信用证要求单据证实装运前发生的事件（例如，"装运前检验证明"）时，该单据应当通过名称或内容或出具日期来表明该事件（例如，"检验"）发生在装运日之前或装运日当天。当信用证要求一份单据，比如但不限于"检验证明"时，这不视为要求单据证实一个装运前发生的事件，其注明的日期无须早于装运日期。

单据注明出具日期和随后的签署日期，应视为其在签署之日出具。

当信用证使用短语来表示一个日期或事件的前后时间时，适用如下规则："不迟于（日期或事件）之后 2 天 [not later than 2 days after（date or event）]"，指最迟日期。如果要求通知或单据注明的日期不应早于某个特定日期或事件，那么信用证应如此规定。"至少在（日期或事件）之前 2 天 [at least 2 days before（date or event）]"，指一个行为或事件不应晚于该日期或事件前两日发生。至于该行为或事件最早何时发生，则没有限制。

就计算期间而言，"在……之内（within）"一词与一个日期或事件关联使用时将排除该日期或该事件日期。例如，"在（日期或事件）的 2 天之内 [within 2 days of（date or event）]"，指 5 天期间，开始于一个日期或事件发生前的 2 天，直至该日期或事件发生后的 2 天。

"在……之内（within）"一词之后跟随一个日期，或跟随援引的一个确定日期或事件日期时，将包括该日期或援引的该确定日期或该事件日期。例如，"在 5 月 14 日之内交单（presentation to be made within 14 May）"，或"在信用证有效期或失效日之内交单 [presentation is to be made within credit validity（or credit expiry）]"且信用证有效期为 5 月 14 日，这表示 5 月 14 日是允许交单的最后一天，只要 5 月 14 日是银行工作日。

"从……起（from）"和"在……之后（after）"这两个词语，当用于确定装运日期、事件发生日期或单据日期之后的到期日或交单期时，将不包括该日期。例如，当装运日期是 5 月 4 日时，装运日之后 10 天或从装运日起 10 天，均指 5 月 14 日。

只要从单据或同一交单的其他单据上能够确定，该单据上试图表明的日期就可以用任何格式表示。例如，2023 年 5 月 14 日可以表示为 14 May 23，14.05.2023，14.05.23，2023.05.14，05.14.23，230514 等。为避免模糊不清带来的风险，建议使用文字表示月份。

（七）单据中的空格栏

单据上留有填写数据的方框、栏位或空格，并不表示该方框、栏位或空格中应当填写内容。例如，在空运单上经常会看到标明名称为"账户信息"或"处理信息"的方框，这并不要求在该处应当填写数据。单据上留有签字的方框、栏位或空格，其本身不表示该方框、栏位或空格中应当载有签字。例如，在空运单上通常会有标明名称为"托运人或其代理人签字"的空格，在公路运输单据上通常会有标明名称为"托运人签字"的空格，这并不要求在该处载有签字。

（八）UCP600 运输条款不适用的单据

与货物运输有关的一些常用单据，比如但不限于提货通知、提货单、货物收据、运输行收货证明、运输行装运证明、运输行运输证明、运输行货物收据和大副收据，都不是 UCP600 第 19 条至第 25 条所规定的运输单据。这些单据将只在信用证明确规定的范围内审核，其他方面将按照 UCP600 第 14 条 f 款的规定予以审核。

就提货通知、提货单、货物收据、运输行收货证明、运输行装运证明、运输行运输证明、运输行货物收据和大副收据单据而言，信用证中有关单据应当在装运日之后的若干天内提交的规定，将不予理会，该交单可以在任何时候进行，但无论如何不得晚于信用证的有效期。

UCP600 第 14 条 c 款规定的 21 个日历日的默认交单期，仅适用于交单中包含 UCP600 第 19 条至第 25 条所涉及的一份或多份正本运输单据的情形。

就提货通知、提货单、货物收据、运输行收货证明、运输行装运证明、运输行运输证明、运输行货物收据和大副收据单据的交单期而言，信用证应明确该单据应当在相关单据的出具日期或相关单据上提及的日期之后的若干天内提交（例如，当信用证要求提交名称为货物收据的单据时，"单据应不迟于货物收据日期后 10 天提交"）。

（九）UCP600 未定义的用语

"装运单据（shipping documents）""过期单据可接受（stale documents accepta-ble）""第三方单据可接受（third party documents acceptable）""第三方单据不可接受（third party documents not acceptable）""出口国（exporting country）""船公司（shipping company）"及"提交单据即可接受（documents acceptable as presented）"这些用语，因其在 UCP600 中未加定义，不应使用。尽管如此，如果信用证还是使用了这些用语但没有规定其含义，那么在《国际标准银行实务》中，这些用语的含义

如下。

（1）"装运单据"指信用证要求的所有单据，不包括汇票、电信传送报告、证实寄送单据的快递收据、邮政收据或邮寄证明。

（2）"过期单据可接受"指单据可以晚于装运日后 21 个日历日提交，只要不晚于信用证有效期。这也适用于信用证在明确规定交单期的同时，还规定了"过期单据可接受"的情形。

（3）"第三方单据可接受"指信用证或 UCP600 未规定出具人的所有单据，除汇票外，都可以由受益人以外的具名个人或实体出具。

（4）"第三方单据不可接受"没有任何含义，将不予理会。

（5）"出口国"指以下一个国家：受益人居住地所在国、货物原产地所在国、承运人货物接收地所在国、货物装运地或发货地所在国。

（6）"船公司"（作为与运输单据有关的证明书或证明、声明书或声明的出具人时）指以下任何一方：承运人，船长，或租船提单下的船长、船东或租船人，或表明作为上述任何一方代理人身份的实体，不管其是否出具或签署了该运输单据。

（7）"提交单据即可接受"指交单可以包括一种或多种规定的单据，只要其在信用证的有效期之内且支款金额在信用证的可兑付范围之内。单据的其他方面将不会根据信用证或 UCP600 进行审核以确定其是否相符，包括是否提交所要求的正副本份数。

（十）单据出具人

当信用证要求单据由具名个人或实体出具时，单据看似由该具名个人或实体使用其函头出具，或者如果没有函头，单据看似已由该具名个人或实体或其代理人完成或签署，即满足要求。

（十一）单据语言

当信用证规定了提交的单据所应使用的语言时，信用证或 UCP600 要求的数据应当以该语言显示。当信用证对提交的单据所应使用的语言未作规定时，单据可以任何语言出具。

当信用证允许两种或多种语言时，保兑行或按指定行事的指定银行可以限制可接受语言的数量作为其承担信用证下责任的条件。在此情况下，单据上的数据只能以可接受的语言显示。当信用证允许单据中的数据以两种或多种语言显示，且保兑行或按指定行事的指定银行未限制单据的语言或可接受语言的种类和数量作为其承担信用证项下责任的条件时，单据中以所有可接受语言显示的数据都要求审核。

银行不要求审核以信用证要求或允许以外的语言显示的数据。

尽管单据语言有所规定，个人或实体的名字、任何印章、合法化、背书或类似数据，以及单据上预先印就的文本，比如但不限于栏位名称，还是可以信用证要求以外的语言显示。

（十二）数学计算

当提交的单据显示数学计算时，银行仅确定如金额、数量、重量或包装件数的总量，与信用证及其他规定的单据不相矛盾。

（十三）拼写或打字错误

如果拼写或打字错误并不影响单词或其所在句子的含义，则不构成单据不符。例如，在货物描述中的"machine"（机器）显示为"mashine"，"fountain pen"（钢笔）显示为"fountan pen"，或"model"（型号）显示为"modle"，均不视为 UCP600 第 14 条 d 款下的矛盾数据。但是，"model 321"（型号 321）显示为"model 123"（型号 123），将视为该条款下的矛盾数据。

（十四）多页单据和附件或附文

当一份单据包含不止一页时，必须能够确定这些不同页属于同一份单据。除非单据本身另有说明，无论其名称或标题如何，被装订在一起、按序编号或含有内部交叉援引的多页单据即满足要求，将作为一份单据来审核，即便有些页被视为附件或附文。

当要求多页单据载有签字或背书，而信用证或单据自身未规定签字或背书的位置时，签字或背书可以出现在该单据的任何位置。

（十五）非单据化条件和数据矛盾

当信用证包含一项条件但未规定表明该条件得以满足的单据（"非单据化条件"）时，无须在任何规定单据上证实以满足该条件。然而，规定单据上所显示的数据不应与非单据化条件相矛盾。例如，当信用证规定"以木箱包装（packing in wooden cases）"，而没有要求该内容应当显示在规定单据上时，任何规定单据上显示的不同包装类型将被视为数据矛盾。

（十六）正本和副本

一份单据带有出具人的看似原始的签字、标记、印戳或标签将被视为正本，除非其自身声明为副本。银行无须确定出具人相应的签字、标记、印戳或标签是否采用手写方式或摹样方式。因此，显示了该证实方式的任何单据均满足 UCP600 第 17 条的要求。

单据不止一份的正本可以标注为"正本（original）""第二联（duplicate）""第三联（triplicate）""第一正本（first original）""第二正本（second original）"等。这些标注都不否定单据为正本。

单据提交的正本数量应当至少为信用证或 UCP600 要求的数量。当运输单据或保险单据注明已出具的正本数量时，应当提交该单据注明的正本数量，除非"空运单据应当看似是出具给发货人或托运人的正本。当信用证要求全套正本时，提交一份空运单据，显示其为出具给发货人或托运人的正本即满足要求"和"即使信用证要求提交相关的全套运输单据，提交出具给发货人或托运人的公路运输单据正本（发送人联），或铁路运输单据第二联，即满足要求"另有规定。当信用证要求提交非全套正本运输单据，如"2/3 正本提单"，但没有指示剩余份数的正本运输单据的处理方式时，交单可以包括 3/3 全套正本提单。当信用证要求提交单据，例如：规定"发票（invoice）""一份发票（one invoice）""发票一份（invoice in 1 copy）"或"发票——一份（invoice—1 copy）"时，将被理解为要求一份正本发票；规定"发票四份（invoice in 4 copies）"或"发票四联（invoice in 4 folders）"时，提交至少一份正本发票，其余为副本即满足要求；规定"发票复印件（photocopy of invoice）"或"发票副本（copy of invoice）"时，提交一份发票复印件，一份副本发票，或在未禁止时，提交一份正本发票即满足要求；规定"已签署发票的复印件（photocopy of a signed invoice）"时，提交一份看似已签署正本发票的复印件或副本，或在未禁止时，提交一份已签署的正本发票即满足要求。

当信用证禁止提交正本单据，比如"发票复印件——正本单据代替复印件不可接受（photocopy of invoice —original document not acceptable in lieu of photocopy）"或类似措辞时，将只能提交发票复印件或标明副本的发票。当信用证要求提交一份运输单据的副本，并指示了该运输单据所有正本的处理方式时，交单不应包括该运输单据的任何正本。

当信用证、单据自身（除了"单据上留有签字的方框、栏位或空格，其本身不表示该方框、栏位或空格中应当载有签字"另有规定外）或 UCP600 要求时，正本单据应当签署。单据的副本无须签署，也无须注明日期。

（十七）唛头

当信用证规定唛头的细节时，载有唛头的单据应当显示该细节。单据唛头中数据的顺序无须与信用证或其他规定单据上的一样。

单据上唛头显示的信息可能超出通常意义的"唛头"或者信用证规定的"唛头"。这些额外信息比如但不限于货物种类、处理易碎货物的警告、货物毛净重等。

在集装箱运输下运输单据经常在"唛头"或类似栏位中，仅仅显示带有或不带有铅封号的集装箱号，而其他单据显示了更加详尽的唛头细节，如此不构成矛盾。一些单据的唛头显示了"单据上唛头显示的信息，可能超出通常意义的'唛头'或者信用证规定的'唛头'。这些额外信息比如但不限于货物种类、处理易碎货物的警告、货物毛净重等"和"在集装箱运输下运输单据经常在'唛头'或类似栏位中，仅仅显示带有或不带有铅封号的集装箱号，而其他单据显示了更加详尽的唛头细节，如此不构成矛盾"中所提及的额外信息而其他单据没有显示，如此不视为 UCP600 第 14 条 d款"单据中内容的描述不必与信用证、信用证对该项单据的描述以及《国际标准银行实务》完全一致，但不得与该项单据中的内容、其他规定的单据或信用证相冲突"的数据矛盾。

（十八）签字

"当信用证、单据自身（除了'单据上留有签字的方框、栏位或空格，其本身不表示该方框、栏位或空格中应当载有签字'另有规定外）或 UCP600 要求时，正本单据应当签署"提及的签字，无须使用手写。单据签署，可以使用摹样签字（例如，预先印就或扫描的签字）、穿孔签字、印戳、符号（例如，公章）或任何机械或电子的证实方式。如果要求单据应当"签字并盖章"或具有类似措辞，那么单据载有上述签字，并以打字、印戳、手写、预先印就或扫描的方式显示了签署实体的名称，即满足要求。单据上声明"本单据已经电子证实（This document has been electronically authenticated）"或"本单据以电子方式缮制且无须签字（This document has been produced by electronic means and requires no signature）"或类似措辞，根据 UCP600 第 3 条的签字要求："单据可以通过手签、签样印制、穿孔签字、盖章、符号表示的方式签署，也可以通过其他任何机械或电子证实的方法签署。当信用证含有要求使单据合法、签证、证实或对单据有类似要求的条件时，这些条件可由在单据上签字、标注、盖章或标签来满足，只要单据表面已满足上述条件即可"，其本身不表示一种电子证实方式。单据上声明证实可以通过明确提及的网址（URL）核实或获得，根据 UCP600 第 3 条的签字要求，这是一种电子证实方式。银行无须访问该网址以核实或获得证实。

除非另有说明，在具名个人或实体的函头纸上的签字，将被视为该个人或实体的签字，在此情况下，在签字旁无须重复该个人或实体的名称。当单据的签署人表明其代表出具人的分支机构签署时，该签字视同由出具人做出。

单据上留有签字的方框、栏位或空格，其本身不表示该方框、栏位或空格中应当载有签字。例如，在空运单上通常会有标明名称为"托运人或其代理人签字"的空格，在公路运输单据上通常会有标明名称为"托运人签字"的空格，这并不要求在该处载有签字。

当单据显示比如"本单据无效，除非由（个人或实体的名称）副签（或签署）〔This document is not valid unless countersigned（or signed）by（name of the person or entity）〕"或类似措辞时，相应的方框、栏位或空格中，应当载有副签单据的该个人或实体的签字和名称。

（十九）单据名称及联合单据

单据可以表明信用证要求的名称，或标明相似名称，或没有名称。单据内容必须看似满足所要求单据的功能。例如，信用证要求"装箱单"，提交的单据含有包装细节即满足要求，无论其名称为"装箱单""装箱记录（packing note）""装箱和重量单（packing and weight list）"，还是没有名称。

信用证要求的单据应当单独提交。然而，例如，如果信用证要求一份正本装箱单和一份正本重量单，那么提交两份正本装箱及重量联合单据，只要其同时表明了包装和重量细节，也满足要求。

信用证要求单据涵盖不止一项功能，提交看似满足每项功能的单一单据或独立单据均可。例如，信用证要求提交质量和数量证明时，提交单一的质量和数量证明，或提交独立的质量证明和数量证明即满足要求，只要每种单据满足其功能，且提交了信用证所要求的正本与副本份数。

二、主要单据审核要点

（一）汇票

1. 基本要求

在信用证要求汇票的情况下，汇票付款人应当为信用证规定的银行。银行仅在付款期限、付款到期日、银行工作日、宽限期和付款延迟、出具和签署、金额、背书、更正描述的范围内审核汇票。

2. 付款期限

汇票显示的付款期限应当与信用证条款一致。

当信用证要求汇票的付款期限不是即期或见票后定期付款时，应当能够从汇票自身数据确定付款到期日。例如，当信用证要求汇票的付款期限为提单日期后 60 天（60 days after the bill of lading date），且提单日期为 2023 年 5 月 14 日时，汇票的付款期限应当以下面一种方式显示："提单日期 2023 年 5 月 14 日后 60 天（60 days after bill of lading date 14 May 2023）"；或者"2023 年 5 月 14 日后 60 天（60 days after 14 May 2023）"；或者"提单日期后 60 天（60 days after bill of lading date）"，且在汇票表面的其他位置注明"提单日期 2023 年 5 月 14 日（bill of lading date 14 May 2023）"；或者"出票后 60 天（60 days date）"且出票日期与提单日期相同；或者"2023 年 7 月 13 日（13 Jul. 2023）"，即提单日期后 60 天。

当汇票的付款期限提及，例如，提单日期之后 60 天时，装船日期将被视为提单日期，即便装船日期早于或晚于提单出具日期。当使用"从……起（from）"和"在……之后（after）"确定付款到期日时，到期日将从单据日期、装运日期或信用证规定的事件日期的次日起计算，例如，从 5 月 4 日起 10 天或 5 月 4 日之后 10 天，均为 5 月 14 日。

当信用证要求提单，而汇票付款期限做成，例如，提单日期之后 60 天或从提单日期起 60 天，且提交的提单显示货物从一条船卸下后再装上另一条船，并显示了不止一个注明日期的装船批注，表明每一装运均从信用证允许的地理区域或港口范围内的港口装运时，其中最早的装船日期将用于计算付款到期日。例如，信用证要求从任何欧洲港口装运，且提单显示货物于 5 月 14 日在都柏林装上 A 船，于 5 月 16 日在鹿特丹转运装上 B 船，汇票应当显示在欧洲港口的最早装船日期，即 5 月 14 日后的 60 天。当信用证要求提单，而汇票付款期限做成，例如，提单日期之后 60 天或从提单日期起 60 天，且提交的提单显示同一条船上的货物从信用证允许的地理区域或港口范围内的多个港口装运，并显示了不止一个注明日期的装船批注时，其中最迟的装船日期将用于计算付款到期日。例如，信用证要求从任何欧洲港口装运，且提单显示部分货物于 5 月 14 日在都柏林装上 A 船，其余部分于 5 月 16 日在鹿特丹装上同一条船，汇票应当显示在欧洲港口的最迟装船日期，即 5 月 16 日后的 60 天。当信用证要求提单，而汇票付款期限做成，例如，提单日后 60 天或从提单日起 60 天，而一张汇票下提交了多套提单时，其中的最迟装船日期，将用以计算付款到期日。尽管上述例子针对的是提单日期，但是相同原则适用于确定付款到期日的任何基础。

3. 付款到期日

当汇票使用实际日期表明付款到期日时，该日期应当反映信用证条款。

当汇票付款期限做成，例如，"见票后 60 天（at 60 days sight）"时，付款到期日按如下规则确定：（1）在相符交单的情况下，付款到期日为向汇票的受票银行，即开证行、保兑行或同意按指定行事的指定银行［"付款银行（drawee bank）"］交单后的 60 天。（2）在不符交单的情况下：当该付款银行未发送拒付通知时，付款到期日为向其交单后的 60 天；当该付款银行为开证行且其已发送拒付通知时，付款到期日最迟为开证行同意申请人放弃不符点后的 60 天；当该付款银行是开证行以外的一家银行且其已发送拒付通知时，付款到期日最迟为开证行发送的单据接受通知书日期后的 60 天。当该付款银行不同意按照开证行的单据接受通知书行事时，开证行应当在到期日承付。

付款银行应当向交单人通知或确认付款到期日。

上述付款期限和付款到期日的计算方法也适用于延期付款信用证，或某些情形下的议付信用证，即不要求受益人提交汇票时。

4. 银行工作日、宽限期和付款延迟

款项应于到期日在汇票或单据的付款地以立即能被使用的资金支付，只要该到期日是付款地的银行工作日。当到期日是非银行工作日时，付款将顺延至到期日后的第一个银行工作日。付款不应出现延迟，例如，宽限期、汇划过程所需时间等，不得在汇票或单据所载明或约定的到期日之外。

5. 出具和签署

汇票应当由受益人出具并签署，且应注明出具日期。当受益人或第二受益人变更了名称，且信用证提到的是以前的名称时，只要汇票注明了该实体"以前的名称为（第一受益人或第二受益人的名称）［formerly known as（name of the beneficiary or second beneficiary）］"或类似措辞，汇票就可以新实体的名称出具。

当信用证仅以银行的 SWIFT 地址表示汇票付款人时，汇票可以相同的 SWIFT 地址或该银行的全称显示付款人。当信用证规定由指定银行或任何银行议付时，汇票付款人应当做成指定银行以外的一家银行。当信用证规定由任何银行承兑时，汇票付款人应当做成同意承兑汇票并愿意按指定行事的银行。当信用证规定：（1）由指定银行或任何银行承兑，汇票付款人做成了该指定银行（其不是保兑行），且该指定银行决定不按指定行事时，受益人可以选择：如有保兑行，以保兑行为汇票付款人，或者要求将单据按照交单原样转递给保兑行；将单据交给同意承兑以其为付款人的汇票并按指定行事的另一家银行（只适用于自由兑付信用证）；或者要求将单据按照交单原样转递给开证行，在此情形下，随附或不随附以开证行为付款人的汇票。（2）由保兑行承兑，且汇票付款人做成了该保兑行，但交单不符，且该保兑行决定不恢复保兑时，受益人可以要求将单据按照交单原样转递给开证行，在此情形下，随附或不随附以开证行为付款人的汇票。

6. 金额

汇票金额应当为交单下要求支款的金额。

如果汇票同时显示大小写金额，那么大写金额应当准确反映小写金额，且应注明信用证规定的币别。当大小写金额矛盾时，大写金额将作为支款金额予以审核。

7. 背书

如果需要，汇票应当背书。

8. 更正与更改（统称"更正"）

汇票上数据的任何更正，应当看似已由受益人以外的签字或小签加以证实。当汇票上不允许数据更正时，开证行应当在信用证中明确规定。

9. 以开证申请人为付款人的汇票

信用证不得开立成凭以开证申请人为付款人的汇票兑付。然而，当信用证要求提交以申请人为付款人的汇票，作为一种规定单据时，该汇票应当只在信用证明确规定的范围内予以审核，其他方面将按照 UCP600 第 14 条 f 款的规定"如果信用证要求提示运输单据、保险单据和商业发票以外的单据，但未规定该单据由何人出具或单据的内容，如信用证对此未做规定，只要所提交单据的内容看来满足其功能需要且其他方面与第 14 条 d 款'单据中内容的描述不必与信用证、信用证对该项单据的描述以及《国际标准银行实务》完全一致，但不得与该项单据中的内容、其他规定的单据或信用证相冲突'相符，银行将对提示的单据予以接受"审核。

（二）发票

1. 发票名称

当信用证要求提交"发票"而未做进一步描述时，提交任何类型的发票〔如商业发票、海关发票、税务发票、最终发票、领事发票等（commercial invoice，customs invoice，tax invoice，final invoice，consular invoice，etc.）〕即满足要求。但是，发票不得表明"临时（provisional）""预开（pro-forma）"或类似名称。当信用证要求提交"商业发票"时，提交名称为"发票"的单据也满足要求，即便该单据含有供税务使用的声明。

2. 发票出具人

发票应当看似由受益人，或者由已转让信用证项下的第二受益人出具。当受益人或第二受益人变更了名称，且信用证提及的是以前的名称时，只要发票注明了该实体"以前的名称为（第一受益人或第二受益人的名称）〔formerly known as（name of the beneficiary or the second beneficiary)〕"或类似措辞，发票就可以新实体的名称出具。发票出具人地址按照 UCP600 第 14 条 j 款的规定"当受益人和申请人的地址显示在任何规定的单据上时，不必与信用证或其他规定单据中显示的地址相同，但必须与信用证中述及的各自地址处于同一国家内。用于联系的资料（电传、电话、电子邮箱及类似方式）如作为受益人和申请人地址的组成部分将被不予置理。然而，当申请人的地址及联系信息作为按照 19 条、20 条、21 条、22 条、23 条、24 条或 25 条出具的运输单据中收货人或通知方详址的组成部分时，则必须按照信用证规定予以显示"审核。

3. 货物、服务或履约行为的描述及发票的其他一般性事项

发票显示的货物、服务或履约行为的描述应当与信用证中的描述一致，但不要求如镜像一致。例如，货物细节可以在发票的多处显示，当一并解读时，其显示的货物描述与信用证中的描述一致即可。

发票上的货物、服务或履约行为的描述应当反映实际装运或交付的货物、提供的服务或履约行为。例如，当信用证的货物描述要求装运"10 辆卡车和 5 辆拖拉机（10 trucks and 5 tractors）"，且只装运了 4 辆卡车时，只要信用证不禁止部分装运，发票就可以显示只装运了 4 辆卡车。发票注明实际装运货物（4 辆卡车）的同时，还可以包含信用证规定的货物描述，即 10 辆卡车和 5 辆拖拉机。

发票显示与信用证规定一致的货物、服务或履约行为描述的同时，还可以显示与货物、服务或履约行为相关的额外信息，只要这些信息看似不会指向货物、服务或履约行为的不同性质、等级或类别。例如，当信用证要求装运"绒面革鞋子（suede shoes）"，但是发票将货物描述为"仿造绒面革鞋子（imitation suede shoes）"时，或当信用证要求"液压钻机（hydraulic drilling rig）"，但是发票将货物描述为"二手液压钻机（second hand hydraulic drilling rig）"时，这些描述表示货物的性质、等级或类别出现了变化。

发票应当显示：（1）所装运或交付的货物、所提供的服务或履约行为的价值。（2）单价（当信用证有规定时）。（3）信用证中表明的相同币别。（4）信用证要求的任何折扣或扣减。

发票可以显示信用证未规定的预付款、折扣等的扣减。

当信用证规定了贸易术语作为货物描述的一部分时，发票应当显示该贸易术语，而当信用证规定了贸易术语的出处时，发票应当显示贸易术语的相同出处。例如，信用证规定贸易术语为"CIF Singapore Incoterms 2020"，发票不应显示贸易术语为"CIF Singapore"或"CIF Singapore Incoterms"。但是，当信用证规定贸易术语为"CIF Singapore"，或者"CIF Singapore Incoterms"时，发票可以显示贸易术语为"CIF Singapore Incoterms 2020"或任何其他版本。

诸如与单据、运费、保险费相关的额外费用和成本，应当包含在发票上显示的贸易术语所对应的价值之内。

发票无须签署或注明日期。

发票显示的货物的任何总数量和其重量或尺寸，不应与其他单据显示的同一数据相矛盾。发票不应显示：（1）超装（UCP600 第 30 条 b 款"在信用证未以包装单位件数或货物自身件数的方式规定货物数量时，货物数量允许有 5% 的增减幅度，只要总支取金额不超过信用证金额"，另有规定除外）。（2）信用证未规定的货物、服务及履约行为。即便发票包含了信用证规定货物、服务或履约行为的额外数量为免费，或者样品和广告材料为免费，这仍然适用。

发票上显示的信用证规定的货物数量可以在 5% 的溢短装浮动幅度之内。货物数量最高变动 +5%，并不允许交单项下所要求的支取金额超过信用证金额。货物数量的 5% 溢短装浮动幅度，不适用于下列情形：（1）信用证规定货物数量不应超过或减少。（2）信用证以包装单位或商品件数规定货物数量。

当信用证未规定货物数量，且禁止部分装运时，发票金额在少于信用证金额最大 5% 的幅度内，将被视为发票涵盖全部货物数量，不构成部分装运。

4. 分期支款或装运

当信用证要求在规定期间内分期支款或分期装运，且任何一期未在规定期间内支款或装运时，信用证对该期及后续各期均停止兑付。规定期间，指决定每期开始日期和结束日期的一组日期或时间序列。例如，信用证要求 3 月份装运 100 辆汽车和 4 月份装运 100 辆汽车，这就是分两期装运的例子，一期开始于 3 月 1 日、结束于 3 月 31 日，另一期开始于 4 月 1 日、结束于 4 月 30 日。当信用证允许部分支款或装运时，每期之内允许任意次数的支款或装运。

当信用证仅以一些最迟日期规定了支款或装运的时间表，而不是规定期间时：（1）这不属于 UCP600 所设想的分期时间表，UCP600 第 32 条"如信用证规定在指定的时间段内分期支款或分期发运，任何一期未按信用证规定期限支取或发运时，信用证对该期及以后各期均告失效"不适用。尽管如此，该交单仍应当符合信用证中有关支款或装运时间表和 UCP600 第 31 条款分批支款或分批装运的任何要求。（2）且当信用证允许部分支款或部分装运时，在每期最迟支款或装运日期当日，或最迟支款或装运日期之前，允许任意次数的支款或装运。

（三）提单

1. UCP600 第 20 条的适用

信用证要求提交只涵盖港至港运输的运输单据，即信用证没有提及收货、接管地或最终目的地，无论其如何命名，这表示该单据的审核将适用 UCP600 第 20 条。提单不应包含"运输单据表明受租船合同约束，或对租船合同的任何援引，无论其如何命名，将视为租船提单"和"运输单据注明短语，诸如'运费根据注明日期的租船合同（显示或不显示日期）支付'或'运费根据租船合同支付'，无论其如何命名，都表示受租船合同约束"所描述的任何租船合同事项。

提单无须表明"海运提单（marine bill of lading）""海洋提单（ocean bill of lading）""港至港提单（port-to-port bill of lading）"或类似名称，即便信用证如此命名所要求的单据。

2. 提单的出具、承运人、承运人身份的识别及签署

提单可以由承运人或船长以外的任何实体出具，只要其满足 UCP600 第 20 条的要求。当信用证规定"货运代理人提单可接受（Freight Forwarder's Bill of Ladings are acceptable）"，或"运输行提单可接受（House Bill of Ladings are acceptable）"，或类似措辞时，提单可以由出具人签署，且不必注明其签署身份或承运人名称。

信用证规定"货运代理人提单不可接受（Freight Forwarder's Bills of Ladings are not acceptable）"，或"运输行提单不可接受（House Bills of Ladings are not acceptable）"等类似措辞时，在提单的名称、格式、内容或签署方面没有任何含义，除非信用证对其出具和签署规定了明确要求。没有这些要求时，该规定将不予理会，提交的提单将按照 UCP600 第 20 条的要求予以审核。

提单应当按 UCP600 第 20 条 a 款 i 项"显示承运人名称并由下列人员签署：承运人或承运人的具名代理或代表，或船长或船长的具名代理或代表"规定的方式签署，并注明承运人名称及表明其身份。当提单由承运人的具名分支机构签署时，该签字视同由承运人做出。当提单由承运人的代理人签署时，该代理人应当具名，此外，应当注明其作为"承运人（承运人名称）的代理人［agent for（name），the carrier］"或"代表承运人的代理人［agent on behalf of（name），the carrier］"签署或类似措辞。当承运人在该单据的其他地方表明"承运人（carrier）"身份时，该具名代理人可以比如"承运人的代理人［agent for（or on behalf of）the carrier］"身份签署，而无须再次提及承运人名称。当提单由船长签署时，船长签字应当注明"船长（master）"身份，无须注明船长姓名。当提单由船长代理人签署时，该代理人应当具名，此外，应当注明其作为"船长代理人［agent for the master（or captain）］"或"代表船长的代理人［agent on behalf of the master（or captain）］"签署或类似措辞，无须注明船长姓名。

3. 装船批注、装运日期、前程运输、收货地及装货港

当提交预先印就的"已装船（shipped on board）"提单时，提单的出具日期将被视为装运日期，除非其载有单独注明日期的装船批注。在后一种情况下，该装船批注日期将被视为装运日期，不论其早于或晚于提单出具日期。装船批注日期也可以显示在指定栏位或方框中。

尽管信用证可能要求提单表明港至港运输，但是当提单显示了与装货港相同的收货地，例如，"收货地：鹿特丹堆场""装货港：鹿特丹"，且未（在前程运输栏位或收货地栏位）显示前程运输工具时，或者当提单显示了不同于装货港的收货地，例如，"收货地：阿姆斯特丹""装货港：鹿特丹"，且未（在前程运输栏位或收货地栏位）显示前程运输工具时：（1）如果提单为预先印就的"已装船"提单，那么出具日期将被视为装运日期，无须装船批注。（2）如果提单为预先印就的"收妥待运（received for shipment）"提单，那么该提单要求载有注明日期的装船批注，装船批注日期将被视为装运日期。装船批注日期也可以显示在指定栏位或方框中。

尽管信用证可能要求提单表明港至港运输，但是当提单显示了不同于装货港的收货地，例如，"收货地：阿姆斯特丹""装货港：鹿特丹"且（在前程运输栏位或收货地栏位）显示了前程运输工具时，无论预先印就的"已装船"提单，还是预先印就的"收妥待运"提单，该提单都应当载有注明日期的装船批注，该批注还应包括船名和信用证规定的装货港。该装船批注也可以显示在指定的栏位或方框中。装船批注日期或指定栏位或方框中的日期，将被视为装运日期。当提单（在前程运输栏位或收货地栏位）显示了前程运输工具时，如果未显示收货地，无论是预先印就的"已装船"提单还是预先印就的"收妥待运"提单，该提单都应当载有注明日期的装船批注，该批注还应包括船名和信用证规定的装货港。该装船批注也可以显示在指定的栏位或方框中。装船批注日期或指定栏位或方框中的日期，将被视为装运日期。

当提单载有"如收货地栏位载有信息，则提单上任何'已装船''已装载船上'或类似批注，将视为货物已装载到从收货地至装货港的前程运输工具上（When the place of receipt box has been completed, any notation on this bill of lading of 'on board', 'loaded on board' or words of similar effect shall be deemed to be on board the means of transportation performing the carriage from the place of receipt to the port of load-ing）"或类似条款，且收货地栏位还另外载有信息时，那么该提单应当载有注明日期的装船批注。该批注还应当包括船名和信用证规定的装货港。该装船批注也可以显示在指定的栏位或方框中。装船批注日期或指定栏位或方框中的日期，将被视为装运日期。

信用证要求的具名装货港应当显示在提单的装货港栏位。然而，只要装船批注表明货物在"收货地（place of receipt）"或类似栏位中的港口装上具名船只，装货港就可以显示在"收货地"或类似栏位中。

提单应当显示信用证规定的装货港。当信用证规定了装货港，也表明了装货港的所在国时，提单上无须注明该国别名称。

当信用证规定了装货港的地理区域或港口范围，例如，"任一欧洲港口（any Euro-pean port）"或"汉堡、鹿特丹、安特卫普港（Hamburg，Rotterdam，Antwerp port）"时，提单应当显示实际的装货港，且其应当位于该地理区域或港口范围之内。提单无须显示该地理区域。

当提单显示了一个以上的装货港时，该提单应当表明装船批注并载有每个装货港所对应的装船日期，无论是预先印就的"收妥待运"提单还是预先印就的"已装船"提单。例如，当提单显示从布里斯班港和阿德莱德港装运时，同时要求关于布里斯班港和阿德莱德港的注明日期的装船批注。

"已装运且表面状况良好（shipped in apparent good order）""已装载船上（laden on board）""清洁已装船（clean on board）"，或其他包含"已装运（shipped）"或"已装船（on board）"字样的用语，与"已装船"具有相同效力。

4. 卸货港

信用证要求的具名卸货港应当显示在提单的卸货港栏位。然而，具名卸货港也可以显示在"最终目的地（place of final destination）"或类似栏位中，只要批注表明卸货港为"最终目的地"或类似栏位中的港口即可。例如，当信用证要求货物运送至费利克斯托港，但费利克斯托港显示为最终目的地而非卸货港时，提单可以通过批注表明"卸货港：费利克斯托"。

提单应当显示信用证规定的卸货港。当信用证规定了卸货港，也表明了该港口的所在国时，提单上无须显示该国别名称。

当信用证规定了卸货港的地理区域或港口范围，例如，"任一欧洲港口"或"汉堡、鹿特丹、安特卫普港"时，提单应当显示实际卸货港，且其应当位于信用证规定的地理区域或港口范围之内。提单无须显示该地理区域。

5. 正本提单

提单应当注明所出具的正本份数。提单标注"第一正本""第二正本""第三正本"或"正本""第二联""第三联"等类似字样，均为正本。

6. 收货人、指示方、托运人和背书、被通知人

当信用证要求提单表明以具名实体为收货人，例如，"收货人：（具名实体）［consigned to（named entity）〕"〔即，"记名（straight）"提单〕，而非"收货人：凭指示（to order）"或"收货人：凭（具名实体）指示〔to order of（named entity）〕"时，在该具名实体前不应含有"凭指示"或"凭×××指示"字样，或者不应在该具名实体后注明"或凭指示（or order）"字样，无论该字样是打印还是预先印就。

当提单收货人做成"凭指示"或"凭托运人指示（to order of the shipper）"时，该提单应当由托运人背书。只要背书是由托运人或代表托运人做出的，该背书就可以由托运人之外的具名实体做出。当信用证要求提单表明收货人为"凭（具名实体）指示"时，提单不应直接显示收货人为该具名实体。

当信用证规定了一个或多个被通知人的细节时，提单也可以显示另外一个或多个被通知人的细节。当信用证未规定被通知人的细节时，提单可以任何方式（除了"当信用证未规定被通知人的细节，而提单显示了作为被通知人的申请人细节，包括申请人地址和联络细节时，其不应与信用证规定的申请人细节相矛盾"表明的情形外）显示任何被通知人的细节。当信用证未规定被通知人的细节，而提单显示了作为被通知人的申请人细节，包括申请人地址和联络细节时，其不应与信用证规定的申请人细节相矛盾。

当信用证要求提单表明"收货人：'开证行'或'申请人'（consigned to 'issuing bank' or 'applicant'）"，或"收货人：凭'开证行'或'申请人'指示（to order of 'issuing bank' or 'applicant'）"，或"被通知人：'申请人'或'开证行'（notify 'applicant' or 'issuing bank'）"时，提单应当相应地显示开证行或申请人的名称，但无须显示信用证可能规定的开证行或申请人的地址或任何联络细节。

当申请人地址和联络细节显示为收货人或被通知人细节的一部分时，其不应与信用证规定的申请人细节相矛盾。

7. 转运、部分装运，以及提交多套提单时如何确定交单期

转运是指从信用证规定的装货港到卸货港之间的运输过程中，货物从一条船卸下并再装上另一条船。如果提单显示的货物卸下并再装运并非发生在规定的两个港口之间，则不属于信用证和 UCP600 第 20 条 b 款"转运意指在信用证规定的装货港到卸货港之间的海运过程中，将货物由一艘船卸下再装上另一艘船的运输"和 c 款"只要同一提单包括运输全程，则提单可以注明货物将被转运或可被转运。银行可以接受注明将要发生或可能发生转运的提单。即使信用证禁止转运，只要提单上证实有关货物已由集装箱、拖车或子母船运输，银行仍可接受注明将要发生或可能发生转运的提单"下的转运。

以一条以上的船只进行的运输是部分装运，即便这些船只在同一天出发并前往同一目的地。

当信用证禁止部分装运，而提交了一套以上的正本提单，涵盖货物从一个或多个装货港（信用证特别允许的，或规定的地理区域或港口范围内）装运时，每套提单都应当显示其涵盖的货物运输，由同一船只经同次航程前往同一卸货港。当信用证禁止部分装运，而按照（上述要求）提交的一套以上的正本提单含有不同的装运日期时，其中最迟

的日期将用于计算交单期，且该日期不得晚于信用证规定的最迟装运日期。当信用证允许部分装运，且作为同一面函下单一交单的一部分提交的一套以上的正本提单含有装上不同船只或不同航程的同一船只所对应的不同装运日期时，其中最早的日期将用于计算交单期，且所有这些日期都不得晚于信用证规定的最迟装运日期。

8. 清洁提单

提单不应含有明确声明货物或包装状况有缺陷的条款。例如：提单上载有的"包装无法满足海运航程（packaging is not sufficient for the sea journey）"或类似措辞的条款，即属于明确声明包装状况有缺陷的例子。提单上载有的"包装可能无法满足海运航程（packaging may not be sufficient for the sea journey）"或类似措辞的条款，并没有明确声明包装状况有缺陷。

"清洁（clean）"字样没有必要在提单上显示，即便信用证要求提单标明"清洁已装船（clean on board）"或"清洁"字样。删除提单上"清洁"字样，并非明确声明货物或包装状况有缺陷。

9. 货物描述

提单上的货物描述可以使用与信用证所规定的货物描述不相矛盾的统称。

10. 卸货港交货代理人的名称与地址

当信用证要求提单显示卸货港的交货代理人或类似措辞的名称、地址和联络细节时，其地址无须位于卸货港，也无须与卸货港在同一个所在国。

11. 更正和更改（统称"更正"）

提单上的数据的任何更正均应当证实。该证实应当看似由承运人或船长，或其任一代理人所为，该代理人可以不同于出具或签署提单的代理人，只要其表明作为承运人或船长的代理人身份。对于正本提单上可能作过的任何更正，其不可转让的副本无须证实。

12. 运费和额外费用

提单显示的运费支付事项，无须与信用证规定的等同一致，但不应与该单据、任何其他规定的单据或信用证中的数据相矛盾。例如，当信用证要求提单标注"运费目的地支付（freight payable at destination）"时，其可以标明为"运费待收（freight collect）"。

当信用证规定运费以外的费用不可接受时，提单不应显示运费之外的费用已经或将要产生。提单显示运费以外的费用时，可以明确提及额外费用，或使用与货物装卸费用相关的贸易术语，比如但不限于，"船方不管装货［free in（FI）］""船方不管卸货［free out（FO）］""船方不管装卸货［free in and out（FIO）］"及"船方不管装卸货及积载［free in and out stowed（FIOS）］"。提单提及的可能加收的费用，例如，由于卸货或卸货后的延迟可能加收的费用［滞期费（demurrage costs）］，或由于延迟归还集装箱可能加收的费用［滞箱费（detention costs）］，不属于运费以外的额外费用。

13. 凭多套提单放货

提单不应明确规定，货物释放只能基于该单据和其他一套或多套提单一并提交，除非所有提及提单构成同一信用证项下同次交单的一部分。例如，"提单号 YYY 和 ZZZ 涵盖集装箱号 XXXX 项下的货物，货物只能释放给同一人且必须提交该货物的所有提单（Container XXXX is covered by B/L No. YYY and ZZZ, and can only be released to a single merchant upon presentation of all bills of lading of that merchant）"，即视为明确规定在货物释放前，必须一并提交与所提及的集装箱或包装单位相关的其他一套或多套提单。

（四）空运单据

1. UCP600 第 23 条的适用

信用证要求提交涵盖机场至机场运输的空运单据（无论其如何命名），这表示该单据的审核将适用 UCP600 第 23 条。

空运单据无须标明"空运单（air waybill）""航空货运单（air consignment note）"或类似名称，即便信用证如此命名其所要求的单据。

2. 空运单据的出具、承运人、承运人的身份识别及签署

空运单据可以由承运人以外的任何实体出具，只要其满足 UCP600 第 23 条的要求。当信用证规定"货运代理人空运单据可接受（Freight Forwarder's air transport document is acceptable）""运输行空运单据可接受（House air transport document is acceptable）"，或类似措辞时，空运单据可以由出具人签署，且不必注明其签署身份或承运人名称。

信用证规定"货运代理人空运单据不可接受（Freight Forwarder's air transport documents are not acceptable）""运输行空运单据不可接受（House air transport documents are not acceptable）"，或类似措辞，在空运单据的名称、格式、内容或签署方面没有任何含义，除非信用证对其出具和签署规定了明确要求。没有这些要求时，对该规定将不予理会，提交的空运单据将按照 UCP600 第 23 条的要求予以审核。

空运单据应当按 UCP600 第 23 条 a 款 i 项规定的方式签署，并注明承运人名称及表明其身份。当空运单据由承运人的具名分支机构签署时，该签字视同由承运人做出。空运单据的承运人应当表明其名称，而不是其国际航空协会 IATA 的航空公司代码，例如，应当显示英国航空而非 BA，显示汉莎航空而非 LH。

当空运单据由承运人的代理人签署时，该代理人应当具名，此外，应当注明其作为"承运人（承运人名称）的代理人"或"代表承运人的代理人"签署或类似措辞。当承运人在该单据的其他地方表明"承运人"身份时，该具名代理人可以比如"承运人的代理人"身份签署，而无须再次提及承运人名称。

3. 接受待运、装运日期和对实际发送日期的要求

空运单据应当显示货物已接受待运（the goods have been accepted for carriage）或类似措辞。

空运单据应当显示出具日期。该日期将被视为装运日期，除非空运单据含有注明实际

装运日期的特定批注。在后一种情况下，该批注日期将被视为装运日期，不论其早于或晚于空运单据出具日期。如果未含有注明实际装运日期的特定批注，那么在判断装运日期时，空运单据上显示的任何有关的其他信息［例如，"仅供承运人使用（for carrier use only）"栏位、"要求的航班日期（required flight date）"栏位或"路线和目的地（routing and destination）"栏位中］将不予理会。

4. 出发地机场和目的地机场

空运单据应当显示信用证规定的出发地机场和目的地机场。当信用证规定了这些机场，也表明该机场的所在国时，空运单据上无须显示该国别名称。

出发地机场和目的地机场也可以显示为国际航空协会 IATA 代码，以代替机场全名（例如，用 LAX 代替洛杉矶机场）。

当信用证规定了出发地机场或目的地机场的地理区域或机场范围［例如，"任一中国机场（any Chinese airport）"或"上海、北京、广州机场（Shanghai, Beijing, Guangzhou airport）"］时，空运单据应当显示实际的出发地机场或目的地机场，且其应当位于信用证规定的地理区域或机场范围之内。空运单据无须显示该地理区域。

5. 正本空运单据

空运单据应当看似是出具给发货人或托运人的正本。当信用证要求全套正本时，提交一份空运单据，显示其为出具给发货人或托运人的正本即满足要求。

6. 收货人、指示方和被通知人

当信用证要求空运单据表明收货人为"凭（具名实体）指示"时，该空运单据可以显示该实体为收货人，无须注明"凭 XXX 指示"字样。当信用证要求空运单据表明收货人为"凭指示"而未提及指示方时，该空运单据应当显示开证行或申请人为收货人，无须注明"凭指示"字样。

当信用证规定了一个或多个被通知人的细节时，空运单据也可以显示另外一个或多个被通知人的细节。当信用证未规定被通知人的细节时，空运单据可以任何方式（除了"当信用证未规定被通知人的细节，而空运单据显示了作为被通知人的申请人细节，包括申请人地址和联络细节时，其不应与信用证规定的申请人细节相矛盾"表明的情形外）显示任何被通知人的细节。当信用证未规定被通知人的细节，而空运单据显示了作为被通知人的申请人细节，包括申请人地址和联络细节时，其不应与信用证规定的申请人细节相矛盾。

当信用证要求空运单据表明"收货人：'开证行'或'申请人'"或"被通知人：'申请人'或'开证行'"时，空运单据应当相应地显示开证行或申请人的名称，但无须显示信用证可能规定的开证行或申请人的地址或任何联络细节。

当申请人地址和联络细节显示为收货人或被通知人细节的一部分时，其不应与信用证规定的申请人细节相矛盾。

7. 转运、部分装运以及提及多套空运单据时如何确定交单期

转运是指从信用证规定的出发地机场到目的地机场之间的运输过程中，货物从一架飞机卸下再装上另一架飞机。如果空运单据显示的货物卸下并再装运并非发生在规定的两个机场之间，则不属于信用证和 UCP600 第 23 条 b 款和 c 款的转运。

以一架以上的飞机进行的发送是部分装运，即便这些飞机在同一天出发并前往同一目的地。

当信用证禁止部分装运，而提交了一套以上的正本空运单据，涵盖货物从一个或多个出发地机场（信用证特别允许的，或规定的地理区域或机场范围内）装运时，每套空运单据都应当显示其涵盖的货物运输由同一架飞机经同次行程前往同一目的地机场。当信用证禁止部分装运，而按照上述要求提交的一套以上的正本空运单据含有不同的发送日期时，其中最迟的日期将用于计算交单期，且该日期不得晚于信用证规定的最迟装运日期。当信用证允许部分装运，且作为同一面函下单一交单的一部分提交的一套以上的正本空运单据含有不同发送日期或不同航班时，其中最早的日期将用于计算交单期，且所有这些日期都不得晚于信用证规定的最迟装运日期。

8. 清洁空运单据

空运单据不应含有明确声明货物或包装状况有缺陷的条款。例如：空运单据上载有的"包装无法满足行程（packaging is not sufficient for the air journey）"或类似措辞的条款，即属于明确声明包装状况有缺陷的例子。空运单据上载有的"包装可能无法满足行程（packaging may not be sufficient for the air journey）"或类似措辞的条款，并没有明确声明包装状况有缺陷。

"清洁"字样没有必要在空运单据上显示，即便信用证要求空运单据标明"清洁"字样。删除空运单据上的"清洁"字样，并非明确声明货物或包装状况有缺陷。

9. 货物描述

空运单据上的货物描述可以使用与信用证所规定的货物描述不相矛盾的统称。

10. 更正和更改（统称"更正"）

空运单据上的数据的任何更正都应当证实。该证实应当看似由承运人所为，或者由其任一代理人所为，该代理人可以不同于出具或签署空运单据的代理人，只要其表明作为承运人的代理人身份。对于正本空运单据上可能作过的任何更正，其副本无须证实。

11. 运费和额外费用

空运单据显示的运费支付事项，无须与信用证规定的等同一致，但不应与该单据、任何其他规定的单据或信用证中的数据相矛盾。例如，当信用证要求空运单据标注"运费目的地支付（freight payable at destination）"时，其可以标明为"运费待收（freight collect）"。

空运单据可以含有单独的栏位，以印就的栏位名称表明运费"预付（prepaid）"或运费"待收（collect）"。当信用证要求空运单据显示运费已预付时，通过在"运费预付（freight charges prepaid）"或类似栏位中显示运费的方式也可以满足要求。当信用证要求空运单据显示运费待收或目的地支付时，通过在"运费待收（freight charges collect）"或类似栏位中显示运费的方式也可以满足要求。

当信用证规定运费以外的费用不可接受时，空运单据不应显示运费之外的费用已经或将要产生。空运单据提及可能仅仅加收的费用，例如，由于卸货或卸货后的延迟可能加收的费用，不属于运费以外的额外费用。

（五）保险单据

1. UCP600 第 28 条的适用

信用证要求提交保险单据，比如保险单、预约保险项下的保险证明或保险声明，这表示该单据的审核将适用 UCP600 第 28 条。

2. 保险单据的出具人、签署及正本保险单据

保险单据应当看似由保险公司或保险商或其代理人或代表出具并签署。例如，"AA Insurance Ltd."出具并签署的保险单据即看似已由保险公司出具。当出具人表明为"保险人（insurer）"身份时，保险单据无须显示出具人为保险公司或保险商。

只要保险单据已由保险公司或保险商或其代理人或代表签署，保险单据就可以在保险经纪人的信笺上出具。保险经纪人可以作为具名保险公司或具名保险商的代理人或代表签署保险单据。

保险单据由代理人或代表签署时，应当注明其所代理或代表签署的保险公司或保险商的名称，除非保险单据的其他地方已经表明了保险公司或保险商。例如，当"AA Insurance Ltd."已经表明其为保险人时，保险单据可以由"John Doe（作为代表）代表保险人 [John Doe（by proxy）on behalf of the insurer]"或"John Doe（作为代表）代表 AA Insurance Ltd. [John Doe（by proxy）on behalf of AA Insurance Ltd.]"签署。

当保险单据要求由出具人、被保险人或具名实体副签时，保险单据必须副签。

只要保险公司在单据的其他地方表明了保险公司，保险单据在签署栏中就可以仅显示保险公司的商号，例如，当保险单据在签署栏中显示由"AA"出具并签署时，在其他地方显示"AA Insurance Ltd."及其地址和联络细节，则可以接受。

当保险单据表明由一个以上的保险人承保时，该保险单据可以由一个代表所有保险人的代理人或代表签署，或由一个保险人代表所有共同保险人签署。在后一种情况下，例如，保险单据由"AA Insurance Ltd.，作为牵头保险人，代表共同保险人 [AA Insurance Ltd.，leading insurer for（or on behalf of）the co-insurers]"出具并签署。尽管保险单据的出具人、签署前述有所规定，当保险单据表明由一个以上的保险人承保时，其无须显示每个保险人的名称或各自的承保比例。

当信用证要求保险单据出具一份以上的正本，或者保险单据显示其已经出具了一份以上的正本时，所有正本都应当提交并看似已经签署。

3. 日期

保险单据不应表明提出索赔的有效期限。保险单据不应显示保险生效日期晚于装运日期。当保险单据显示出具日期晚于（UCP600 第 19 条至第 25 条所定义的）装运日期时，应当以附注或批注的方式清楚地表明保险生效日期不晚于装运日期；保险单据显示保险基于"仓至仓"或类似条款已经生效，且出具日期晚于装运日期，并不表示保险生效日期不晚于装运日期。在保险单据没有出具日期和保险生效日期的情况下，副签日期也将被视为证实了保险生效日期。

4. 保险金额和比例

当信用证未规定保险金额时,保险单据应当以信用证的币别,至少按 UCP600 第 28 条 f 款 ii 项"信用证对于投保金额为货物价值、发票金额或类似金额的某一比例的要求,将被视为对最低保额的要求"规定的金额出具。对保险金额的最高比例没有限制。保险金额不要求保留两位以上的小数。

保险单据可以表明保险受免赔率或免赔额(扣减额)约束。然而,当信用证要求保险不计免赔率(irrespective of percentage)时,保险单据不应含有表明保险受免赔率或免赔额(扣减额)约束的条款。保险单据无须注明"不计免赔率"。

当从信用证或交单清楚得知要求支款的金额仅是货物总价值的一部分(例如,由于折扣、预付款或类似情形,或部分货款延付)时,保险金额的计算必须以发票或信用证所显示的货物总价值为基础,并符合 UCP600 第 28 条 f 款 ii 项的要求。

同一运输的同一险别应当由同一份保险单据所承保,除非提交了承保相关部分保险的一份以上的保险单据,且每份保险单据都以百分比例或其他方式明确地表明:每一保险人承保的金额;每一保险人将分别承担各自的保险责任,且不受其他保险人在该次运输下可能已承保的保险责任的影响;并且保险单据对应的承保金额的合计总数,至少为信用证要求或者 UCP600 第 28 条 f 款 ii 项规定的保险金额。

5. 承保险别

保险单据应当承保信用证要求的险别。即使信用证可能明确规定应承保的险别,保险单据也可以援引除外条款。

当信用证要求承保"一切险"时,无论保险单据是否标明"一切险"标题,即使其表明特定险别除外,提交载有任何"一切险"条款或批注的保险单据即满足要求。保险单据表明其承保《协会货物保险条款》条款(A)[Institute Cargo Clauses(A)]",或者,在空运项下其承保《协会货物保险条款》(空运)[Institute Cargo Clauses(Air)]",即符合信用证要求"一切险"条款或批注的条件。

6. 被保险人和背书

保险单据应当是信用证要求的形式,如有必要,还应当由要求索赔或有权索赔的实体背书。

信用证不应要求保险单据出具成"凭来人(to bearer)"或"凭指示"。信用证应当显示被保险人的名称。当信用证要求保险单据出具成"凭(具名实体)指示"时,保险单据无须显示"凭指示"字样,只要保险单据表明该具名实体为被保险人,或者表明将赔付给该具名实体且没有明确禁止背书转让即可。

当信用证对被保险人未做规定时,保险单据不应表明将赔付给信用证的受益人,或开证行和申请人以外的其他实体,或其指示的一方,除非保险单据已经由受益人或该实体做了空白背书,或背书给了开证行或申请人。保险单据应当出具或背书成其索赔权利在放单之时或放单之前得以转让。

7. 保险单据的一般性条款和条件

银行不审核保险单据的一般性条款和条件。

8. 保费

保险单据上任何有关保费支付的事项，银行均不予理会，除非保险单据注明"保险单据无效，除非保费已付（the insurance document is not valid unless the premium has been paid）"，且显示保费未付。

（六）原产地证书

1. 基本要求和功能满足

当信用证要求提交原产地证书时，提交看似与所开发票的货物相关且证实货物原产地，并经签署的单据，即满足要求。

当信用证要求提交特定格式的原产地证书，比如 GSP Form A 格式时，应当仅提交特定格式的单据。

2. 原产地证书的出具人

原产地证书应当由信用证规定的实体出具。当信用证没有规定出具人名称时，原产地证书可以由任何实体出具。当信用证要求提交由受益人、出口商或制造商出具的原产地证书时，只要原产地证书相应注明受益人、出口商或制造商，提交的原产地证书由商会或类似机构，比如但不限于行会、行业协会、经济协会、海关和贸易部门等类似机构出具也满足要求；当信用证要求提交由商会出具的原产地证书时，提交的原产地证书由行会、行业协会、经济协会、海关和贸易部门等类似机构出具也满足要求。

3. 原产地证书的内容

原产地证书应当看似与所开发票的货物相关联，例如，通过下列方式：与信用证规定相符的货物描述，或与信用证所规定的货物描述不相矛盾的统称；或者援引其他规定单据或原产地证书不可分割的附件上的货物描述。

当原产地证书显示收货人信息时，其不应与运输单据中的收货人信息相矛盾。但是，当信用证要求运输单据出具成"凭指示""凭托运人指示""凭开证行指示（to order of issuing bank）""凭指定银行（或议付行）指示［to order of nominated bank（or negotiating bank）］"或"收货人：开证行（consigned to issuing bank）"时，原产地证书可以显示收货人为信用证中除受益人以外的任何一个具名实体。当信用证已经转让时，收货人可以是第一受益人。

原产地证书可以显示信用证受益人或其他规定单据上所显示的托运人以外的实体为发货人或出口商。

当信用证规定货物原产地而没有要求提交原产地证书时，规定单据上对货物原产地的任何援引不应与规定的原产地相矛盾。例如，当信用证规定"货物原产地：德国（origin of the goods：Germany）"而没有要求提交原产地证书时，任何规定单据显示了不同的货物原产地，都将被视为数据矛盾。

只要原产地证书显示的出口商或发货人不是受益人，其就可以显示不同于其他一种或多种规定单据上注明的发票号码、发票日期和运输路线。

（七）装箱单

1. 基本要求和功能满足

当信用证要求提交装箱单时，提交的单据包含货物包装的任何信息以满足其功能，并表明信用证规定的名称，或标明相似名称，或没有名称，即符合要求。

2. 装箱单的出具人

装箱单应当由信用证规定的实体出具。当信用证没有规定出具人名称时，装箱单可以由任何实体出具。

3. 装箱单的内容

当信用证规定了明确的包装要求，且没有规定与其相符的单据时，装箱单如有提交，其提及的有关货物包装的任何数据都不应与该要求矛盾。只要装箱单的出具人不是受益人，其就可以显示不同于其他一种或多种规定单据上注明的发票号码、发票日期和运输路线。银行只审核总量，包括但不限于总数量、总重量、总尺寸或总包装件数，以确保相关的总量与信用证中和任何其他规定单据上显示的总量没有矛盾。

（八）重量单

1. 基本要求和功能满足

当信用证要求提交重量单时，提交的单据包含货物重量的任何信息以满足其功能，并表明信用证规定的名称，或标明相似名称，或没有名称，即符合要求。

2. 重量单的出具人

重量单应当由信用证规定的实体出具。当信用证没有规定出具人名称时，重量单可以由任何实体出具。

3. 重量单的内容

当信用证规定了明确的重量要求，且没有规定与其相符的单据时，重量单如有提交，其提及的有关货物重量的任何数据都不应与该要求矛盾。只要重量单的出具人不是受益人，其就可以显示不同于其他一种或多种规定单据上注明的发票号码、发票日期和运输路线。银行只审核总量，包括但不限于总数量、总重量、总尺寸或总包装件数，以确保相关的总量与信用证中和任何其他规定单据上显示的总量没有矛盾。

（九）受益人证明

1. 基本要求和功能满足

当信用证要求提交受益人证明时，提交经签署的单据包含信用证所要求的数据和证明文句以满足其功能，并表明信用证规定的名称，或标明反映所要求证明类型的名称，或没有名称，即符合要求。

2. 受益人证明的签署

受益人证明应当由受益人或受益人代表签署。

3. 受益人证明的内容

受益人证明提及的数据，不应与信用证要求相矛盾。受益人证明上提及的数据或证明文句无须与信用证要求的等同一致，但应当清楚表明信用证规定的要求已经获得满足；无须包含货物描述，或对信用证或其他规定单据的任何其他援引。

国际贸易单据的审核是进、出口合同履行中的重要环节。出口商通过单证的审核及时发现结算单据存在的问题并及时更正，达到安全收汇的目的。进口单据不仅是进口商凭以付款、提货的依据，也是用于核对出口商所供货物是否与合同相符的凭证。开证行通过审核单据来确定出口商所交单据是否符合信用证付款条件，进而履行付款承诺。因此，对开证行、进口商和出口商而言，做好国际贸易单证的审核工作是十分重要的。

国际贸易单据审核需要遵循审单基本准则。除了须依据信用证中的条款和条件外，还必须遵从国际商会制定的与信用证业务有关的所有惯例和规则，包括 eUCP600、ISBP745、URR725、Incoterms2020 以及 UCP600 等。

本章主要介绍了国际贸易单据审核所要遵循的基本准则、单据不符的处理办法和单据审核要点。

本章小结

复习与思考

一、单项选择题

1. 国际商会规定银行审单有一个时间限制，其目的在于，若超过（　　）个银行营业日仍未做出是否接受单据的决定，银行将失去拒受单据的权利，即使单据存在不符点，银行也只能接受单据。

　　A. 4　　　　　　　　　B. 5　　　　　　　　　C. 6　　　　　　　　　D. 7

2. 当信用证要求提交"发票"而未做进一步描述时，提交下列（　　）类型的发票不满足要求。

　　A. Commercial Invoice　　　　　　　　B. Customs Invoice

　　C. Pro-forma Invoice　　　　　　　　　D. Final Invoice

3. 某公司以 CIF 贸易术语进口一批货物，国外卖方提交的海运提单上有关"运费支付"一项应写成（　　）。

　　A. Freight Prepaid　　　　　　　　　　B. Freight as Arranged

　　C. Freight Collect　　　　　　　　　　D. Freight Payable at Destination

4. 渣打银行东京分行开立一份 L/C，开证申请人是 ABC LTD. CO. ，TOKYO，JAPAN，L/C 规定 Invoice must made out to XYZ LTD. CO. ，TOKYO JAPAN，出口商发票的抬头人应该做成（　　）。

　　A. ABC LTD. CO. ，TOKYO，JAPAN

　　B. XYZ LTD. CO. ，TOKYO，JAPAN

　　C. ABC LTD. CO. ，TOKYO，JAPAN AND XYZ LTD. CO. ，TOKYO，JAPAN

　　D. 渣打银行东京分行

二、多项选择题

1. 按 UCP600 的规定，海运提单中货物的描述（　　　）。

A. 可使用货物的统称，只要不与信用证的描述相抵触

B. 必须使用货物的全称

C. 必须与商业发票的货物描述完全一致

D. 符合信用证或合同，与实际货物的名称、规格、型号、成分、品牌等相一致

2. 进口商对于信用证项下单据不符的处理通常有（　　　）。

A. 接受不符点，对外付款　　　　　　B. 允许受益人在有效期内更改单据

C. 同意降价后接受单据并付款　　　　D. 改为货到后经检验再付款

3. 当原产地证书显示收货人信息时，其不应与运输单据中的收货人信息相矛盾。但是，当信用证要求运输单据收货人出具成（　　　）时，原产地证书可以显示收货人为信用证中除受益人以外的任何一个具名实体。

A. to order　　　　　　　　　　　　B. to the order of shipper

C. to order of issuing bank　　　　　D. consigned to issuing bank

三、判断题

1. 单据上留有填写数据的方框、栏位或空格，并不表示该方框、栏位或空格中应当填写内容。（　　　）

2. "在 5 月 14 日之内交单（presentation to be made within 14 May）"，或"在信用证有效期或失效日之内交单［presentation is to be made within credit validity（or credit expiry）］"且信用证有效期为 5 月 14 日，这表示 5 月 14 日是允许交单的最后一天，只要 5 月 14 日是银行工作日。（　　　）

3. 当信用证要求空运单据表明收货人为"to order"时，该空运单据应当显示"to order"字样。（　　　）

四、案例分析题

1. 某出口公司向西亚某国出口日用品一批，见单 60 天付款，信用证结算方式，汇票的承兑行为开证行。议付银行审核后"单证一致、单单一致"，单据寄到开证行后，开证行（进口国银行）即回电，承兑到期付款，并确定了到期日。不料，30 天后，开证行发来电报称，由于开证申请人遭遇法律诉讼，该国法院已下"止付令"，冻结开证申请人的所有财产，因而开证行将服从法院的指令，不能履行到期付款的责任。请问：开证行的拒付理由能够成立吗？为什么？

2. 在第二次海湾战争爆发前，南京某公司向新加坡某公司出售价值 218 万美元的 2 000 公吨聚乙烯塑料，双方约定，凭不可撤销的即期信用证付款。合同签订后，卖方收到买方开来的信用证，随即按合同规定发运了货物。出人意料之外的是，海湾战争并没有使石油产品涨价，反而使价格大幅下降。买方收货后称产品质量有问题，并要求每公吨降价 200 美元，否则，即拒付货款。卖方发货后向银行交单时，并不存在"不符点"，银行在收单 11 天后才表示拒受单据和拒付货款。根据上述情况，卖方选择向法院起诉银行，结果，新加坡高等法院判决卖方胜诉。请分析原因。

五、简答题

1. 银行审核信用证规定的单据，以确定单据在表面上是否符合信用证规定，应从哪些方面确认表面相符？

2. 简述开证行对单据不符的处理。

3. 简述在审核发票中关于货物、服务或履约行为的描述及发票的其他一般性事项有哪些要点。

六、单证操作题

根据已知资料审核保险单和海运提单，指出错误。

相关资料1——信用证：

Form of Doc. Credit	*40 A：	IRREVOCABLE
Doc. Credit Number	*20：	BL-201805
Date of Issue	31C：	230325
Expiry	*31D：	Date 230531 Place CHINA
Applicant	*50：	THOMAS IMP. AND EXP. COMPANY
		32 BLUEBIRD STREET
		BANGKOK，THAILAND
Applicant bank	51：	KRUNG THAI BANK PUBLIC CO.，LTD.
		BANGKOK
Beneficiary	*59：	HANGZHOU HOPESHOW GARMENTS
		CO.，LTD.
		842 MOGANSHAN ROAD
		HANGZHOU，CHINA
Amount	*32B：	Currency USD Amount 36 300.00
Available with/by	*41D：	ANY BANK BY NEGOTIATION
Draft at ...	42C：	AT SIGHT
		FOR FULL INVOICE VALUE
Drawee	42D：	KRUNG THAI BANK PCL
		SUANMALI IBC
		BANGKOK
Partial Shipments	43P：	PROHIBITED
Transshipment	43T：	PERMIT
Port of loading	44E：	SHANGHAI
Port of discharge	44F：	BANGKOK
Descript. of Goods	45A：	65 PCT COTTON 35 PCT RAYON LADIES' COATS
		CIFBANGKOK
		ITEM NO. 3501T，1 000PCS，USD9.00/PC
		ITEM NO. 3501B，1 000PCS，USD9.50/PC

ITEM NO. 3502T，1 000PCS，USD8. 80/PC

ITEM NO. 3502B，1 000PCS，USD9. 00/PC

Documents required　46A：　+MANUALLY SIGNED COMMERCIAL INVOICE IN QUADRUPLICATE CERTIFYING THAT ALL DETAILS ARE AS PER PROFORMA INVOICE NO. TH200316 DATED 2020 - 03 - 16 AND ALSO SHOW THE FREIGHT CHARGE, PREMIUM, FOB VALUE AND COUNTRY OF ORIGIN SEPARATELY

+FULL SET CLEAN ON BOARD OCEAN BILLS OF LADING MADE OUT TO OUR ORDER MARKED FREIGHT PREPAID NOTIFY APPLICANT AND SHOWING THE NAME AND ADDRESS OF THE SHIPPING AGENT AT DESTINATION

+SIGNED PACKING ASSORTED LIST IN QUADRUPLICATE STATING THAT ONE PC IN ONE PP BAG AND 48PCS IN AN EXPORT CARTON.

+SIGNED CERTIFICATE OF ORIGIN IN DUPLICATE SHOWING THE NAME OF THE MANUFACTURER

+INSURANCE POLICY IN DUPLICATE FOR 110 PCT OF THE INVOICE VALUE COVERING ALL RISKS AS PER CIC OF PICC DATED 01/01/1981 WAREHOUSE TO WAREHOUSE CLAUSE INCLUDED IN THE SAME CURRENCY OF THE DRAFTS CLAIM PAYABLE IN THAILAND

+BENEFICIARY'S CERTIFICATE STATING THAT ONE SET OF N/N SHIPPING DOCUMENTS HAS BEEN SENT TO THE APPLICANT DIRECTLY IMMEDIATELY AFTER SHIPMENT EFFECTED

Additional Cond.　47A：　+ALL DOCUMENTS MUST SHOW THE CREDIT NUMBER AND DATE AND NAME OF THE ISSUING BANK

+A DISCREPANCY HANDLING FEE OF USD100. 00 SHOULD BE DEDUCTED AND INDICATED ON THE BILL SCHEDULE FOR EACH PRESENTATION OF DISCREPANT DOCUMENTS UNDER

THIS CREDIT

+THIS DOCUMENTARY CREDIT IS SUBJECT TO UNIFORM CUSTOMS AND PRACTICE FOR DOCUMENTARY CREDIT ICC PUBLICATION NO. 600

Presentation Period	48:	WITHIN 15 DAYS AFTER THE DATE OF B/L BUT WITHIN THE VALIDITY OF THIS CREDIT
Confirmation	*49:	WITHOUT
Advising through	57:	THIS CREDIT IS ADVISED THROUGH BANK OF CHINA HANGZHOU BRANCH
Details of Charges	71B:	ALL BANKING CHARGES OUTSIDE THAILAND ARE FOR THE ACCOUNT OF BENEFICIARY
Instruction	78:	ON RECEIPT OF DOCUMENTS CONFIRMING TO THE TERMS OF THIS DOCUMENTARY CREDIT, WE UNDERTAKE TO REIMBURSE YOU IN THE CURRENCY OF THE CREDIT IN ACCORDANCE WITH YOUR INSTRUCTIONS, WHICH SHOULD INCLUDE YOUR UID NUMBER AND THEABA CODE OF THE RECEIVING BANK
Send. to rec. info.	72:	DOCUMENTS TO BE DISPATCHED BY COURIER SERVICE IN ONE LOT TO BANK OF CHINA BANGKOK BRANCH TRADE SERVICES, 26 BOLIDEN ROAD, BANGKOK, THAILAND

相关资料2：

发票号码：HS20E0428

发票日期：2023 年 4 月 28 日

提单号码：COS2005851

提单日期：2023 年 5 月 10 日

船名：ZHEN HUA V. 007S

原产地证号：6838992

商品编号：6209.9000

20 尺拼箱, CFS/CFS,

集装箱号：COSU561753

外箱尺码：60×40×40 CMS

保单号码：202031001789626

保险费：80 美元

合同号码：HS230316

合同日期：2023 年 3 月 16 日

海运费：864 美元

议付银行：中国银行杭州分行

船公司在目的港的代理的名称与地址：

COSCOBANGKOK BRANCH

36 JERVA ROAD, BANGKOK, THAILAND

生产厂家名称：

HANGZHOU LINGLONG GARMENTS FACTORY

封号：08153，　　　　　　　唛头：　THOMAS

毛重：1 440.00KGS　　　　　　　　　TH200316

净重：1 305.00KGS　　　　　　　　　BANGKOK

　　　　　　　　　　　　　　　　　　NOS. 1-80

中国人民财产保险股份有限公司

PICC　　　　　　　　　　　　**PICC Property and Casualty Company Limited**

总公司设于北京　　一九四九年创立

Head Office Beijing　Established in 1949

货　物　运　输　保　险　单

CARGO TRANSPORTATION INSURANCE POLICY

发票号码 **Invoice No.**　　HS20E0428

合同号码 **Contract No.**　　HS230316　　　　　　　保单号次 **Policy No.** 202031001789626

信用证号 **Credit No.**　　BL-201805

被保险人 **Insured**：HANGZHOU HOPESHOW GARMENTS CO.，LTD.

中国人民财产保险股份有限公司（以下简称本公司）根据被保险人的要求，及其所缴付约定的保险费，按照本保险单承担险别和背面所载条款与下列特别条款承保下列货物运输保险，特签发本保险单。

This policy of Insurance witnesses that the People Insurance (Property) Company of China, Ltd. (hereinafter called the Company) at the request of the Insured and in consideration of the agreed premium paid by the Insured, undertakes to insure the under mentioned goods in transportation subject to the conditions of this Policy as per the Clauses printed overleaf and other special clauses attached hereon.

标记 Marks & No.	包装及数量 Quantity	保险货物项目 Description of Goods	保险金额 Amount Insured
AS PER INV. NO. HSE200428	60 CTNS	35 PCT COTTON 65 PCT RAYON LADIES' COATS	USD36 300.00

总保险金额

Total Amount Insured：SAY U. S. DOLLARS THIRTY SIX THOUSAND THREE HUNDRED ONLY.

保险费　　　　　　　　　　启运日期　　　　　　　装载运输工具

Premium　As arranged　**Date of commencement** AS PER B/L　**Per conveyance** SS：ZHENHUAV. 007S

自　　　　　　　　　　　经　　　　　　　　　　至

From　SHANGHAI　　　　　**Via** _____　**To**　BANGKOK

承保险别 **Conditions**：

COVERING ALL RISKS AS PER CIC OF PICC DATED 01/01/1981 WAREHOUSE TO WAREHOUSE CLAUSE INCLUDED

CREDIT NO. BL-201805 DATED 25 MAR.，2023 ISSUED BY KRUNG THAI BANK PUBLIC CO.，LTD.，BANGKOK

所保货物，如发生本保险单项下可能引起索赔的损失或损坏，应立即通知本公司下述代理人查勘。如有索赔，应向本公司提交保险单正本（本保险单共有 2 份正本）及有关文件。如一份正本已用于索赔，其余正本则自动失效。

In the event of damage which may result in a claim under this Policy，immediate notice be given to the Company Agent as mentioned here under Claims，if any，one of the Original Policy which has been issued in TWO Original (s) together with the relevant documents shall be surrendered to be Company，if one of the Original Policy has been accomplished，the others to be void.

Insurance agent at destination：

THAILAND INSURANCE CO.，LTD.

29 DADA ROAD，BANGKOK，THAILAND

赔款偿付地点
Claim payable at　BANGKOK

出单日期
Issuing date　30 APR. ，2023

中国人民财产保险股份有限公司浙江省分公司
PICC Property and Casualty Company Limited，Zhejiang Branch
姜小葵

地址：　中国浙江省杭州市中山北路 321 号
邮编（**Post Code**）：**310000**　电话（**Tel**）：**0571‑28802220**　传真（**Fax**）：**0571‑28802226**
Authorized Signature

Shipper HANGZHOU HOPESHOW GARMENTS CO.，LTD. 842 MOGANSHAN ROAD HANGZHOU，CHINA	**B/L No.**　COS0805851 中远集装箱运输有限公司 **COSCO CONTAINER LINES** **Port-to-Port or Combined Transport** **BILL OF LADING** **ORIGINAL**
Consignee THOMAS IMP. AND EXP. COMPANY 31 BLUEBIRD STREET BANGKOK，THAILAND	RECEIVED in external apparent good order and condition except as otherwise noted. The total number of packages or units stuffed in the container, the description of the goods and the weights shown in this Bill of Lading are furnished by the Merchants，and which the carrier has no reasonable means of checking and is not a part of this Bill of Lading contract. The carrier has issued the number of Bills of Lading stated below，all of this tenor and
Notify Party THOMAS IMP. AND EXP. COMPANY 31 BLUEBIRD STREET BANGKOK，THAILAND	date，one of the original Bills of lading must be surrendered and endorsed or signed against the delivery of the shipment and whereupon any other original Bills of Lading shall be void. The

Pre-carriage by	Place of Receipt	Merchants agree to be bound by the terms and conditions of this
Ocean Vessel Voy. No. ZHEN HUA 007S	**Port of Loading** SHANGHAI	Bill of Lading as if each had personally signed this Bill of Lading. SEE clauses on the back of this Bill of Lading（Terms continued
Port of Discharge BANGKOK	Place of Delivery	on the back hereof，please read carefully）

Marks & Nos. Container No.	No. & Kind of Pkgs	Description of Goods	Gross Weight	Measurement
AS PER INV. NO. HS20E0428 1×20' LCL，CFS/CFS CN.：COSU561753 SN.：08153	80 CTNS	LADIES' COATS	1 305.00KGS	8. 640CBM
		CREDIT NO. BL-201805 DATED 25 MAR.，2023 ISSUED BY KRUNG THAI BANK PUBLIC CO.，LTD.，BANGKOK		

Total No. of Container or other pkgs or units（in words）		SAY EIGHTY CASES ONLY

Freight & Charges FREIGHT COLLECT	Revenue Tons	Rate	Per	Prepaid	Collect

Ex Rate	Prepaid at	Payable at	**Place and Date of Issue**： SHANGHAI 10 MAY, 203
	Total Prepaid	No. of B（s）/L	

Laden on Board the Vessel：	Signed by　**COSCO CONTAINER LINES，SHANGHAI BRANCH**
Date：　Date：　10 MAY, 2023 By：　黄 **By**：　**C. C. L. SHA.**	*As agent for the carrier* *named above*　黄山

单证样例

单证样例1 销售合同

SALES CONTRACT

卖方：红星服装贸易有限公司

Seller：RED STAR CLOTHING TRADING CO.，LTD.

卖方地址：中国武汉市江汉区新华路318号

Seller's Address：NO. 318 XINHUA ROAD，JIANGHAN DISTRICT，WUHAN，CHINA

Telex：××××

Fax：××××

Tel：××××

买方：

Buyer：SUNSHINE SPORTSWEAR MANUFACTURING LTD.

买方地址：

Buyer's Address：NO. 513 BEATTY STREET，VANCOUVER，CANADA

Telex：××××

Fax：××××

Tel：××××

合同号码：	日期：	签约地点
Contract No.：CA221229	Date：DEC. 29，2022	Signed at：WUHAN

兹经买卖双方同意由卖方出售、买方购进下列货物，并按下列条款签订本合同：

This Sales Contract is made by and between the seller and the buyer whereby the seller agrees to sell and the buyer agrees to buy the undermentioned goods according to the terms and conditions stipulated below：

1. 商品名称及规格 Name of Commodity & Specification						2. 数量 Quantity	3. 单价 Unit Price	4. 总值 Total Amount
WOMEN'S COATS AND JACKETS 100% COTTON "RED STAR" BRAND SIZE ASSORTMENT								
COLOUR	XS	S	M	L	XL	XXL		CIF VANCOUVER
PINK	2	2	4	4	4	2		
RED	1	3	4	4	3	3		
TOTAL	3	5	8	8	7	5		
36 PCS PER CARTON (1) WOMEN'S COATS (2) WOMEN'S JACKETS 5% MORE OR LESS BOTH IN QUANTI- TY AND AMOUNT TO BE ALLOWED						1 620PCS 3 060PCS 4 680PCS	USD/PC 9.50 3.75	USD15 390.00 USD11 475.00 USD26 865.00
TOTAL AMOUNT：SAY U. S. DOLLARS TWENTY SIX THOUSAND EIGHT HUNDRED AND SIXTY FIVE ONLY.								

5. 包装

Packing：EACH PIECE IN A POLY BAG，36 PIECES TO AN EXPORT CARTON.

6. 装运地

Place of Loading：SHANGHAI

目的地

Place of Destination：VANCOUVER

7. 允许分批/否

Partial Shipments are allowed or not：NOT

允许转船/否

Transshipment is allowed or not：YES

8. 装运期

Time of Shipment：MARCH，2023

9. 装运标记

Shipping Marks：SUNSHINE

VANCOUVER

C/NO. 1-130

10. 付款条件及方式

Terms of Payment

☒ 买方须于 2023 年 1 月 30 日前开出保兑的、可转让的以卖方为受益人的即期/_____天远期信用证，信用证议付有效期延至装运期后 15 天在中国截止。

By confirmed and transferable Letter of Credit established before JAN. 30，2023 in favor of the seller，available by the seller's documentary draft at sight/at _____ days after sight，to be valid for negotiation in China until 15 days after the date of shipment.

☐ 买方应凭卖方开具的即期跟单汇票立即付款，付款后交单。

Upon first presentation, the buyer shall pay against documentary draft drawn by the seller at sight. The shipping documents are to be delivered against payment only.

☐ 买方应凭卖方开具的见票后_____天付款的跟单汇票于第一次提示时即予承兑，并应于汇票到期日即予付款，付款后交单。

The buyer shall dully accept the documentary draft drawn by the seller at _____ days sight upon first presentation and make payment on its maturity. The shipping documents are to be delivered against payment only.

☐ 买方应不晚于 _____ 年 _____ 月 _____ 日将货款总值的 _____ ％用电汇/信汇/票汇方式预付给对方。

The buyer shall pay _____ ％ of the total value to the seller in advance by T/T, M/T, D/D not later than _____ .

10. 保险

Insurance

☒ 按照中国人民保险或伦敦保险协会海运货物保险条款，由卖方按发票金额的110％向中国人民保险公司投保一切险、战争险和罢工险。

To be effected by the seller with PICC for 110％ of invoice value against ALL RISKS AND WAR RISKS AND STRIKES subject to THE MARINE CARGO CLAUSES of CIC or ICC.

☐ 由买方自理

To be effected by the buyer.

11. 商检：双方同意以官方机构所签发的品质检验证书为最后依据，对双方均具有约束力。

Inspection: It is mutually agreed that the Certificate of Quality issued by public recognized surveyor shall be regarded as final and binding upon both parties.

12. 其他条款：详见背景，该条款为合同不可分割部分。

Other Terms: As specified overleaf, which shall form an integral part of this Contract.

卖方	买方
The Seller	The Buyer
×××	×××
(STAMP AND SIGNATURE)	(STAMP AND SIGNATURE)

合同背面条款

Other Terms and Conditions:

1. 异议：品质异议须于货到目的口岸之日起30天内提出，数量异议须于货到目的口岸之日起15天内提出。但均须提供经卖方同意的公证行的检验证明。如果责任属于卖方，卖方于收到异议20天内答复买方并提出处理意见。

Quality/Quantity Discrepancy: In case of quality discrepancy, claim should be filed by the buyer within 30 days after the arrival of the goods at port of destination. While for quantity discrepancy, claim should be filed by the buyer within 15 days after the arrival of the goods at the port of destination. In both cases, claims must be accompanied by survey reports of recognized public surveyors agreed by the seller. Should the responsibility of the subject under claim be found to rest on the part of the seller, the seller shall, within 20 days after receipt of the claim, send his reply to the buyer together with suggestion for settlement.

2. 信用证内容必须严格符合本售货合同的规定，否则修改信用证的费用由买方负担，卖方也不负因修改信用证而延误装运的责任，并保留因此而发生的一切损失的索赔权。

The contents of the covering Letter of Credit shall be in strict accordance with the stipulations of the sales contract. In case of any variation thereof necessitating amendment of the L/C，the buyer should bear the expenses for effecting the amendment. The seller shall not hold responsibility for the possible delay of shipment resulting from awaiting the amendment of the L/C，and reserve the right to claim from the buyer compensation for the losses resulting herefrom.

3. 除经约定保险归买方投保者外，由卖方向中国保险公司投保。如果买方须增加保险额及/或须加保其他险别，可于装船以前提出，经卖方同意后代为投保，其保险费由买方负担。

    Except in case where the insurance is covered by the buyer as arranged，insurance is to be covered by the seller with Chinese insurance company. If insurance for additional amount and/or for other insurance terms is required by the buyer，prior notice to his effect must reach the seller before shipment and is subject to the seller's agreement，and the extra insurance premium shall be for the buyer's account.

4. 买方须将申请许可证副本（经有关银行背书）寄给卖方，俟许可证批准后即用电报通知卖方。假如许可证被驳退，买方须征得卖方的同意以后方可重新申请许可证。

    The buyer is requested to send to the seller authentic copy of the license application（endorsed by the relative bank）filed by the buyer and to advise the seller by telegraph immediately when the said Licenses obtained. Should the buyer intend to file reapplication for License in case of rejection of the original application，the buyer shall contact the seller and obtain the latter's consent before filing the reapplication.

5. 因人力不可抗拒事故，使卖方不能在本售货合同规定的期限内交货或不能交货，卖方不负责任。但是卖方必须立即以电报通知买方。如果买方提出要求，卖方应以挂号函向买方提供由中国国际贸易促进委员会或有关机构出具的证明，以证明事故的存在。买方不能领到进口许可证不能被认为系属于人力不可抗拒的范围。

    The seller shall not be responsible if he owing to Force Majeure cause fails to make delivery within the time stipulated in this Sales Contact or cannot deliver the goods. However the seller shall inform immediately the buyer by fax or e-mail. The seller shall deliver to the buyer by registered letter，if it is requested by the buyer，a certificate issued by the China Council for the Promotion of International Trade or by any competent authority，certifying to the existence of the said cause or causes. Buyer's failure to obtain the relative Import License is not to be treated as Force Majeure.

6. 仲裁：凡因执行本合同或有关本合同所发生的一切争执，双方应以友好方式协商解决，如果协商不能解决，应提交北京中国国际经济贸易仲裁委员会，根据中国国际经济贸易仲裁委员会的仲裁规则进行仲裁，仲裁裁决是终局的，对双方都具有约束力。

    Arbitration：All disputes arising in connection with this Sales Contact or the execution thereof shall be settled amicably by negotiation. In case no settlement can be reached，the case under dispute shall then be submitted for arbitration to the China International Economic Trade Arbitration Commission in accordance with the Rules and Procedure of the China International Economic Trade Arbitration Commission. The decision of the commission shall be accepted as final and binding upon both parties.

红星服装贸易有限公司
RED STAR CLOTHING TRADING CO.，LTD.

单证样例 2 开证申请书

IRREVOCABLE DOCUMENTARY CREDIT APPLICATION

TO: BANK OF NOVA SCOTIA   Date: 230107

☐ Issued by airmail ☐ With brief advice by teletransmission ☐ Issued by express delivery ☒ Issue by teletransmission（which shall be the operative instrument）	Irrevocable Documentary Credit

L/C Number ILS06/00060	Date and Place of Expiry Date: 230415 Place: CHINA

Applicant SUNSHINE SPORTSWEAR MANUFACTURING LTD. NO. 513 BEATTY STREET, VANCOUVER, CANADA	Beneficiary RED STAR CLOTHING TRADING CO. ,LTD. NO. 318 XINHUA ROAD, JIANGHAN DISTRICT, WUHAN, CHINA
Advising Bank INDUSTRIAL AND COMMERCIAL BANK OF CHINA, WUHAN BRANCH	Amount（both in figures and words） USD26 865. 00 SAY U. S. DOLLARS TWENTY SIX THOUSAND EIGHT HUNDRED AND SIXTY FIVE ONLY. 5% MORE OR LESS BOTH IN QUANTITY AND AMOUNT TO BE ALLOWED

Partial Shipments ☐ Allowed ☒ Not allowed	Transshipment ☒ Allowed ☐ Not allowed

Loading on board/dispatch/taking in charge at/from: SHANGHAI not later than: 230331 for transportation to: VANCOUVER ☐ FOB ☐ CFR ☒ CIF ☐ Or other terms _____	Credit Available with ☐ by sight payment ☒ by negotiation ☐ by deferred payment at _____ days against the documents detailed herein ☐ by acceptance ☒ and beneficiary's draft for __100__ % of invoice value at __sight__ on issuing bank
Commodity 1 620 PCS WOMEN'S COATS 3 060 PCS WOMEN'S JACKETS 100% COTTON "RED STAR" BRAND CIF VANCOUVER	Shipping Marks SUNSHINE VANCOUVER C/NO. 1-130

续表

Documents Required（marked with×）

1.（×）Signed commercial invoice in ___3___ copies indicating L/C No. and Contract No.（Photo copy and carbon copy not acceptable as original）.

2.（×）Full set（3/3）of clean on board ocean bills of lading made out to order and blank endorsed marked "（×）freight prepaid/（ ）to collect" notify the applicant.

3.（ ）Air waybills marked "（ ）freight prepaid/（ ）to collect" consigned to _____.

4.（ ）Rail waybills marked "（ ）freight prepaid/（ ）to collect" consigned to _____.

5.（ ）Memorandum issued by _____ consigned to _____.

6.（×）Full set（included ___2___ original and ___2___ copies）of Insurance Policy/Certificate for 110% of the invoice value, showing claims payable in Canada, in currency of the draft blank endorsed, covering（（×）ocean marine transportation/（ ）air transportation/（ ）overland transportation）INSTITUTE CARGO CLAUSE A AND WAR RISKS AND STRIKES, WITH NO EXCESS.

7.（×）Packing List/Weight Memo in ___4___ copies indicating quantity/gross and net weights of each package and packing conditions as called for by the L/C.

8.（ ）Certificate of Origin in _____ copies.

9.（ ）Certificate of Quantity/Weight in _____ copies issued by an independent surveyor at the loading port, indicating the actual surveyed quantity/weight of shipped goods as well as the packing condition.

10.（×）Certificate of Quality in ___1___ copies issued by（ ）manufacturer/（×）public recognized surveyor.

11.（ ）Beneficiary's certified copy of cable/telex dispatched to the applicant within _____ hours after shipment advising goods name,（ ）name of vessel/（ ）fight No., date, quantity, weight and value of shipment.

12.（ ）Beneficiary's Certificate certifying that extra copies of the documents have been dispatched according to the contract terms.

13.（ ）Shipping Co.'s Certificate attesting that the carrying vessel is charted or booked by accountee or their shipping agents.

14.（ ）Other documents, if any:

15. CANADA CUSTOMS INVOICE OF DEPARTMENT OF NATIONAL REVENUE/CUSTOMS AND EXCISE IN QUADRUPLICATE FULL COMPLETED.

16. GSP FORM A

Additional Instructions:

1.（×）All banking charges outside the opening bank are for beneficiary's account.

2.（×）Documents must be presented within ___14___ days after the date of issuance of the transport documents but within the validity of this credit.

3.（ ）Third party as shipper is not acceptable. Short form/Blank Back B/L is not acceptable.

4.（×）Both quantity and amount ___5___% more or less are allowed.

5.（ ）Prepaid freight drawn in excess of L/C amount is acceptable against presentation of original charges voucher issued by shipping Co./Air Line/its agent.

续表

---

6. ( ) All documents to be forwarded in one cover, unless otherwise stated above.

7. ( ) Other terms, if any:

8. COMMERCIAL INVOICE IN TRIPLICATE DULY STAMPED AND SIGNED AND MENTION-ING "WE HEREBY CERTIFY THAT THE PARTICULARS GIVEN IN THE INVOICE ARE TRUE AND CORRECT AND THAT NO DIFFERENT INVOICE IN RESPECT OF THE GOODS HAS BEEN OR WILL BE ISSUED".

9. DOCUMENTS TO BE ISSUED IN ENGLISH.

10. ALL DOCUMENTS CALLED FOR UNDER THIS CREDIT, EXCEPT THOSE WHICH THE CREDIT SPECIFICALLY STATES CAN BE "COPIES", MUST BE CLEARLY MARKED ON THEIR FACE AS "ORIGINAL".

11. A DISCREPANCY HANDLING FEE OF USD50.00 IS PAYABLE BY THE BENEFICIARY ON EACH DRAWING PRESENTED WHICH DOES NOT STRICTLY COMPLY WITH THE TERMS AND CONDITIONS OF THIS CREDIT AND HAS TO BE REFERRED TO THE APPLICANT.

Account No.   with   BANK OF NOVA SCOTIA   * VANCOUVER

××××× NOSCCATTTPV

Transacted by   SUNSHINE SPORTSWEAR MANUFACTURING LTD.

NO. 513 BEATTY STREET, VANCOUVER, CANADA

(name, signature of authorized person)

Tel.

×××××

单证样例 3   信用证

Letter of Credit

SEQUENCE OF TOTAL	*27：1/1
FORM OF DOC. CREDIT	*40A：IRREVOCABLE TRANSFERABLE
DOC. CREDIT NUMBER	*20：ILS06/00060
DATE OF ISSUE	31C：230112
EXPIRY	*31D：DATE 230415 PLACE CHINA
APPLICANT	*50：SUNSHINE SPORTSWEAR MANUFACTURING LTD. NO. 513 BEATTY STREET, VANCOUVER, CANADA
BENEFICIARY	*59：RED STAR CLOTHING TRADING CO., LTD. NO. 318 XINHUA ROAD, JIANGHAN DISTRICT, WUHAN, CHINA
AMOUNT	*32B：CURRENCY USD AMOUNT 26.865,00 PERCENTAGE CREDIT
AMOUNT TOLERANCE	39A：05/05
AVAILABLE WITH/BY	*41D：ANY BANK IN CHINA BY NEGOTIATION
DRAFTS AT ...	42C：DRAFTS AT SIGHT
DRAWEE	42A：BANK OF NOVA SCOTIA
PARTIAL SHIPMENTS	43P：NOT ALLOWED
TRANSHIPMENT	43T：ALLOWED
LOADING IN CHARGE	44A：SHANGHAI
FOR TRANSPORT TO ...	44B：VANCOUVER
LATEST DATE OF SHIP.	44C：230331
DESCRIPT. OF GOODS	45A：COVERING
	1 620 PCS WOMEN'S COATS
	3 060 PCS WOMEN'S JACKETS
	100% COTTON "RED STAR" BRAND

CIF VANCOUVER

DOCUMENTS REQUIRED 46 A：

+ COMMERCIAL INVOICE IN TRIPLICATE DULY STAMPED AND SIGNED AND MENTIONING "WE HEREBY CERTIFY THAT THE PARTICULARS GIVEN IN THE INVOICE ARE TRUE AND CORRECT AND THAT NO DIFFERENT INVOICE IN RESPECT OF THE GOODS HAS BEEN OR WILL BE ISSUED" INDICATING L/C NO. AND CONTRACT NO.

+ DETAILED PACKING LIST 1 ORIGINAL+3 COPIES

+ CANADA CUSTOMS INVOICE OF DEPARTMENT OF NATIONAL REVENUE/ CUSTOMS AND EXCISE IN QUADRUPLICATE FULL COMPLETED

+ 3/3+3 NON-NEGOTIABLE COPIES CLEAN ON BOARD MARINE BILL OF LADING MADE OUT TO ORDER AND BLANK ENDORSED MARKED FREIGHT PREPAID NOTIFY SUNSHINE

SPORTSWEAR MANUFACTURING LTD. NO. 513 BEATTY STREET，VANCOUVER，CANADA

+ GSP FORM A

+ INSURANCE POLICY/CERTIFICATE DULY ENORSED IF APPLICABLE COVERING RISKS PER INSTITUTE CARGO CLAUSES A AND WAR RISKS AND STRIKES AS PER INSTITUTE CLAUSES UP TO CANADA CLAIMS PAYABLE IN CANADA WITH NO EXCESS.

+ CERTIFICATE OF QUALITY ISSUED BY PUBLIC RECOGNIZED SURVEYOR.

ADDITIONAL COND. 47A：

+ DOCUMENTS TO BE ISSUED IN ENGLISH.

+ ALL DOCUMENTS CALLED FOR UNDER THIS CREDIT，EXCEPT THOSE WHICH THE CREDIT SPECIFICALLY STATES CAN BE "COPIES"，MUST BE CLEARLY MARKED ON THEIR FACE AS "ORIGINAL".

+ A DISCREPANCY HANDLING FEE OF USD 50.00 IS PAYABLE BY THE BENEFICIARY ON EACH DRAWING PRESENTED WHICH DOES NOT STRICTLY COMPLY WITH THE TERMS AND CONDITIONS OF THIS CREDIT AND HAS TO BE REFERRED TO THE APPLICANT.

+ ONE ADDITIONAL COPY OF INVOICE AND TRANSPORT DOCUMENT TO BE PRE-SENTED TOGETHER WITH THE DOCUMENTS FOR ISSUING BANK'S RETEN-TION. USD10.00 WILL BE DEDUCTED IF EXTRA COPIES NOT PRESENTED.

DETAILS OF CHARGES	71B：	ALL NEGOTIATING/ADVISING BANK CHARGES INCLUDING ISSUING BANK'S REIMBURSEMENT CHARGES ARE FOR ACCOUNT OF BENEFICIARY
PRESENTATION PERIOD	48：	DOCUMENTS TO BE PRESENTED WITHIN 14 DAYS AFTER DATE OF SHIPMENT BUT WITHIN CREDIT VALIDITY
CONFIRMATION	*49：	HUAXIA BANK，WUHAN BRANCH
INSTRUCTIONS	78：	

+ NEGOTIATING BANK TO COURIER TO BANK OF NOVA SCOTIA 1108 HOMER STREET, VANCOUVER, BC V6B 2X6 DRAFT（S）AND COMPLETE SET OF DOCU-MENTS IN 1 LOT

+ ON RECEIPT OF DOCUMENTS IN ORDER AT OUR COUNTER WE SHALL PAY A DE-POSITORY OF NEGOTIATING BANK'S CHOOSING

+ THIS CREDIT IS TRANSFERABLE THRU ICBKCNBJWHN，WHEN THE NOMINATED BANK IS REQUESTED TO TRANSFER THE WHOLE OR PART OF THIS CREDIT，THEN THE FULL NAME AND ADDRESS OF THE TRANSFEREE MUST BE ADVISED TO THE ISSUING BANK BY TESTED TELEX/SWIFT，AND MUST CONFIRM THAT THE AMOUNT OF SUCH TRANSFER HAS BEEN ENDORSED ON THE CREDIT. ANY TRANSFER EFFECTED UNDER THIS CREDIT MUST BE AUTHORIZED BY THE ISSUING BANK PIOR TO EFFECTING THE TRANSFER.

SEND. TO REC. INFO.	72：	CREDIT IS SUBJECT TO ICC UNIFORM CUSTOMS AND PRACTICE FOR CREDITS（UCP600）
ADVISE THROUGH	57D	ICBKCNBJWHN
		A/C NO. ×××××

单证样例4　商业发票

红星服装贸易有限公司

RED STAR CLOTHING TRADING CO.，LTD.

NO. 318 XINHUA ROAD, JIANGHAN DISTRICT, WUHAN, CHINA　Telex：××××　Fax：××××

COMMERCIAL INVOICE

ORIGINAL

TO SUNSHINE SPORTSWEAR MANU- FACTURING LTD. NO.513 BEATTY STREET，VAN- COUVER，CANADA	Invoice No.	TJ0604B	Date	JAN.16，2023
	L/C No.	ILS06/00060		
	Issued by	BANK OF NOVA SCOTIA * VANCOUVER		
	Contract No.	CA221229		

Marks & Nos.	Descriptions	Unit Price	Amount
		CIF VANCOUVER	
SUNSHINE VANCOUVER C/NO. 1-130	WOMEN'S COATS AND JACKETS 100% COTTON "RED STAR" BRAND ITEM　　　　　　　　QUANTITY		
	WOMEN'S COATS　　1 620PCS/45CTNS WOMEN'S JACKETS　3 060PCS/85CTNS	USD9.50/PC USD3.75/PC	USD15 390.00 USD11 475.00
	TOTAL:　　　　　　4 680PCS/130CTNS SIZE ASSORTMENT:		USD26 865.00
	COLOUR XS　S　M　L　XL XXL 　PINK　2　2　4　4　4　2 　RED　1　3　4　4　3　3 TOTAL　3　5　8　8　7　5　=36PCS/CTN	Net Weight 3 080KGS	Gross Weight 3 340KGS
	SAY U.S. DOLLARS TWENTY SIX THOUSAND EIGHT HUNDRED AND SIXTY FIVE ONLY.		
	WE HEREBY CERTIFY THAT THE PARTICU- LARS GIVEN IN THE INVOICE ARE TRUE AND CORRECT AND THAT NO DIFFERENT INVOICE IN RESPECT OF THE GOODS HAS BEEN OR WILL BE ISSUED.		

RED STAR CLOTHING TRADING CO.，LTD.

(STAMP AND SIGNATURE)

单证样例 5　海关发票

CANADA CUSTOMS INVOICE Canada Customs and Revenue Agency	Page ONE of ONE

1. Vendor (name and address) RED STAR CLOTHING TRADING CO., LTD. NO.318 XINHUA ROAD, JIANGHAN DISTRICT, WUHAN, CHINA	2. Date of direct shipment to Canada　　**ORIGINAL** MAR.5, 2023 3. Other references (include producer's order No.) CONTRACT NO.: CA221229

4. Consignee (name and address) SUNSHINE　　　　　　SPORTSWEAR MANUFACTURING LTD. NO.513 BEATTY STREET, VANCOUVER, CANADA	5. Purchaser's name and address (if other than consignee) SAME AS THE CONSIGNEE

6. Country of transhipment N/A

7. Country of origin of goods: CHINA	IF SHIPMENT INCLUDES GOODS OF DIFFERENT ORIGINS ENTER ORIGINS AGAINST ITEMS IN 12.

8. Transportation: Give mode and place of direct shipment to Canada FROM SHANGHAI TO VANCOUVER, BY SEA	9. Conditions of sale and term of payment (i.e. sale, consignment shipment, leased goods, etc.) CIF VANCOUVER, PAYMENT BY L/C AT SIGHT

10. Currency of settlement: USD

11. Number of packages	12. Specification of commodities (kind of packages, marks, and numbers, general description and characteristics, i.e., grade, quality)	13. Quantity (state unit)	Selling price	
			14. Unit price	15. Total amount
130 CTNS	WOMEN'S COATS AND JACKETS 100% COTTON "RED STAR" BRAND 　WOMEN'S COATS　　45CNTS WOMEN'S JACKETS　85CNTS 　　TOTAL:　　130CNTS SHIPPING MARKS:　SUNSHINE 　　　　　　　VANCOUVER 　　　　　　　C/NO. 1-130	1 620PCS 3 060PCS 4 680PCS	USD9.50/PC USD3.75/PC	USD15 390.00 USD11 475.00 USD26 865.00

18. If any of fields 1 to 17 are included on an attached commercial invoice, check this box Commercial Invoice No.　TJ0604B　☑	16. Total weight		17. Invoice total
	Net 3 080KGS	Gross 3 340KGS	USD26 865.00

19. Exporter's Name and Address (if other than Vendor) SAME AS THE VENDOR	20. Originator (name and address) RED STAR CLOTHING TRADING CO., LTD. NO.318 XINHUA ROAD, JIANGHAN DISTRICT, WUHAN, CHINA

21. CCRA ruling (if applicable) NOT APPLICABLE	22. If fields 23 to 25 are not applicable, check this box 　　　　　　　　　　　　　　　　　　　　　☑

续表

23. If included in field 17 indicate amount: （i）Transportation charges, expenses and insurance:	24. If not included in field 17 indicate amount: （i）Transportation charges, expenses and insurance:	25. Check（if applicable）: （i）Royalty payments or subsequent proceeds are paid or payable by the purchaser ☐
（ii）Costs for construction, erection and assembly:	（ii）Amounts for commissions other than buying commissions:	（ii）The purchaser has supplied goods or services for use in the production of these goods ☐
（iii）Export packing	（iii）Export packing	

单证样例 6　装箱单

红星服装贸易有限公司　　　　　　　　　　　**PACKING LIST**

RED STAR CLOTHING TRADING CO. ，LTD.　　　**ORIGINAL**

NO. 318 XINHUA ROAD, JIANGHAN DISTRICT, WUHAN, CHINA Telex：××××× Fax：×××××

WUHAN, JAN. 16，2023

Marks & Nos.	COMMODITY			
SUNSHINE VANCOUVER C/NO. 1-130	WOMEN'S COATS AND JACKETS 100% COTTON "RED STAR" BRAND			
	ITEM	QUANTITY		
	WOMEN'S COATS	1 620PCS/45CNT		
	WOMEN'S JACKETS	3 060PCS/85CNT		
	TOTAL：	4 680PCS/130CNT		
	SIZE ASSORTMENT：			
	COLOUR　　XS S M L XL XXL			
	PINK　　　　2　2　4　4　4　2			
	RED　　　　1　3　4　4　3　3			
	TOTAL　　　3　5　8　8　7　5　＝36PCS/CTN			
	CARTON MEASUREMENT：57CM×45CM×38CM			
	WEIGHT	GROSS WEIGHT	NET WEIGHT	CARTON NO.
	WOMEN'S COATS	27KGS	25KGS	1-45
	WOMEN'S JACKETS	25KGS	23KGS	46-130
	TOTAL GROSS WEIGHT：　3 340KGS			
	TOTAL NET WEIGHT：　3 080KGS			
	VOLUME：　12. 67CBM			

RED STAR CLOTHING TRADING CO. ，LTD.

(STAMP AND SIGNATURE)

单证样例7 出境货物报检单

中华人民共和国海关

出境货物检验检疫申请

申请单位（加盖公章）：红星服装贸易有限公司　　　　　　　＊编　号

申请单位登记号：×××××××× 联系人：王洋 电话：×××××××× 申请日期：2023 年 2 月 16 日

发货人	（中文）	红星服装贸易有限公司				
	（外文）	RED STAR CLOTHING TRADING CO.，LTD.				
收货人	（中文）					
	（外文）	SUNSHINE SPORTSWEAR MANUFACTURING LTD.				
货物名称（中/外文）	H.S.编码	产地	数/重量	货物总值	包装种类及数量	
WOMEN'S COATS 女式风衣	6102.2000	湖北	1 620 件	USD15 390.00	45 纸箱	
WOMEN'S JACKETS 女式夹克	6104.3200	湖北	3 060 件	USD11 475.00	85 纸箱	

运输工具名称号码	YM MILESTONE/0039E		贸易方式	一般贸易	货物存放地点	武汉
合同号	CA221229		信用证号	ILS06/00060	用途	其他
发货日期	20230305	输往国家（地区）	加拿大	许可证/审批号	××××××	
启运地	上海	到达口岸	温哥华	生产单位注册号	××××××	
集装箱规格、数量及号码			20＊1 CBHU5968368			

合同、信用证订立的检验检疫条款或特殊要求	标记及号码	随附单据（划"√"或补填）	
	SUNSHINE VANCOUVER C/NO. 1-130	⊠ 合同 ⊠ 信用证 ⊠ 发票 □ 换证凭单 ⊠ 装箱单 ⊠ 厂检单	⊠ 包装性能结果单 □ 许可/审批文件 □ □ □ □

需要证单名称（划"√"或补填）		＊检验检疫费	
⊠ 品质证书　　1 正 3 副 □ 重量证书　　＿正＿副 □ 数量证书　　＿正＿副 □ 兽医卫生证书　＿正＿副 □ 健康证书　　＿正＿副 □ 卫生证书　　＿正＿副 □ 动物卫生证书　＿正＿副	□ 植物检疫证书　　＿正＿副 □ 熏蒸/消毒证书　　＿正＿副 □ 出境货物换证凭单　＿正＿副 □ 出境货物通关单　　＿正＿副 ⊠ 一般原产地证　　1 正＿副	总金额 （人民币元）	
		计费人	
		收费人	

报检人郑重声明： 　1. 本人被授权报检。 　2. 上列填写内容正确、属实，货物无伪造或冒用他人的厂名、标志、认证标志，并承担货物质量责任。 　　　　　　　　　　签名：　李欣	领取证单	
	日期	
	签名	

注：有"＊"号栏由海关填写

单证样例 8 品质检验证书

中华人民共和国出入境检验检疫

ENTRY-EXIT INSPECTION AND QUARANTINE
OF THE PEOPLE'S REPUBLIC OF CHINA

ORIGINAL

共 1 页第 1 页 page 1 of 1

编号 **No.** ： ************

品质检验证书

INSPECTION CERTIFICATE OF QUALITY

发货人：	红星服装贸易有限公司
Consignor	RED STAR CLOTHING TRADING CO. ， LTD.
收货人：	
Consignee	SUNSHINE SPORTSWEAR MANUFACTURING LTD.
品名：	100％纯棉女士风衣和女士夹克
Description of Goods	WOMEN'S COATS AND JACKETS 100％ COTTON

报验数量/重量：	4 680 件	标记及号码
Quantity/Weight Declared	4 680PCS	Mark & No.
包装种类及数量：	130 纸箱	
Number and Type of Packages	130CTNS	SUNSHINE
运输工具：		VANCOUVER
Means of Conveyance	YM MILESTONE/0039E	C/NO. 1-130
检验结果：		
Results of Inspection		

印章	签证地点	Place of Issue	WUHAN	签证日期	Date of Issue	FEB. 20，2020
Official Stamp	签字授权人	Authorized Officer	ZHANGPING	签名	Signature	

我们已尽所知和最大能力实施上述检验，不能因我们签发本证书而免除买方或其他方面根据合同和法律所承担的产品质量责任和其他责任。

All inspections are carried out conscientiously to the best of our knowledge and ability. This certificate does not in any respect absolve the seller and other related parties from his contractual and legal obligations especially when product quality is concerned.

单证样例 9　一般原产地证书

1. Exporter RED STAR CLOTHING TRADING CO. , LTD. NO. 318 XINHUA ROAD, JIANGHAN DISTRICT, WUHAN, CHINA	Serial No. Certificate No. **CERTIFICATE OF ORIGIN** **OF** **THE PEOPLE'S REPUBLIC OF CHINA**
2. Consignee SUNSHINE SPORTSWEAR MANUFACTURING LTD. NO. 513 BEATTY STREET, VANCOUVER, CANADA	
3. Means of transport and route FROM SHANGHAI TO VANCOUVER BY SEA	5. For certifying authority use only
4. Country/Region of destination CANADA	

6. Marks and numbers	7. Number and kind of packages；Description of goods	8. H. S. Code	9. Quantity or weight	10. Number and date of invoices
SUNSHINE VANCOUVER C/NO. 1-130	FORTY FIVE（45） CARTONS OF WOMEN'S COATS	6 102. 2000	1 125KGS	TJ0604B JAN 16，2023
	EIGHTY FIVE（85） CARTONS OF WOMEN'S JACKETS *******************	6 104. 3200	1 955KGS	

11. Declaration by the exporter 　　The undersigned hereby declares that the above details and statements are correct；that all the goods were produced in China and that they comply with the Rules of Origin of the People's Republic of China. Place and date，signature and stamp of authorized signatory 　　WUHAN, CHINA　FEB. 20，2023	12. Certification 　　It is hereby certified that the declaration by the exporter is correct. Place and date，signature and stamp of certifying authority 　　WUHAN, CHINA　FEB. 20，2023

单证样例 10 货物运输投保单

投保单序号：PICC　 No.0000060

中 国 人 民 保 险 公 司
The People's Insurance Company of China

地址（ADD）　　　　　　　　　　邮编（POST CODE）

电话（TEL）　　　　　　　　　　传真（FAX）

货物运输保险单投保单
APPLICATION FORM FOR CARGO TRANSPORTATION INSURANCE POLICY

被保险人（INSURED）　RED STAR CLOTHING TRADING CO.，LTD.

发票号（INVOICE NO.）　TJ0604B

合同号（CONTRACT NO.）　CA191229

信用证号（L/C NO.）　ILS06/00060

发票金额（INVOICE AMOUNT）　26 865.00　　投保加成（PLUS）　110　　%

兹有下列物品向中国人民保险公司湖北省分公司投保．（INSURANCE IS REQUIRED ON THE FOL-
LOWING COMMODITIES）：

标记 MARKS & NOS.	包装及数量 QUANTITY	保险货物项目 DESCRIPTION OF GOODS	保险金额 AMOUNT INSURED
SUNSHINE VANCOUVER C/NO. 1-130	130CNTS	WOMEN'S COATS AND JACKETS	USD29 552

启运日期　　　　　　　　　　装载运输工具

DATE OF COMMENCEMENT　AS PER B/L　PER CONVEYANCE　YM MILESTONE/0039E

自　　　　　　　经　　　　　　　　至

FROM　SHANGHAI　VIA　　　　　TO　VANCOUVER

提单号　　　　　　　　　　赔款偿付地点

B/L NO.　SH345098　　CLAIM PAYABLE AT　VANCOUVER　IN USD

投保险别（**PLEASE INDICATE THE CONDITIONS &/OR SPECIAL COVERAGES**）：

INSURANCE POLICY/CERTIFICATE DULY ENORSED IF APPLICABLE COVERING RISKS PER
INSTITUTE CARGO CLAUSES A WAR AND STRIKES AS PER INSTITUTE CLAUSES UP TO
CANADA CLAIMS PAYABLE IN CANADA WITH NO EXCESS.

请如实告之下列情况（如"是"在［　］中打"√"，"不是"在［　］中打"×"。IF ANY,
PLEASE MARK "√" OR "×"）

货物种类：　袋装［　］　　散装［　］　冷藏［　］　液体［　］　活动物［　］　机器/汽车［　］　危险品等级［　］
GOODS：　BAG/JUMBO　BULK　REEFER　LIQUID　LIVE ANIMAL　MACHINE/AUTO　DANGEROUS CLASS
集装箱种类：普通［√］　开顶［　］　框架［　］　平板［　］　冷藏［　］
CONTAINER：ORDINARY　OPEN　FRAME　FLAT　REFRIGERATOR
转运工具：海轮［　］　飞机［　］　驳船［　］　火车［　］　汽车［　］
BYTRANSIT：SHIP　PLANE　BARGE　TRAIN　TRUCK
船舶资料：　　　船籍［　　　　　］　船龄［　　　　　］
PARTICULAR OF SHIP：REGISTRY　　　　AGE

备注：被保险人确认本保险合同条款和内容已经完全了解。投保人（签名盖章）APPLICANT'S SIGNATURE
　　THE ASSURED CONFIRMS HEREWITH THE RED STAR CLOTHING TRADING CO.，LTD.
TERMS AND CONDITIONS OF THESE INSUR-　电话（TEL.）　××××××
ANCE CONTRACT FULLY UNDERSTOOD.　地址（ADD）NO. 318 XINHUA ROAD,
投保日期（DATE）　FEB. 25，2023　　　JIANGHAN DISTRICT，WUHAN，CHINA

本公司自用（FOR OFFICE USE ONLY）

费率　　　　　　　　　　保费　　　　　　　　　　备注
RATE _____　PREMIUM _____　NOTE _____
经办人　　　　　　　　　核保人　　　　　　　　　负责人
BY _____　UNDER WRITER _____　MANAGER _____

单证样例 11　货物运输保险单

北京2008年奥运会保险合作伙伴
OFFICIAL INSURANCE PARTNER OF THE BEIJING 2008 OLYMPIC GAMES

中国人民财产保险股份有限公司货物运输保险单
PICC PROPERTY AND CASUALTY COMPANY LIMITED
CARGO TRANSPORTATION INSURANCE POLICY

总公司设于北京　　　　一九四九年创立
Head Office：Beijing　　Established in 1949

印刷号（Printed Number）　　　保险单号（Policy No.）××390823

合同号（Contract NO.）CA221229　　　　　　　　　　ORIGINAL

发票号（Invoice NO.）TJ0604B

信用证号（L/C NO.）ILS06/00060

被保险人（Insured）：RED STAR CLOTHING TRADING CO.，LTD.

中国人民财产保险股份有限公司（以下简称本公司）根据被保险人的要求，以被保险人向本公司缴付约定的保险费为对价，按照本保险单列明条款承保下述货物运输保险，特订立本保险单。

THIS POLICY OF INSURANCE WITNESSES THAT PICC PROPERTY AND CASUALTY COMPANY LIMITED（HEREINAFTER CALLED "THE COMPANY"）AT THE REQUEST OF THE INSURED AND IN CONSIDERATION OF THE AGREED PREMIUM PAID TO THE COMPANY BY THE INSURED，UNDERTAKES TO INSURE THE UNDERMENTIONED GOODS IN TRANSPORTATION SUBJECT TO THE CONDITION OF THIS POLICY AS PER THE CLAUSES PRINTED BELOW.

标记 MARKS & NOS.	包装及数量 QUANTITY	保险货物项目 DESCRIPTION OF GOODS	保险金额 AMOUNT INSURED
SUNSHINE VANCOUVER C/NO. 1-130	130CNTS	WOMEN'S COATS AND JACKETS	USD29 552

总保险金额：

Total Amount Insured SAY U. S. DOLLARS TWENTY NINE THOUSAND FIVE HUNDRED AND FIFTY TWO ONLY.

保费（Premium）　AS ARRANGED　　　启运日期（Date of Commencement）　AS PER B/L

装载运输工具（Per Conveyance）　YM MILESTONE/0039E

自　　　　　　　　　经　　　　　　　　　至

FROM　SHANGHAI　　　VIA＿＿＿＿＿＿　TO　VANCOUVER

承保险别（Conditions）：

INSURANCE POLICY/CERTIFICATE DULY ENORSED IF APPLICABLE COVERING RISKS PER INSTITUTE CARGO CLAUSES A WAR AND STRIKES AS PER INSTITUTE CLAUSES UP TO CANADA CLAIMS PAYABLE IN CANADA WITH NO EXCESS.

所保货物，如发生保险项下可能引起索赔的损失，应立即通知本公司或下述代理人查勘。如有索赔，应向本公司提交正本保险单（本保险单共有　2　份正本）及有关文件，如一份正本已用于索赔，其余正本自动失效。

IN THE EVENT OF LOSS OR DAMAGE WHICH MAY RESULT IN A CLAIM UNDER THIS POL-ICY，IMMEDIATE NOTICE MUST BE GIVEN TO THE COMPANY OR AGENT AS MENTIONED HEREUNDER. CLAIMS，IF ANY，ONE OF THE ORIGINAL POLICIES WHICH HAS BEEN IS-SUED IN __2__ ORIGINAL（S）TOGETHER WITH THE RELEVENT DOCUMENTS SHALL BE SURRENDERED TO THE COMPANY. IF ONE OF THE ORIGINAL POLICY HAS BEEN ACCOM-PLISHED，THE OTHERS TO BE VOID.

保险人（Underwriter）

电话（TEL）

传真（FAX）

地址（ADD)

赔款偿付地点

Claim Payable at __VANCOUVER IN USD__ 授权人签字

签单日期 Authorized Signature

（Issuing Date）__FEB. 25，2023__

核保人 制单人 经办人

www. picc. com. cn

单证样例 12 出口货物报关单

中华人民共和国海关出口货物报关单

预录入编号：******************* 海关编号：******************* 页码/页数：1/1

境内发货人（*******************） 红星服装贸易有限公司	出境关别（2200） 上海海关	出口日期	申报日期 20230226	备案号

境外收货人 SUNSHINE SPORTSWEAR MANU-FACTURING LTD.	运输方式（2） 水路运输	运输工具名称及航次号 YM MILESTONE/0039E	提运单号 SH345098	

生产销售单位（*******************） 红星服装贸易有限公司	监管方式（0110） 一般贸易	征免性质（101） 一般征税	许可证号	

合同协议号 CA221229	贸易国（地区）（CAN） 加拿大	运抵国（地区）（CAN） 加拿大	指运港（CAN465） 温哥华	离境口岸 （310001） 上海

包装种类（22） 纸箱	件数 130	毛重 （千克） 3 340	净重 （千克） 3 080	成交 方式（1） CIF	运费 USD/800/3	保费 USD/50/3	杂费

随附单证及编号
随附单证2：代理报关委托协议（电子）；装箱单；发票；合同

标记唛码及备注
SUNSHINE
VANCOUVER
C/NO. 1-130

项号	商品编码	商品名称及规格型号	数量及单位	单价/总价/币制	原产国（地区）	最终目的国（地区）	境内货源地	征免
1	61022000	女式风衣 100%纯棉红星牌	1 620件 1 125千克	9.50 15 390.00 美元	中国 （CHN）	加拿大 （CAN）	（42019）武汉	其他照章征税 （1）
2	61043200	女式夹克 100%纯棉红星牌	3 060件 1 955千克	3.75 11 475.00 美元	中国 （CHN）	加拿大 （CAN）	（42019）武汉	其他照章征税 （1）

特殊关系确认：否 价格影响确认：否 支付特许权使用费确认：否 自报自缴：否

报关人员 报关人员证号 电话 兹申明以上内容承担如实申报、依法纳税之法律责任	海关批注及签章
申报单位	申报单位（签章）

单证样例 13　海运提单

Shipper RED STAR CLOTHING TRADING CO.,LTD. NO. 318 XINHUA ROAD, JIANGHAN DISTRICT，WUHAN, CHINA	B/L No. SH345098 中远集装箱运输有限公司 **COSCO CONTAINER LINES** **Port-to-Port or Combined Transport** **BILL OF LADING** ORIGINAL
Consignee TO ORDER	RECEIVED in external apparent good order and condition except as otherwise noted. The total number of packages or units stuffed in the container, the description of the goods and the weights shown in this Bill of Lading are furnished by the Merchants, and which the carrier has no reasonable means of checking and is not a part of this Bill of Lading contract. The carrier has issued the number of Bills of Lading stated below, all of this tenor and date, one of the original Bills of lading must be surrendered and endorsed or signed against the delivery of the shipment and whereupon any
Notify Party SUNSHINE SPORTSWEAR MANUFACTURING LTD. NO. 513 BEATTY STREET，VANCOUVER，CANADA	other original Bills of Lading shall be void. The Merchants agree to be bound by the terms and conditions of this Bill of Lading as if each had personally signed this Bill of Lading. SEE clauses on the back of this Bill of Lading（Terms continued on the back hereof，please read carefully）

Vessel and Voyage Number YM MILESTONE/0039E	Port of Loading 　　SHANGHAI		Port of Discharge 　　VANCOUVER
Place of Receipt	Place of Delivery		Number of Original B（s）/L 　　THREE

PARTICULARS AS DECLARED BY SHIPPER-CARRIER NOT RESPONSIBLE			
Container No. /Seal No. Marks & Nos.	No. of Container/Packages/ Description of Goods	Gross Weight （Kilos）	Measurement （Cu-metres）
SUNSHINE VANCOUVER C/NO. 1-130	WOMEN'S COATS AND JACKETS 130CTNS 1×20'HQ CONTAINER NO.：CBHU5968368	3 340	12. 67

Freight & Charges 　FREIGHT PREPAID 　　CY/CY	Number of Containers/Packages （in words） SAY ONE CONTAINER （ONE HUNDRED AND THIRTY CARTONS） ONLY.
The Shipping Agent's Details CROWN LOGISTICS INC. 5605 DE GASPE, 6TH FLOOR, VANCOUVER H2T 2A4，CANADA	Shipped on Board Date： 　　MAR. 5, 2023
	Place and Date of Issue： 　　SHANGHAI, CHINA, MAR. 5, 2023
Tel. Fax E-mail	In Witness whereof this number of Original Bills of Lading stated above all of the tenor and date one of which being accomplished the others to stand void. FOR COSCO CONTAINER LINES CO.，LTD. AS CARRIER

单证样例 14　汇票

Bill of Exchange

Drawn under　L/C No.　ILS06/00060　Dated　JAN. 12，2023

Issued by　BANK OF NOVA SCOTIA　VANCOUVER

No.　TJ0604B　　　　　　　　　　　　　Wuhan，China　MAR. 10，2023

Exchange for　USD26 865.00

At 　——　 days after sight of this FIRST of Exchange（Second of the same tenor and date unpaid ）
pay to the Order of　INDUSTRIAL AND COMMERCIAL BANK OF CHINA，WUHAN BRANCH
the sum of　SAY U. S. DOLLARS TWENTY SIX THOUSAND EIGHT HUNDRED AND SIXTY
FIVE ONLY.

Value received against shipment of the goods as per Invoice No. TJ0604B（CIF VANCOUVER）.

To：

BANK OF NOVA SCOTIA　VANCOUVER　　　**RED STAR CLOTHING TRADING CO.，LTD.**

（Stamp & Signature）

单证常用英文词汇表

A

about	大约
accounts payable	应付账款
accelerated trade payment（ATP）	加速贸易付款
accounts receivable	应收账款
acceptance	承兑、接受
acceptance letter of credit	承兑信用证
acceptance draft	承兑汇票
accepting bank	承兑行
acceptor	承兑人
account party	开证方
applicant	开证申请人
advance against collection	托收垫款
advanced B/L	预借提单
advice of shipment（A/S）	装运通知
advising bank	通知行
after date	出票日后
account	账（账户）
Asia Development Bank（ADB）	亚洲开发银行
address	地址
all in rate	包干费率
after sight	见票后
agent bank	代理行
above mentioned	上述
amendment	修改
amount	金额、总值
anti-dated B/L	倒签提单
account of …	入某人账内

as per list	按照表列
appendix	附表
approximately	大约
all risks（AR）	一切险
article	条款、货品
arrival notice（A/N）	到货通知
article number（Art. No.）	货号
assignment	转让
assignment of proceeds	收益让渡
at sight	见票即付
automatic textile export license	纺织品出口自动许可证
assortment list	花色搭配单
actual total loss（ATL）	实际全损
ad valorem（A. V.）	从价
average	海损
air waybill（AWB）	航空运单
application for transportation insurance	运输投保单

B

back to back L/C	背对背信用证
bale（s），bag（s）	包、袋
bamboo baskets	竹篓
bank draft	银行汇票
bank release	银行放单
Bank for International Settlements（BIS）	国际清算银行
banker's acceptance L/C	银行承兑信用证
Bank of China（BOC）	中国银行
Baltic and International Maritime Council（BIMCO）	波罗的海国际海事协会
barrel	桶装
bark packing	树皮包装
bearer	持票人
beneficiary	受益人
bill of settlement receipt foreign exchange	出口收汇核销单
bill of settlement payment foreign exchange	进口付汇核销单
bill for collection（B/C）	托收汇票
bill of exchange	汇票
bill of lading（B/L）	提单
bill purchased（BP）	银行议付汇票
bills department	押汇部
blank endorsement	空白背书
both to blame collision clause（BB Clause）	船舶互撞责任条款

certificate of weight	重量证书
certificate of inspection（C/I）	检验证书
certificate of payment foreign exchange	进口付汇证明
certificate of receipt foreign exchange	出口收汇证明
certificate of drawback	出口退税证明
certificate of entry cargos	进口货物证明
charter party B/L（CB/L）	租船合约提单
China Insurance Clause（CIC）	《中国保险条款》
certificate of analysis	化验证书
China Council for the Promotion of International Trade（CCPIT）	中国国际贸易促进委员会
China National Foreign Trade Transportation Corp.（CNFTTC）	中国对外贸易运输总公司
Chinese Yuan（CNY）	人民币
cheque/check	支票
China Ocean Shipping Company（COSCO）	中国远洋运输公司
charter party（C/P）	租船合同
clean bill of lading	清洁提单
clean bill of exchange/clean draft	光票
clean collection	光票托收
clean letter of credit	光票信用证
clean on board bill of lading	已装船清洁提单
claim	索偿
collecting bank	代收行
collection	托收
collection paper	托收票据
cloth bags	布袋
Comprehensive Import Supervision Scheme（CISS）	进口商品全面监督计划
Committee Maritime International（CMI）	国际海事委员会
commission	佣金
commercial paper	商业票据
commercial invoice	商业发票
combined transport operator（CTO）	多式联运经营人
combined certificate of value and origin（CCVO）	价值、产地联合证明（海关发票）
combined transport bill of lading（CT B/L）	联合运输提单
combined transport documents（CTD）	联合运输单据
composite board case	夹板箱
confirmed letter of credit	保兑信用证
consignee	收货人
consolidator's bill of lading	拼装承运商提单
consolidated cargo manifest（CCM）	拼箱装货清单
consular invoice	领事发票

container load	集装箱装载
container load plan（CLP）	集装箱装箱单
contract of affreightment（COA）	包运租船
constructive total loss（CTL）	推定全损
container freight station（CFS）	集装箱货站
container yard（CY）	集装箱堆场
container yard/container yard（CY to CY）	集装箱堆场至集装箱堆场
correspondent	代理行
cost insurance freight（CIF）	成本、保险费加运费
cost and freight（CFR）	成本加运费
corrugated fiberboard carton	瓦楞纸箱
courier	快递单
cost	成本
credit note（C/N）	贷项账单（贷记通知单）
credit	贷方
credit control	信用销售控制
crate	板条箱
currency adjustment factor（CAF）	货币贬值附加费
Customs Cooperative Council Nomenclature（CCCN）	《海关合作理事会税则》
cubic feet	立方英尺
customary quick dispatch（CQD）	习惯快速装卸（尽快装卸）
customs declaration	报关
customs broker	专业报关企业
cubic	立方
cubic metre	立方公尺
currency	币制、货币

D

damage protection plan（DPP）	损害修理条款
dangerous goods list（DGL）	危险货物清单
dead freight（D/F）	亏舱费
debit note（D/N）	借项账单
debit	借方
declaration customs documents	报关文件
deferred payment	延期付款
deferred payment letter of credit	延期付款信用证
delivery order（D/O）	提货单
delivered at frontier（DAF）	边界交货
delivered duty paid（DDP）	完税交货
delivered duty unpaid（DDU）	未完税交货
delivered ex quay（DEQ）	码头交货

delivered ex ship … （DES）	目的港船上交货
demand draft （D/D）	票汇
depository institution	存款机构
destination delivery charge （DDC）	目的地交货费
DHL International Ltd. （DHL）	敦豪公司
discrepancies	不符点
discount	折扣、贴现
discount rate	贴现率
dishonored cheque	空头支票
documents against payment trust receipt （D/P·T/R）	付款交单凭信托收据借单
documents against acceptance （D/A）	承兑交单
documents against payment （D/P）	付款交单
documentary collection	跟单托收
documentary credit （D/C）	跟单信用证
document	单据、单证
documentation	单据/文件
dollar	元（美国、加拿大等国货币单位）
dozen （DZ.）	打
dock receipt （D/R）	集装箱场站收据
drawer	出票人
drawee	受票人
drum	桶装
duty paid value （DPV）	完税价格
duplicate	副本、复本

E

e-commerce	电子商务
ECU	欧洲货币单位
electronic data interchange （EDI）	电子数据交换
electronic bill of lading	电子提单
emergency bunker surcharge （EBS）	应急燃油附加费
enclosure	附件
endorsement	背书
engagement letter	委托书
equivalent	等于
equipment interchange receipt （EIR）	设备交接单
equipment reposition charge （ERC）	空箱调运费
errors & omissions excepted （E & OE）	错漏除外
estimated time of arrival （ETA）	预计到达时间
estimated time of departure （ETD）	预计离港时间
et cetera （etc.）	等等

Europe-Asia Trade Agreement（EATA）	《欧洲-亚洲贸易协定》
exchange	兑换、汇票
exchange rate	汇率
exchange control	外汇管制
Express Mail Service（EMS）	特快专递
export processing zone（EPZ）	出口加工区
export license	出口许可证
export trade finance	出口贸易融资
ex works	工厂交货
expiration date	到期日

F

fair average quality（FAQ）	大路货、中等货
Federation Internationale des Associations de Transitaires et Assimiles（International Federation of Freight Forwarders Association，FIATA）	国际货运代理协会联合会（简称"菲亚塔"）
FIATA combined transport B/L（F. C. T. B/L）	国际货运代理协会联合会联合运输提单
financial instrument	金融工具
final destination	指运地
financial service	金融服务
fire risks extension clauses（FREC）	火险扩展条款
flat rack container	框架集装箱
flight date	飞行日
form of customs declaration for export cargos	出口货物报关单
form of customs declaration for import cargos	进口货物报关单
for account of	代表
foreign bills	外国汇票
foreign exchange（FE）	外汇
forfeiting	福费廷
foreign exchange market	外汇市场
foreign exchange rate	外汇汇率
forward foreign exchange	远期外汇买卖
forward market	远期市场
forward rate	远期汇率
forward rate agreement（FRA）	远期利率协议
forty-foot equivalent unit（FEU）	40 英尺集装箱
freight all kinds（FAK）	包箱费（均一费率）
freight forwarder	货代公司
freight prepaid	运费预付
freight collect	运费到付
free alongside ship（FAS）	船边交货

free carrier（FCA）	货交承运人
free in（FI）	船方不负担装货费用
free on board（FOB）	装运港船上交货
free out（FO）	船方不负担卸货费用
free in and out（FIO）	船方不负担装卸费用
free in and out and stowed（FIOS）	船方不负担装卸及理舱费
free in and out and trimmed（FIOT）	船方不负担装卸及平舱费用
free in and out and stowed and trimmed（FIOST）	船方不负担装卸、理舱平舱费用
free of charge（FOC）	免费
free of interest（FOI）	免息
freely negotiable	自由议付
freight bill（FB）	运费账单
freight	运费
freight ton（F/T）	运费吨
fresh & rain water damage（FRWD）	淡水雨淋险
fuel adjustment factor（FAF）	燃油附加费
free from particular average（FPA）	平安险
full container load（FCL）	整箱货
futures	期货
future value	终值

G

general average（GA）	共同海损
General Rules for International Factoring（GRIF）	《国际保理业务通用规则》
gallon	加仑
General Agreement on Tariffs & Trade（GATT）	《关税及贸易总协定》
good merchantable quality（GMQ）	上好可销品质
Greenwich Mean Time（GMT）	格林尼治时间
general propose container（GP）	通用集装箱
General Post Office（GPO）	邮政总局
greenback	美钞
gross profit	毛利润
gross margin	毛利率
gram	克
general rate increase（GRI）	整体费率上调
gross registered tonnage（GRT）	注册总吨（总登记吨）
gross weight	毛重
generalized system of preferences（GSP）	普惠制
generalized system of preferences certificate of origin Form A（GSP Form A ）	普惠制原产地证书格式 A
gunny bags	麻袋

H

hedge	套期保值
Herstatt risk	跨国货币结算风险（赫斯塔特风险）
HIBOR	香港银行同业拆借利率
house air waybill（HAWB）	航空分运单
house to house（H/H）	集装箱门到门
head office（HO）	总行
house bill of lading（HOUSE B/L）	分提单或货代提单
house to pier（H/P）	从厂、库到码头
The Hong Kong & Shanghai Banking Corporation（HSBC）	汇丰银行
H. S. code	H. S. 编码

I

import declaration（I/D）	进口申请书
import/export（I/E）	进口/出口
import license	进口许可证
import quota（IOU）	进口配额
import permit（I/P）	进口许可证
import tariff	进口关税
inspection certificate	检验检疫证书
inspection certificate of quality	质量检验证书
inspection certificate of disinfection	消毒检验证书
inspection certificate of temperature	温度检验证书
inspection certificate of fumigation	熏蒸证书
inspection certificate of weight or quantity	重量或数量检验证书
inspection certificate of packing	包装检验证书
inspection certificate of container	集装箱检验证书
in duplicate	一式二份
in triplicate	一式三份
in quadruplicate	一式四份
in quintuplicate	一式五份
in sextuplicate	一式六份
in septuplicate	一式七份
in octuplicate	一式八份
in nonuplicate	一式九份
International Chamber of Commerce	国际商会
Institute Cargo Clause（ICC）	《协会货物保险条款》
International Chamber of Shipping（ICS）	国际航运公会
international accounting	国际会计准则
international credit facilities	国际借贷措施

international financing	国际融资
international liquidity arrangement	国际清偿办法
international market	国际市场
International Monetary Fund(IMF)	国际货币基金组织
international monetary market	国际货币市场
international logistics	国际物流
id est（L.）＝that is，i. e.	即
inter-government organization（IGO）	政府间国际组织
International Maritime Dangerous Goods Code（IMDG Code）	《国际海运危险货物规则》
International Maritime Organization（IMO）	国际海事组织
inch	英寸
indent	委托代购单
International Rules for the Interpretation of Trade Terms（INCOTERMS)	《国际贸易术语解释通则》
insurance	保险
insured value	保险价值
insured	被保险人、投保人
insurer	保险人、承保人
insurance premium	保险费
insurance policy	保险单
insurance certificate	保险证明
insurance document	保险单据
instant	本月
invoice	发票
irrespective of percentage（IOP）	不计免赔率
International Standard Organization（ISO）	国际标准化组织
international reserve	国际储备
investment，investing	投资
investment portfolio	投资组合
irrevocable letter of credit	不可撤销信用证
issuance(of L/C)	开立（信用证）
issuance date of the documents	单据签发日期
issuer	发行人
issuing bank	开证行
iron drums	铁桶

J

joint account	联名账户，共同账户
junior mortgage	次级按揭
joint venture	合资企业

K

kilogram（kg/kilo）	千克
kilometer（km）	千米

L

latest shipment date	最后装运期
lender	贷款人
letter of authorization for customs declaration	代理报关委托书
lighter-aboard-ship（LASH）	载驳船、子母船
lien	扣押、扣押权、留置权
LBO	借贷融资收购
limited recourse	有限追索权
lbs（Pounds）	磅
letter of credit（L/C）	信用证
less than container（cargo）load（LCL）	拼箱集装箱货
loading	装载
lock-up	锁定
lock-up agreement	锁定协议
long forward	买远期
letter of guarantee（L/G）	保函
loading list（L/L）	装货清单
long ton（L/T）	长吨
limited（Ltd.）company	有限（公司）
lighterage	驳运费

M

marine bill of lading（MB/L）	海运提单
mark-to-market	按市值计价
market capitalization	市场资本值、市值
market order	市价委托
market share	市场份额
market securities	有价证券
margin	（期货交易）保证金
medium and long term loans	中长期贷款
medium term note（MTN）	中期票据
master air waybill（MAWB）	航空总运单
master B/L	主提单
metal drum	金属桶
maximum/max	最大量、最高额
mature market	成熟市场
maturity	到期

minimum/min	最小量、最低额
malicious damage（MD）	恶意损坏行为
manufacture invoice	厂商发票
memorandum	备忘录、便笺
Messieurs（Messrs.）	公司名称前的尊称
measurement list	尺码单
manifest（M/F）	载货清单（舱单）
most favored nation（MFN）	最惠国
money market deposit account（MMDA）	货币市场存款账户
U. S. money market mutual funds（MMMF）	美国货币市场共同基金
monetize	货币化
mini-land-bridge（MLB）	小陆桥
more or less clause（M/L cls.）	溢短装条款
millimeter	毫米
Ministry of Commerce of the People's Republic of China（MOFCOM）	中华人民共和国商务部
mate's receipt（M/R）	收货单（大副收据）
motor ship（M/S）	内燃机轮、货轮
mail transfer（M/T）	信汇
metric ton（M/T）	公吨
motor vessel（MV）	内燃机轮
multi-modal transport operation（MTO）	多式联运
measurement/weight（M/W）	体积或重量
mutual funds	共同基金

N

National Automated Payment System（NAPS）	国家自动支付系统（中国）
negotiable instrument	流通票据
negotiability	流通性
negotiable bill of lading	可转让提单
negotiating bank	议付行
negotiation credit	议付信用证
non-negotiable	不可转让
non-causative nature	无因性
nominal interest rate	名义利率
not applicable（N/A）	不适用
notes receivable	应收票据
notional size	票面规模
notice of arrival	到货通知书
notification and transfer of receivables	应收账款转让通知书
note below（NB）	注意

no commercial value（NCV）	无商业价值
non-government organization（NGO）	非政府组织
no mark（N/M）	无唛头
non-negotiable，not negotiable B/L（NN B/L）	不可转让提单
number（No.）	号码
nude	裸装
non delivery	提货不着
not otherwise enumerated（NOE）	除非另有列举
not otherwise provided for（NOPF）	除非另有规定
not otherwise specified（NOS）	除非另有指定
notary public（NP）	公证人
notice of readiness（N/R）	装卸准备就绪通知书
net registered tonnage（NRT）	净登记吨
not sufficient（N/S）	不足
non-vessel operating common carrier（NVOCC）	无船承运人
net weight	净重
New York Produce Exchange（NYPE）	纽约土产交易所

O

ocean bill of lading	海运提单
on account（O/A）	赊账
on account of（O/A）/on behalf of（O/B）	代表
open cover（O/C）	预约承保书
overland common point（OCP）	内陆转运点
open general（import）license［CG（I）L］	开放配额（进口）许可证
Ocean Marine Cargo Clause（OMCC）	《海洋运输货物保险条款》
（by）order of（O/O）	送交
open policy（O. P）	预约保单
outward processing trade（OPT）	对外加工贸易
open-top container（OT）	敞顶集装箱
original receiving charge（ORC）	原产地接货费
original documents	正本单据
original	正本、原件
ounce（s）	英两、盎司
over draft（OD）	账户透支
order bill of lading	指示提单

P

par	票面值
pallet，pallets（PLTS）	托盘
partial shipment	分批装运

package，packages（PKGS）	件
packing list	装箱单
packing specification	包装明细单
payee	收款人、受款人
payer	付款人
processing of given material，assembling provided components，made to order against buyer's sample，& compensating trade（PAM&C）	三来一补
particular average（PA）	单独海损
phytosanitary inspection certificate	植物检验证明书
place of departure	启运地
plastic pallets	塑胶托盘
plastic bag	塑料袋
plastic foam box	泡沫塑料箱
per annum	按年（计息）
per capita income	人均收入
performance guarantee	履约保函
position	头寸
Protection & Indemnity Club	保障赔偿协会
payment	付款
percent	百分比
piece（s）	件、个、只、块、张
paid	付讫
per day	按日（计息）
People's Insurance Company of China（PICC）	中国人民保险公司
package	件、包
per month	按月（计息）
port of loading	装运港
port of discharge	卸货港
post office	邮局
post-dated cheque	期票
post-dated B/L	顺签提单
purchase order（PO）	购货单
post office box（POB）	邮政信箱
post receipts	邮政收据
payment on delivery/proof of delivery（POD）	付款交货/交付凭证
principal	委托人
pro forma invoice	形式发票
profit margin	利润率
promissory note	本票

protest	拒付
proportionally	按比例
premium	保险费
present value	现值
prime rate	最优惠利率
private banking	私人银行
principal	本金
proximo	下月
postscript（PS）	附言、再启
please turn over（PTO）	请阅背面
proprietary	企业公司
polyvinyl chloride（PVC）	聚氯乙烯

Q

quarter	四分之一
quality	品质
quantity	数量

R

rail waybill	铁路运单
road waybill	公路运单
requisite in form	要式性
realized interest rate	实现利率
receivable	应收款
red clause letter of credit	红条款信用证
reimbursing bank	偿付行
remittance	汇款
remitter	汇出人
remitting bank	汇出行
restricted letter of credit	限制议付信用证
revolving letter of credit	循环信用证
recourse	追索权
reference	参考、关于
reference number	参考号、发文编号
registered	注册的、挂号的
representation	代表
reefer container（RF）	冷藏集装箱
ream	令（500 张）
roll on/roll off ship（RO/RO）	滚装船

S

shilling	先令
sales confirmation（S/C）	销售确认书
sales contract（S/C）	销售合同
service contract（S/C）	协议运价（服务合同）
special customs invoice（SCI）	美国特别海关发票
special drawing right（SDR）	特别提款权
section	部分、组、部
settlement	结算、交割
stowage factor（SF）	货物积载因素
Switzerland General Surveyor（SGS）	瑞士通用鉴定公司
sack	布袋
shipment	装运
signature	签字
China National Foreign Trade Transportation Corporation（SINOTRANS）	中国外贸运输公司
shipping note（S/N）	装运通知单
shipping advice	装运通知
shipping documents	装运单据
shipping company's certificate	船公司证明
shipping order（S/O）	装货单、下货纸
shipper's own container（SOC）	货主箱
shipper's letter of instruction（SLI）	国际货物托运委托书
ship-owner's liability（SOL）	船东责任
sight draft	即期汇票
short-term revolving letter	短期循环信用证
short and medium term loans	中短期贷款
short forward	远期空头
specification	规格
spot cash	立即付现
spot exchange rate	即期外汇汇率
spot market	现汇市场，现货市场
square inch	平方英寸
square foot	平方英尺
square yard	平方码
standby letter of credit	备用信用证
stale B/L	过期提单
straight B/L	记名提单
straw packing	稻草包装

strike risks（SR）	罢工险
steam ship	汽轮
short ton	短吨
said to contain（STC）	内容据称
sterling（Stg.）	英镑
shipping weight（SW）	装货重量
shipment	船货
sea waybill（SWB）	海运单
Society for Worldwide Interbank Financial Telecommunication（SWIFT）	环球银行金融电信协会

T

telegraphic transfer（T/T）	电汇
term draft	远期汇票
term of shipment	装运条款
tender guarantee	投标保函
tenor	票据期限
trade financing	贸易融资
transshipment allowed	允许转运
transferable letter of credit	可转让信用证
traveler's letter of credit	旅行信用证
transshipment additional	转船附加费
train/air	陆/空联运
train-air-truck（TAT）	陆空陆联运
policy to be declared（TBD）	待报保险单
timber packing	木包装
time charter on trip basis（TCT）	航次期租
time of shipment	装运期
trading	贸易
trade term	贸易术语
twenty equivalent of unit（TEU）	20 英尺标准集装箱（标箱）
telegram	电报
terminal handling charge（THC）	码头作业（操作费）
tank container（TK）	罐式集装箱
telex	电传
total loss only	全损
telegram multiple	同文电报、分送电报
tonnage	吨位
Tank-Pacific Discussion Agreement（TPDA）	《跨太平洋航线协商协定》
theft, pilferage & non-delivery（TPND）	偷窃、提货不着险

tare weight	皮重
trust receipt（T/R）	信托收据
Trans-Pacific Stabilization Agreement	《跨太平洋航线稳定协议》

U

unclean bill of lading	不清洁提单
unrestricted letter of credit	非限制议付信用证
Uniform Customs and Practice for Documentary Credits（UCP）	《跟单信用证统一惯例》
Uniform Rules for Collections（URC）	《托收统一规则》
unlimited transshipment（U/T）	无限制转船
under-mentioned（U/M）	下述
usance letter of credit	远期信用证

V

vide	参阅
validity	有效期
value	价值
value added tax	增值税
vendor	卖主
videlicet namely	即
voyage	航次
vice versa	反之亦然
vocational man	从业人员

W

warehouse	仓库
working capital	周转资金
withholding tax	预扣税
waybill	运单
with average（WA）/with particular average（WPA）	水渍险
weight/measurement（W/M）	按重量或体积
list/weight note	重量单
weight memo	磅码单
weight certificate/certificate weight	重量证书
washing overboard	浪击落海
war risks	战争险
weight	重量
with transshipment（W/T）	转船、转运
warranted	保证
warranty	保证书
warehouse to warehouse clause（W/W）	仓至仓条款

weather working day（WWD）	晴天工作日
wooden case	木箱
World Trade Organization（WTO）	世界贸易组织

Y

York-Antwerp Rule（YAR）	《约克-安特卫普规定》《国际共同海损规则》）
yard	码
yield to maturity	到期收益率

参考文献

1. 陈岩. 国际贸易单证教程. 3版. 北京：高等教育出版社，2020.

2. 陈忠，邵李津. 外贸单证实务. 南京：南京大学出版社，2015.

3. 傅龙海，陈剑霞. 国际贸易单证. 北京：对外经济贸易大学出版社，2014.

4. 胡涵景. 现代国际贸易单证实用指南. 北京：电子工业出版社，2014.

5. 赖忠孝，刘先雨. 国际贸易单证. 北京：清华大学出版社，2015.

6. 李军，温必坤，尹非，等. 国际贸易惯例与公约. 成都：四川财经大学出版社，2015.

7. 梁树新. 外贸单证实务. 北京：清华大学出版社，2014.

8. 梁媛媛. 外贸单证实务. 2版. 北京：北京理工大学出版社，2013.

9. 孙继红. 国际贸易单证实务. 3版. 北京：清华大学出版社，2019.

10. 唐卫红. 新编外贸单证实务. 北京：电子工业出版社，2010.

11. 田运银. 国际贸易单证精讲. 4版. 北京：中国海关出版社，2015.

12. 吴国新，李元旭，何一红. 国际贸易单证实务. 4版. 北京：清华大学出版社，2017.

13. 吴国新，李元旭，何一红，等. 国际贸易单证实务学习指导书. 3版. 北京：清华大学出版社，2012.

14. 谢娟娟，等. 对外贸易单证实务. 3版. 天津：南开大学出版社，2015.

15. 杨静. 国际商务单证实训教程. 2版. 北京：清华大学出版社，2019.

16. 余世明. 国际商务单证实务. 8版. 广州：暨南大学出版社，2021.

17. 赵劼，丁春玲. 国际商务单证实务. 北京：清华大学出版社，2013.

18. 郑秀梅. 国际商务单证实务. 北京：北京大学出版社，2015.

19. 卓乃坚. 国际贸易结算及其单证实务. 2版. 北京：北京大学出版社，2015.

20. 赵静敏. 探析新版国际贸易术语解释通则（Incoterms® 2020）. 对外经贸，2020（5）：21-24.

21. 林榕，吕亚君. 外贸单证实务（微课版）. 2版. 北京：人民邮电出版社，2023.

22. 李彦荣，李淑艳. 外贸单证实务. 北京：中国人民大学出版社，2019.

23. 姬文桂，林继玲. 外贸单证实务. 北京：机械工业出版社，2019.

24. 李贺，等. 外贸单证实务. 4版. 上海：上海财经大学出版社，2023.

教学支持说明

1. 教辅资源获取方式

为秉承中国人民大学出版社对教材类产品一贯的教学支持，我们将向采纳本书作为教材的教师免费提供丰富的教辅资源。您可直接到中国人民大学出版社官网的教师服务中心注册下载——http://www.crup.com.cn/Teacher。

如遇到注册、搜索等技术问题，可咨询网页右下角在线 QQ 客服，周一到周五工作时间有专人负责处理。

注册成为我社教师会员后，您可长期根据您所属的课程类别申请纸质样书、电子样书和教辅资源，自行完成免费下载。您也可登录我社官网的"教师服务中心"，我们经常举办赠送纸质样书、赠送电子样书、线上直播、资源下载、全国各专业培训及会议信息共享等网上教材进校园活动，期待您的积极参与！

2. 高校教师可加入下述学科教师 QQ 交流群，获取更多教学服务

经济类教师交流群：809471792

财政金融教师交流群：766895628

国际贸易教师交流群：162921240

税收教师交流群：119667851

3. 购书联系方式

网上书店咨询电话：010－82501766

邮购咨询电话：010－62515351

团购咨询电话：010－62513136

中国人民大学出版社经济分社

地址：北京市海淀区中关村大街甲 59 号文化大厦 1506 室　　100872

电话：010－62513572　　010－62515803

传真：010－62514775

E-mail：jjfs@crup.com.cn